教师教育系列教材　云南省“十二五”规划教材

U0866960

新编教师教学技能训练教程

XINBIAN JIAOSHI JIAOXUE JINENG XUNLIAN JIAOCHENG

吴　萍◎主　编
宗　岚◎副主编

北京师范大学出版集团
BEIJING NORMAL UNIVERSITY PUBLISHING GROUP
北京师范大学出版社

图书在版编目(CIP)数据

新编教师教学技能训练教程/吴萍主编. —北京：北京师范大学出版社，2011.6(2023.8重印)
(教师教育系列教材)
ISBN 978-7-303-12495-4

Ⅰ.①教… Ⅱ.①吴… Ⅲ.①教学法－师资培训－教材
Ⅳ.①G424.1

中国版本图书馆CIP数据核字(2011)第056514号

图书意见反馈：gaozhifk@bnupg.com 010-58805079
营销中心电话：010-58802755 58800035
北师大出版社教师教育分社微信公众号 京师教师教育

出版发行：北京师范大学出版社 www.bnupg.com
北京市西城区新街口外大街12-3号
邮政编码：100088
印 刷：天津中印联印务有限公司
经 销：全国新华书店
开 本：730 mm×980 mm 1/16
印 张：21
字 数：365千字
版 次：2011年6月第1版
印 次：2023年8月第8次印刷
定 价：36.00元

策划编辑：路 娜 责任编辑：路 娜
美术编辑：毛 佳 装帧设计：毛 佳
责任校对：李 函 责任印制：马 洁

版权所有 侵权必究

反盗版、侵权举报电话：010-58800697
北京读者服务部电话：010-58808104
外埠邮购电话：010-58808083
本书如有印装质量问题，请与印制管理部联系调换。
印制管理部电话：010-58805079

前 言

教师教学技能是教师实施教学的基本技能。根据教学实践经验，比较常见的有：教学设计技能、课堂教学技能、教学评价技能、教学研究技能以及近年来比较流行的学习方法指导、说课、听课、评课、多媒体使用等。这些技能有些是名符其实的技能，有些是策略方法；有些是动作技能，有些却不是单纯的动作技能可以涵盖的，有心智技能的成分。但是，不论什么技能，都是一个教师实施教学的基本技能。教师掌握了这些技能，并能够在教学中根据教学目标、教学情境、学生学习状况灵活运用，是一个教师成熟的重要标志。师范生或者将来有意从事教育活动的同学，通过学习和训练，掌握比较系统的教学技能，不论在面试还是在实际工作中都是非常有益的。

《新编教师教学技能训练教程》书稿拿到后，我很认真地阅读了一遍，有的地方还阅读了几遍。看过后，觉得该教程很有新意，主要表现在三个方面：

一是结构体例新。与其他同类教材不同的是，该教程每一章都分为“本章概述”“案例引导”“案例分析”“思考”“基本知识”“操作训练”和“资源链接”几个部分。不像原来的教材都是第一章、第一节、一、(一)、1、(1)这样的剥竹笋式结构。“本章概述”对本章的主要内容进行了提要式的表述，让读者用很短的时间就可以获得本章的主要信息；“案例引导”是引入一个与本章内容关联较大的案例，拉近了教材内容与读者经验之间的距离；“案例分析”运用教育理论尤其是新课程理念对案例进行了理论分析，从教育现象中揭示出案例反映的理念或者一般规律性的认识，对提升读者认识教育现象、提高理论水平有好处；“思考”部分罗列了一些让读者深入思考的问题，当然这些问题是与案例以及案例揭示的理念有直接的关系，对拓宽或深化读者对案例的理解有帮助；“基本知识”部分是相关章节的基本部分，对技能训练的主要内容进行了叙述，也适当地引入了案例和图表；“操作训练”部分是结合“基本知识”部分专门提出的让读者进行练习的问题，这些问题的回答与练习对提高学生运用基本知识的能力、提高教师技能的操作性有很大帮助；“资源链接”为拓展学生的学习提供了相关资源。

二是内容新。本教程在案例选择、文字叙述、资料引用、资源链接等方面，所选取的材料都是近年来基础教育课程改革的材料，或者是学术界最新的研究成果，给人一种材料新鲜、观点新颖的感觉。当然，本书的作者也把他们个人的最新研究成果、体会、教学经验吸收到本教程中。

三是作者新。参与本教程编写的同志都是在教学一线默默耕耘的教师。虽然他们名不见经传，知名度不高，但是，这些同志近年来一直参与新课程改革、教师培训，指导学校新课改以及开展关于新课程改革的理论和实践研究。也许正因他们是“新人”，他们提供的劳动成果也让我们感到有一种扑面而来的新鲜感。

当然，既然是新作，还有一些地方考虑的不是很周到。比如，“基本知识”部分的较多内容关联到“基本技能”的因素，用“基本知识”作标题包容性不够强。不过瑕不掩瑜，不影响读者对整个教材的理解和学习。作为教师教育方面的系列教材之一，需要结合教师教育发展的实践不断提高针对性、系统性和科学性。

党的二十大报告中指出，要坚持教育优先发展、科技自立自强、人才引领驱动，加快建设教育强国、科技强国、人才强国，坚持为党育人、为国育才，全面提高人才自主培养质量，着力造就拔尖创新人才，聚天下英才而用之。建设教育强国、人才强国，教师的能力提升是非常重要的。我相信本书的作者们会不断总结教学经验和教材编写经验，为读者编写出对实践更有指导性，对学生的教师技能训练更为有效的教材来；同时，我也相信该教程的使用会对学生及年轻教师的教师教学技能的形成起到积极作用。

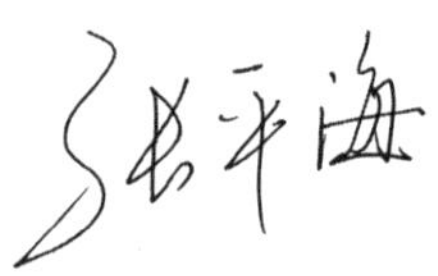

目　录

第一章　课程标准解读

——走进新课程

本章概述

振兴民族的希望在教育，振兴教育的希望在教师。2001 年 6 月 8 日，我国教育部颁发《基础教育课程改革纲要（试行）》，标志着新中国成立以来的第八次基础教育改革正式拉开了帷幕。本次课程改革将我国沿用已久的教学大纲改为课程标准，反映了课程改革所提倡的基本理念。课程标准作为国家课程的基本纲领性文件，是国家对基础教育课程的基本规范和质量要求。至今，新课改已历时十年，它给我国的基础教育带来了“春风”和活力。作为新世纪的“准教师”，我们必须明确新课程改革的背景和目标，了解新课程标准的性质、意义、框架、特点，掌握新课程背景下的教学观、学生观、新型师生关系等理念方面的转变。在我们的教学中，践行新课程改革的理念，全面推进素质教育。

案例导引　**幸福是什么**

这是一堂五年级的访谈式习作课。近一年来，我校在作文教学中进行了开放型创新作文教学研究。访谈式习作便是教师们设计的一种习作指导形式。学生们通过课前、课中或课后对嘉宾的访问以及相互间的对话交流，感受丰富的生活、精彩的人生和美妙的自然，有感而写。

这堂课之前，教师通过对学生感兴趣的话题进行了摸底了解，结合单元课文内容，确定了访谈题目：“幸福是什么。”教师在课前带领几名采访小组的学生几次来到成都市 SOS 儿童村，访问六号家庭的妈妈杨红英。杨红英是一位十分优秀的儿童村妈妈，她有着丰富的人生经历，有着自己对幸福的深刻体验和感受。教师和采访小组的同学们收集了杨妈妈一家的有关资料、照片，制作成课件。课堂上，教师首先声情并茂地向全班同学介绍了杨妈妈的有关情况，展示了有关资料，同学们被吸引住了。老师提出：“如果有机会采访杨妈妈，围绕‘幸福是什么’，你将怎样向她提问？”同学们分为学习小组进行研究讨论，设计出了采访提纲。这时，教师从幕后请出了被邀请来接受采访的杨妈妈。杨妈妈的出现使课堂沸腾了，小组代表开始进行采访。“请问杨妈妈，您为什么要选择这样一个职业?”“您还这么年轻，您不想有自己的家，不想有自己的孩子吗?”“您来自遥远的冰城哈尔滨，您想不想您的爸爸妈妈？想不想家?”“在您现在的生活中，让您觉得最幸福的事情是什么?”“您那么爱您的孩子，他们爱您吗?”“您觉得什么是幸福?”……同学们提出了一个又一个他们关心的问题。杨妈妈深情而又平静地讲述着自己的故事，诉说着自己的心情。同学们被深深地打动了。采访结束了，教师请同学们谈谈自己的感受和体会。从同学们充满真情的发言中，不难看出他们的心灵经受了一次洗礼。最后，教师请大家考虑一下用什么写作形式可以最好地表达自己今天的感受和体会。同学们或咏一首小诗，或发一段议论，或写一段随感，或写杨妈妈讲的一个小故事……学生的确是有感而发。

这堂小学五年级作文课既没有传统作文课繁杂枯燥的作文技巧方面的指导，也不追求学生作文布局谋篇上的统一，更没有刻意地教学生如何立意高远。它不是仅仅以写作为目的的一堂作文课。这堂课所关注的不只是作文本身，它更为关注的是学生在作文课上是否感受到了丰富的生活和精彩的人生，更为关注学生的发展，这才是教育的根本目的。①

评析：教育不只要满足学生的求知欲、开发学生智力，它还担负着其他的任务。新一轮基础教育课程改革，深刻分析了基础教育存在的弊端和问题，鲜明地提出：改变课程过于注重知识传授的倾向，强调形成积极主动的学习态度，使获得知识与技能的过程成为学会学习和形成正确价值观的过程。课堂教学也绝不仅仅是传授知识，更应该通过课程使学生学会感悟丰富的生活和精彩的人生，教学中应更为关注学生的发展。

语文是最重要的交际工具，是人类文化的重要组成部分。工具性与人文性的统一，是语文课程的基本特点。语文课程应致力于学生语文素养的形成与发展。学生人文素养的提高主要是通过熏陶感染，潜移默化，而不是一味地“填鸭”和灌输。作文是一种创造性的生命活动。学生写作不只是了解相关的文体知识，更为重要的是提高学生的思想道德修养和审美情趣，使他们逐步形成良好的个性和健全的人格，促进德、智、体、美诸方面的和谐发展。所以课程标准中的“情感、态度、价值观”目标在教学中应具有十分重要的地位，应引起一线教师的关注。

---

① 佚名：《幸福是什么》，见中国教育文摘，http：//www.eduzhai.net，html，2004-07-13。

思考：为什么要进行基础教育课程改革？基础教育课程改革的内容是什么？基础教育课程改革给一线教师的教学带来了怎样的变化？

第一节　课程改革的背景及目标

自20世纪90年代以来，基础教育课程改革在世界各地受到前所未有的重视。世纪之交，当中国基础教育高举全面推进素质教育的旗帜，为实施科教兴国战略切实履行“奠基工程”职责的时候，基础教育课程改革就必然成为基础教育改革的重要任务，鲜明而紧迫地提到广大教育工作者和全社会的面前。我国新一轮基础教育课程改革在世纪之交启动。经过充分酝酿和研究，教育部制定了《基础教育课程改革纲要（试行）》（以下简称《纲要》），确定了改革目标，研制了各门课程的课程标准或指导纲要。遵循“先实践，后推广”的思路，新课程已经于2001年9月在全国38个国家级实验区进行了实验，新课程正在走进校园，走进师生的生活。基础教育课程改革正在实践中不断深化，并昭示出强大的生命力。

一、课程改革的背景

（一）国外基础教育课程改革的背景

1. 国外基础教育课程改革的时代背景

20世纪在政治、经济、文化、科技等各个方面的发展，是人类历史上最为迅猛的一个世纪。在社会发生如此急剧变革的时期，各国的教育必将随之而发生相应的改革。

当前整个时代的发展体现出以下特点：

第一个特征是知识经济初见端倪。肇始于第二次世界大战后期的新技术革命，对人类的生产、文化乃至社会生活等各个方面都产生了深刻的影响，并预示着人类发展新时代的到来。1996年，联合国经济合作与发展组织（OECD）在其发表的《科学、技术和产业展望》报告中，正式使用了“知识经济”这一概念，此后，“知识经济”一词便成为人们耳熟能详的概念。

知识经济是相对于人类曾经经历过的农业经济、工业经济而言的，是人类生产方式的又一次重大变革。由于从20世纪90年代起，知识已经成为最重要的生产要素，其对于经济增长的贡献率已经超过其他生产要素贡献率的总和，因此，人们把21世纪称为知识经济时代。在知识经济时代，劳动者的素质和结构将发生重大变化，知识劳动者将取代传统的产业工人。

此外，在知识经济时代，科学技术的不断更新，将改变“文盲”这一概念的传统内涵，“文盲”一词将不再单纯是指没有文化、知识的人，而是指不能继续学习，不能更新自己的知识、技能的人，正是在这个意义上，有人也把知识经济称为“学习经济”。

第二个特征是国际竞争空前激烈。随着社会的进步和发展，科学技术逐渐成为第一生产力。就一个国家而言，劳动者科学素质的高低对于其经济的发展、综合国力的增强都起着举足轻重的作用。当前的国际竞争则主要体现在综合国力方面，而且这种竞争越来越表现为经济实力、国防实力和民族凝聚力的竞争。

在经济方面，21 世纪将是一个知识经济的时代，知识成为经济增长的最具有决定性的因素。科学技术的不断进步使各国更加关注知识与创新，因为拥有知识就意味着拥有财富，而创新则是一个民族发展的原动力。另一方面，人们更加关注知识创新和技术进步对经济增长的贡献，各国经济的竞争就是对知识和人才的竞争。在社会变革方面，科技的发展和文化的变迁促使社会在各个领域发生着深刻变化。在新世纪里，社会将发生进一步的深层变革，它为教育的发展带来了新的机遇，同时也提出了新的挑战。

第三个特征是人类的生存和发展面临着困境。这种困境主要是指人类目前面临的诸如生态环境的恶化、自然资源的短缺、人口迅速膨胀等威胁着人类自身生存和发展的一系列重大问题。在工业经济时代，社会的发展主要依赖于科学技术的进步，然而，科学技术本身是一把双刃剑，它既会造福于人类，也会给人类带来灾难。事实上，除了人与自然和谐关系被破坏之外，由于工具理性对价值理性的长期压制，人类生存和发展的困境还表现为人的精神力量、道德力量的削弱或丧失，而这恰恰是任何现代科学技术或物质力量都无能为力的事情。为了人类的生存和可持续发展，在 21 世纪，除了必须对人类既往的所作所为进行客观的评价之外，我们还必须妥善处理物质文明和精神文明之间的关系问题。

我们可以清楚地看到，同过去时代在经济发展、国力增强等方面的社会发展主要依赖于自然资源或物资力量相比较，具有高度科学文化素养和人文素养的人，对于 21 世纪人类发展则具有越来越关键的意义。新时代的人才不仅要掌握基本的学习工具，还要具备基本的知识和技能，以及正确的价值观和态度，还有终身学习的能力，否则他将在社会上无法立足。社会政治经济的发展向教育领域全面渗透，使得教育也面临着新的机遇和挑战。

2. 主要发达国家基础教育课程改革中的课程理念

为了新世纪的竞争，课程改革成为世界各国基础教育的核心。在课程改革的大潮中，崭新的理念将对各国基础教育的改革和发展产生深远的影响。

主要发达国家课程改革中的课程理念集中在以下几点：注重基础学历的提高；计算机信息素养的养成；创造性与开放性思维的培养；强调价值观教育和渗透德育；尊重学生经验，发展学生个性①。美国的课程改革基本上以州为基础，课程改革十分注意培养学生适应现代社会竞争的能力，从真正意义上使学生“学会生存”，这是美国课程改革的基本理念。新泽西州要求：“所有学生将形成职业计划和工作准备的技能；所有学生将使用信息、技术和其他工具；所有学生将使用批判性思维、决策和问题解决的技能；所有学生将展示其自我管理技能；所有学生将应用安全的原则。”② 德国联邦与各州文化教育部都深刻地认识到，未来的社会将是一个学习的社会。基于此，德国十分重视培养学生的个人素质、能力和特殊才能，强调平等对待学生和因材施教。北威州的课程改革理念突出反映在三个方面：强调对成长着的一代进行广泛的、集中的本质性教养；强调各学科之间的联系，使学生能整体地认识世界和建立对世界的整体观念；给教师和学生的教学留有余地③。法国课程改革以让所有学生获得共同知识和能力为目标，以学生和知识的关系为基础，采用课程内容与教学方法相融合的方式，试图重塑学校在历史上曾经具有的权威地位，发掘学校培养自治的现代公民的职能④。自 20 世纪 90 年代以后，日本教育改革出现的主要基调是：强调创造性的发挥、强调竞争原理与自我责任。日本的课程改革强调培养学生的“生存能力”。这种“生存能力”包括合作精神；发现问题和解决问题的能力；选择信息并独立思考的能力；理性判断力；爱善憎恶、崇尚公正、珍惜生命、尊重人权、理解和关怀他人及参加志愿者活动等道德伦理精神；社会奉献精神⑤。

各发达国家课程改革的理念有几点特别值得我们关注：其一，课程改革有明显的学生取向，即从学生发展的角度考虑课程设置、教学内容、教

---

① 钟启泉、杨明全：《主要发达国家基础教育课程改革的动向和启示》，载《全球教育展望》，2001 (4)。

② 赵中建：《美国基础教育课程改革的动向和启示》，载《全球教育展望》，2001 (4)。

③ 李其龙、徐斌艳：《德国中小学课程改革动向和启示》，载《全球教育展望》，2001 (4)。

④ 汪凌：《掌握知识和能力的共同基石》，载《全球教育展望》，2001 (4)。

⑤ 方明生、沈晓敏：《日本基础教育课程改革的动向及若干分析》，载《全球教育展望》，2001 (4)。

学方法、学习要求、评价体系。其二，把培养学生的自主性和责任感放在重要位置。其三，重视培养学生的创造力、合作精神与终身教育理念。其四，高度重视道德教育，引导学生关注生活。其五，强调信息意识和获取信息能力的培养，注重学科间的联系和融合。

同时各国的课程改革还表现出以下趋势：第一，在课程改革中各国政府起着决定性作用，它们积极参与并领导课改。第二，课程改革聚焦于国家发展需要和学生发展需要二者之间关系的协调。第三，课程改革涉及课程结构、课程内容、课程实施、课程评价等方面，具有整体性。

（二）中国基础教育课程改革的背景

1. 中国基础教育课程改革的时代背景

中国是一个具有悠久历史的文明古国，对于人类文明的发展曾作出过举世公认的、不可磨灭的伟大贡献。然而，从1840年鸦片战争开始，种种错综复杂的原因使我国的发展落后于西方发达国家。对于我国这样一个发展中国家来说，本次课程改革对于中华民族的伟大复兴具有深远的意义。

众所周知，我国的现代学校教育制度脱胎于欧、美、日等现代工业化国家的教育体制。尽管由于意识形态、政治体制、经济发展水平、文化传统以及国家所处的地域等存在着种种差异，各国的教育表现出互不相同的特点，有其个性的一面。然而，由于它们都是孕育、发展、完善于工业经济时代，所以，它们又表现出了非常相似的共同的特点，又有其共性的一面。也就是说，现代学校教育制度实际上是工业经济时代的产物。由于它对于工业经济时代各国经济、社会等方面的发展发挥过重要的作用，所以各国政府对于教育都给予了越来越多的关注，而且越来越自觉地把教育作为实现国家目的的重要手段，以至于许多有识之士都形成了这样的共识，即国家间的竞争归根到底是教育的竞争。

诚然，我国能否很好地把握知识经济时代生产方式变革这一历史机遇，能否充分开发和利用我国的人力资源，取决于多方面的因素，然而，教育毕竟是其中的一个至关重要的因素。历史经验已经证明，教育在把握人类自身命运、促进社会发展方面能够发挥巨大的作用。知识经济时代的科学技术已经成为第一生产力，在国与国之间综合国力竞争的时代，由于教育在综合国力竞争中起着奠基的作用，综合国力竞争必将聚焦到教育上来，从这个意义上讲，教育乃是世界各国国力竞争的制高点，谁抢占了这个制高点，谁就将占据主动的地位，谁就将有可能最终赢得这场竞争的胜利。基于对教育功能准确而深刻的认识，党中央、国务院适时提出了“科教兴国”战略，党的“十五大”明确提出要把教育摆在优先发展的战略地位。

我国的教育已经被赋予了中华民族伟大复兴的历史重任。为了更好地担负起这一光荣而艰巨的历史使命，教育工作者应该深刻地反思我国教育的现状，并认真地思考究竟应该如何担负起这一历史重任。

2. 我国基础教育存在的问题

我国基础教育的发展和既往的七次课程改革，都取得了巨大的成就，对于促进我国政治、经济、科技、文化等各个方面的发展作出了巨大贡献。与此同时，我们必须实事求是地承认，目前我国基础教育的现状同时代发展的要求和肩负的历史重任之间还存在着巨大的反差。我国基础教育课程已经到了非改不可的地步，其表现如下：

第一，在课程目标方面，存在过于注重知识传授的倾向，过于强调基本知识和基本技能的掌握，忽视了情感、态度与价值观的培养；忽视了学生学习的过程与方法。我们的教学过程过分强调各门学科的“双基”——基本知识的掌握和基本技能的培养，这一直是我国基础教育的传统。但这样的基础教育忽视了学生在情感态度和价值观方面的发展，不利于学生全面健康的成长。因此有人说，教育使一些孩子失去了最宝贵的东西：一是失去了梦想和激情，变得现实、麻木、呆板；二是失去了积极的态度，变得消极、沉默；三是失去了学习的能力和习惯；四是失去了活泼、开朗的天性，封闭了自己。课程上存在的这些问题，严重影响了教育质量的提高，束缚了学生的发展。

第二，课程内容“难、繁、偏、旧”并且过于注重书本知识，导致学生难以对学习产生兴趣。内容偏难，是我国基础教育课程存在的实际问题，也是导致学生负担过重的一个重要原因。基础教育，尤其是义务教育，是培养国民基本文化素质的基础性工程，必须面向大多数学生，使他们在课堂上听得懂，乐意学，并能掌握，而不是用过重的课业内容把他们拒之门外。而课程内容的陈旧，缺乏现代感，远离了学生生活与实际经验，脱离了社会发展等问题，则使学生难以对学习产生兴趣。课程内容的这些现状，显然难以适应社会和学生发展的需要。

第三，课程结构过于强调学科本位，科目太多，缺乏整合，课程结构单一，学科体系相对封闭。现行的课程体系以学科知识为核心，过于强调不同学科的独立性，忽略了科学、艺术和道德之间的内在联系，忽略了学科之间的整合性、关联性。目前，许多国家基础教育阶段教学内容的组织，已经打破了知识的学科体系，代之以学习领域如语言、数学、科学、社会、艺术等。而我国的课程教材目前基本上还是沿用以往的学科体系并按照这一体系编写教材和组织教学，这不利于学生综合、全面地认识问题和解决问题。

第四，在课程实施方面，存在着过于强调接受学习、机械训练等问题，学生死记硬背、题海训练的状况普遍存在。教育部的有关调查结果表明，我国目前教与学的方式仍然以被动接受式为主要特征，其突出表现是教学以教师为中心，以课堂为中心，以课本为中心，学生缺乏自主探究和合作学习的机会。相关调查表明，我国目前教与学的方式，79％的小学生和90％的初中生主要是以被动接受式的学习方式来学习的。很多学生根本就没有搞过调查、观察，更不会写调查报告。这样的课程实施，显然难以培养出具有主动精神、能够适应未来社会挑战、具有终身学习愿望和能力的合格公民。

第五，在课程评价方面，过于强调学业成绩和评价的甄别和选拔功能，忽视了评价的促进学习者发展和提高的教育功能；过于强调结果的评价，而对过程评价则重视不够；评价的技术倾向过于单一的量化评价，忽视定性评价；重视自上而下以教师和管理者为主进行评价，忽视学生和教师在评价过程中的主体地位；评价方法简单，缺乏体现最新评价思想和观念的有效的评价方法和策略。总之，课程评价存在的这些问题对学生的发展、教师的提高和教育教学过程的改善，都具有直接或间接的消极作用。

第六，课程的管理过于集中，强调统一，对地方、学校及学生的适应性不强，也忽视了地方在课程管理与开发中的作用。教师缺乏参与课程开发与管理的权利和机会，长此以往，必然丧失参与课程建设的意识和能力。这种课程管理的现状，显然难以调动各方面参与课程建设的积极性，难以适应不同地方经济、社会发展的需要和学生多样化发展的需要。

正是由于上述问题，严重妨碍了“科教兴国”战略的落实。经过认真考察、研究全球基础教育课程改革的动态和趋势，特别是从我国的具体实际落实科教兴国战略的需要，以适应21世纪知识经济时代的人才要求，教育部认定，课程改革是实现高质量基础教育的必由之路，必须通过基础教育课程改革，来实现培养目标的调整和培养方式的变革，以全面提高国民素质，适应未来社会的挑战。

二、课程改革的目标

（一）培养目标①

基础教育课程改革体系以邓小平“教育要面向现代化、面向世界、面向未来”和江泽民“三个代表”的重要思想为指导，全面贯彻党的教育方针，全面推进素质教育。

新课程的培养目标应体现时代要求。要使学生具有爱国主义、集体主义精神，热爱社会主义，继承和发扬中华民族的优秀传统和革命传统；具有社会主义民主法制意识，遵守国家法律和社会公德；逐步形成正确的世界观、人生观、价值观；具有社会责任感，努力为人民服务；具有初步的创新精神、实践能力、科学和人文素养以及环境意识；具有适应终身学习的基础知识、基本技能和方法；具有健壮的体魄和良好的心理素质，养成健康的审美情趣和生活方式，成为有理想、有道德、有文化、有纪律的一代新人。

（二）基础教育课程改革的具体目标②

1. 改变课程过于注重知识传授的倾向，强调形成积极主动的学习态度，使获得基础知识与基本技能的过程同时成为学会学习和形成正确价值观的过程。

当前，世界各国的课程改革都将课程功能的转变作为首要目标，力争使新一代的国民具有适应21世纪社会、科技、经济发展所必备的素质。我国基础教育课程改革在《纲要》中首先确立了改革的核心目标即课程功能的转变。改变课程过于注重知识传授的倾向，即从单纯注重传授知识转变为引导学生学会学习，学会合作，学会生存，学会做人，打破传统的基于精英主义思想和升学取向的过于狭窄的课程定位，而关注学生“全人”的发展。这一根本性的转变，对于实现新课程的培养目标，在基础教育领域全面实施素质教育，培养学生具有社会责任感、健全人格、创新精神和实践能力、终身学习的愿望和能力、良好的信息素养和环境意识等具有重大意义。

---

① 钟启泉、崔允漷：《新课程的理念与创新——师范生读本》，第297页，北京，高等教育出版社，2003。

② 钟启泉、崔允漷、张华：《为了中华民族的伟大复兴，为了每位学生的发展〈基础教育课程改革纲要（试行）〉解读》，第4～5页，上海，华东师范大学出版社，2001。

2. 改变课程结构过于强调学科本位、科目过多和缺乏整合的现状，整体设置九年一贯的课程门类和课时比例，并设置综合课程，以适应不同地区和学生发展的需求，体现课程结构的均衡性、综合性和选择性。

新一轮基础教育课程改革，对现行课程结构进行了重大调整，减少了课程门类，对各门具体课程之间的比重进行了调整，在保留传统学科课程的同时，加强了旨在养成学生科学素养和实用技能方面的课程，使科学、综合实践等课程的比重呈上升趋势。从小学至高中设置综合实践活动课程，内容主要包括信息技术教育、研究性学习、社区服务与社会实践以及劳动与技术教育等，旨在加强学生创新精神和实践能力的培养，加强学校教育与社会发展的联系，改变封闭办学、脱离社会的不良倾向，培养学生的社会责任感。新课程重视不同课程领域（特别是综合实践活动、体育、艺术等）对学生发展的独特价值，淡化学科界限，强调学科间的联系和综合。课程结构的这种转变，与课程功能的转变遥相呼应，折射出我国基础教育课程改革的基本思想和新时期的培养目标，保证学生全面、均衡、富有个性地发展。

3. 改变课程内容“难、繁、偏、旧”和过于注重书本知识的现状，加强课程内容与学生生活、现代社会和科技发展的联系，关注学生的学习兴趣和经验，精选终身学习必备的基础知识和技能。

课程内容的这一转变，力争反映现代科技发展的新成果，使课程具有时代精神，密切了课程内容与生活和时代的联系。此外，不再单纯以学科为中心组织教学内容，不再刻意追求学科体系的严密性、完整性、逻辑性，注重与学生的经验结合在一起，使新知识、新概念的形成建立在学生现实生活的基础上。课程内容切实反映学生生活经验，努力体现时代特点，将会有效地改变学生学习生活和现实世界相脱节的状况，极大地调动学生学习的主动性和积极性。

4. 改变课程实施过于强调接受学习、死记硬背、机械训练的现状，倡导学生主动参与、乐于探究、勤于动手，培养学生搜集和处理信息的能力、获取新知识的能力、分析和解决问题的能力以及交流与合作的能力。

以往长期的灌输式学习使学生变得内向、被动、缺少自信、恭顺……自然也就窒息了人的创造性。学习方式的改善是以教师教学行为的变化为前提的，因而我们把教师教学行为的变化和学生学习方式的改善视为本次课程改革成功与否的重要标志，从某种意义上讲，也是素质教育能否深入推进的关键因素。

为了使学生的学习方式发生根本性的转变，保证学生自主性、探究性的学习落到实处，此次课程改革首先通过课程结构的调整，使学生的活动时间和空间在课程中获得有效的保障，并在新课程标准中倡导通过改变学习内容的呈现方式，确立学生的主体地位，促进学生积极主动地学习。同时倡导学习过程转变成学生不断提出问题、解决问题的探索过程，并且能够针对不同的学习内容，选择接受、探索、模仿、体验等丰富多样的适合个人特点的学习方式。学习方式的这种转变，还意味着必须关注学生的学习过程和方法，关注学生是用什么样的手段和方法、通过什么样的途径获得知识的。由于获得知识的过程与方法不一样，由此带给学生真正意义上的收获也可能不一样，对学生终身发展的影响也有可能不同。

5. 改变课程评价过分强调甄别与选拔的功能，发挥评价促进学生发展、教师提高和改进教学实践的功能。

《纲要》中提出改变课程评价体系，最关键是建立与素质教育理念相一致的评价和考试制度。这是一种发展性的评价体系。一是要建立促进学生全面发展的评价体系，使评价不仅要关注学生在语言和数理逻辑方面的发展，而且要发现和发展学生多方面的潜能，了解学生发展中的需求，帮助学生认识自我，建立自信，促进学生在已有水平上的发展，发挥评价的教育功能。二是要建立促进教师不断提高的评价体系，以强调教师对自己教学行为的分析与反思，建立以教师自评为主，校长、教师、学生、家长共同参与的评价制度，使教师从多渠道获得信息，不断提高教学水平。三是要将评价看做是一个系统，从形成多元的评价目标、制定多样的评价工具，到广泛地搜集各种资料，形成建设性的改进意见和建议，每一个环节都是通过评价促进发展的不可或缺的部分。评价目标多元、评价方法多样，重视学生发展和教师成长记录，是今后一段时间内评价与考试改革的主要方向。

6. 改变课程管理过于集中的状况，实行国家、地方、学校三级课程管理，增强课程对地方、学校及学生的适应性。

本次课程改革从我国的国情出发，妥善处理课程的统一性与多样性的关系，建立国家、地方、学校三级课程管理体制，实现了集权和放权的结合。三级课程管理制度的确立，有助于教材的多样化，有利于满足地方经济、文化发展的需要和学生发展的需要。为了实现上述目标，本次课程改革重新划分了国家、地方、学校在基础教育课程管理中的职责分工，调整了国家课程在整个课程计划中所占的比重，在课程内容和课时安排上增加了一定的弹性，让地方和学校拥有相应的选择余地。三级课程管理政策的运行，为课程适应地方经济、文化发展的特殊性，以及满足学生个性发展的需要、体现学校办学的独特性，创造了良好的条件，并且对于加速我国课程建设民主化、科学化进程必将产生深远影响。

第二节　新课程标准及其框架

一、新课程标准的性质

顾明远主编的《教育大辞典》（第一卷）对课程标准①的定义是：课程标准是确定一定学段的课程水平及课程结构的纲领性文件。课程标准（结构）一般包括课程标准总纲和各科课程标准两部分。前者是对一定学段的课程进行总纲设计，是一种纲领性文件，规定了各级学校的课程目标、学科设置、各年级各学科每周的教学时数、课外活动的要求和时数，以及团体活动的时数等；后者根据前者具体规定各科教学目标、教学纲要、教学要点、教学时数和编订教材的基本要求等。我国从 1952 年后，称前者为“教学计划”，后者为“教学大纲”。

《纲要》指出：国家课程标准是教材编写、教学、评估和考试命题的依据，是国家管理和评价课程的基础。应体现国家对不同阶段的学生在知识与技能、过程与方法、情感态度与价值观等方面的基本要求，规定各门课程的性质、目标、内容框架，提出教学建议和评价建议。根据《基础教育课程改革纲要（试行）》的精神，在课程标准性质方面，我们可以看到已经达成如下共识②：

1. 课程标准主要是对学生在经过某一学段之后的学习结果的行为描述，而不是对教学内容特别是知识点和单项技能的具体规定（如教学大纲或内容要领）。它的范围涉及三个领域：认知、情感与动作技能，而不仅仅是知识与技能方面的要求。

① 钟启泉、崔允漷、张华：《为了中华民族的伟大复兴，为了每位学生的发展〈基础教育课程改革纲要（试行）〉解读》，第 171 页，上海，华东师范大学出版社，2001。

② 钟启泉、崔允漷：《新课程的理念与创新——师范生读本》，第 67～68 页，北京，高等教育出版社，2003。

2. 课程标准主要规定某一学段或年级所有学生在教师的帮助下或在自己的努力下都能达到的要求，它是面向全体学生的共同的、统一的基本要求，而不是最高要求。

更为通俗地说，基础教育课程是面向每一个少年儿童的课程，是为每个人的终身发展打基础的课程。新课标中的具体要求，不是为淘汰学生，也不是为培养专家，而是每一个学生通过他们的努力都能够掌握、必须掌握的内容。

3. 课程标准主要服务于评价，是对国家或地方的课程质量、学校教育质量、教师教学质量、学生学习质量进行评价的依据，因此，描述学习结果的行为动词应该是可理解的、可达到的、可评估的，而不是模糊不清的、可望而不可即的。

4. 课程标准意味着教师不是教科书的执行者，而是教学方案（课程）的开发者，它使教师与学生等课程实施者作为独立的主体参与教育过程，使课程具有生成性、适应性成为可能。

5. 课程标准是国家基础教育课程质量的主要标志，它统领课程的管理、评价、督导与指导，具有一定的严肃性与正统性。

由于课程标准规定的是国家对国民在某方面或某领域的基本素质要求，因此，它毫无疑问地对教材、教学和评价具有重要指导意义，是教材、教学和评价的出发点与归宿。因为无论教材还是教学，都是为这些方面或领域的基本素质的培养服务的，而评价则是重点评价学生在这些方面或领域的表现如何，是否达到了国家的基本要求。因此，无论教材、教学还是评价，出发点都是为了课程标准中所规定的那些素质的培养，最终的落脚点也都是这些基本的素质要求。

可以说，课程标准中规定的基本素质要求是教材、教学和评价的灵魂，也是整个基础教育课程的灵魂。这也正是各国极其重视课程改革，尤其是极其重视课程标准研制工作的重要原因。现在英美等国纷纷组织全国最强的力量、投入大量物力经费研制各科课程标准，表现出它们对国家课程标准的日益重视。无论教材怎么编，无论教学如何设计，无论评价如何开展，都必须围绕着这一基本素质要求服务，都不能脱离这个核心。

但是，课程标准是教材、教学和评价的基本依据，并不等于课程标准是对教材、教学和评价方方面面的具体规定。课程标准对某方面或某领域基本素质要求的规定，主要体现为在课程标准中所确定的课程目标和课程内容，因此，课程标准的指导作用主要体现在它规定了各科教材、教学所要实现的课程目标和各科教材教学中所要学习的课程内容，规定了评价哪些基本素质以及评价的基本标准。但对教材编制、教学设计和评价过程中的具体问题（如教材编写体系、教学顺序安排及课时分配、评价的具体方法等），则不作硬性的规定。

二、新课程标准的意义

本次课程改革中，将教育工作者熟悉的“教学大纲”改成了“课程标准”。这不仅仅是名称的变化。实际上，“课程标准”并不是一个新词，早在1912年中国南京临时政府教育部就颁布了《普通教育临时课程标准》，此后，“课程标准”一词在中国一直沿用了40年。新中国成立初期，我国颁布了小学各科和中学个别科目的课程标准（草案）。1952年后，改用教学大纲。这是我国学习苏联教育模式的一个重要表现。现行的教学大纲明显存在以下弊端：从目标上，只规定了知识方面的要求；内容偏难、偏深、偏窄，对绝大多数学生来说，要求过高；只强调教学过程，忽视课程的其他环节；“纲性”太强，缺乏弹性和选择性。

基于我国“教学大纲”的种种弊端以及本次课程改革所倡导的基本理念及改革目标，本次课程改革中以“课程标准”代替目前的“教学大纲”，这不仅仅是一个简单的词语置换，至少应包括以下三方面的理解和考虑：第一，课程价值趋向从精英教育转向大众教育；第二，课程标准着眼于学生素质的全面提高。第三，从只关注教师教学转向关注课程实施过程。

国家课程标准是新课程的一个重要文件，也是我国基础教育课程发展史上一块极其重要的里程碑，它的颁布会引发我国中小学教育产生极为深刻的变化。

1. 它标志着素质教育的全面推进与具体落实成为现实。素质教育是我国基础教育的理想。多年来，尽管一些学校创造了课程革新与教学经验的创新，但是中小学的教育现实没有得到根本性的改变。因为实施素质教育是一个系统工程，而课程标准的制定就是这一系统工程中最为关键的一个环节。如果没有这一环节，素质教育将会变成一句口号，一个没有现实意义的概念。新课程高举素质教育大旗，课程标准就是素质教育在相应阶段的质量标准。

2. 它标志着在我国义务教育阶段有了明确、科学、具体的质量标准。

随着社会的发展，人们对教育的质量越来越关注，需求越来越多元，义务教育既要体现国家意志，又要满足学生的发展需要，于是，国家课程标准应运而生。从主要关注内容的“教学大纲”，走向关注结果的“课程标准”，这一转变标志着我国义务教育阶段有了明确而科学的质量标准。这种标准不仅包括学生的学术质量，还包括学生的生活质量、发展质量，以及教材编写、教师教学、课程评价与管理方面的质量。

3. 它标志着真正走向教材的多元化有了可能。教材多元化是世界各国课程发展的趋势，然而，多元化不是简单的多本化，而是在一定的标准和框架内的各有特色的多本化。课程标准确定了统一的质量标准，而不仅仅是内容标准，同时以学段代替以前按学期或学年编制的教学大纲，为教材编写者预留了一定的课程发展空间，这就为教材的真正多元化发展提供了可能，也使编写有特色的教材成为可能。

4. 它标志着革新教学方式有了标准。教学行为与学习方式的变革是新课程追求的目标之一。课程标准结合本学科的特点，根据结果性、体验性与表现性目标的要求，极力倡导教师革新自己的教学行为，在标准规定的框架内，大胆尝试，不断创新，使学生主动参与，改变单一的记忆、接受、模仿的被动学习方式，发展学生搜集和处理信息的能力、获取新知识的能力、分析和解决问题的能力，以及交流与合作的能力。

5. 它标志着确立教师专业自主权有了保障。教师专业化的一个重要标志是教师的专业自主权。由于以前我国没有明确的质量标准，教师只能围着教材转，主要工作就是把专家编写的教材所规定的内容教完，或者说让学生学会教材中的内容，专业自主权既没办法体现，也没办法保障。由于不是以学生为主体，教师往往习惯于“熟能生巧”，主要靠重复训练，由于训得过多，练得过多，其结果也有可能“熟能生厌”“熟能生烦”。课程标准按学段设计基本要求，而没有规定达到这种要求的手段，这给教材编写者保留了空间，也给教师的教学创新提供可能。教师完全可以根据现场资源、学生经验、自身优势对教材进行再开发，设计适应性的方案，进行创意性的教学。

6. 它标志着学生心理负担的减轻有了重大举措。由于国家课程标准是面向全体学生的统一的基本要求，是人人都能达到的，都能体验到成功的要求，因此，它是减轻学生心理负担的重要举措。学生再也不用按照最高要求或全班的最高分来评价自己，再也不用按 100 分的绝对评价衡量自己，而是采用相对的、多元的评价来要求自己。只要学生达到了统一的基本要求，他就是成功的、快乐的，不仅如此，每一个学生都能找到自己成功的独特一面，或数理的、语言的，或音乐的、社会的，无疑，这肯定会减轻学生的心理负担和学习压力。同时，课程标准倡导建立和谐、民主、平等的师生关系，改善学生的心理环境，使得学习在一种放松的、友好的、快乐的氛围中进行。这样，学生的心理负担就会减轻，生活质量就会提高。

三、新课程标准的框架

首次颁布的义务教育阶段 17 个学科的 18 种课程标准，尽管各有特色，但结构基本上是一致的，大致包括前言、课程目标、内容标准、实施建议、附录等部分。在目标的陈述上，都包括了知识与技能、过程与方法以及情感态度与价值观三个方面。这与过去的教学大纲有着显著的区别。

表 1-1-1　课程标准与教学大纲的框架结构比较

<table>
<tr><th colspan="2">课程标准</th><th>教学大纲</th></tr>
<tr><td rowspan="3">前言</td><td>课程性质</td><td rowspan="3"></td></tr>
<tr><td>课程基本理念</td></tr>
<tr><td>标准设计思路</td></tr>
<tr><td rowspan="3">课程目标</td><td>知识与技能</td><td rowspan="3">教学目的</td></tr>
<tr><td>过程与方法</td></tr>
<tr><td>情感态度与价值观</td></tr>
<tr><td>内容标准</td><td>学习领域、目标及行为目标</td><td>教学内容及要求</td></tr>
<tr><td rowspan="4">实施建议</td><td>教学建议</td><td rowspan="4">教学建议
☆课时安排
☆教学中应注意的问题
☆考核与评价</td></tr>
<tr><td>评价建议</td></tr>
<tr><td>教材编写建议</td></tr>
<tr><td>课程资源开发与利用建议</td></tr>
<tr><td rowspan="2">附录</td><td>术语解释</td><td rowspan="2"></td></tr>
<tr><td>案例</td></tr>
</table>

下面我们来分析一门具体学科（物理学科）的课程标准的框架结构。

背景与课程性质

课程基本理念

注重学生发展，改变学科本位

从生活走向物理，从物理走向社会

注重科学探究，提倡学习方式多样化

构建新的评价体系

课程目标

知识与技能

过程与方法

情感态度与价值观

内容标准（含样例和活动建议）		
提出问题 猜想与假设 制订计划与设计实验 进行实验与收集数据 分析与论证 评估 交流与合作	物质	物质的形态与变化、物质的属性、物质的结构与物体的尺寸、新材料及其应用
	运动和相互作用	多种多样的运动样式、机械运动和力、声和光、电和磁
	能量	能量、能量转化与转移，机械能，内能，电磁能，能量守恒，能量和可持续发展

实施建议

教学建议　　教科书编写建议

课程资源开发和利用建议　　学生学习评价建议

图 1-1-1《物理课程标准》的框架结构①

① 教育部基础教育司组织编写，朱慕菊主编：《走进新课程——与课程实施者对话》，第55页，北京，北京师范大学出版社，2002。

下面我们就课程标准的框架结构各部分作一简要分析。

（一）课程标准的前言部分对课程的性质、价值与功能作了定性的描述，阐述了本课程领域改革的基本理念，并对课程标准设计的思路作了详细的说明。

《物理课程标准》

课程基本理念：

1. 注重学生发展，改变学科本位；
2. 从生活走向物理，从物理走向社会；
3. 注重科学探究，提倡学习方式多样化；
4. 注意学科渗透，关心科技发展。

（二）课程标准中确立了知识与技能、过程与方法以及情感态度与价值观三位一体的课程目标。把过程与方法作为课程目标之一是课程标准的突出特点。

（三）课程标准中的内容标准部分，按照学习领域或主题组织学习内容，例如《生物课程标准》中包含如下内容：科学探究、生物体的结构层次、生物与环境、生物圈中的绿色植物、生物圈中的人、动物的运动和行为、生物的生殖发育与遗传、生物的多样性、生物技术、健康地生活。用尽可能清晰的行为动词从知识与技能、过程与方法以及情感态度与价值观三方面对学生的学习结果进行描述。

（四）课程标准中的内容部分和实施建议均提供了典型案例，便于使用者（教师、教材编写人员、教育管理者等）准确理解课程标准，减少课程标准在实施过程中的落差。

（五）课程标准的附录部分对课程标准中出现的一些主要术语进行解释和说明，便于使用者能更好地理解与把握。这种课程标准框架，是经过学习和借鉴各国的课程标准，并结合我国的教育传统及教师的理解和接受水平，反复研究所形成的，将课程目标、内容及要求、课程实施放在同等重要的地位。

四、新课程标准的特点①

课程标准的研制工作是基础教育课程改革的核心工作。义务教育阶段17个学科的18种课程标准是由几百名大学科研人员、各地教研人员和一线

---

① 教育部基础教育司组织编写，朱慕菊主编：《走进新课程——与课程实施者对话》，第61～64页，北京，北京师范大学出版社，2002。

教师组成的研制专家辛勤劳动的成果，它凝聚了专家们的心血，是集体智慧的结晶。新颁布的课程标准主要体现出以下主要特点：

(一) 努力将素质教育的理念切实体现在课程标准的各个部分

李岚清副总理指出："素质教育从本质来说，就是以提高国民素质为目标的教育。"我国现行的教学大纲关注的是学生在知识和技能方面的要求，而课程标准着眼于未来社会对国民素质的要求。作为国家对未来国民素质的基本要求的纲领性文件，各学科或领域学生素质的要求应成为课程标准的核心部分。

本次课程改革以促进学生发展为宗旨，确立了知识与技能、过程与方法、情感态度与价值观三位一体的课程目标。所以新颁布的课程标准力图在"课程目标""内容标准"和"实施建议"等方面全面体现"知识与技能、过程与方法以及情感态度与价值观"三位一体的课程功能，从而促进学校教育重心的转移，使素质教育的理念切实体现到日常的教育教学过程中。

例如，认识世界气候的地区差异，初步学会分析影响气候的主要因素，认识气候与人类生产、生活的相互关系，形成保护大气环境的意识，养成收听、收看天气预报的习惯（《地理课程标准》）。

收集过去的一些购物票证，如布票、粮票、油票、副食本等，感受市场经济给人们生活带来的巨大变化（《历史课程标准》）。

通过统计家庭每天丢弃垃圾袋的数量，学生经历数据收集、处理、呈现的过程，体会塑料垃圾对人类生活可能产生的危害（《数学课程标准》）。

知道科学技术给人类与社会发展会带来好处，也可能产生负面影响，乐于用学到的科学知识改善生活（《科学课程标准》）。

在唱歌、绘画、制作的过程中，共同分享创作的乐趣和喜悦，体会怎样表达对祖国、对亲人的爱（《艺术课程标准》）。

(二) 突破学科中心

与国际相对成熟的基础教育课程结构相比，我国基础教育的课程结构还存在着诸多严重的问题。第一，在学校课程中学科课程占据绝对主导地位，而经验课程则微乎其微；必修课程占据绝对主导地位，而选修课程则很少。第二，学校课程中各具体科目之间的比例失衡。第三，其他国家设有多种综合课程，但我国却没有综合课程的具体科目。第四，我国基础教育的课程内容长期以来为"繁、难、偏、旧"的症状所困扰。课程内容的烦琐、艰深适用于专家型人才的培养，却不适用于普通人才的培养。

新颁布的课程标准关注学生的兴趣与经验，精选学生终身学习必备的基础知识和技能，努力改变课程内容“繁、难、偏、旧”的现状，密切教科书与学生生活以及现代社会、科技发展的联系，打破单纯地强调学科自身的系统性、逻辑性的局限，尽可能体现义务教育阶段各学科课程应首先服务于学生发展的功能。

例如，增加对日常生活和社会生活中图形与空间、统计与概率等现实问题的探究，降低对运算速度、证明技巧的训练（《数学课程标准》）。

加大语文阅读量和口语交际环节，重视培养语感，降低对语法、修辞、逻辑的要求（《语文课程标准》）。

通过主题的方式，让学生具体地感受历史，把握历史发展脉络，而不要求学生死记硬背繁杂的历史知识（《历史课程标准》）。

加强地理基础知识与人口、资源、环境的密切联系（《地理课程标准》）。

反映现代生物技术的发展，削弱传统生物学按群详细介绍生物体外部形态和内部结构的知识（《生物课程标准》）。

加强化学与社会技术生活相联系的内容，降低化学计算（化学方程式配平、浓度计算等）的要求（《化学课程标准》）。

（三）改善学习方式

《基础教育课程改革纲要（试行）》提出了转变学生的学习方式的任务，促进学生在教师指导下主动地、富有个性地学习。本次课程改革的重点之一，就是要让学生的学习产生实质性的变化，提倡自主、合作与探究的学习方式，逐步改变以教师为中心、课堂为中心和书本为中心的局面，促进学生创新意识与实践能力的发展。学生学习的过程不是学生被动地吸收课本上的现成结论，而是亲自体验丰富、生动的思维过程，经历实践和创新的过程。

各学科课程标准结合本学科的特点，加强过程性、体验性目标，引导学生主动参与、亲身实践、独立思考、合作探究，从而实现学生学习方式的变革，改变单一的记忆、接受、模仿的被动学习方式，发展学生搜集和处理信息的能力、获取新知识的能力、分析和解决问题的能力以及交流与合作的能力。

例如，分组调查一个民族不同地区的艺术，并将艺术形式与该地区的建筑、服饰、方言等联系起来，全班分享调查结果（《艺术课程标准》）。

组织学生拟定调查提纲，对经历过“大跃进”“文化大革命”的长辈进行访谈，并在课堂上交流、讨论，认识这段历史的原因及危害（《历史与社会课程标准（二）》）。

组织学生观看《林则徐》《鸦片战争》《甲午风云》等影片，感受中国人民反抗侵略的斗争精神，并运用所学历史知识说明影片的历史背景，讲述历史故事（《历史课程标准》）。

组织学生通过各种途径调查、收集生物圈的相关资料，模拟召开“国际生物圈”研讨会，结合本地实际讨论如何保护生物圈（《生物课程标准》）。

（四）体现评价促进学生发展的教育功能，评价建议有更强的操作性

从现行的学校内部评价来看，由于受到外部评价或者说传统教学评价的影响，对学生的评价也主要是对学生进行甄别与筛选，通过考试成绩对学生进行三六九等的划分。因此，评价往往是把优异的成绩给予极少数的学生，其余的只能获得较低的成绩。这样，评价无形之中就变成了一种甄别过程。

“多元智能理论”认为每个人都有自己的智能强项与弱项，传统的评价或者说考试主要是对语言智能、数理/逻辑智能进行评价，忽略了其他方面的评价，从而抑制了其他方面智能的正常发展。

我们应建立促进学生全面发展的评价体系。评价体系不仅要关注学生的学业成绩，而且要发现和发展学生多方面的潜能，了解学生发展中的需求，帮助学生认识自我，建立自信。发挥评价的教育功能，促进学生在原有水平上的发展。所以各学科课程标准力图结合本学科的特点提出有效的策略和具体的评价手段，引导学校的日常评价活动更多地指向学生的学习过程，从而促进学生的和谐发展。课程标准中建议采取多种方法进行评价。

例如，成长记录与分析；测验与考试；答辩；作业（长周期作业、短周期作业）；集体评议……

特别值得一提的是，“成长记录与分析”提倡学生不断反思并记录自己的学习历程：最好的作业、最满意的作品、最感兴趣的一本课外书、最难忘的一次讨论……通过记录并反思学生的成长历程，激发学生的学习兴趣和自信心，发展学生的自我意识，为全面而客观地评价学生积累素材。

此外，不少学科课程标准还提供了可资借鉴的案例，例如，通过活动——

设计实验，探究哪些垃圾可能被自然降解，哪些垃圾不能被自然降解。

在家长的帮助下收集和称量每天垃圾的重量，估算一个城市或一个乡镇每周生活垃圾的总量。

组织学生设计问卷，调查每个家庭对生活垃圾中可再生利用垃圾的处

理方式，写出调查报告。

考查学生在这一活动中的表现：

☆ 能否实事求是地分析调查活动的数据；

☆ 能否积极主动地完成收集一周垃圾的任务；

☆ 能否独立思考，提出与他人不同的见解；

☆ 是否在调查报告中表现出对社区垃圾污染环境问题的忧虑；

☆ 能否在调查报告中积极提出垃圾处理方式的建议。

（五）为课程的实施提供了广阔的空间

过去，基础教育课程的确定性特征十分明显，其重要标志有：统一内容，统一考试，统一的教材、教参，统一的标准。在这种环境下，教师依赖于教科书及参考书，较多地丧失了独立性和创造性。

与此相反，新课程增加了教学中本来就有的不确定性。不确定的表现有：教学内容的不确定性，表现为课程的综合性加大，教材、教参为教师留有极大的余地；教学方法与教学过程的不确定性，表现为教师有较大的自主性，将更为灵活地选择与使用教学方法，在教学中可支配的因素增多。

课程标准重视对某一学段学生所应达到的基本标准的刻画，同时对实施过程提出了建设性的意见；而对实现目标的手段与过程，特别是知识的前后顺序，不作硬性规定。这是课程标准和教学大纲的一个重要区别，从而为教材的多样性和教师教学的创造性提供了广阔的空间，为体现并满足学生发展的差异性创造了比较好的环境。

例如，《体育课程标准》：

5～6 年级（水平三）：达到该水平目标时，学生将能够初步掌握多项球类运动中的多种动作技能；初步掌握一两套徒手体操或轻器械体操；初步掌握一套舞蹈或韵律活动动作……

《语文课程标准》：

1～2 年级：认识常用汉字 1600～1800 个；课外阅读总量不少于 5 万字。

7～9 年级：认识常用汉字 3500 个；课外阅读总量不少于 260 万字。

课程改革的目标是围绕着人的发展目标来设计和确定的。国家课程标准（实验稿）力求改变课程过于注重知识传授的倾向，强调形成积极主动的学习态度，使获得基础知识与基本技能的过程同时成为学会学习和形成正确价值观的过程；改变课程结构过于强调学科本位、科目过多和缺乏整合的现状；加强课程内容与学生生活以及现代社会和科技发展的联系，关注学生的学习兴趣和经验，精选终身学习必备的基础知识和基本技能……

经过近两年的努力，义务教育阶段 17 个学科的 18 种课程标准已于 2001 年 7 月以实验稿的方式向社会正式公布。根据教育部的部署，从 2001 年秋季起在全国 27 个省市 38 个实验区开始了课程标准的实验，2002 年还将进一步扩大实验。随着实验工作的开展，将不断发现新的问题，同时广大的教育实践工作者也将积累更为丰富的经验。

第三节　新课程与教学改革

教学改革是课程改革的一个有机组成部分。教师教育观念的更新、学生学习方式的转变和学校教学管理制度的重建将是本次课程改革在实施过程中的标志性体现。

一、本次教学改革的主要任务

课堂教学（其中最基本的是必修课程的课堂教学），过去是，当今依然是我国中小学教育活动的基本构成部分，是实施学校教育的基本途径。事实上，自 20 世纪 80 年代以来，我国的教学改革已经在朝着实施素质教育的方向努力，许多学校在教育科研人员的指导下，对培养学生学会学习、对减轻学生学习负担、对确立学生在教学过程中的主体地位等问题，作了积极有益的探索和改革，在教学实践中涌现了一批重视学生生动、活泼、主动地学习，重视学生成功与发展的好的教改典型，有些经理论概括后形成新的教学模式。这是本次教学改革的起点和基础。

但从总的形势来看，由于应试教育观念和实践的深远影响，人才选拔机制的不完善，20 世纪 80 年代以来所进行的教学改革中有许多仍没有摆脱应试教育的束缚，且以局部的、单项的改革和操作性的修修补补居多，局限性较大，尚未能构成一种真正体现素质教育思想的教学新体系。这里，既有教学改革本身不够到位的原因，也有受课程制约的因素。因此，从总体上看，素质教育的成效还不够明显，尚未取得突破性的进展。长期以来一直困扰着我们的教学方式单一、学生被动学习、个性受到压抑等顽疾均未能从根本上得到有效的医治；教学实践中，过于强调接受学习、死记硬背、机械训练的状况普遍存在。这是本次教学改革要着力解决的问题。

本次教学改革的主要任务：

首先，要对旧的教育观念进行改革，真正确立起与新课程相适应的体现素质教育精神的教育观念。观念是行动的灵魂，教育观念对教学起着指导和统率的作用，一切先进的教学改革都是从新的教育观念中生发出来的；一切教学改革的困难都来自旧的教育观念的束缚；一切教学改革的尝试都是新旧教育观念斗争的结果。确立新的教育观念，是教学改革的首要任务。教育观念不转变，教学改革无从谈起；教育观念一转变，许多困难迎刃而解。当前中小学教学还没有摆脱应试教育阴影的笼罩，而在应试教育观念尚未获得根本转变的情形下，学校所实施的教学改革也因此变得缺乏成效或事倍功半。我们一定要在本次课程改革中，组织学习与培训，开展反思与讨论，提高认识，强化责任，来一次教育观念的“启蒙运动”，把教师的教育思想观念统一到素质教育的要求上来，统一到新课程的方向上来。教育观念的转变将会真正焕发出教学的生命力和创造力。

其次，要坚定不移地转变教学方式和学习方式。先进的教育观念要通过先进的教育方式体现出来，此外，教育观念转变本身也要在教育方式转变中进行，二者是相辅相成的关系。观念不转变，方式转变就没有了方向，没有了基础；方式不转变，观念转变就失去了归宿，失去了落脚点。所以，教学改革既要重视观念改革的先导作用，又要重视方式改革的载体作用。本次教学改革不仅要改变教师的教育观念，还要改变他们每天都在进行着的习以为常的教学方式、教学行为。这几乎等于要改变教师习惯了的生活方式，其艰难性就不言而喻了。从这个角度讲，教学改革是一场攻坚战。就教与学关系而言，教师教育观念、教学方式的转变最终都要落实到学生学习方式的转变上。学生学习方式的转变具有极其重要的意义，这是因为学习方式的转变将会牵引出思维方式、生活方式甚至生存方式的转变。学生的自主性、独立性、能动性和创造性将因此得到真正的张扬和提升。学生不仅将成为学习和教育的主人，而且还将成为生活的主人，成为独立的、积极参与社会的、有责任感的人。学习方式转变因此被看成是本次课程改革的显著特征和核心任务。

再次，要致力于重建教学管理制度。在转变观念和方式的同时，重建制度，这同样是本次教学改革的重要任务。教育思想观念的更新、教学与学习方式的转变需要相应的教学管理制度为其保驾护航。就学校教育内部而言，观念更新、方式转变的最大阻力来自落后的教学管理和评价制度。对于本次课程和教学改革，教师反映最强烈的就是教学管理和评价问题。他们盼望、呼吁与新课程、新教学相适应的新管理、新评价。教学管理制度的重建具有核心性的意义，它将从根本上解决教育观念和行为问题。当然，教学管理制度的重建不可能是一蹴而就的，它本身需要在改革过程中不断完善起来，也可以说，它与观念更新、行为转变是互动的过程，二者相辅相成，互相推进。

二、教学观

（一）教学不仅是课程传递和执行的过程，更是课程创生与开发的过程

本次教学改革是在课程改革的背景下进行的，是对课程改革的呼应。所以，教学与课程的关系是本次教学改革首先必须摆正和处理好的一对关系。在这对关系中，课程是矛盾的主要方面，课程观是主导因素。课程观决定教学观，并因此决定教学改革的深度、广度。但是，课程究竟是教学的“控制者”，还是“促进者”？在传统的教学论概念系统中，“课程”被理解为规范性的教学内容，而这种规范性的教学内容是按学科编制的，故“课程”又被界定为学科或各门学科的总和。这就意味着，“课程”只是政府和学科专家关注的事，教师无权也无须思考课程问题，教师的任务只是教学。课程和教学成为两个彼此分离的领域，课程是学校教育的实体或内容，它规定学校“教什么”，教学是学校教育的过程或手段，它规定学校“怎么教”；课程是教学的方向、目标或计划，是在教学过程之前和教学情境之外预先规定的，教学的过程就是忠实而有效传递课程的过程，而不应当对课程作出任何调整和变革。教师只是既定课程的阐述者和传递者，学生只是既定课程的接受者和吸收者。这就是传统课程所倡导的教学观。课程是“专制”的一方，课程成为一种指令、规定，教材成为“圣经”，而教学则成为被控制、被支配的一方，课程与教学走向对立。二者机械地、单向地、线性地发生关系。

当课程由“专制”走向民主，由封闭走向开放，由专家研制走向教师开发，由学科内容走向学生经验的时候，课程就不只是“文本课程”（教学计划、教学大纲、教科书等文件），而是“体验课程”（被教师与学生实实在在地体验到、感受到、领悟到、思考到的课程）。这意味着，课程的内容和意义在本质上并不是对所有人都相同的，在特定的教育情境中，每一位教师和学生对给定的内容都有其自身的理解，对给定内容的意义都有其自身的解读，从而对给定的内容不断进行变革与创新，以使给定的内容不断转化为“自己的课程”。因此，教师和学生不是外在于课程的，而是课程的有机构成部分，是课程的创造者和主体，他们共同参与课程开发的过程。这样教学就不只是课程传递和执行的过程，更是课程创生与开发的过程。这是新课程所倡导的教学观。教学过程因此成为课程内容持续生成与转化、课程意义不断建构与提升的过程。这样，教学与课程相互转化、相互促进，彼此有机融为一体。课程也由此变成一种动态的、生长性的“生态系统”和完整文化，这意味着课程观的重大变革。

（二）教学不仅是教师教学生学的过程，更是师生交往、积极互动、共同发展的过程

教与学的关系问题是教学过程的本质问题，同时也是教学论中的重大理论问题。在传统的教学中，教师负责教，学生负责学，教学就是教师对学生单向的“培养”活动，它表现为：一是以教为中心，学围绕教转。教师是知识的占有者和传授者，对于求知的学生来说，教师就是知识宝库，是活的教科书，是有学问的人，没有教师对知识的传授，学生就无法学到知识，所以教师是课堂的主宰者。所谓教学就是教师将自己拥有的知识传授给学生。教学关系成为：我讲，你听；我问，你答；我写，你抄；我给，你收。在这样的课堂上，“双边活动”变成了“单边活动”，教代替了学，学生是被教会，而不是自己学会，更不用说会学了。二是以教为基础，先教后学。学生只能跟着教师学，复制教师讲授的内容。先教后学，教了再学，教多少、学多少，怎么教、怎么学，不教不学。教支配、控制学，学无条件地服从于教，教学由共同体变成了单一体，学的独立性、独立品格丧失了，教也走向了其反面，最终成为遏制学的“力量”。总之，传统教学只是教与学两方面的机械叠加。

新课程强调，教学是教与学的交往、互动，师生双方相互交流、相互沟通、相互启发、相互补充，在这个过程中教师与学生分享彼此的思考、经验和知识，交流彼此的情感、体验与观念，丰富教学内容，求得新的发现，从而达成共识、共享、共进，实现教学相长和共同发展。交往昭示着教学不是教师教、学生学的机械相加，传统的严格意义上的教师教和学生学，将不断让位于师生互教互学，彼此将形成一个真正的“学习共同体”。对教学而言，交往意味着人人参与，意味着平等对话，意味着合作性意义建构，它不仅是一种认识活动过程，更是一种人与人之间平等的精神交流。对学生而言，交往意味着主体性的凸显、个性的表现、创造性的解放。对教师而言，交往意味着上课不仅是传授知识，而是一起分享理解，促进学习；上课不是单向的付出，而是生命活动、专业成长和自我实现的过程。交往还意味着教师角色定位的转换：教师由教学中的主角转向“平等中的首席”，由传统的知识传授者转向现代的学生发展的促进者。可以说，创设基于师生交往的互动、互惠的教学关系，是本次教学改革的一项重要内容。

（三）教学重结论，更重过程

结论与过程的关系是教学过程中一对十分重要的关系。从学科本身来讲，过程体现该学科的探究过程与探究方法，结论表征该学科的探究结果

（概念原理的体系），二者是相互作用、相互依存、相互转化的关系。教学的结论，即教学所需获得的结果或所要达到的目的；教学的过程，即获得所需结论或达到教学目的而必须经历的活动程序。毋庸置疑，教学的重要目的之一，就是使学生理解和掌握正确的结论，所以必须重结论。但是，如果不经过学生一系列的质疑、判断、比较、选择，以及相应的分析、综合、概括等认知活动，即如果没有多样化的思维过程和认知方式，没有多种观点的碰撞、论争和比较，结论就难以获得，也难以真正理解和巩固。更重要的是，没有以多样性、丰富性为前提的教学过程，学生的创新精神和创新思维就不可能培养起来。所以，不仅要重结论，更要重过程。基于此，新课程把过程方法本身作为课程目标的重要组成部分，从而从课程目标的高度突出了过程方法的地位。

重结论、轻过程的传统教学只是一种形式上走捷径的教学，把形成结论的生动过程变成了单调刻板的条文背诵，一切都是现成的：现成的结论、现成的论证、现成的说明、现成的讲解，它从源头上剥离了知识与智力的内在联系。重结论、轻过程的传统教学排斥了学生的思考和个性，把教学过程庸俗化到无须智慧努力，只需听讲和记忆就能掌握知识的那种程度，于是便有了掌握知识却不思考知识、诘问知识、评判知识、创新知识的“好学生”。这实际上是对学生智慧的扼杀和个性的摧残。重结论、轻过程，从学习的角度讲，也即重学会、轻会学。学会，重在接受知识，积累知识，以提高解决当前问题的能力，是一种适应性学习；会学，重在掌握方法，主动探求知识，目的在于发现新知识、新信息以及提出新问题，是一种创新性学习。进入知识经济时代，学生在学校获得的知识到社会上已远远不够用。人们只有不断更新知识，才能跟上时代的步伐。因此，让学生从学会到会学，就显得尤为重要和迫切。

学生的学习过程不仅是一个接受知识的过程，而且也是一个发现问题、分析问题、解决问题的过程。这个过程一方面是暴露学生产生各种疑问、困难、障碍和矛盾的过程；另一方面是展示学生发展聪明才智、形成独特个性与创新成果的过程。正因为如此，新课程强调过程，强调学生探索新知的经历和获得新知的体验。当然，强调探索过程，意味着学生要面临问题和困惑、挫折和失败，这同时也意味着学生可能花了很多时间和精力结果表面上却一无所获，但是，这却是一个人的学习、生存、生长、发展、创造所必须经历的过程，也是一个人的能力、智慧发展的内在要求，它是一种不可量化的“长效”、一种难以言说的丰厚回报，而眼前耗费的时间和精力应该说是值得付出的代价。

（四）教学应该关注学科，更应该关注学生的发展

中小学教学是分学科进行的，学科教学的重心在学科还是在人？关注学科还是关注人反映了两种不同的教育价值观。过分关注学科，过分强调学科的独立性和重要性，是学科本位论的反映。学科本位论把学科凌驾于教育之上，凌驾于人之上，学科成为中心，成为目的，学校教育、课堂教学成为促进学科发展、培养学科后备人才的手段，这种只见学科不见人的教育观从根本上背离了基础教育特别是义务教育的基本性质和神圣使命。从实践层面讲，以学科为本位的教学是一种“目中无人”的教学，它突出表现为：

第一，教学的非情感化。以学科为本位的教学，把生动的、复杂的教学活动囿于固定、狭窄的认知主义的框框之中，只注重学生对学科知识的记忆、理解和掌握，而不关注学生在教学活动中的情绪生活和情感体验，正如苏联教学论专家斯卡特金所指出的，我们建立了很合理的、很有逻辑性的教学过程，但它给积极情感的食粮很少，因而引起了很多学生的苦恼、恐惧和别的消极感受，阻止他们全力以赴地去学习。教学的非情感化是传统教学的一大缺陷。

第二，教育育人功能的弱化。以学科为本位的教学把教书和育人割裂开来，以教书为天职，以完成学科知识传授、能力培养为己任，忽视学生在教学活动中的道德生活和人格养成。以学科为本位的教学在强化和突出学科知识的同时，从根本上失去了对人的生命存在及其发展的整体关怀，不利于学生综合素质的提高。改革教学必须进行价值本位的转移，即由以学科为本位转向以人的发展为本位，学科本位论的错误不在于学科本身，而在于指导思想，学科教学依然要体现和重视学科知识的特点，遵循学科发展的规律，但是，学科教学一定要以人的发展为本，服从和服务于人的全面健康发展。

关注人是新课程的核心理念——“一切为了每一位学生的发展”在教学中的具体体现，它意味着：第一，关注每一位学生。每一位学生都是生动活泼的人、发展的人、有尊严的人，在教师的课堂教学理念中，包括每一位学生在内的全班所有学生都是自己应该关注的对象，关注的实质是尊重、关心、牵挂，关注本身就是最好的教育。第二，关注学生的情绪生活和情感体验。孔子说过：知之者莫如好之者，好之者莫如乐之者。教学过程应该成为学生一种愉悦的情绪生活和积极的情感体验。学生在课堂上是兴高采烈还是冷漠呆滞，是其乐融融还是愁眉苦脸？伴随着学科知识的获得，学生对学科学习的态度是越来越积极还是越来越消极？学生对学科学

习的信心是越来越强还是越来越弱？这一切必须为我们教师所关注，这种关注同时还要求我们教师必须用“心”施教，不能做学科体系的传声筒。用“心”施教体现着教师对本职的热爱，对学生的关切，体现着教师热切的情感。第三，关注学生的道德生活和人格养成。课堂不仅是学科知识传递的殿堂，更是人性养育的圣殿。课堂教学潜藏着丰富的道德因素，“教学永远具有教育性”，这是教学活动的一条基本规律。教师不仅要充分挖掘和展示教学中的各种道德因素，还要积极关注和引导学生在教学活动中的各种道德表现和道德发展，从而使教学过程成为学生一种高尚的道德生活和丰富的人生体验，这样，学科知识增长的过程同时也就成为人格的健全与发展过程，伴随着学科知识的获得，学生变得越来越有爱心，越来越有同情心，越来越有责任感，越来越有教养。当然，这也要求教师一定要加强自身修养，不断完善自己。

三、学生观①

怎么看待学生，把学生看成什么样的人，对学生采取什么态度（即学生观），一直是教育理论和实践的重要问题。“一切为了每一位学生的发展”是新课程的最高宗旨和核心理念。那么，新课程倡导哪些具体的学生观呢？

（一）学生是发展的人

把学生看成是发展的人，包含以下几个基本含义：

第一，学生的身心发展是有规律的。认识规律、遵循规律是做好工作的前提。它要求教师应努力学习，掌握学生身心发展的理论，熟悉不同年龄阶段学生身心发展的特点，并依据学生身心发展的规律和特点开展教育教学活动，从而有效促进学生身心健康发展。

第二，学生具有巨大的发展潜能。应该相信学生的确是潜藏着巨大发展能量的，坚信每个学生都是可以积极成长的，是有培养前途的，是追求进步和完善的，是可以获得成功的，因而对教育好每一位学生应充满信心。

第三，学生是处于发展过程中的人。作为发展的人，也就意味着学生还是一个不成熟的人，是一个正在成长的人。从教育角度讲，它意味着学生是在教育过程中发展起来的，是在教师指导下成长起来的。在一定的意义上，可以说，学生的生活和命运是掌握在学校和教师的手里。学生是不

① 教育部基础教育司组织编写，朱慕菊主编：《走进新课程——与课程实施者对话》，第120～122页，北京，北京师范大学出版社，2002。

是能生活得很有趣味，是不是能学得很好，是不是能健康成长，是不是幸福欢乐，都和他们所在的学校和所遇到的教师有极大的关系。

（二）学生是独特的人

把学生看成是独特的人，包含以下几个基本含义：

第一，学生是完整的人。学生并不是单纯的学习者，而是有着丰富个性的完整的人。在教育活动中，作为完整的人而存在的学生，不仅具备全部的智慧力量和人格力量，而且体验着全部的教育生活。要把学生作为完整的人来对待，就必须反对那种割裂人的完整性的做法，还学生完整的生活世界，丰富学生的精神生活，给予学生全面展现个性力量的时间和空间。

第二，每个学生都有自身的独特性。每个人由于遗传素质、社会环境、家庭条件和生活经历的不同，因而形成了个人独特的“心理世界”，他们在兴趣、爱好、动机、需要、气质、性格、智能和特长等方面是各不相同、各有侧重的，“人心不同，各如其面”，独特性是个性的本质特征，珍视学生的独特性和培养具有独特个性的人，应成为我们对待学生的基本态度。独特性也意味着差异性，不仅要认识到学生的差异，而且要尊重学生的差异。差异不仅是教育的基础，也是学生发展的前提，应视为一种财富而珍惜开发，使每个学生在原有基础上都得到完全、自由的发展。

第三，学生与成人之间存在着巨大的差异。学生和成人之间是存在很大差别的，学生的观察、思考、选择和体验，都和成人有明显不同。所以，“应当把成人看做成人，把孩子看做孩子”。

（三）学生是具有独立意义的人

把学生看成是具有独立意义的人，包含以下几个基本含义：

第一，每个学生都是独立于教师的头脑之外，不依教师的意志为转移的客观存在。因此，绝不是教师想让学生怎么样，学生就会怎么样。学生既不是教师的四肢，可以由教师随意支配；也不是泥土或石膏，可以由教师任意捏塑。教师要想使学生接受自己的教导，首先就要把学生当做不以自己的意志为转移的客观存在，当做具有独立性的人来看待，使自己的教育和教学适应他们的情况、条件、要求和思想认识的发展规律。教师不但不能把自己的意志强加给学生，而且，连自己的知识也是不能强加给学生的。强加，不但加不进去，而且会挫伤学生的主动性、积极性，扼杀他们的学习兴趣，窒息他们的思想，引起他们自觉或不自觉的抵制或抗拒。

第二，学生是学习的主体。每个学生都有自己的躯体、自己的感官、自己的头脑、自己的性格、自己的意愿、自己的知识和思想基础、自己的思想和行动规律。正如每个人都只能用自己的器官吸收物质营养一样，每个学生也只能用自己的器官吸收精神营养。这是别人不能代替，也不能改变的。教师不可能代替学生读书，代替学生感知，代替学生观察、分析、思考，代替学生明白任何一个道理和掌握任何一条规律。教师只能让学生自己读书，自己感受事物，自己观察、分析、思考，从而使他们自己明白事理，自己掌握事物发展变化的规律。

第三，学生是责权主体。从法律、伦理角度看，在现代社会，学生在教育系统中既享有一定的法律权利并承担着一定的法律责任，是一个法律上的责权主体。同时，也承担一定的伦理责任和享受特定的伦理权利，也是伦理上的责权主体。学生是权利主体，学校和教师要保护学生的合法权利；学生是责任主体，学校和教师要引导学生学会对学习、对生活，对自己、对他人负责，学会承担责任。视学生为责权主体的观念，是建立民主、道德、合法的教育关系的基本前提。强化这一观念，是时代的要求。

四、建立新型的师生关系

师生之间的关系决定着学校的面貌。建立新型的师生关系既是新课程实施与教学改革的前提和条件，又是新课程实施与教学改革的内容和任务。师生关系包括师生伦理关系和师生情感关系。

当前，在学校教学活动中存在的师生伦理关系方面的问题主要是：师生之间的权利义务关系比较混乱，学生权利经常得不到应有的保护。许多教师没有把学生作为一个有独立个人权利的社会人来对待，经常有意无意地侵犯学生的个人权利，特别是侵犯学生人身方面的权利和自由以及学生文化教育方面的权利。忽视、侵犯学生的权利，必然会导致师生之间权利义务关系的紊乱。师生之间权利义务关系的紊乱，还表现为在学校教育中，教师为学生筹划一切，包办代替。这从表面上看是教师事事关心，实质上是忽视学生的独立性，不让学生履行自己的义务。不论是侵犯学生权利，还是包办代替，都不是恰当的师生伦理关系。

新课程的推进要致力于建立充分体现尊重、民主和发展精神的新型师生伦理关系。为此，需要从以下几个方面努力：第一，树立教育民主思想；第二，提高法制意识，保护学生的合法权利；第三，加强师德建设，纯化师生关系。总之，师生伦理关系是师生关系的有机组成部分，我们应面向新时代，努力创建民主、平等和促进个性发展的师生伦理关系，真正使师生关系焕发出迷人的光彩。这将成为本次课程改革最亮丽的风景线。

师生情感关系问题虽然比较受人们的重视，并做了一些有效的探索，但是，从整体上说，师生情感关系的状况仍难以令人满意，师生之间情感冷漠、缺乏沟通的现象比比皆是。师生之间缺乏积极的情感联系，不仅使得一直为人们所珍视的师生情谊黯然失色，也使教学活动失去了宝贵的动力源泉。优化师生情感关系，重建温馨感人的师生情谊，是师生关系改革的现实要求。

本次课程改革还追求一种以师生个性全面交往为基础的新型师生情感关系。它是一种真正的人与人心灵的沟通，是师生互相关爱的结果。它是师生创造性得以充分发挥的催化剂，是促进教师与学生的性情和灵魂提升的沃土。它是一种和谐、真诚和温馨的心理氛围，是真善美的统一体。创造这种新型的师生情感关系，需要我们做以下努力：第一，教师要真情对待学生，关心爱护学生；第二，展现教学过程的魅力，品味教学成功的喜悦；第三，完善个性，展现个人魅力。

五、教师角色和教学行为的转变

新课程不仅要求教师的观念要更新，而且要求教师的角色要转变。从教师与学生的关系看，新课程要求教师应该是学生学习的促进者；从教学与研究的关系看，新课程要求教师应该是教育教学的研究者；从教学和课程的关系看，新课程要求教师应该是课程的建设者和开发者；从学校和社区的关系来看，新课程要求教师应该是社区型的开放的教师。

新课程不仅要求教师要提高自身素质，转变观念，还要求教师的教学行为也发生相应的变化：在对待师生关系上，新课程强调尊重、赞赏；在对待教学关系上，新课程强调帮助、引导；在对待自我上，新课程强调反思；在对待与其他教育者的关系上，新课程强调合作。

同时，转变学生的学习方式在推进素质教育的形势下具有特别重要的现实意义。它实质上要求我们从传统的学习方式转变为现代的学习方式。现代的学习方式具有以下特点：主动性、独立性、独特性、体验性、问题性。在新课程改革的背景下，必须转变单一的、被动和陈旧的学习方式。

面对新课程，学校教学管理制度应该重建。例如，建立以校为本的教学研究制度，建立民主科学的教学管理机制，建立旨在促进教师专业成长的考评制度。另外，随着社会的发展和进步，在新课程改革的背景下，应大力推进信息技术在教学过程中的普遍应用。

操作训练

1. 为什么说我国基础教育课程已经到了非改不可的地步？

2. 为什么本次课程改革将教学大纲改成课程标准?

3. 怎样理解国家课程标准是“下要保底，上不封顶”?

4. 新课程倡导什么样的教学观和学生观?

资源链接

1. 庄文中:《外国母语课程改革与新课程标准:他山之石，可以攻玉》，武汉，湖北教育出版社，2004。

2. [美] 多尔:《后现代课程观》，王红宇译，北京，教育科学出版社，2000。

3. 钟启泉、金正扬、吴国平:《解读中国教育》，北京，教育科学出版社，2000。

第二章　教学设计技能训练
——精心的预设让教学生成更精彩

本章概述

教学设计既是一门科学，也是一门艺术，是贯通教学理论与教学实践的桥梁，是一个系统创设有效教学活动的过程。进行有效教学设计主要围绕三个基本问题展开：教学目标的确定；教学策略的合理应用；教学效果的恰当评价。本章从教学设计的概念入手，对教学设计的教学内容和教学对象及起点能力分析、教学目标设计、教与学过程和评价进行阐述。通过本章的学习，学习者应理解教学设计的概念、意义，明确教学设计中相关分析、教与学的过程及教学评价设计的基本策略，为系统的教学设计提供基本思路和模式。

案例导引　《神经调节的基本方式》教学设计①

一、教学背景分析

（一）品教材、析学情

1. 设计背景分析

“神经调节的基本方式”是人教版《生物》七年级下册第四单元“生物圈中的人”第六章“人体生命活动的调节”第三节的内容。作为一章的重点内容，本节课的教学难点在于如何将抽象的内容通过学生的亲身体验，使其对于科学的概念变得易学易懂。针对教材中涉及的内容较多，知识相对较系统的背景，本节课是以“生物联系生活”“生活应用理论”“理论实践生活”为设计主线，注重知识线与方法线同时进行，为学生创造动脑分析、交流表达的机会，充分体现“学生是学习主人”的教学理念。知识与方法并重的同时，培养学生人文素养，使其建立健康的生活态度，关注社会热点，也是教学设计的关键内容。

① 王征：《〈神经调节的基本方式〉教学设计》，见人教网，http：//www.pep.com.cn，2010-11-29。

2. 教材分析

(1) 教材中大量图片的使用，目的在于增强学生学习的直观性，使抽象知识具体化，降低学生的学习难度。

(2) 教材中探究活动的引入，目的在于通过探究实践，引导学生通过科学方法获取知识，并培养其求实的科学态度。

(3) 教材中各种媒体资源的应用，始终强调体验性学习的学习方式，试从学生常见的或亲身体验过的生活环境现象入手，紧扣生物与环境相联系的主题，既容易引起学生的共鸣，又符合学生的认知规律。

3. 学情分析

(1) 学生已有的认知与经验：人体几大系统的生理结构特征、人体感觉器官及神经系统组成、已有的与活动调节的生活现象和经验。

(2) 学生已有的方法与能力：基本实验探究操作（观察、分析、归纳）、动手游戏。

(3) 学生已有的心理水平：好学、兴趣易激发、缺乏协作与耐性。

（二）谈教法、话学法

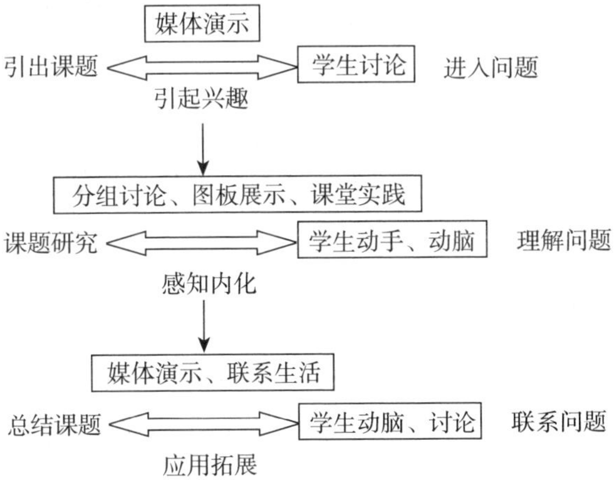

（三）找难点、抓重点

1. 教学重点

①能明确说出反射是人体神经调节的基本方式。

②能探究人体某种反射现象。

③能得出人体复杂反射建立的条件。

2. 教学难点

①能明确说出反射是人体神经调节的基本方式。

②能用语言正确描述反射弧的结构组成和活动机理。

③现场谈论和活动的调控。

二、教学设计

（一）本节课设计特点

1. 课堂气氛要活跃，充分体现学生的主体作用，参与课堂，体现自我，增强学生的学习兴趣，提高学习能力。

2. 充分利用多媒体，增强直观性，提高学习效果。媒体资源和教具应具有现实意义，给学生直接强烈的感觉。

3. 容量大，要求学生有深刻体会，并能体现在行动上。

4. 要求学生掌握探究实验的步骤，关键是启发学生观察生活，发现生活中的问题，并利用所学去处理。

5. 板书设计：言简意赅、层次分明、图文并茂（充分利用图板与板书结合）。

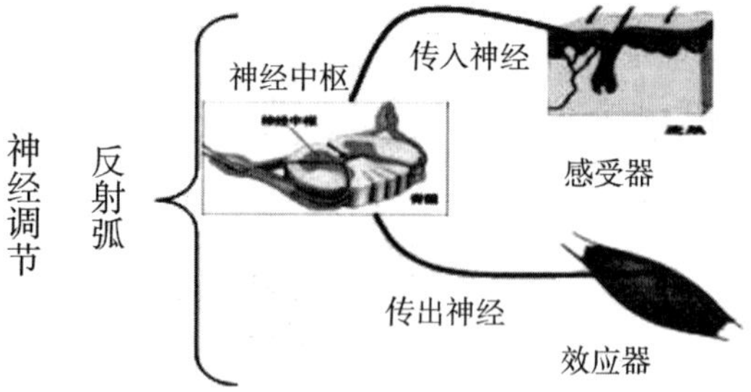

6. 学习效果评价：自主评价、组员评价、教师评价（评价表格如下）。

<table>
<tr><td>姓名</td><td rowspan="2">认知水平</td><td rowspan="2">在（　　）内画“√”
了解（　　　）
理解（　　　）
运用（　　　）</td><td>进步点</td><td>例题探究成绩</td><td>教师寄语</td></tr>
<tr><td></td><td></td><td></td><td></td></tr>
<tr><td>备注</td><td colspan="5"></td></tr>
</table>

三、教学目标（a～c为分层等级，依次为逐步提高）

（一）知识落实点

1. 神经调节

a. 能知道神经调节活动发生在人体上的现象。

b. 能用自己的话归纳说出神经调节的概念。

2. 反射

a. 能知道什么是反射。

b. 能概述反射是人体神经调节的基本方式。

3. 反射弧

a. 能用语言正确描述反射弧的结构组成和活动机理。

b. 明确反射必须通过反射弧完成。

4. 简单的反射和复杂的反射

a. 能举例说出反射包括简单的反射和复杂的反射。

b. 能用自己的话说出人体建立复杂反射的意义。

（二）技能提升点

1. 能够分析文字、图片或是视频等综合信息。(a)

2. 能够尝试归纳总结概念要点。(b)

3. 能探究人体某种反射活动。(c)

（三）情感升华点

1. 能通过实例引导，养成良好的学习习惯。(a)

2. 能逐步建立起热爱生命、关爱健康的生活理念。(b)

四、教学资源选择

（一）媒体选择：PPT课件、相关视频（“刘翔退赛”“反射弧Flash”）

（二）教具选择：自制摸宝箱、热宝、青梅若干、神经结构示意贴图版

五、教学流程示意图

构建环境 → 引起兴趣 → 游戏探究
↓
拓展延伸 ← 媒体展示 ← 思考归纳

六、教学过程

（一）导言

提问：同学们，我们学校传统项目——体育运动文化节又要到了。每班的同学都在为这场盛会作着充分的准备。你们都喜欢什么运动呢？（答：篮球、足球、乒乓球、短跑等）

提问：这些运动中的哪些动作最吸引你？（答：扣篮准、跑步快、协调的跨栏动作、柔美的舞姿等）

提问：柔美舞姿、精准的扣篮动作还有协调的跨栏动作等主要是在人体哪个系统的参与下完成的呢？

（答：神经系统）

提问：在比赛中，你们会发现运动员还有什么现象呢？

（答：呼吸加快、心跳加快、出汗等）

提问：这些现象主要又是在哪个系统的参与下完成的呢？

（答：还是神经系统）

讲述：人无论复杂的体育动作，还是简单的呼吸现象，都是在神经系统的调节下完成的。

提问：既然神经系统对于人体活动这么重要，那么人体的神经系统是由哪些结构组成的呢？

（答：人体的神经系统是由脑、脊髓和它们发出的神经组成的，包括皮肤结构中都有）

（出示贴图模型）

（二）新课教学

设问：神经系统的这种调节作用依靠一种什么样的方式呢？（以刘翔为例）

提问：1. 是什么刺激了运动员作出开始起跑的反应？

（答：枪声）

提问：2. 枪声刺激了刘翔身体的哪个部位？能具体说说吗？

（答：耳朵——耳蜗）

讲述：这种刺激来自身体所处的外界环境。

提问：3. 耳蜗接受到外界刺激后，做出了起跑的动作。那么，在接下来的片段中，刘翔的起跑过程还受到了另外的刺激，是什么呢？（请仔细观察）

（演示视频：刘翔伤病退赛）

（答：是脚伤）

讲述：这个刺激来自身体内部。

提问：视频中，刘翔脚伤后表现出什么样子？（答：走路一瘸一拐）

提问：如果脚伤发生在你身上呢？会有什么反应？（答：都一样，也是一瘸一拐）

讲述：也就是普遍的规律的反应。

讲述：很好。像这样，人体通过神经系统，对外界或内部的各种刺激所作出的有规律的反应，就叫做反射。也就是神经调节的基本方式。

提问：为了让同学们进一步了解反射发生的过程，我们一起来做一个小游戏（“暗箱摸宝”）。

哪位同学勇者当先，来做“摸宝人”？（答：我来）

（教师台上指导、学生上台参与游戏、教师提示帮助完成游戏）

讲述：不能看宝箱，请同学们认真观察“摸宝人”的反应。

提问：1. 摸到“宝物”时，这位同学有什么反应？（答：缩手）

2. 这种反应是反射吗？为什么？（答：是反射）

讲述：可以从定义中的两个关键词进行分析。（手的皮肤碰到烫的东西都会缩手，并且这个活动靠神经系统控制）

提问：类似这种缩手反应的例子还有很多，你们能联系自己的生活，说说都有什么吗？

（学生举例，教师分析）

讲述：同学们分析得十分正确，类似的例子还有很多。

提问：遇到什么刺激人会眨眼？吃到酸梅什么反应？……

讲述：这些都是发生在人体上的反射活动。

设问：在我们已经学过神经系统的相关知识后，来探究一下人体的上述反应究竟有哪些神经结构参与？

讲述：以“缩手反射”为例。请相邻 4 位同学为一小组讨论一下。（教师巡回指导、帮助完成探究）（2 分钟后）

讲述：请同学们派代表来说明本小组的讨论结果。（答：皮肤、脊髓、大脑、肌肉等）

提问：这些结构是如何完成反射的？（讨论 2 分钟）

讲述：我们在以前的课中已经知道了刺激信息传导的过程，可以根据这些提示讨论思考。

（答：手指皮肤中感受器感受到热的刺激，产生冲动，神经冲动沿着传入神经传到脊髓里的神经中枢，神经中枢接收了这个信号后，立即产生冲动，并将冲动传给传出神经，传出神经又迅速将来自神经中枢的冲动传到手指肌肉中的神经末梢，神经末梢支配肌肉收缩，产生手收缩回来的动作）

（学生边说，教师边将模板贴在黑板上）

提问：1. 同学们分析得很好。缩手反射依赖这样的结构基础，那如果我将感受信息的结构变为眼睛、信息中心改为大脑，这个结构就构成了我们同学刚才提到的哪个反射？（答：眨眼反射）

2. 那吃青梅分泌唾液的反射结构在图板上怎么更改就能表示呢？（答：舌头上的味蕾、大脑、唾液腺）请同学运用多媒体操作台上的图形模板来粘贴表示。

讲述：不难发现，感受信息的结构种类很多，作出反应的结构可以是神经末梢支配的肌肉或腺体。

讲述：上述的这些反射都依赖着幻灯上标识的这五个信息传导的结构基础，这就是反射弧。

提问：反射弧的每一个组成部分都有生物学专业名词，在同学们看过下面的这段 Flash 后，能说出名称吗？（演示 Flash，可播放 2 遍，学生观察记忆）

提问：反射弧包括哪五部分？

（答：同学对应回答出每个结构的名称：感受器、传入神经、神经中枢、传出神经、效应器）

讲述：反射弧结构完整，那么对于正常人来说，眨眼、排尿、缩手等反射等都是再简单不过的活动。而对于有些人来说，完成这些动作却是很困难的，甚至一辈子都不可能完成。

提问：生活中有这样的例子吗？（学生尝试回答：瘫痪、面瘫等）

讲述：体操运动员桑兰和曾经三度扮演超人的好莱坞演员 Christopher 就是这样的例子。

提问：刚学完反射弧，说说是什么原因使得他们发生这样的改变呢？

（答：神经中枢受损，反射弧结构中断）

讲述：反射弧不完整或是功能不健全都会引起神经调节障碍，从而影响正常生活。即使如此，桑兰仍然每天坚持读书，Christopher 直到病逝每天坚持康复训练，还有我们班的叶子涵同学在军训时表现出的坚强毅力，让所有老师刮目相看。面对人生的不幸，我们也要勇敢面对，这是人类对生命的敬畏！

设问：除此以外，发生在人体上的反射还有哪些呢？（教师提示吃酸梅或青梅）

提问：青梅是酸的，吃了以后能够刺激唾液腺分泌唾液，这是一种反射。天生就会的，那么当看到青梅的图片呢？你们什么反应？谈到梅的时候呢？

（答：都会分泌唾液。是反射）

提问：吃和看梅、谈梅都会分泌唾液，这两种反射与吃梅需要的条件、意义相同吗？

（答：青梅是酸的，吃了以后能够刺激唾液腺分泌唾液，这是一种反射。凡是吃过青梅的人，在看到青梅图片时，也能出现这种反射——分泌唾液）

提问：看梅和谈梅的反射建立的基础是什么？（答：吃梅反射）

讲述：很好，像这种天生就会的、不自觉的反应，我们就称之为简单反射。而以此为基础建立的，通过后天学习体验获得的，并且与人类所特有语言文字有关的反射，就是复杂反射。

提问：人建立复杂反射有什么意义呢？

提问：古人在三国时期就知“望梅止渴”，这对于缺水的官兵有何帮助？（答：解渴，救命）

提问：你能举出相类似的例子吗？（答：谈虎色变、画饼充饥）

讲述：回答得很好。这就是人建立复杂反射的意义。

（三）结束评价

1. 简单小结

过渡：人体通过各种简单的或复杂的反射，来调节自身的生命活动，使人体趋向于有利的刺激，避开有害的刺激，更能适应复杂的生活环境。

提问：神经调节依赖的方式是什么？（答：反射）

提问：反射可以分为哪两种？（答：简单的和复杂的）

提问：完成反射的结构基础是什么？（答：反射弧）

（并找学生在讲台上对应图板，写出结构名称）

讲述：以上内容就是我们这节课的重点。

2. 开放评价

开放性分析题（机动）：将所学运用到实际生活中去。就你熟悉的一项运动，分析其反射弧组成。（以此来评价你本节课掌握的程度）

提问：击球反射的路径是什么？（学生小组讨论回答并在课下运用评价表完成本节课的评价）

评析：本节课以教材和课标为依据，以“生物联系生活”“生活应用理论”“理论实践生活”为设计主线，结合学生实际，通过学生亲身体验，运用启发、设问的方式层层递进，带动学生的思维，让抽象的科学概念变得易学易懂，注重了基本知识的学习和技能的培养，并学以致用。整体教学通过观察、思考、探究，充分运用多媒体技术，直观展示教学视频和图片，变抽象为具体，有利于重点、难点的突破，积极调动同学参与的积极性，以提高学生学习兴趣，充分展示自我，符合七年级学生的认知特点，很好的培养了学生的观察、分析、综合能力。问题的引入和启发、点拨与质疑、探究与归纳、激励性的教学评价都充分体现“以学生为中心”的学习理念，充分发挥了学生的主体性作用，知识与方法并重，较好的完成教学目标，并实现了情境探究、生活学习、理论指导实践的良好结合。

思考：通过此教学设计，你能发现教学设计的主要内容有哪些？怎样进行合理的教学目标、教学过程、教学评价设计？

第一节　教学设计概述

一、教学设计的概念

教学设计（instructional design，简称 ID）又称为教学系统设计，是面向教学的有组织、有计划地分析教学问题，设计方案并试行解决方案，评价结果并修正方案的一个动态过程，是旨在提高教学效果，解决教学问题的一种设计活动。

在教学设计的发展过程中，不同研究者吸取理论和着眼点的不同，对教学设计提出了不同的观点。

加涅认为：教学设计是一个系统化规划教学系统的过程。

赖格卢特（Reigeluth，C. M.）则定义：教学设计主要是提出使学生的知识和技能发生预期变化的最优教学方法的处方的一门学科。

史密斯和拉甘在2005年对教学设计的新定义是："教学设计"一词意味着系统地同时也深思熟虑地将学与教的原理转换成教学材料、教学活动、信息资源和教学评价的计划的过程。①

梅里尔（Merrill，M. D.）在1996年发表的《教学设计新宣言》一文中声称：教学设计是一种用以开发学习经验与学习环境的技术，这些学习经验与环境有利于学生获得特定的知识技能。

当代著名教学设计理论家迪克与凯瑞（Dick，W. & Carey，L.）在1996年为教师写的教学设计普及读物《教师规划指南》中认为：教学设计是设计、开发、实施与评价教学的系统化过程。②

盛群力教授在《教学设计》一书中指出：教学设计实质上是对教师课堂教学行为的一种事先筹划，是对学生达成教学目标、表现出学业进步的条件和情境作出精心安排。

皮连生主编的《教学设计——心理学的理论与技术》中定义教学设计为：教学设计是运用现代心理学与教育心理学、传播学、教学媒体论等相关的理论与技术，来分析教学中的问题和需要，设计解决方法，试行解决方案、评价试行结果，并在评价基础上改进设计的一个系统过程。③

在以上的定义里，我们不难发现，教学理论专家们的一个共同认识：教学设计是系统性的面向教学的分析（analysis）、设计（design）、开发（development）、实施（implement）和评价（evaluation）过程，其目的在于通过事先的一个策划，以提高教学质量和教学效率。教学本身是由学习者、教师、教学材料、学习情境及管理者构成的旨在引发学习的系统，良好的教学取决于这些成分之间的有效互动。教学既是科学，也是艺术，其实质在于运用教育学、心理学的原理，使知识、经验、方法及原理教学理论和教学实践相辅相成，互为条件和促进，让教学理论能够真正指导教学

---

① 史密斯，雷根：《教学设计》，第三版，第4页，庞维国等译，上海，华东师范大学出版社，2008。

② 迪克，凯瑞：《系统和教学设计》，第六版，第2～4页，庞维国等译，上海，华东师范大学出版社，2007。

③ 皮连生：《教学设计——心理学的理论与技术》，第2页，北京，高等教育出版社，2009。

实践。但是教学理论又必须遵循教学实践的实际状况，不能够纸上谈兵的构建，在现实的教育领域中，很多研究者往往在大学校园里完成教育教学理论研究，没有深入教学第一线，而在教学第一线老师们有很多有益有效的教学实践经验，由于缺乏理论的指导，又难以上升到一定的理论高度，教学设计作为一座桥梁，把原本相互脱离的教学理论和教学实践连接起来。综上所述，给教学设计下个定义：教学设计是把学与教等原理用于指导教师系统地分析、设计、开发、实施、评价教学的过程，是让教学有目的、有效率、有魅力的动态活动安排。

二、教学设计的作用

1. 教学设计能够提高教学效率和教学效果。教学设计的过程是教师为即将进行的教学活动制定蓝图的过程，它可以预先实现对教学活动过程的整体把握，为教学活动的有效实施提供科学合理的行动纲领，教学设计首先要对学习需要和学习内容和学习者进行分析，从而明确教学目标，制定科学合理的教学策略，合理使用教学媒体，确定教学进程，恰当的测定教学效果，使教学效率最大化。

2. 教学设计能够充分体现学习者的主体地位。新课程标准的一个基本理念就是学生是学习的主体。教学设计是在对学习者进行全面及时地了解和分析后进行的设计活动。通过对学习者的分析，充分了解学习者的特点，以学习者的学习为出发点，确定教学目标，并有针对性的运用相应的教学策略和教学方法、教学组织形式，灵活运用教学媒体，让学习者在学习活动中乐学、会学，提高学习者的学习兴趣，增强学习积极性。

3. 教学设计使教学工作走向科学化的道路。教学设计有着比较具体的操作程序，它以现代传播理论和学习理论为基础，从教学的科学规律出发，为了达到预期的优化教学效果，对教学问题的确定、分析，对解决教学问题的方案的设计、实施以及评价和修改策略都采用了系统的观点和分析方法，从而摆脱了教学活动设计中的纯经验主义，使教学工作走向了科学化的道路。

4. 教学设计对教师的专业发展起着积极的促进作用。著名教学设计理论家兰达（Landa，L. N.）曾经说过这样一句话：“教学设计是使以前天才才能达到的水平让一般人也能达到。”

在教学设计活动中，新教师面对复杂和未知的教学情境，他们知之甚少，因而充满着好奇与对未知的一些不安，教学设计的方法对教学各环节——有着细致的指导，帮助他们领略教学系统中各要素相互制约、相互促进的关系，因此给予新教师教学的信心。这让新教师也能够通过系统教学设计的学习与理解，对充满变数的课堂有预设的一种系统地认识和一种自信而自然地内在把控，从而使教学能力不断提高、进步并加快成长。老教师们可以更好地分析教学中因为经验而忽略的问题并加以重视，更好地发现问题并解决，通过系统设计教学的实践，使教师在教学中做到："目标更明确（知道要做什么）、程序更清晰（知道应怎样去做）、针对性更强（知道为什么要这样做）和灵活性更大（知道在什么样的具体情况下该做什么和怎样去做）。"因此，系统设计教学对年轻教师和新教师来说，具有"雪中送炭"的作用，对有经验的教师来说，运用恰当则意味着"锦上添花"。

三、教学设计的特征

现代教学设计是对教学活动的预先分析和决策，系统化教学设计作为教学理论和教学实践的"桥梁科学"，将教育心理学的成果转化为具体的教学实践运用，构思、策划并制定教学活动方案的过程，为教师优化教学，为学习者学习提供最有利的教学条件和教学策略，对教学质量和教学效率的提高有着重要影响，它具有以下基本特征：

1. 系统性。教学设计强调运用系统方法。教学设计将教学过程作为一个系统来对待，要求对每一个教学要素作出周密的分析和设计，对各要素组成的教学活动进行综合的规划和安排，使之达成有机配合，成为完整统一的整体。

2. 可操作性。教学设计把抽象的理论转化为具体的操作行为，成为教师组织教学的可行性依据。教学设计是一个问题解决的过程，以学习者所面临的学习问题为出发点，确定问题的性质，寻找解决问题的办法，最终达到解决问题的目的。

3. 针对性。教学设计的目的是通过对教学活动的规划和组织，使教学活动的诸要素得到有序的、优化的安排，以利于学习者获得知识、技能，提高学习的效率和兴趣。教学设计以学习者为出发点，从教什么入手，分析学习需要、学习内容和学习者、设计中教师对学生的要求、教师的期待、将要采取的措施等，都是根据具体的教学情境来进行设计和策划的。

4. 灵活性。教学设计作为一种对教学活动的分析与决策，要求教学程序化、合理化和最优化，但它并不否定教学实践的自由和教师的创造性。

在教学设计中，教师可以有目的地突出某些教学要素，如某一教学方法的采用或设计新的教学情境等，目的在于使教学活动更加灵活有效地进行。

四、教学设计的有关模式简介

教学设计是在学习理论、教学理论、传播理论、系统理论等理论研究的基础上建立并发展起来的用正确的理论指导实践，扩展到实践运用领域的学科，许多国内外教学设计专家在把理论用于实践中形成一系列过程设计模式，这些模式从不同的角度和侧重点，一方面综合了理论与技术等各方面的因素；另一方面简化了复杂的教学理论和教学过程各要素之间的关系，提出一些有效的、可操作性强的教学设计模型。

（一）马杰模式

美国著名的教学设计研究专家马杰（R. Mager）认为：在一个教学设计里，至少强调三个环节的进行：一是教学目标，即我们去哪里？这要求我们要明确教学目标，对学习结果进行分类，对教学任务进行分析。二是教学过程，即我们怎么去？要求对学与教的过程、结果与策略要相匹配，不同的学习要有不同的方法、策略和媒体适应。三是教学评价，即我们去到没有？要根据目标对具体的业绩表现进行评估。为此马杰提出如图 2-1-1 所示模式，这是一个目标导向的设计模式，所有的教学活动都可以在此图的基础上拓展和创新，可以把其看做教学设计的一个基础范式。

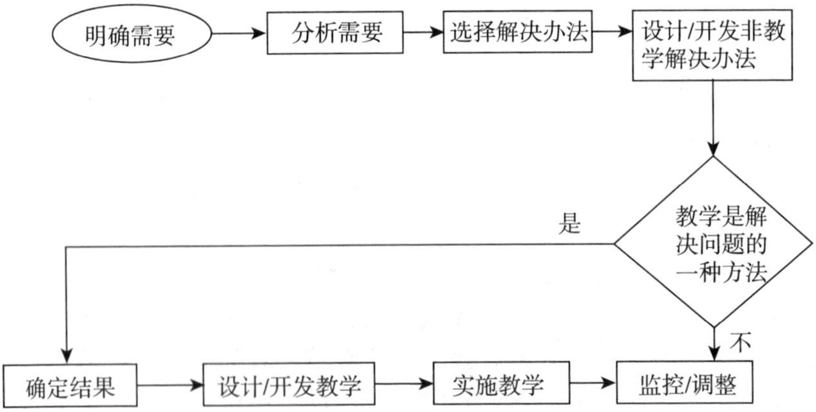

图 2-1-1　马杰“目标为本”教学设计模式①

① 盛群力等：《教学设计》，第 29 页，北京，高等教育出版社，2005。

（二）加涅和布里格斯的九大教学事件

这是加涅对教学设计理论的重大贡献，具有很大的影响力。加涅的九大教学事件提供了教学序列的一般步骤，它可以这样简要来表述：

1. 引起学习注意（保持警觉）；
2. 交代学习目标（建立预期）；
3. 回忆相关旧知识，刺激对必备学习的回忆（提取到工作记忆）；
4. 呈现教学内容（选择性知觉）；
5. 提供学习指导（编码）；
6. 引发行为表现（反应）；
7. 给予正确与否的信息反馈（强化）；
8. 对行为表现进行评估（再强化）；
9. 强化保持与迁移（提示提取）。

该模式的构建以信息加工理论为框架，按照信息加工和认知心理学的观点，为有效的设计个体学习活动提供了具体的思路和基本程序，可用于各种类型的学习过程中，并可根据不同教学目标进行有机调整。

（三）迪克、凯瑞的系统教学设计模式

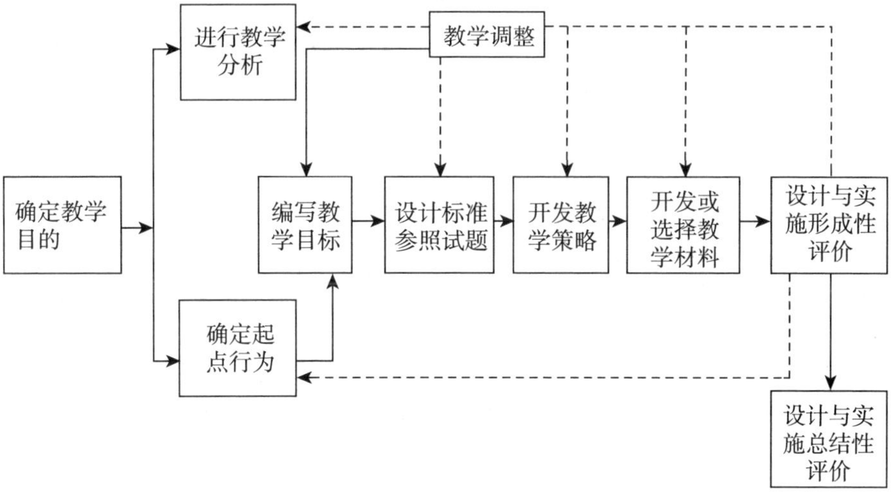

图 2-1-2　迪克、凯瑞的系统教学设计模式①

迪克、凯瑞的系统教学设计模式以教学理论为基础构建，其核心观点

---

①　盛群力等：《教学设计》，第 18 页，北京，高等教育出版社，2005。

为：教学是由学习者、教师、教学材料及学习环境等共同构成的系统，因此教学过程是一个引发和促进学习的过程，在课程规定教学目标、教学内容的前提下，教师要怎么样去组织教学，传递教学信息给学习者。该模式与教师的现实教学贴近，是教学设计领域经典的模式。

（四）盛群力系统教学设计基本模式

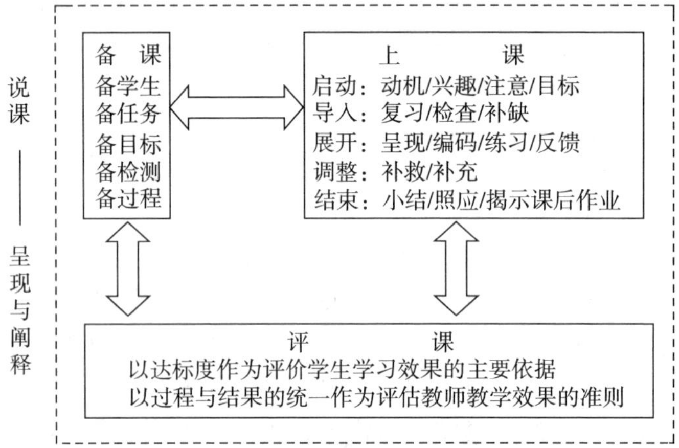

图 2-1-3　盛群力系统教学设计基本模式

图 2-1-3 是浙江大学盛群力教授在 2006 年版的《教学设计》一书中提出的系统教学设计基本模式，该模式简明扼要，能够一目了然地指导教师保持简明清晰的思路开展教学设计。本模式的特点在于把备课、上课、说课、评课这些教师基本教学活动融合于设计体系中，与我国教师教学习惯思维和教学活动方式相统一，容易掌握和操作。

此外还有肯普的教学设计过程模式、梅里尔的五星教学模式等，都对教学设计作出很大的贡献，具有重大的影响作用，学习者有兴趣可参照资源链接相关内容学习，在此不一一赘述。

第二节　教学设计的前期分析和教学目标的确定

一、教学设计的基本操作流程及基本要素

（一）教学设计的基本操作流程

从众多教学设计专家的研究和教学实践来看，当教师要进行教学设计的时候，都离不开以下提到的几个问题的解决：教学“在哪里”“去哪里”

“怎么去”“效果怎么样”。“在哪里”也就是要进行学情分析，即进行学习背景的分析，明确学生的基本情况，学生的心理认知状态如何，学生的智力差异、学习风格、个性特征等怎么样，教学内容在教材的地位是什么样等，这是教学设计的起点，也是制定教学目标的依据。“去哪里”，就是要在学情分析的基础上，确定教学活动后要达到的学习结果，即确定教学目标，教学目标是教学活动的出发点也是教学的归宿，其设计要面向全体考虑个体差异，强调三维教学目标的统一。“怎么去”就是寻求达到目标的策略和技能，即选择教学策略，解决怎么教的问题，是完成教学任务所采取的

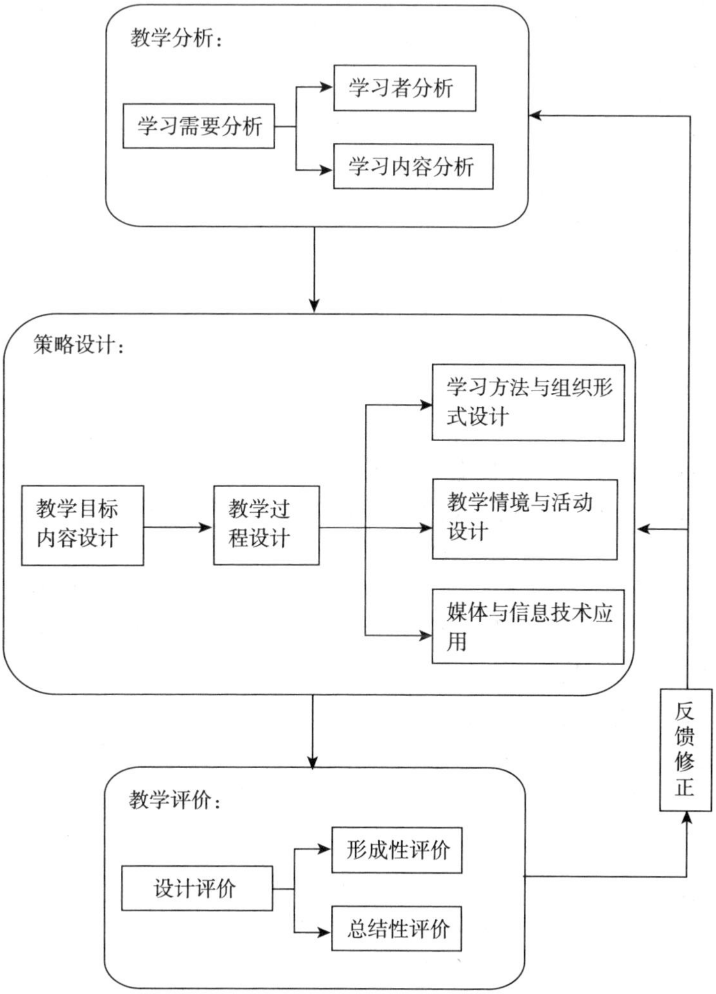

图 2-2-1 教学流程图

方法、活动方式、媒体选择和过程设计，把静态的学习信息转化为动态信息的过程。最后是“效果评价和修正”，一般来说，评价要以促进发展为宗旨，以形成性评价为主要的成果评价内容，进行全程性的评价。可依照教学流程图（图 2-2-1）来进行系统的教学设计。

（二）教学设计的基本要素

在任何教学设计中，都包括了教学对象、教学目标、教学策略和教学评价四个基本要素。

1. 教学对象。教学对象是指教学活动中的学习者。教学设计要围绕学习者为中心进行，为了有效地开展教学活动，必须认真分析、了解学习者的情况，掌握他们的一般特征和起点能力，预测他们发展的可能空间，这是教学设计的基础。

2. 教学目标。教学目标是指通过教学活动后学习者应该掌握什么样的知识和技能，应该具有什么样的情感态度和价值观。目标的确定是教学设计中关键而重要的第一步，它是指导教师完成教学任务所要达到的要求和标准，是导学、导教、导评的依据和基础，是教学活动的出发点和归宿。

3. 教学策略。教学策略是教学设计最具有创造力的部分，是指为了完成特定的教学目标，所采用的教学活动的程序、方法、组织形式和对教学媒体的选择和使用的总体考虑，教学策略的设计在于解决“怎么教”和“如何学”的问题，是教师和学生之间、学生与学生之间的互动活动方案。教学策略是在教学活动实施中对学生进行指导，它更多体现了思想层面的东西，是把教学理论具体化发挥和教学活动方式概括化的过程，是教学设计研究的重点。

4. 教学评价。教学评价是以教学目标为依据，运用科学的标准和有效的技术手段，对教学活动的过程及结果进行测定、衡量，是一种获得信息、判断价值和改进决策的过程。教学评价的目的在于确定学习者的学习水平，对实际的教学效果与学习作出判断，及时调整教学过程并达到有效促进学习的目的。教学评价持续地渗透在教学各个环节之中，其评价方式应是多种多样的，既要有形成性评价，也应该有总结性评价，常模参照评价与标准参照评价要相结合，既要有课堂上的应用练习，也应结合课堂观察、对学生的访谈、作业分析等综合加以设计。总之要通过比较全面的教学效果评价，了解学生在知识与技能、思考、解决问题、情感与态度等方面的基本情况，为进一步完善教学设计、调整教学活动、促进学生学习提供科学的依据。

教学对象、目标、策略和评价四个基本要素相互制约、相互联系，共同构成了教学设计的基本框架。鉴于本书其他章节要涉及教学设计中一些相关内容，在此着重分析教学目标与内容设计以及教学设计的基本框架，详细的内容参照相关章节学习。

二、教学设计的前期分析

在实际教学活动中，教师依据的教材、课程标准、教辅资料、教学媒体很多时候是相近的，但是教学结果的差异却很大，原因之一就是教学着眼点的不同，这与对教学设计前期的学习分析是否到位密切相关。前期分析主要进行学习需要、学习内容、学习者等的相关分析。

（一）学习需要的分析

学习需要分析是指系统化地分析学习者在学习方面的现状与所期望达到的状态之间的差距，学习需要的分析在于揭示学习需要，发现学生学习中实际存在的问题和将要解决的问题，即用系统化的方法，找出“是什么”与“应该是什么”之间的差距，该过程是组成教学设计过程的要素，需要着眼于学习者的全面发展和终身学习需要。

学习需要分析是问题解决过程的起点，此过程的结果是提供充分的资料和数据，帮助形成要进行教学设计项目的总的教学目标。比如教师期待高中生物学会考通过率为98%，模拟通过率为85%，这样就意味着有13%的同学没有达到要求，这种差距就是学习需要。而对这些未达标的同学和大部分已经达标的同学的答题情况进一步分析，发现在实验方面，同学对实验方法的理解和技能的掌握，遗传变异方面的理解运用失分最高，这样就让教师及时发现存在的问题和学习差距，在明确学习需要的同时也提示教师在实验教学方面及遗传学知识理解运用方面应该加强相关的教学，进而认真思考解决“如何教”的问题。学习需要分析可以理顺问题与方法、手段和目的之间的关系，也就是说，教学设计以学习需要分析开始，从问题的分析和确定出发形成总的教学目标，再寻求相应的解决问题的方法，最终解决问题。在实际教学中，可能存在很多复杂问题，学习需要分析应着重考虑：

1. 学习者是否达到教学目标？
2. 教师采用的教学策略有效吗？
3. 传递教学信息的方式有效吗？
4. 教学是否帮助学习者学有所得？
5. 学习者的起点分析准确吗？
6. 学习内容的难易程度是否与学生实践相符合？

在具体的操作过程中，要实现对以上几方面的差距分析而完成学习需要分析，就要尽可能地提供可靠的有代表性的差距资料和数据，为教学设计的后续工作提供基础依据。一旦通过学习需要的分析结果找出差距，就能够有针对性地确立教学总目标。为了实现目标，要求学生掌握哪些起点知识、技能并形成什么样的态度呢？这就涉及学习内容的分析。

（二）学习内容的分析

学习内容是为实现教学目标，要求学生系统学习的知识、技能和行为经验的总和。学习内容的分析要考虑两个维度：一是本部分内容在学科总目标达成中的作用；二是本部分内容的教学活动对学生一般发展的促进作用。通过学习内容的分析，以确认将达到教学目标所需要的学习内容的广度、深度和各组成成分的相互联系。学习内容分析主要进行的是学科知识点分析、重点难点分析和章节学习内容的系统分析。

1. 学科知识点分析

明确知识点数量和范围，知识点目标分析，准确确定要求学生达到的教学目标，明确学生学习内容的范围和深度。学科知识有着不同的类型：

（1）事实性知识（包括术语、具体事实、科学现象等）。

（2）方法性知识：组织处理研究各种学科事实和现象的基本方法、步骤、技术和准则的知识。包括惯例知识、趋势和顺序的知识、分类和类别的知识、准则的知识、方法知识五方面。

（3）概括性知识：把各种事实、现象和观念等组织起来的知识。集合了大量的具体事实，描述了这些具体事实之间的关系，是经过一定的科学思维方法上升到理性认识的抽象知识。比较抽象和复杂的知识。

（4）运用性知识：将方法知识和概括性知识转化为指导具体实践活动的知识。如蘑菇的栽培、血型的鉴定等。

2. 重点内容和难点内容分析

（1）重点内容分析：任何一个部分的教学内容和教学目标都可能有若干层次，认知规律中最突出的最重要的，教学中必须给予特别关注的点就是我们的教学重点。教学重点是一节课中最本质最重要的知识内容，是一节课的核心、基础和教学主线。例如，重要的事实、共性的知识、概括性和理论化比较强的知识，与学生生活实际联系比较密切的知识。重点的确定和分析有利于知识结构的优化，在实际教学中抓住了重点也就抓住了各个知识点编织的网中的纲，使内容有一个好的结构，有利于一般内容的理解和记忆。

（2）难点内容的确定和分析：难点指学生比较难理解和不容易掌握的

内容，如太抽象的知识、离生活实际太远的知识、过程太复杂的知识、理论太深奥的知识，或是学生已有的知识经验中不具备的，有些甚至是与学生已有的知识经验相抵触的，难点不能够一概而论，需因学生年龄、生活经验的不同而确定。多数情况下教学内容的重点和难点是相同的，在相同的情况下，要设置适合的知识台阶引导学生去跨越，先突破难点，才有利于重点的解决，如果无关，就不用在难点上多花时间。重点、难点分析的目的就在于通过系统的思考设计，在教学中能够突出重点，突破难点，取得良好的教学效果。

3. 章节学习内容的系统分析

章节学习内容的系统分析是对教材本身的知识结构体系分析，分析本章节在课程和单元中的位置，即前后章节的联系关系，课程标准对本章节的具体要求等。目的在于建立全盘的整体的系统化的思想。

学习内容确定并组织好后，需要对整个内容的选择和组织作初步的评价，进一步考察选择和组织的内容的效度和对学生的适合性。其基本原则是要充分考虑适应教学目的和要求，适合学生发展水平的基础知识和技能，适应社会需求等方面。具体来说要认真思考：

（1）学习内容是否为实现教学目标所需要？是否还有遗漏和需要补充什么？是否与目标无关需要删除？

（2）学习内容顺序安排是否符合学科逻辑序列结构？是否反映知识的基本结构？是否有利于保证学习内容组织的科学性？

（3）内容的选择和结构安排是否符合学生的学习实际和学生的认知结构？是否与社会需要相适应？

（三）学习者的分析

在现代教学中，学生是学习的主体，每个学生都有自己不同的特点和独立的学习方式。要有好的教学效果，必须对教学对象——学习者进行分析，即通常所说的“备学生”。学习者的分析一般要分析学习者身上稳定的和变化的相似性及差异性，学习者的一般特征、学习者的学习风格、起点能力等，为系统化的教学设计提供参考依据。

1. 学习者一般特征分析

学习者一般特征指学习者学习有关的学科内容时对学习者产生影响的心理和社会特征。如认知特征、生理特征、情感特征、社会性特征等。班级教学是教学实践中最常采用的教学组织形式，在班级中学生的年龄相近，认知结构相似，学习经验和生活经验也相似，进行一般特征分析，了解学生群体的一般心理特征，可以更有针对性地对学习内容、教学方法、教学媒体和教学组织形式进行选择和运用，使学生的学习切实有效。

2. 学习者学习风格分析

学习风格是学习者连续一贯的带有个性特征的学习方式，是学习策略和学习倾向的总和。每个学习者独特的个性和心理特征，使他们在接收信息、信息加工、信息输出方面有差异，对学习环境和学习条件需求也因此存在差异，学习者学习风格的分析可以使教学设计者能够针对不同的学习者确定不同的学习内容，选取不同的教学媒体，制定不同的教学策略，使每个学习者的潜能都得到开发，真正体现面向全体学生的教学理念。研究学生学习风格的目的在于改善教学设计，对于不同的学习风格，既可以采用与学生学习风格的“匹配策略”，也可以适时地针对学习风格中的短处实施弥补性“故意失配策略”，让教学设计不仅仅是顺应学生的不同风格，更要培养合理有效的学习风格，扬长避短，使其更具有科学性。

3. 学习起点能力分析

学生在进入新的学习单元或命题之时，其原有的学习习惯、学习方法、知识和技能等对将来的学习成败起着决定性的作用，分析学习者起点能力，在于确定教学起点，只有知道了出发点和目的地才能够明确教学的方向。学习起点能力分析包括：学习者知识、技能和态度的起点分析，即学习者具备了新知识学习所需要的什么样的知识和技能；学生是否已经具备完全或部分掌握教学所要达到目标的能力要求，能力达到的程度如何？学生对所要学习内容的态度如何，是否存在偏差或误解？

学习起点能力分析主要通过调查的方法进行，可以有多种途径和方式，如摸底测验（前测）整理以往的测验结果、与其他老师交换看法、教师与学生的个别谈话、学习情况座谈会等，都可以获得有参考价值的信息。

学习者特征有共性也有个性差异，在教学设计中对学习者的分析，能够充分体现教学设计面向全体学生的理念，可使教学设计具有较强的针对性和实用性。

（四）课堂教学环境分析

课堂教学环境是课堂教学的背景因素，包含了传输教学的情境以及所学技能的最终应用情境，如课堂教学设施、学校自然环境、文化背景、信息环境、教师的个性特征、班级的管理、课堂的合作氛围等都是影响教学的环境系统成分，它们综合作用，不断变化，影响着学习系统。课堂教学环境分析一般来说要做以下工作：确定课堂教学中那些可能的影响因素，包括物质的和社会的，那些对教学和学习迁移产生阻碍和促进作用的因素，如教学设备条件利用、师生关系的融洽程度、教师对学生的期待、班级积极或者消极的学习激励氛围等，分析的目的在于找出教学环境中有利的因素、不利的因素和缺失的因素，作出积极的应对分析，让教学环境资源利用效益最大化。

三、教学目标的分类与制定

教学目标（instructional objectives）是指预期的学生学习结果或教学活动要达到的标准。“是期望学生通过教育过程后获得改变的方式的明确表达。”①

教学目标作为规定教学活动方向的重要指标体系，它既是评价教学过程的标准，又有指导教师进行教学策略选择、引导学生的学习活动的功能，又是教学活动的出发点和归宿。因此确立合理、良好的教学目标是教学设计最重要的任务之一，教育心理学家提出的目标分类理论和技术，对教学目标的确定和设计具有重要的借鉴和参考价值，成为教学设计目标设计的心理学理论基础。

（一）教学目标分类

20 世纪，许多教育学家和心理学家，对教育领域中的目标分类进行了深入的研究，提出各具特色的目标分类体系，其中最有影响力的是布卢姆的教学目标分类和加涅的学习结果分类体系。

1. 布卢姆的教学目标分类

布卢姆等人 1956 年出版了《教育目标分类学第一分册：认知领域》成为教育目标分类学的奠基之作，将教育目标分为认知领域、情感领域和动作技能三个领域，每个领域包括若干层次。后期多位专家对布卢姆教育目标分类学进行了最新全面的修订，并出版了《学习、教学和评估的分类学——布卢姆教育目标分类学修订版》一书。其分类采用了“知识”和“认知过程”的二维框架，体现为事实性知识、概念性知识、程序性知识和元认知知识四种知识和记忆、理解、运用、分析、评价、创造六种认知过程，共有 30 种具体结合，它们不仅渗透着当代教育心理学研究的若干重要发现，同时也为在教学设计实践中贯彻目标、教学与评价一致性原理开辟了新的前景（见表 2-2-1 和表 2-2-2）。

---

① L. W. 安德森等：《学习、教学和评估的分类学——布卢姆教育目标分类学修订版》，第 4 页，皮连生主译，上海，华东师范大学出版社，2008。

表 2-2-1　布卢姆新认知目标分类学知识的二维框架（2001）

A. 事实性知识（factual knowledge）——学习者在掌握某一学科或解决问题时必须知道的基本要素 Aa. 术语知识 Ab. 具体细节和要素的知识
B. 概念性知识（conceptual knowledge）——某个整体结构中发挥共同作用的各基本要素之间的关系 Ba. 类别与分类的知识 Bb. 原理与概括的知识 Bc. 理论、模式与结构的知识
C. 程序性知识（procedural knowledge）——如何做事的知识；探究的方法；运用技能的准则；算法、技巧和方法的知识 Ca. 具体学科技能和算法的知识 Cb. 具体学科技巧和方法的知识 Cc. 确定何时运用适当程序的知识
D. 元认知知识（metacognitive knowledge）——关于一般的认知知识和自我认知的知识 Da. 策略知识 Db. 关于认知任务的知识，包括适当的情境性和条件性知识 Dc. 自我知识

表 2-2-2　布卢姆新认知目标分类学认知过程的二维框架（2001）

1. 记忆（remembering）——从长时记忆库中提取相关知识 1.1 识别（recognizing） 1.2 回忆（recalling）
2. 理解（understanding）——能够确定口头的、书面的或图表图形的信息中所表达的意义 2.1 解释（interpreting） 2.2 举例（examplifying） 2.3 分类（classifying） 2.4 总结（summarizing） 2.5 推断（inferring） 2.6 比较（comparing） 2.7 说明（explaining）

续表

3. 应用（applying）——在特定情境中运用某个程序 3.1 执行（executing） 3.2 实施（implementing）
4. 分析（analyze）——将材料分解为其组成部分并且确定这些部分是如何相互关联的以及部分同总体之间的联系 4.1 区分（differentiating） 4.2 组织（organizing） 4.3 归属（attributing）
5. 评价（evaluate）——依据准则和标准来作出判断 5.1 核查（checking） 5.2 评判（critiquing）
6. 创造（create）——将要素整合为一个内在一致、功能统一的整体或形成一个原创的产品 6.1 生成（generating） 6.2 计划（planning） 6.3 贯彻（producing）

2. 加涅的学习结果分类

当代著名教育心理学家加涅在《学习的条件》一书中提出，教学活动所追求的目标，就是形成学生的关于言语信息、智慧技能、认知策略、动作技能和态度五种能力，其中前三种学习结果属于认知领域。教师能够根据学习结果设计出学生学习最佳的条件，加涅的五种学习结果分类，是对教学设计理论的重要贡献之一，一直在教学设计实践中被广泛运用。

（1）言语信息

言语信息作为一种能力的学习，意味着个人能够以一种陈述的方式（说、写或其他方式）来表述已学得的东西。

（2）智慧技能

智慧技能可被细分成几个小类，根据其心理运算的复杂性的次序依次是：辨别、概念、规则和高级规则。这些小类是相互关联的，较复杂的技能需要较简单的技能作为其学习前提。

（3）认知策略

认知策略就是学习者控制学习（保持和思维）过程的各种方法。认知策略在教育系统的学习目标上具有重大作用，注意、编码、回收、迁移和问题解决等策略可用正规的教育手段学得和改进。

加涅学习结果分类以学生学习会产生什么样的信息输出为出发点设计教学目标，更注重反馈的作用。加涅从信息论的角度研究人的认知，通过对学习结果进行分类来制定教学目标，就是从对学习信息可能的输出方式反推出对学习的要求。对教学指导有实用价值，尤其有利于对学习的反馈控制。因为，学习结果本身就是信息反馈。

（二）教学目标的确定

1. 教学目标的层次

教学目标的确定是教学设计中关键而重要的第一步，它是指导教师完成教学任务所要达到的要求和标准，是导学、导教、导评的依据和基础，是教学活动的出发点和归宿。从教育的不同层面要求来说，目标包括了以下四个层次的不同：

第一是国家规定的基础教育培养的最高层次的总目标（通常又称教育目的，aims）。

第二是由学科专家制定出不同学科课程目标及不同学段的课程目标（即教育目标或培养目标，goals）。

第三是教师在学段教学的过程中，确定的学期课程目标（教学目标，objectives）。

第四是教师将本学段的课程目标分解成单元或章或课时的具体目标（教学目标，objectives）。

在教师具体的教学任务中，最直接最平常去做的是某一学科课程的、单元的、课时的具体教学目标。在本部分内容里，我们所指的目标就针对后者而言的。教学目标要包含要求学习者掌握哪些知识和技能，智力上有什么样的提高，态度上发生什么样的转变，有什么样的认识，以什么样的方式准确的表达等方面。随着我国基础教育课程改革和发展的深入，我国课程目标改变了过去注重知识、能力目标向现在的强调三维教学目标的统一协调，既要学习知识，也要培养能力，还不能忽视学生的情感、态度、价值观，以实现真正的素质教育目标。

教师通常所设计的教学目标可以分为两种，一种为一般的教学目标，此类目标比较笼统、广泛，不能直接加以观察或测量，而且必须作进一步的界定，才可能弄清楚其教学的意图，一般不作提倡；另一则为具体、明确的教学目标，是以具体的学习结果（specific learning outcome）来叙述，直接可以观察或测量，从字面上就可以看出教学的意图和目标。在教学设计中，我们所需要的目标设计是具体明确清晰的教学目标。

例如，一般教学目标“了解某段文章的意义”，至少可以细分为四组具体的教学目标：

（1）指出该段文章所明白叙述的要点。

（2）指出该段文章的主旨。

（3）摘要该段文章的大意。

（4）推论该段文章未明白叙述的观念和关系。

将具体的教学目标，再加以进一步细化，即可成为学生的表现目标：

（1）指出该段文章所明白叙述的要点

①在该段文章的要点下画线。

②选出最能切合该段文章要点的句子。

③列出足以支持该段文章主题的事实。

（2）辨识该段文章的主旨

①在最能表达该段文章中主旨的句子下画线。

②为该段文章拟定一个题目。

（3）摘要该段文章的大意

（4）推论该段文章未明白叙述的观念和关系

①描述该段文章的内容所隐含的观念、行动或事件。

②依序列出最可能发生的行动或事件。

③说明这些行动或事件可能演变的结局。①

教学目标的表述：一般来说，非行为目标比较简单，行为目标表述比较复杂。教学目标包含四要素：

（1）行为主体。行为主体是学生。实际表述中，可以省略，但是逻辑上必须是学生。如，能够独立复述课文。切忌使用“教会学生”“培养学生”“使学生”之类的表述。这样的表述主体就是老师了。

（2）行为动词要明确。即明确要达到什么样的终点行为；这些行为必须是可以观察到的。这是目标设计的关键，一般需要借助指向认知能力改变的可观察的动词，如“选择”“确认”“列出”“解答”“复述”“写出”“辨别”“绘制”“修理”和“写下”等。要避免使用“理解”“意识到”“鉴赏”和“熟悉”等较笼统模糊的术语。

（3）行为条件。说明展示该行为的条件，影响行为发生的特定限制和范围如何。条件部分是说明学习者将使用什么样的工具或信息。一般在具

① 佚名：《了解某段文章的意义》，载《教学设计（连载）——拟定教学目标》，http：//www.zsdhglxx.com.，2009-11-27。

体目标的开头部分出现，如“给定（提供）……”“给出一组几何图形，圈出其中的多边形”“提供一段文本，画出动词”。允许或不允许使用参考资料或辅助手段，是否提供信息或提示，时间的限制，完成行为的情境。有时候，条件也可以不具体列出。例如“列出教学设计的步骤”就没有条件，不必添上“教学后”等字样。

(4) 说明标准或准则。标准是指学习者做到如何好才算达标，包括准确度、错误量、正确数、时间幅度、与标准一致的程度、后果，学生对目标所达到的最低水平标准，“至少”“百分之九十”“完全”等。

在具体的教学设计中，不是每次都必须把动词、条件和标准三项因素写出来，通常建议是：可依据学习结果的类别而定。一般而言：记忆类和实作类学习，至少必须包括条件和行为，思考类学习则至少必须包括行为，而态度类学习则至少必须包括行为和标准。

所以要清晰确定并陈述教学具体目标，可运用该公式：学习者＋行为动词＋行为条件＋达到程度（标准）。

［示例 1］给学生（主体）一篇英语短文，学生在五分钟内不靠帮助或参考书（行为条件），能够理解文章大意（行为动词）并能够翻译为中文正确率为 80%（程度）。

［示例 2］给出 6 题因式分解习题，学生（学习者）能够在 15 分钟内（行为条件）完成（行为动词）4 题解答并且没有错误（程度）。

以上两个目标表述就比较完整地把条件、要达到的行为目标和检测标准一一列出。

［示例 3］教学目标表述：“学生要理解如何给各类简单句加标点。”

在本表述中，“理解”一词太概括，要准确说明学生应该用哪些行为表明自己理解了给句子加标点，此外还需要说明课堂上学习的，需要用到的具体标点符号是什么；所以本目标可以这样表述：“学习者学会用逗号、句号、问号、感叹号为各种简单句加标点。”

［示例 4］教学目标表述：“学生要能够打乒乓球。”

此目标描述就缺少了在什么样的条件下能够打乒乓球，（重要的条件）怎么样的情形中可以认为是能够打乒乓球（缺少了行为标准）。

［示例 5］教学目标表述：“通过本课学习，使学生能够掌握显微镜的结构。”

在本表述里，行为主体是教师，而不是学生，“掌握”一词从程度来说较为笼统，不明确。所以该目标可以表述为：学生能够依次说出显微镜的各个部件的名称。

总而言之，教学目标的行为主体是学生，陈述的是预期学生学习的结果，包括认知、情感、动作技能三个领域；目标的陈述应该力求明确、具体、显而易见、可以观察和测量，尽量避免用含混不清和不切实际的语言；且能够反映学习结果的类型。

在进行了前期的分析和目标确定后，即已经明确了“教什么”“学什么”的问题，下一步就是要研究“如何教”“如何学”的问题，即要进行教学策略的思考。

第三节 教学设计策略

一、教学策略的概念及开发顺序

（一）教学策略的概念

教学策略（instructional strategy）是用于开发或选择教学材料的指示和规定。是对完成特定的教学目标而制定的教学内容的顺序安排和组织，教学活动的程序安排、教学方法、教学组织形式和教学媒体等因素的总体考虑。它是如何呈现教学，如何传递内容和活动，如何让学习者参与学习的方法。

教学策略指向具体的教学目标，为完成特定的目标而采取的有针对性的措施，具有指向性的特点；不同的教学目标、不同的学生群体、不同的教学条件，需要有不同的教学策略，以满足不同的教学需要。要达到有效的教学策略设计，应注意以下方面的考虑：

1. 教学目的、学习者特点、学习环境和应用环境、教学目标和评测要求；

2. 重温教学分析，确定教学目标的逻辑分组，以确定教学中选择合适的讲授顺序；

3. 规划在教学中要用到的学习成分；

4. 选择对学习最有效的学生分组方式；

5. 确定符合对学习环境成本、易用和实用要求的有效的媒体和材料。

（二）教学策略的开发

教学策略的开发通常要从以下五方面着手考虑：

1. 安排教学目标的顺序和教学分组模块。顺序安排和模块分组都要遵循学生的认知和记忆规律，以及每一节可用的时间，考虑顺序安排和对于学习者的注意力宽度适当的模块的大小。

2. 指出在教学前活动、评测和增强活动中要做什么，包括决定学生的分组和媒体的选择。让学生对学习任务有明晰的认识了解，有助于学习活动的主动进行。

3. 说明每个目标或目标块要呈现的内容和学习者参与活动。呈现部分要简要描述所需要的内容和一个典型的例子，例子的选择应是学习者尽可能熟悉的、感兴趣的。参与活动部分要给出教学中将提供的一个样题和反馈类型，这部分同样要包括有关学生分组和媒体选择的说明。

4. 结合每堂课用时和目标学习者的注意力宽度，将目标分配到每堂课。复审对教学目标的顺序安排和分组，教学前活动、评测活动，内容呈现，学习者参与策略，学生分组和媒体选择。

5. 再次复审整个策略以统一媒体选择，确认它们满足指定的传递系统，选择一个与学习环境和应用环境兼容的传递系统。

开发一个教学策略是一个系统、复杂的过程，在该过程中，必须有全局的整体观，教学前活动、评测和增强活动这些教学成分必须按照整个教学的顺序考虑，要应用到整堂课、每个目标或目标块，包括学期目标，都要有内容呈现、练习和反馈，这样才使整个课堂完整，教学策略设计有效。

(三) 教学策略的选择

教学策略是一种指向性的活动，张春兴认为掌握教学策略的选择有以教师为主导的教学取向和以学生自学为取向的教学两类。

1. 教师主导取向的教学策略

教师主导取向的教学又叫明示教学，是融合了行为主义、意义学习和信息处理理论而形成的一种教学策略。在教学实际中采用了五步骤进行：(1) 复习旧知识导入新学习；(2) 清晰讲解教材知识内容；(3) 指导学生学习及练习；(4) 反馈及错误校正；(5) 学生独立完成作业。

2. 学生自学取向的教学策略

以学生自学为取向的教学策略选择融合了布卢纳的发现学习理论和人本主义的学习理论的精神而进行的，在时间教学中采用了以下步骤：(1) 在教师引导下的发现学习；(2) 在合作学习中学习新知；(3) 寓求知于生活的教学活动。

事实上教学策略的选择是相对的，其选择应该是多样而灵活的。教学策略的设计要真正把学习策略的教学与具体学科的学习内容以及学生实际特点相结合，让学生充分体验学习过程，为学生提供有助于学习的示范和足够练习，提供分解的学习任务，并给予学生明确的指导学习策略及学习策略的使用条件；提供学科运用的一般策略并启发学生运用到各学科中，做到为迁移而教；多考虑学生学习的效能感，让学生能够感受到学习的收获和成就感，以达成教学活动的高效低耗，促进学生有效学习。

有效的教学需要有可供选择的各种策略因素来达到不同的教学目标；最好的教学策略就是在一定情况下达到特定目标的最有效的方法论体系。在确定了教学目标、教学任务及相应的教学内容之后，就要通过恰当的教学方法去完成教学任务，实现教学目标。教学方法成为教学设计中必需考虑的一个基本范畴。

二、教学方法的设计

教学方法是为了达到教学目的，完成教学内容的学习，在教学过程中教师与学生间所进行的行为活动方式。它涉及教师的教学方式和学生的学习方式两方面。教学方法是完成教学任务的重要保证，是实现教学目标的重要手段，教学方法多种多样，分类也纷繁多样，按照教学方法的主体因素构成来说，教学方法分为：以教为主的教学方法（如讲述法、演示法、练习法等），以学为主的教学方法（如自主学习、探究学习、合作学习），教与学并重的教学方法（如角色扮演法、讨论法、问题教学法等）。

【案例】　《光合作用的发现过程》教学程序设计

程序一：课题引入，创设学习情境，观看1648年海尔蒙特的实验过程图和说明，通过实验导入新课，提问：

(1) 第一次进行光合作用的实验是哪一年？由谁进行的？

(2) 此实验的主要方法是什么？说明了什么观点？

(3) 根据实验能够推导出植物生长的主要营养来源是什么吗？

(4) 范·海尔蒙特考虑其他影响植物生长的因素了吗？

程序二：提供普里斯特莱实验演示并提问：

(5) 第一个证实空气与植物生长有关的观点的人是谁？在什么时候提出的？

(6) 这个实验过程是建立在什么实验的基础上的？

(7) 改变变量设计对照实验，能说明什么问题？

(8) 以蜡烛为变量，钟罩内没有蜡烛的植物很快死亡，有蜡烛的植物正常生长，说明了什么问题？

(9) 还可以考虑设计什么变量进行实验？

程序三：提供英根豪斯实验的内容教学材料，引导学生进行金鱼藻光合作用的实验，提问：

(10) 荷兰科学家英根豪斯的实验得出了什么结论？

程序四：观看天竺葵实验演示。

(11) 在两片叶子上滴加碘酒，遮光部分无颜色变化，曝光部分则呈深蓝色，可得出什么结论？

(12) 为什么对天竺葵先进行暗处理？

(13) 你能够从上述四个实验中总结出光合作用的反应式吗？

(14) 光合作用产生的O_2来自CO_2还是H_2O？可以用什么方法来测定？

(15) 植物体内的CO_2是怎样转化为有机物的？

程序五：学习1940年美国科学家鲁宾、卡门的放射性同位素标记法实验。

(16) 能否只进行其中一组实验？此实验证明了什么？

程序六：通过以上光合作用的发现史实验，总结光合作用的条件、产物、反应式及实质，并分析其意义。

(17) 通过光合作用的几个实验串联科学发展史，我们有什么收获？

联系实际学习练习：

(18) 如果人类可以人为地调控光能利用效率，农作物产量是否会大幅度增加？

(19) 利用光合作用，能否优化空气成分，延缓地球变暖？

(20) 是否有一天，人类能够通过模拟光合作用，直接从工厂里获取食物？

思考：你赞同以上案例中的设计吗？你的依据是什么？在教学设计中，如何实现教学方法的优选与组合？

评析：以上案例是一个典型的程序教学法，通过新课导入、学习要求提出、问题练习、指导学习、质疑释疑等过程，应用了观察法、谈话法、讲授法、探究法、问题法等多种教学方法，目的在于让学生了解了光合作用的发现史后达成教学目标，本案例结合史料的几组问题设计，层层递进，让学生能够在完成前一组问题的基础上，进入下一个学习程序，帮助学生不断深化对概念的理解，逐步学会探究学习，学会像科学家一样思考。案例以光合作用科学发现史为线，合理运用多种教学方法，组合优化教学过程，让学生很好地理解科学概念发展变化的过程和科学探究本质，学生既学习了生物学的知识，也逐步了解并形成科学的思维方式，有利于培养学生发现问题、分析问题、解决问题的科学探究能力。

任何教学方法的选择，都是为了实现教学目标，完成教学任务，因此教学方法的选择，就要把教师的教学、学生的学习和学习内容有机地整合起来，教师在教学设计过程中，要注重选择的科学性和合理性，根据教学目的、教材内容、学生特点、教师素质、教学资源等相互的关联，全面、具体、综合、可行、有效地进行选择和优化组合。如在学生具有一定的基础知识及一定的独立思考能力的前提下，促使学生主动地参与学习过程，调动学习的积极性和主动性，可采用讨论法或者谈话法、探究法等；要在短时间内让学生获得大量系统的科学知识，讲授法就是比较好的教学选择。教学的最终目的不仅仅是教给学生更多的知识，而要教给学生学习的方法，思考的方法，发现问题、分析问题、解决问题的方法，最终学会学习，所以在教学方法的选择和运用中要注意学习策略的指导。单一的教学方法容易造成学生的疲劳，降低学习效率，所以在教学设计中提倡多种教学方法的灵活运用，注重创设有特色的情境，让学习活动与自然、社会、生活相联系，但忌讳盲目追求方法的形式化。

学生的学习是教学内容内化为学生发展成果的过程，教学方法的选择和组合，作为一种手段或策略，旨在帮助学生更好地实现知识的内化和发展。同一种教学方法有时可为多种教学目标服务，而同一个教学目标也可以通过不同的教学方法来实施。教有法而无定法，贵在得法，恰当的教学方法的选择运用，是为了最佳地完成指定内容的教学任务，取得事半功倍的教学效果。

教学内容、教学顺序、教学方法确定后，为了支持教学目标的顺利完成，根据教学的需要，在教学过程中要以不同的方式为学习者呈现传递各种教学信息，即进行教学媒体的选择和组合。采用什么样的媒体来传递信息、提供有效刺激可以达到好的教学效果，是每一个教学设计者在进行教学设计的时候必须考虑的。

三、教学过程的设计

教学过程的设计就是用流程图的形式简洁地反映分析和设计阶段的成果，表达教学过程，直观地描述教学过程中教师、学习者、学习内容、教学媒体等基本要素之间的关系，给教师提供一个有重要参考价值的教学设计方案。①

教学过程的流程图是浓缩的教学过程，把复杂的教学过程分解为相对简单的环节，直观地显示了教学中各要素的相互关联，教师在教学过程中可以灵活机动地根据学习者的实际情况作出相应的教学处理，具有操作性强、简明扼要、一目了然的优点。由于课堂教学的多样性，教学流程图也有多种形式，需要教师根据教学设计的要求和教学实际情况，充分体现学生主体，遵循学生的认知规律和学习心理，体现一定的教学方法，创造性的设计流程图。对于教学流程图，通常有规定的符号，如图 2-3-1 所示。在设计流程图时，一般把简单的文字说明列于框内，在框图上注明需要了解的相关信息，参见图 2-3-2。

---

① 徐英俊：《教学设计》，第 168 页，北京，科学教育出版社，2001。

教学设计中所提出的教学目标是否达成，学习效果和教学效果怎么样，教学目标是否符合学生实际，教学方法是否适合学生学习，是否以学习者为中心，是否实现最优的教学，教学活动安排是否合理，教学是否达到预期要求，需要系统地收集信息进行评价。

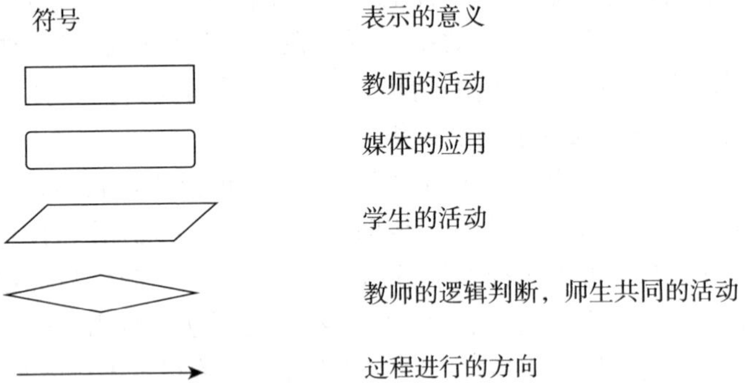

图 2-3-1　教学过程流程图符号

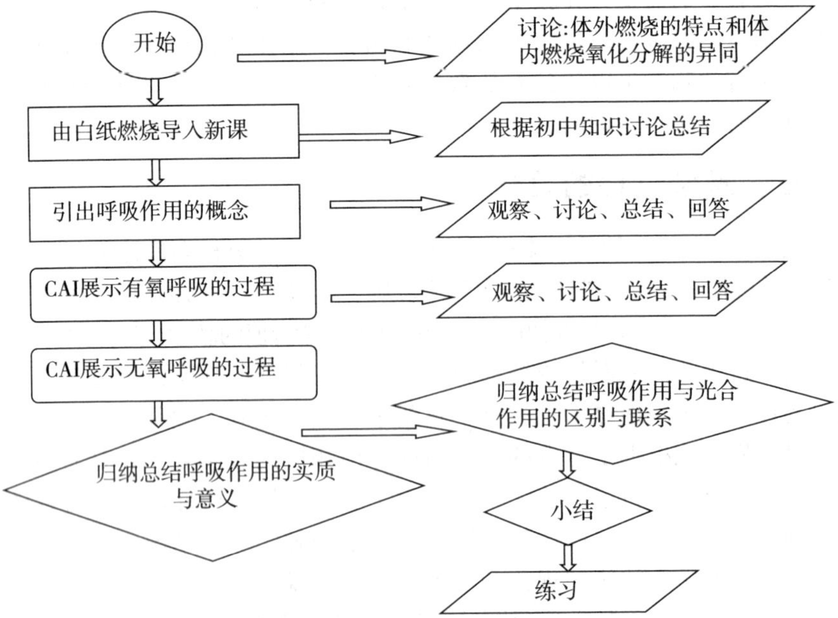

图 2-3-2　呼吸作用教学流程图①

① 王永胜:《生物新课程教学设计与案例》，第 107 页，北京，高等教育出版社，2003。

【案例】　　《遗传的物质基础》教学设计

遗传的物质基础是高中生物学的重点和难点，内容抽象，不容易理解，本部分内容的第一个知识点是DNA是主要的遗传物质。教学中安排2个课时，根据学生、教学时间和设备情况安排如下：

1. 通过“龙生龙、凤生凤，老鼠生子会打洞”的谚语，引出遗传现象和概念，提问：遗传是生命的基本特征，究竟什么是遗传物质？遗传物质是怎么发现的？

2. 呈现告知学习目标，告诉学生课时内容顺序安排。

3. 复习细胞分裂、减数分裂和受精作用的知识，重点理解在遗传的过程中，DNA和染色体的变化规律。得出结论并板书：DNA和染色体与遗传有关，怎么样证明DNA是遗传物质呢？

4. 多媒体演示讲解格里菲斯的肺炎双球菌转化实验、噬菌体侵染细菌实验、烟草花叶病毒感染实验，进行分析比较，得出结论并板书：DNA是主要的遗传物质。

5. 小结及练习反馈阶段：请同学与教师一起总结本节课知识框架，板书。选择不同的实例请同学分析判断，如控制生物性状的主要物质是什么？(DNA) 一切生物的遗传物质是什么？(核酸) 大部分生物的遗传物质是什么(DNA)？控制生物性状的物质是什么？(核酸) 病毒的遗传物质是什么？(DNA或RNA) SARS病毒的遗传物质是什么？(RNA) 通过给出肺炎双球菌转化实验、噬菌体侵染细菌实验、烟草花叶病毒感染实验实例让学生运用概念解释现象或解决问题，如判断和解释实验结果、遗传物质等。

6. 在练习的过程中，及时组织学生对出现的问题进行讨论和评价，找出问题及时补救。

评析：学习是发生在学习者内心的内在过程，教学设计的目的就是要规划如何通过心理学家已经证实能孕育学习的心智状态和活动来指导学习者的智力加工过程。以上的教学设计中，以加涅的九大教学事件为依据，充分重视了五大学习成分对教学的影响作用，应用多种教学方法，灵活运用多媒体教学，变抽象为具体，形象思维与抽象思维并重，让学生很好地理解掌握知识，并培养了实验分析能力，较好地达成教学目标。

1. 引起注意：即案例中的第1阶段，通过谚语引入和提问引起学生的学习兴趣，集中注意力，并激发探究学习之心，聚焦的目的在于让学生对将要学习的知识集中注意，激发动机，产生学习的良好愿望，作好学习的准备。

2. 告诉学习者教学目标和教学安排：即案例中的第 2 阶段。告诉学生学习目标，在学生中形成期待、明确目标，帮助学习者更有效地运用学习策略，判断教学与他们的相关性，以促进学生的学习。

3. 刺激回忆先前的学习：即案例中第 3 部分，该过程让学生回忆与新内容相关的知识，提醒学生把先前知识利用起来，了解并能够应用已经知道的相关知识，学会通过旧知识与新知识学习相联系，充分利用了学生的先导知识进行有效学习，达到很好地激活训练学生的思维能力的效果。

4. 呈现刺激材料即案例中第 4 阶段，案例中通过多媒体呈现实验方式和问题语言的恰当应用，师生一起体验了科学家发现遗传物质的过程，这样处理的结果，使抽象的问题具体化、形象化、立体化、动态化，有助于学生对感性知识的认识、理解和升华，既训练了同学的逻辑思维能力，激励学生也能够像科学家一样的分析、判断，较好地激发了学生探究学习的兴趣，从而达到良好的教与学的效果。

5. 提供学习指导：教学所希望的是让学习者学会学习，能够善学、巧学、乐学，“教”的最终意愿在于达到“不教”，因此学习方法的指导在教学中尤为重要。在本案例中教学方法的指导在整体的教学过程中都有体现，本案例的学习有效训练了学生的“听”“思”“记”，“听”即听学习要求，知识引入及知识学习过程的启发，重点、难点剖析，科学探究思想方法的体现，课堂小结；“思”即学生的思维方法指导训练，通过复习提问，让学生善思、勤思，通过听和观察去联想、猜想、归纳，让听得以升华。在听和思的过程中，适时引导学生学会记下关键和重点要点及疑问，让“记”为更好的“听”与“思”服务。

6. 引发学习者行为：案例中的 3～6 阶段均贯穿着对学习者的行为反应的引发，通过向学习者提供与教学目标直接相关的活动，可以极大地扩展学习过程。通过提问、视听、练习，让学生学会观察、分析、归纳、演绎，有效地提高其学习思考能力。

7. 对行为正确与否给予反馈：案例第 5 阶段的学习反馈，让学生对于自己的学习活动状况及学习结果能够及时地了解，在该过程中，通过教师和学生学习各个环节的及时反馈，能够较好地了解整体的学习状况和效果，师生因此能够适时地作出相应的补救。

8. 评测行为和补救：案例中的第 6 阶段，评价是对学习活动进展的肯定或否定的评判，价值判断后可以给予相应的强化。比如老师肯定的表情、在多媒体教学中跳出来的动画和音乐、同伴的认同、特别权利，或者参与某个其他活动的机会等。教师的评价方式直接影响着学生的学习动机，教师要恰当地运用强化行为，在评价的基础上，为学生设计补救性的活动，如附加练习题、再次呈现教学内容等。

9. 增强记忆和迁移：增强记忆在于促进学习的保持性，促进知识的保持和迁移，目的是使学生能够牢固掌握所学的内容，并能够把所学知识技能运用到新情境中。

至此，我们已经对系统化教学设计的基本框架有了理解，教师的每一堂课的教学，都要精心设计。新教师在初步拟定教学设计时，可以参照附表中的基本样例，先从详细的教学设计方案入手，等到熟能生巧之后，再为简案，在设计的时候，要由大处着眼，考虑学习单元、学习领域、学校教育等的学习结果，对具体每节课的学习进行精心设计。虽然教学设计有方法和模式可循，但不要如同流水线的呆板操作，学生是活的，教学是丰富的，因此没有固定不变的教学方式和策略，模式方法提供的只是一种借鉴，教师要在实际中有弹性的灵活运用，帮助学生最大限度地达成教学目标，实现教学设计的高效低耗。

附表：教学设计体例

[教学基本信息]

课题：

年级：　　　　　设计者：　　　　　执教者：　　　　　时间：

[指导思想与理论依据]

指导思想：教师对本教学设计的认识与分析；理论依据：支持教师形成这种认识的依据。

要求：教学思想明确，理论依据恰当，忌多、杂、碎，不要求高、大、全。

[教学背景分析]

学习内容：涉及教材结构、教学结构（教师对教材的解读与调整）、知识背景说明等，简要明了。学生情况分析：要以学习内容为背景，分析现有学生情况（优势、不足），可突出对本课学习前学生的初始概念的调查与了解，简述教师针对目前学生情况所采用的对策、方法。

[教学目标]

1. 知识目标

2. 技能目标

3. 情感态度与价值观目标

[教学重点和难点]

1. 教学重点

2. 教学难点

[教学准备]

1. 教师准备

续表

2. 学生（个人或小组）准备

注意考虑教学活动材料的普遍性和易得性，特殊器材可附清晰的照片。

[教学流程示意图]

采用流程图的方式，表述出教学活动进程，要有重点突出知识、技能、情感态度价值观学习在本教学设计的体现。

[教学过程]

教学过程使用文字描述方式。

文字描述可以使用“夹叙夹议”的撰写方法，边叙述边分析。

本部分内容应包括“教学阶段”“教师活动”“学生活动”“环节设计意图”“时间安排”等相关内容，如有特殊要求，可以添加修改项目。

[板书]

[对本教学设计的自我分析]

教师关于设计的思考、感悟、收获，试讲过程中的所得所疑所思所启，改进教学的设想。

如果是多次修改的教学设计，可对本次的改进作对比分析。

[课堂实录]

一份完整的教学设计，除上述几个部分外，还应包含教学媒体的选择、教学评价的设计，鉴于其他章节已经对这两项内容作了比较全面的阐述，故本章不作赘述。

操作训练

1. 请分析说明以下高中地理“大气运动”内容的课时目标的表述是否恰当，你如何对该目标进行分析表述？

知识目标：(1) 理解热力环流形成。影响大气水平运动的“三力”及其作用下的风向。

(2) 掌握气旋、反气旋的运动方向。

(3) 在等压线图上表示实际大气的风向。

能力目标：(1) 会画气旋、反气旋的示意图。

(2) 会读简单的等压线图。

德育目标：(1) 使学生认识大气运动与人们生产生活的关系，明确人类应如何趋利避害。

(2) 使学生将所学的知识运用于实际、服务于社会。

2. 请选择中小学教材中某一节课的教学内容，完成一个详细的教学设计。要求对该教学内容进行目标分析，并用可见的、外显化的词语描述目标，分析教学任务的重点、难点，该教学内容中知识点与原来知识之间的联系，拟采用怎样的教学方法，安排什么样的教学顺序，如何选择媒体，安排教学流程，通过什么样的练习和反馈进行教学评价。

资源链接

1. 张春兴：《教育心理学——三化取向的理论与实践》，杭州，浙江教育出版社，1998。

2. 浙江大学《教学理论与设计》课程主页，http：//www.ced.zju.edu. cn/id/index.asp。

3. ［美］Stenberg，R.J. 等：《教育心理学》，张厚粲译，北京，中国轻工业出版社，2003。

第三章　课堂教学实施技能训练
——展示教学艺术魅力的舞台

本章概述

课堂教学实施技能是指教师在课堂教学过程中，为完成教学任务而采取的一系列教学行为，主要包括导入技能、提问技能、讲解技能、板书技能、结课技能、课堂教学的管理技能。课堂教学实施技能与教学设计、教学方法等构成了从事教学活动的基本技能，是提高课堂教学质量的重要保证。本章主要从内涵、作用以及应用时的要求对教学实施技能进行阐述。通过本章的学习，学习者应掌握导入技能、提问技能、讲解技能、板书技能、结课技能、课堂教学管理技能的类型及方法要领。

案例导引　**《黄河的治理》教学过程实录**①

一、设置情景、引入课题

（多媒体播放歌曲《天下黄河九十九道弯》）

导语：同学们，听着这首歌，有谁不心潮澎湃，激情高昂？黄河作为我们的母亲河，不断地滋养着我们，但是在诸多媒体上我们又不断地看到“救救母亲河”，于是，你是不是和我一样会急切地查找资料，翻阅课本？我惊讶地发现这样一个课题：“黄河的治理”，我想了很多，你又能想到什么问题呢？

学生交流回答后整理：1. 黄河为什么要治理？2. 黄河怎样治理？

二、组织探究，引导自学

1. 调查黄河，了解黄河

先分小组整理，然后组织汇报并适当点评。

自学课本第 48 页，小组交流，读图回答下列问题：

①黄河的源头位于什么省？发源于哪里？注入哪里？位于什么省？（青海省、巴颜喀拉山、渤海、山东省）

---

① 佚名：《〈黄河的治理〉地理教案》，见张家口教育网，http://www.wodiw.com，2009-11-10。

②黄河从上游至下游依次流经哪些省级行政单位？很明显地呈什么图形？（青海、四川、甘肃、宁夏、内蒙古、陕西、山西、河南、山东；很明显地呈巨大的“几”字形）

③黄河依次流经哪些地形区？哪几种干湿地区？（青藏高原、黄土高原、华北平原；干旱、半干旱地区和半湿润地区）

④黄河的上、中、下游是怎样划分的，界限分别在哪里？河南省位于黄河的哪里？（上中游的分界线为河口，中下游的分界线为孟津；河南省位于黄河的中下游地区。）

2. 认识黄河，感恩黄河

让学生根据自己对黄河的认识和收集的资料，畅所欲言地举例说明黄河作为世界上古老的文明发祥地之一，为中华民族的发展作出了哪些贡献。教师利用多媒体适当根据学生反馈情况予以补充，主要体现灌溉、发电、旅游、中华文明的发祥地等方面。

总结：历史上，黄河流域曾经长时期作为中国政治、经济和文化中心，被誉为孕育中华民族的摇篮。同时，另一方面，长期以来黄河流域就存在洪水威胁、泥沙淤积等问题，近年来，又出现缺水断流、水污染等新问题。历史上频繁的灾害，也使黄河被称为“中国的忧患”。

3. 把脉黄河，治理黄河

分组讨论：请同学们当当水利专家给黄河把把脉，就黄河的某一问题开药方，说明问题存在的河段、原因及你认为合适的治理措施。

采用分组的形式，各小组先针对课本第 50～51 页图片归纳整理，形成演讲提纲，再选派代表展示并接受其他小组对这一问题的质疑。最后教师出示幻灯片加以强化，内容如下：

（1）荒漠化

发病主要部位：上游

病因：气候干旱，过度放牧等

治理措施：①造林种草，退耕还林、还草

　　　　　②合理放牧

（2）水土流失

发病主要部位：中游

病因：流经黄土高原地区，流域面积较大；土质疏松；植被破坏严重；夏季多暴雨等（附以播放黄河视频强化）

治理措施：①禁止破坏林草

　　　　　②退耕还林、还草

③造林种草、打坝淤地

④修筑梯田、承包治理，从而保持水土

⑤修建大型水利枢纽工程，使治沙与防洪并举

（3）凌汛

发病主要部位：上游的宁夏、内蒙古和下游山东境内的部分河段

病因：由低纬度流向高纬度，“上游”开冻早

治理措施：及时破冰，疏通河道等

（4）地上河

发病主要部位：下游

病因：河道变宽，流速变缓，泥沙堆积，夏季多暴雨等

治理措施：①加固大堤

②引黄淤灌

③疏通河道

小结：治黄的关键在于治沙，根本措施在于加强黄河中游黄土高原的水土保持。

三、反馈检测，拓展认识

利用竞赛的方式促使学生进行反思，及时回顾。

分组比赛：看花落谁家？请选字选题。

花：李白的诗句“黄河之水天上来，奔流到海不复回”中“天上”和“海”分别是指：

A. 喜马拉雅山、渤海　　B. 昆仑山、黄海

C. 巴颜喀拉山、渤海　　D. 冈底斯山、黄海

落：诗句“欲渡黄河冰塞川，将登太行雪满山”反映出黄河什么季节的什么现象？主要分布于什么河段？

（反映的是黄河初春季节的凌汛现象，主要分布在宁夏、内蒙古和山东境内的部分河段）

谁：你能说出成语“泾渭分明”的意思吗？它和黄河有什么关系？

（泾渭分明的意思是：泾河水清，渭河水浑，泾河的水流入渭河时，清浊不混，比喻界限清楚。泾河、渭河都是黄河的支流，泾河发源于宁夏流入陕西；渭河发源于甘肃，经陕西流入黄河）

家：古诗：“黄河远上白云间，一片孤城万仞山。羌笛何须怨杨柳，春风不度玉门关”含有几层地理含义？

（含有两层地理含义：一是指黄河发源地海拔很高；二是指黄河上游位于非季风区内，夏季风难以到达，河水较少，地表干旱）

四、启发思索，提高认识

关爱母亲河，心动＋行动

请听录音并根据本课学习后你对黄河的认识，用公益广告语的形式来表达你最想说的一句知心话。如“防洪治沙，保卫黄河，刻不容缓”或“救救母亲河！”

五、课堂小结，升华情感

结语：青山遮不住，毕竟东流去。短暂的学习也许远远达不到你对黄河了解的要求，如果你想了解黄河更多资讯，详情可阅读《黄河儿女》类报纸杂志或登录黄河网等，有兴趣的同学课后可以小论文或演讲稿、手抄报等适合自己的形式完成《我说黄河》，希望通过我们的努力，让黄河水更清，天更蓝。

附：板书设计

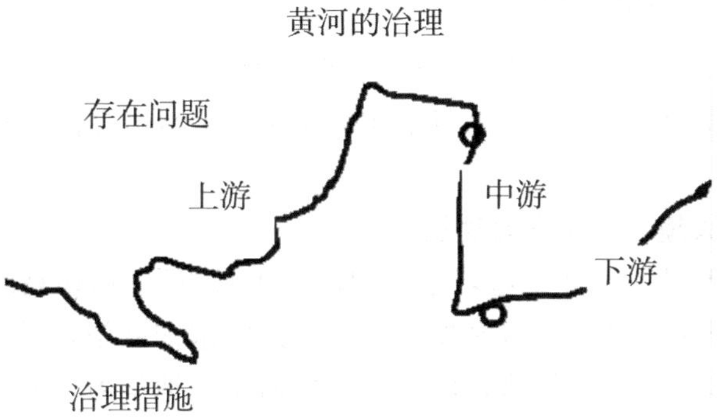

评析：这是一堂初中地理课，从中反映出教学实施过程中几个主要环节：导入、提问、讲解、板书、结课。上课之初，教师需要应用精彩的导入激发学生的兴趣、引起注意、揭示教学目标，然后在讲授新课过程中，教师需要通过提问、讲解、板书等教学环节使学生正确理解并掌握教学内容，培养学生的思维能力，最后教师需要用恰当的方式结课，使学生巩固强化所学知识。有人说，一堂好课应该是：凤头—猪肚—豹尾，这一比喻有趣而贴切。我们对它的理解是：凤头——漂亮的导入开头；猪肚——设计周密、有效的教学过程；豹尾——有高度和力度的、简洁的课堂小结。同时有效的课堂教学的管理也是教学效果的重要保证。因此培养导入技能、提问技能、板书技能、结课技能、课堂教学的管理技能是提高教师教学能力的重要途径。

思考：导入技能、提问技能、讲解技能、板书技能、结课技能的基本要求是什么？

教师应怎样进行课堂教学管理？

第一节　导入技能

导入，顾名思义是指“引导”和“进入”。指教师在一项新的教学内容或教学活动开始前，引导学生做好心理准备和认知准备，并让学生明确学习目标、学习内容以及学习方式的一种教学行为。在课堂导入中，“引导”是教师的行为，“进入”则是学生的行为。学生能否在上课初始阶段便很快进入角色，很大程度上取决于教师的引导效果。

一、导入的作用

导入是课堂教学中的重要一环，“良好的开端是成功的一半”。精彩的导入，能抓住学生的心理，立疑激趣，促使学生情绪高涨，有助于整堂课教学的成功。

1. 激发兴趣，产生学习动机

兴趣是入门的最佳钥匙，是知识的“生长点”。贴切精练的语言，正确、巧妙地导入新课，可以激发起学生强烈的求知欲望，引起学生浓厚的兴趣，激发学生热烈的情绪，使他们愉快而主动地学习。所以“善导”的教师，在教学之始，就千方百计地诱发学生的求知欲，达到“课未始，兴已浓”的愤悱状态。

2. 引起注意，迅速集中思维

从心理学角度讲，学生刚上课时心理处于紧张、消极的状态，生动新颖的导入可以使学生自然进入最佳学习状态，在大脑皮层和有关神经中枢形成对新知识的“兴奋中心”，使注意力迅速集中，为完成新的学习任务作好心理上的准备。

3. 揭示教学目标，明确学习方向

教学目标对教师是教授目标，对学生是学习目标。通过导入，教师把教授目标转化为学生的学习目标，学生知道了学习目标就能明确学习的方向。所以在导入时，教师应该清晰地阐明本次课的教学目标。

二、导入的方法

1. 直接导入

直接导入也叫开门见山式，是最简单和最常用的一种导入方法。教师直接概述新课的主要内容及教学程序，明确学习目标和要求，引起学生思想重视并准备参与教学活动。开门见山，直接点题的直接导入，可以使学生迅速进入主题，节省教学时间。

[示例]《鲸》的导入

大家可能从电视上看到过鲸鱼，它生活在海里，非常庞大。今天大家想不想知道它吃什么？怎样呼吸？怎样睡觉？怎样生长？好，让我们来一起学习课文。

[示例]《雨和雪》的导入

雨是一种常见的天气现象。大家知道雨究竟是怎样形成的吗？下雨前和下雨时天气有什么共同特征？这节课我们就先来研究这个问题。

[示例]《鸟的天堂》的导语

同学们，“天堂”是什么意思？课文中鸟的“天堂”是指哪里？为什么把大榕树比作鸟的天堂？学习了课文我们就知道了。

2. 温故导入

温故导入是指教师通过帮助学生复习与即将学习的新知识有关的旧知识，从中找到新旧知识的联结点，合乎逻辑、顺理成章地引出新知识的一种导入方法。它由已知导向未知，适用于导入前后连贯性和逻辑性较强的知识内容。

[示例]《西湖漫笔》的导入

我们前面学习过朱自清的《绿》，写的是梅雨潭，给人以美的享受。今天学习宗璞的散文《西湖漫笔》，也是通过写“绿”来抒情达意。那么它们的写法有什么不同呢？让我们带着这个问题来学习课文。

3. 直观演示导入

教师先出示图片、标本、实物、模型，或做实验，或用多媒体演示，并通过指导学生观察或操作的过渡方式来导入新课。

[示例]《有趣的食物链》的导入

播放多媒体课件“螳螂捕蝉，黄雀在后”的故事。“在这个例子中，谁在吃谁？谁又被谁吃？”（板书：蝉 → 螳螂 →黄雀）“在大自然中，各种不同的生物之间通过食物链关系产生联系。你还能举出其他例子吗？”

[示例]《小壁虎借尾巴》的导入

出示一张壁虎的图片，“同学们，这是一只壁虎”，然后用剪刀把它的尾巴剪掉，“小壁虎原来有尾巴，为什么要借尾巴呢？向谁借呢？我们来一起学习课文”。

4. 事例导入

用学生生活中熟悉或关心的事例来导入新课，能使学生产生一种亲切感，起到触类旁通的功效；也可介绍新颖、醒目的事例，为学生创设引人入胜、新奇不解的学习情境。

[示例]《醇类》的导入

教师讲报纸上的事例：贵阳发生千人饮酒中毒事件，导致3人失明，20人死亡，原因是那些白酒中甲醇的含量超过国家规定的774倍。今天我们就来学习醇类的性质和类型。

[示例]《几何》的导入

在日常生活中我们看到的物体都有一定的形状，自行车架是三角形，车轮是圆形，门是四方形，梯子是梯形，如果不采用这些形状是否可以？(停顿几秒）要解答这个问题，就要研究几何学，才能了解各种物体形状的性质。

5. 释题导入

教师从解释课题，引发题意入手，启迪学生思考，通过审题破题导入新课。注意运用此法导课，要注意课题与内容的关系，如果课题与内容的关系不明显，就不宜运用，以免画蛇添足。例如历史课《从“贞观之治”到“开元盛世”》，教师从解释“贞观”“开元”及“贞观之治”“开元盛世”开始导入就很合适。

[示例]《地球上的水》的导入

(播放从太空中看地球的图片）有人说，我们的地球应当叫水球，这是有一定道理的，因为我们生活的这个星球71%的表面积被水覆盖。生命是从海洋中诞生的，地球上绚丽多彩的生命世界如果离开了水将不复存在。我们今天学习的课题就是《地球上的水》。

6. 实验导入

实验导入是物理、化学和生物等学科中常用的一种导入方法。在学习某些章节的初始，可由老师演示一系列实验，使学生在学习之始便在感官上获得大量感性信息，同时提出若干思考题，促使学生有条理地思索问题。

[示例]《观察水》的导入

今天老师为大家准备了四种不同的液体，分别是水、糖水、酒和牛奶，可忘了贴上标签。你们能用自己的方法给它们分辨出来并贴上标签吗？（学生分组实验）

[示例] 科学课《死海》的导入

（做实验：把鸡蛋放入装水的烧杯中，鸡蛋沉底）谁有办法让鸡蛋浮起来？这里有一杯盐，谁想来试一试？

7. 音乐导入

[示例]《月光曲》的导语

（播放《月光曲》）同学们知道这首乐曲的名字吗？作者是谁？它的创作过程有一个怎样的故事呢？学习了课文我们就知道了。

8. 谜语导入

[示例]《蜗牛》的导语

大家猜猜这是一种什么动物：名字叫做牛，不会拉犁头，说它力气小，背着房子走。

三、导入的要求

1. 针对性强

导入一定要有针对性，要与具体的教学内容、教学目标相适应，要符合学生的年龄特征和心理特征。针对不同年级、不同班级、不同环境、不同时间设计相应的导入方法。设计导入要以课堂教学目标为依据，脱离教学内容、教学目标的导入，不管多么别致和吸引人，都不能发挥应有的作用。

2. 富有启发性

富有启发性的导入能引导学生去发现问题，激发学生解决问题的强烈愿望，调动学生积极的思维活动。怎样制造疑问和设置问题是课堂导入具有启发性的关键所在。因此，能否给学生创造出思维上的矛盾冲突，能否使他们产生“新奇”感，是导入成败的关键所在。教师可通过各种方式如设置悬念、创设情境、游戏活动、现象展示等手法来达到目的。

3. 新颖有趣

教师设计导入要引人入胜、生动有趣、新颖别致，防止学习的枯燥无味，要考虑如何调动学生积极参与，师生双向互动，激发学生强烈责任感和旺盛探索精神，学习时轻松愉快，提高学习效率。

4. 简洁

导入时间不宜过长，因为导入只是一个“引子”，不是教学内容的展开，一般以 3～5 分钟为宜。

第二节 提问技能

提问是教师运用提出问题，以及对学生回答的反应的方式，促使学生参与学习，了解他们的学习状态，启发思维，使学生理解和掌握知识、发展能力的一种教学行为。提问是一项历史悠久的教学技术，孔子提出：“不愤不启，不悱不发”，讲究提问的时机。苏格拉底运用以提问为核心的“精神助产术”进行教学，通过不断地问与答，获得正确答案。提问技能在培养学生的思维能力方面有着特殊的重要作用，是解决问题最有效的教学行为，因此，有人称提问是教师的常规武器。

一、提问的作用

1. 调控注意，组织教学

宋代朱熹说：“读书无疑者，须教有疑；有疑者，却要无疑；到这里方是长进。”学生的学习是以学生的积极思维活动为基础的，学生的思维过程往往又是从问题开始的。提问可以把学生引入“问题情境”，使他们的注意力处于高度集中的状态，激发探索的欲望，促使其独立思考，深刻领会教学内容。此外教师可以通过提问调节课堂教学的进程，用设问的方式突出教学重点，还能活跃课堂气氛，增进师生思想、情感交流。

2. 检查效果，获得反馈

教师通过提问可以了解学生对某一方面的知识或某一个问题的理解和掌握程度，了解学生运用知识解决问题的能力。因此，课堂提问是一种最直接、最快捷获取反馈信息的重要渠道，教师可以根据学生的答问及时调整，改进自己的教学方法和调整进度。

3. 激励思考，训练表达

课堂提问能引起学生的认知矛盾并给学生适宜的紧张度，从而引发学生积极思考，引导学生思维的方向，扩大思维的广度，提高思维的深度。学生在回答问题时需组织语言，以便能言之有理、自圆其说，锻炼口语表达能力。同时，在与教师和其他学生探讨问题、寻求解决问题途径的过程中，培养与他人交流、沟通的能力。

二、提问的类型

在教学中，学生学习的知识类型多种多样，如事实、现象、过程、原理、概念和法则等；其思维方式也有不同的形式和水平。这就要求教师提出的问题不能千篇一律，应包括多种类型。根据提问的水平划分，有以下六种类型。

1. 知识水平的提问

这类提问要求学生根据记忆来回答问题，可用于了解学生是否记住了所学的知识内容，比如定义、公式、定理，具体事实和概念等。一般情况下，学生只是逐字逐句地复述学过的一些内容，不需要自己组织语言。

在这种提问中，教师使用的关键词是：谁、是什么、在哪里、什么时候、有哪些、写出等。如"鸦片战争爆发于哪一年?" "牛顿第一定律是什么?"

简单的知识性提问限制学生的独立思考，没有给他们表达自己思想的机会，因此，课堂提问不能局限在这一层次上，但这并不意味着这类问题不能使用，一般来说，在课的开始或对某一问题的论证初期，通过这类问题，可使学生回忆所学过的概念或事实等，为新知识的学习提供材料。此外通过此类问题，教师可以考查学生对一些简单的陈述性知识的掌握情况。

2. 理解水平的提问

学生要回答这类问题必须对已学过的知识进行回忆、解释、重新组合，对学习材料进行内化处理，能够用自己的话来叙述所学的知识，因此，理解性提问是较高级的提问。学生通过对事实、概念、规则等的描述、比较、解释，研究其本质特征，从而达到对学习内容更深入的理解。

在理解性提问中，教师经常使用的关键词是：请你用自己的话叙述、阐述、比较、对照、解释等。如"你能说出空气污染对人类的生存有什么影响吗?""诸葛亮要攻打曹操，却要向曹操借箭，这里的'借'怎样理解?"

3. 运用水平的提问

运用水平的提问是建立一个问题情境，让学生用所学的知识来解决新的问题，以检查学生把所学概念、规则和原理等知识应用于新的问题情境中解决实际问题的能力水平。

在这类提问中，教师经常使用的关键词是：运用、应用、分辨、选择、举例等。如"运用所学的知识，说明为什么给花草施肥过多会造成'烧根'现象"。

4. 分析水平的提问

这类提问要求学生通过要素分析、关系分析和原理分析，对问题的原因和结果进行解释和阐述。学生必须能辨别问题所包含的条件、原因和结果及它们之间的关系。仅靠记忆不能回答这类提问，必须通过认真的思考，对材料进行加工、组织，寻找根据，进行解释和鉴别才能解决问题。

在分析性提问中，教师经常使用的关键词是：为什么、哪些因素、什么原理、什么关系、论证、证明、分析等。如“为什么诸葛亮能够利用环境条件借到箭?”“为什么一片薄铁片在水中会沉下去，而钢铁制成的轮船却会浮在水面上?”

5. 综合水平的提问

要求学生发现知识之间的内在联系，并在此基础上把教材内容的概念、规则等重新组合。这类提问强调对内容的整体性理解和把握，要求学生把原先个别的、分散的内容以创造性方式综合起来进行思考，找出这些内容之间的内在联系，形成一种新的关系，从中得出一定的结论。这种提问可以激发学生的想象力和创造力，能够刺激学生创造性地进行思维，适合作为笔头作业和课堂讨论教学。

在综合性提问中，教师经常使用的关键词是：总结、归纳、如果……会出现什么结果、结合……谈……、根据……你能想出问题的解决方法吗。如“森林对人类有什么意义？假如地球上的森林被砍伐光了，地球会发生什么变化?”“我们可以通过哪些手段解决环境污染问题?”

6. 评价水平的提问

要求学生运用准则和标准对观念、作品、方法、资料等作出价值判断，或者进行比较和选择，需要运用所学内容和各方面的知识和经验，并融进自己的思想感受和价值观念，进行独立思考，才能回答。它要求学生能提出个人的见解，形成自己的价值观，因而是最高水平的提问。

在这类提问中，教师经常使用的关键词是：评价、证明、你对……有什么看法、你喜欢……吗？为什么？如“你认为民间音乐好还是宫廷音乐好？为什么?”“请评价鲁迅在中国近现代文学史上的地位。”

在评价提问中，学生最开始的回答可能质量不会太高，教师必须通过问“为什么?”“还有其他原因吗?”“其他人有什么想法?”等进行探询，以使他们意识到问题的复杂性，促使他们从不同角度去认识和分析问题，评价事物。

三、提问的要求

（一）题意明确

教师所提的问题必须题意清楚、要求明确、有的放矢。明确每个问题在教学中的作用，根据要让学生掌握什么知识、认识什么道理、训练什么能力来有目的地提问，切忌提问目的不明确、为提问而提问、随意发问。同时，设问还要抓住教材的关键，于重点和难点处设问，以便集中精力突出重点，突破难点。

（二）面向全体

提问既要面向全体学生，又要注意学生的个性特征，教师应尽可能保证让各层次的学生都得到被提问的机会，提问不仅仅为了得到一个正确的结论，更在于使全班学生通过开动脑筋思考，联系已有知识，培养思维能力。

（三）难易适度

问题设计的难易深浅要适合不同年龄和不同层次的学生，使其“跳一跳，摘得到”。一般来说，一个问题全班有半数学生经过思索后能够回答出来，其适度性可被接受。即按教材和学生认识发展的顺序，由浅入深，由易到难，由近及远，由简到繁的原则对问题进行设计，先提认知理解性问题，然后是分析综合性问题，最后是创设评价性问题。这样安排提问可以大大降低学生学习的难度，循序渐进，使教学活动层层深入。

（四）及时反馈

学生回答后，教师要给予适当的分析和评价。学生回答问题出错时，可及时纠正，但也不能见错就纠，这样会打断学生思维的连贯性。对于回答不全面的问题，可让其他学生补充或大家共同讨论，必要时教师给予启发、帮助。当学生回答问题不准确、不完整，甚至完全“卡壳”时，教师要积极设法促使其有转机。主要措施是：一是重复发问，明示题意；二是分解难点，化难为易；三是转换角度，变换方式；四是适当提示，巧用点拨。

【案例】　《光的传播》的提问设计①

提问1：同学们，我们要看清五彩缤纷的世界，必须有光射入我们的眼

---

① 王远葆：《〈光的传播〉教学设计》，见海南教育服务平台，http://res.hersp.com，2008-10-28。

睛，那么，光是从哪里发出来的呢？

（生：太阳、电灯）

提问2：除了太阳、电灯之外，日常生活中，你还知道哪些物体能够发光？

（生：萤火虫、恒星、水母、火柴、霓虹灯、蜡烛等，能够发光的物体称为光源，可分为“天然光源”“人造光源”）

提问3：那么从光源发出的光是沿着怎样的路径传播出去的？同学们猜想一下。

（生：光是沿直线传播的）

提问4：到底猜想是否正确呢？我们就用桌子上这些简单的器材去大胆设计实验，验证你们的猜想是否正确。

（生：分组实验，让手电筒的光照射水、玻璃砖、白纸、平面镜几种物体，补充完整光沿直线传播的条件：光在均匀介质中沿直线传播；光在不均匀介质中，传播路线是弯的）

提问5：同学们，你们能够列举一些有关光的直线传播的例子吗？

（生：影子、皮影戏、手影、日食、月食、小孔成像、排队看齐、激光准直、瞄准射击）

提问6：开凿隧道时为什么要用激光引导掘进方向呢？

（生：使隧道按直线掘进）

提问7：同学们，喜庆节日放“响炮礼花”的时候，先看到礼花，还是先听到响声呢？你知道这是什么原因吗？

（生：先看到礼花，因为光速大于声速）

提问8：日常生活中，你还见到了哪些现象是属于光速大于声速的例子？

（生：下雨打雷时，先看到闪电，然后才听到雷声）

提问9：光速究竟有多大呢？我们一起看课本的答案。

（答案：光在空气中的速度：3.0×10^{9}m/s）

评析：教师通过不同类型的提问，引导学生体会和理解了三个知识点：1. 光源；2. 光的直线传播；3. 光速。并且按教材和学生认识发展的顺序，从学生日常生活中对自然现象的观察入手，通过层层设问，引导学生积极思考，从感性认识上升到理性认识，不仅理解了教学重点知识，而且提高了学生分析与解决问题的思维能力。

第三节　讲解技能

讲解是指教师对教材内容进行解释、说明、阐述、论证的讲授方式，通过解释概念含义、说明事理背景、阐述知识本质、论证逻辑关系，达到使学生理解和掌握知识的目的。讲解技能是教师应具备的诸多的教学技能中最基本的、运用频率最高的，也是运用最广泛的技能。讲解技能是教师传授知识、启发思维、表达情感、传播思想的一种教学行为，这种教学行为能充分发挥教师在教学中的主导作用，控制教学进程、掌握教学进度，且具有信息传输密度高、知识面宽等特点。正面地、系统地讲解可使学生在学习上少走弯路。

一、讲解的作用

1. 简捷高效传授新知识

教师通过讲解向学生传授新知识，能够在较短的时间里向学生传授较多的知识，具有时间少、容量大、效率高的特点和优势，能充分发挥教师的主导作用，把握教学的重点、难点，控制教学节奏，避免学生走弯路。讲解不受条件设备的限制，省时省力，简便易行，能保证教学时间的经济有效。

2. 保证知识的系统性和深刻性

讲解有利于系统地传授知识，适宜解释多数学生面临的疑难问题。教师闻道在先，对知识理解相对深刻，自身又有丰富的生活阅历，所以老师的讲授新知识能变抽象为具体，使深奥的知识通俗易懂，有利于系统地传授知识，解释多数学生面临的疑难问题。

3. 有助于发展学生的智力

长期以来，讲解被误认为就是灌输，压抑了学生的主动性，抑制了学生思维的发展。其实教师在讲解过程中通过富有启发性的提问，合乎逻辑的分析、论证，以及生动形象的语言描述等，引导学生思考事物的本质和规律，可以减少学生认知中的盲目性，促进学生思维水平的提高，发展学生的智力。

二、讲解的类型

1. 解释式讲解

指对字、词、句或事物意义进行解释。如对古文、外语、专业术语进行准确的翻译，对疑难词语给出恰当的解释等。这种方式多用于讲解词语、概念、定理、公式的含义。

［示例］成语“破釜沉舟”的讲解

“釜”是指古代的锅，“舟”就是船，“破”和“沉”都是动词。“破釜”就是“使釜破”的意思，“沉舟”就是“使舟沉”的意思。这个成语的来源：项羽率领军队渡河进攻秦国，渡河后把锅砸碎，把船凿沉，断了自己的退路，终于把秦军打败。后来“破釜沉舟”就用来表示做事一定要坚决，要不惜任何牺牲，下最大决心去做。

2. 描述式讲解

指在讲述历史事实、文学作品、科学家的故事等内容时，语言需要有丰富的感情色彩，富有感染力，用生动形象的讲述唤起学生的情感和想象，多用于语文、历史、思想品德课程的教学。

［示例］《安塞腰鼓》的讲解①

师：这节课我们将在作家刘成章的带领下，欣赏来自黄土高原的安塞腰鼓（投影“安塞腰鼓简介”）。安塞腰鼓是一种独具魅力的民间大型舞蹈艺术形式，具有2000年以上的历史。可由几人或上千人一同进行表演，磅礴的气势、精湛的表现力像掀起在黄土地上的狂飙，展示着陕北高原农民悍勇威猛的个性。安塞腰鼓有“天下第一鼓”的美称，1995年陕西省安塞县被文化部命名为“腰鼓之乡”。同学们看过安塞腰鼓表演吗？我们先来感受一下它那独特的氛围（播放安塞腰鼓表演短片）。

师：我们来朗读课文。注意特别要读出安塞腰鼓表演时的气势：节奏要明快，声音要洪亮。一起来做一下准备活动：抬头，挺胸，运气，大声喊：“嗨！嗨嗨！”（师生合作朗读全文）

师：看来同学们已初步感受到了安塞腰鼓的气势，它场面壮阔，鼓声沉重，动作有力，高潮迭起，确实像掀起在黄土地上的狂飙。从根本上说，安塞腰鼓好在它“是挣脱了、冲破了、撞开了的那么一股劲儿”！这股劲儿，让我们鲜明地感受到生命的存在、活跃和强盛，因此它是“生命之劲”（板书）……

从《安塞腰鼓》中，老师读到的是：人，活得要有一股劲儿！这劲儿，是生命力，是上进心，是坚忍不拔的意志，是不屈不挠的精神！学习上，

① 杨万扣：《〈安塞腰鼓〉教学实录》，见小学语文，http：//www.pep.com。

要有一股猛劲儿；工作上，要有一股能劲儿；事业上，要有一股牛劲儿！有劲儿的生活，才是最有希望的生活！最后，让我们伴随着那激情燃烧的鼓点，再一次大声呼喊："嗨！嗨嗨！"

3. 归纳式讲解

指引导学生通过对个别具体事物及具体的事实材料进行分析、比较、归纳，概括出一般概念、原理、规律，最后得出结论的讲解方式。讲解常常有一定的探究性，讲解时要善于启发引导，善于利用迁移规律启发学生的思维，引导学生既要注重结果，也要注重过程，还要注重方法。这种讲解方式适用于对原理、定理、公式、法则等的推理和证明，也适用于概括段落大意、中心思想的文科教学。

具体的操作步骤是：教师首先列举一些典型的事例、事实，然后引导学生进行分析，归纳概括其本质属性，综合基本特征，用简练、准确的语言作出结论。即"先事实，后理论""从具体到抽象"。

[示例]《鱼的特征》的讲解

大家见过鱼，吃过鱼，也可能养过鱼，那么什么是鱼呢？

例举事实，并分析：要认识什么是鱼，需要分析一下鱼有什么特点。鱼是动物，在水中生活，有鳞、尾和鳍……例如，海中的黄花鱼，河、湖中的草鱼，供人玩赏的金鱼都有上述特点。可是鲸鱼是鱼吗？鲸在水中生活，有尾和鳍，但用肺呼吸，不是鱼。鳄鱼是鱼吗？鳄鱼在水中也在陆地上生活，有鳞无鳍，用肺呼吸，也不是鱼。泥鳅是鱼吗？泥鳅生活在水中，有尾和鳍，无鳞，用鳃呼吸，它是鱼。通过分析、比较可以看出，用鳃呼吸是鱼的特有属性，在水中生活，有鳞、鳍、尾是鱼的一般属性。

结论：鱼是有尾、鳞和鳍并用鳃呼吸的水生动物。

4. 演绎式讲解

指引导学生运用一般原理、公式去推论个别事物，最后得出结论、认识具体事物的方法。即从事物或事理中提出问题，然后围绕问题，步步引导进行逻辑推理，开展论证，最后解答问题的讲解方式。这种讲解方式在理科教学中用得比较多。

具体的操作步骤是：首先从要讲解的概念、规律、原理和法则的引入开始，再举出正反实例进行论证、推理，最后得出结论并加以应用。即"先理论，后事实""从抽象到具体"。

[示例]《生物对环境的适应和影响》的讲解①

引入理论：

师：在上节课我们学习了环境对生物的影响，我们已经知道了，生物离不开它生存的环境，那么当环境发生变化时，生物又是如何面对的呢？生物会产生什么样的反应呢？（生：生物会逐渐适应环境）

师：同学们说的对，今天我们就来学习“第三节　生物对环境的适应和影响”。生物在多变的环境条件中表现出多种多样的适应性，同时也在影响着环境。生物对环境的适应是具有普遍性的。下面我们来看一些实例。

实例论证：

师：请同学们看四个图片资料：

图片1. 沙漠中的骆驼；　　图片2. 沙漠中的植物——骆驼刺；

图片3. 寒冷海域中的海豹；　　图片4. 旗形树的树冠。

师：思考、讨论每一生物的形态结构特点和生活方式特点与环境有什么关系？（同学回答后教师讲解）

对图片1的讲解：沙漠炎热缺水，骆驼和别的动物不一样，它有高高的驼峰储藏大量的脂肪，当它又渴又饿的时候，脂肪会慢慢分解，变成它需要的营养和水；骆驼平时不出汗，只有体温达到46℃才会出汗；骆驼平时一次能喝下100多升的水，而每天排出的尿不到一升，以此来保持体内的水分，即使在沙漠上行走一个月也不会感觉渴，这些特点是动物对干旱的适应。

对图片2的讲解：沙漠地区降雨量少，能生长植物是因为它生活的区域有地下水源，骆驼刺的根长得非常长，而且比地上部分长很多，因而骆驼刺在荒漠中也能得到水，这是植物对干旱的适应。

对图片3的讲解：海豹是哺乳动物，在寒冷的海域生活，要保持体温，就得有件厚衣服，海豹的皮下脂肪非常发达，可以达到60毫米，这是动物对寒冷的适应。

对图片4的讲解：树的枝条偏向一侧，是长期受一侧风向的作用，使得树冠的形态改变，看起来像一面旗帜，故得名旗形树，这是树对风的适应。

师：同学们还能找到生物适应环境的其他例子吗？

生：动物的警戒色，壁虎的“苦肉计”，长颈鹿的颈，刺猬的刺，雪莲

---

① 王永月：《〈生物对环境的适应和影响〉教学案例》，见 http：//www.bchedu.net，2008-10-21。

花的叶，沙漠植物仙人掌……

师（总结）：从以上的事例可以看出，由于生物受到各种环境因素的影响，表现出多种多样的适应性。这种适应是生物通过漫长的年代，不断和环境磨合，自身不断进化，生存了下来，就形成它现在的形态结构和生活方式。生物的生存斗争是非常残酷的，要经受风吹雨打、天寒地冻，或被天敌抓捕，或忍受饥饿，只有适应环境的，才能生存下来。所以说，生物对环境的适应是具有普遍性的，适应的形成是自然选择的结果。

三、讲解的要求

1. 注重系统性、科学性

教学结构要组织合理、条理清楚、层次分明、重点突出，使学生在重点、难点、疑点等关键问题上能够得到透彻的理解。要注意学生理解问题的认识规律，从已知到未知，从感性认识到理性认识，注意观点和材料的统一。

教师讲解内容应该是准确的、经得起实践检验的知识。教师要以教材内容为依据，认真钻研、深刻领会知识的实质，做到讲解概念准确、论证原理充分、逻辑推理严密、列举事实真实。

2. 注重启发性、感染性

教师要启发引导学生积极思考与探索，防止注入式讲解，学习过程中让学生手脑并用，积极思维、动手实践，学习兴趣浓厚，既获得过程与方法的体验，知识和技能的落实，又获得思维能力的提高。

教师讲解应当以情引情、拨动心弦。讲解如能拨动学生的情感，吸引力会更强，教学不能是冷冰冰的知识传授，教师富有激情和感染力的讲授更容易促进学生对内容的记忆和理解，培养起学习的主动性和热情。

3. 教学节奏适宜

教师讲解应注意节奏，语速太快容易导致学生不能完整吸收教师传达的所有信息，语速太慢又容易导致学生昏昏欲睡。要注意声音的抑扬顿挫，注意适当的停顿让学生思考。讲解重点、难点、关键点时要用语音、语调的变化进行强调，加深学生对知识的理解。

4. 与其他方法配合

教师讲解的时间不宜过长，切不可整堂课都讲解，这样，即使是最好的演说家也很难维持学生的注意力。应把讲述压缩在最短的时间内，只在重点、难点及关键问题上下工夫，即所谓“精讲”，把更多时间还给学生。

长时间单纯地运用讲解技能会使课堂教学走入满堂灌的歧途。为了避免上述缺点，教师在实际教学中总是同时运用提问、板书、演示、电教等多种技能与讲解技能有机地结合在一起，形成一个技能群，共同完成课堂教学任务。

第四节　板书技能

板书是教师上课时为帮助学生理解、掌握知识在黑板上书写的凝结简练的文字、图形、符号等，它是用来传递教学信息的一种言语活动方式，又称为教学书面语言。

精心设计的板书浓缩着教师备课的精华。直观的板书，可以补充教师语言讲解的不足，展示教与学的思路，帮助学生理清教学内容的层次，理解教学内容，把握重点，突破难点。它能够启发学生的智慧，在课内利于学生听课、记笔记，在课后利于学生复习巩固、进一步理解和记忆，并能给学生美的享受，对学生产生潜移默化的影响。

板书一般分为主板书和副板书两种：

主板书：又称正板书、中心板书、要目板书或基本板书。它通常写在黑板中部突出位置，主要体现教学内容的重点、难点和关键问题等，主板书是课堂板书的基本骨架，一般保留在教学的全过程中。

副板书：也称附属板书、注释板书和辅助板书，主要在黑板一侧写出零散的分析与演示过程，或单个的字词句等，起到提示知识的作用。副板书是对主板书的补充和辅助说明，所以一般随教学进程随时擦掉或择要保存。

一、板书的作用

1. 突出教学重点，便于记忆

教师的板书反映的是一节课的内容，它往往将所教授的材料浓缩成纲要的形式，并将难点、重点、要点、线索等有条理地呈现给学生，有利于学生理解基本概念、定义、定理，当堂巩固知识。教师板书的内容往往就是学生课堂笔记的主要内容，这无疑对学生的课后复习起引导、提示作用。

2. 集中学生的注意力，激发兴趣

板书在文字、符号、线条、图表、图形的组合和呈现时间、颜色差异等方面的独特吸引力，能够吸引学生的注意力，激发学习兴趣，并且使学生受到艺术的熏陶和思维的训练。同时使学生的听觉刺激和视觉刺激巧妙结合，避免由于单调的听觉刺激导致的疲倦和分心。

3. 启发思维，揭示研究问题的方法

中小学生的思维以具体形象思维为主要形式，因而教学必须遵循直观性原则。富有直观性的板书，能用静态的文字，清晰地表达事物之间的关系，还能简明扼要地表述研究问题的方法和过程，引发学生积极而有效的思考活动。

二、板书的类型

板书的分类方法很多，根据不同的标准可以分出不同的板书形式，按内容分，有单项式与综合式等；按表现形式分，有文字式、表格式、图表式、模像式等；按结构分，有总分式、对比式、并列式、提示要点式等；按语言运用分有提纲式、词语式等。下面仅列举几种常见的类型。

1. 提纲式板书

提纲式的板书是对一节课的内容，经过分析和综合，按顺序归纳出几个要点，提纲挈领地反映在板书里，提纲式板书的特点是：条理清楚、从属关系分明，给人以清晰完整的印象，便于学生对教材内容和知识体系的理解和记忆。

［示例］《声音是什么》的板书

一、声音是怎样产生的

（一）声音由物体振动产生，振动停止，物体发声停止

（二）声源是指正在发声的物体

二、声音的传播

（一）声音可以在固体、液体和气体中传播

（二）声传播需要介质，在真空中不能传播

三、声音是一种波

声音是以波动的形式向远处传播，声音具有能量叫声能。

2. 表解式板书

表解式板书是用大小括号、关系框图等形式将纲目或要点组织成一个比较明显并能反映从属关系的结构的板书。特点是系统完整，脉络分明，容易从整体上把握教学要点。

[示例]《战国时期的社会经济》的板书

- 战国时期社会经济
  - 农业
    - 铁农具，牛耕
    - 水利工程——都江堰、郑国渠
  - 手工业
    - 冶铁业
    - 煮盐业
    - 手工艺品
  - 商业
    - 南北商品交易
    - 新兴封建城市

3. 表格式板书

表格式板书用表格的方式表现教学内容，收到对知识要点归类排队的功效，特点是简洁明了、井然有序。

[示例]《人类的骨骼（二）》的板书

关节名称	关节所在的地方	作用
髋关节	髋骨和大腿骨相连的地方	屈伸旋转
膝关节	大腿骨和小腿骨相连的地方	屈伸
肩关节	肩胛骨和上臂骨相连的地方	屈伸、旋转内收、环转
肘关节	上臂骨和下臂骨相连的地方	屈伸、旋转内收、环转

4. 图示式板书

图示式板书使用文字、线条、符号、框图等表达的板书，用于揭示事物间的内在联系。具体的板书设计可以根据教学内容综合运用这几种形式。一般图示式板书通过使用适当的符号，以框架图的方式将教材内容的相互关系展示出来，呈现教材内容的概貌或者结构，其特点是容易引起和强化学生的感知，直观新颖，令人一目了然。

[示例]《塞翁失马》的板书

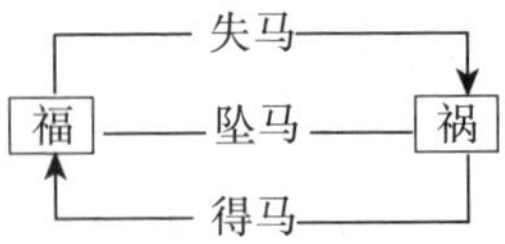

5. 词语式板书

词语式板书以呈现教学内容的关键词和主要概念为主，有助于学生加强对重要知识的掌握和记忆。

[示例]《显微镜和望远镜》的板书

五、显微镜和望远镜

1. 显微镜

组成部分：物镜、目镜、反光镜、载物台。

物镜：将物体形成放大的实像。

目镜：相当于放大镜，将第一次成的实像再次放大。

2. 望远镜

组成部分：物镜、目镜。

物镜：使远处的物体在焦点附近成实像。

目镜：相当于一个放大镜，用来将第一次成的实像放大。

影响人们看清物体的一个重要因素：视角。

三、板书的要求

1. 板书的内容：条理清晰，精练简约

板书必须对教材加以高度概括和浓缩，要抓住知识的纵向和横向联系，展现出知识的层次，条理清晰、详略得当、重点突出，因此要反复推敲，特别注重知识的系统性和条理性。板书设计要精练、概括，即用尽可能少的语言符号传递尽可能多的信息。这就要求教师在板书语句的选用上下工夫，力求简明、精练，争取用最简洁的文字表达出复杂的内容。

2. 板书的形式：布局合理，美观规范

板书设计要追求艺术的美感，要精心设计，认真书写，使整个板书的布局格式与内容安排成为一种艺术创造，力求具有美观的视觉效果。必要时可以用彩色粉笔对重点的地方进行强调，增强板书效果。

教师的板书除了传授知识外，还会潜移默化地影响学生书写习惯。因此，教师板书的书写应该规范、准确、整齐、美观，切忌龙飞凤舞、信手涂抹，不倒插笔，不写自造简化字，一字一句，甚至标点符号都要有所推敲。

第五节　结课技能

结课是教师在一个教学内容结束或一节课的教学任务结束时，通过归纳总结、重复强调、实践等活动使学生对所学的新知识、新技能进行及时的巩固，顺利有效地结束课堂教学的一种教学行为。

一堂生动活泼的具有教学艺术魅力的好课犹如一支婉转悠扬的乐曲，“起调”扣人心弦，“主旋律”引人入胜，“终曲”余音绕梁。课堂教学的结尾，要依据本节课的教学内容，将学生所学的分散的知识集中起来，进行系统的教学总结，帮助学生完成由感性认识到理性认识的飞跃。

一、结课的作用

1. 巩固强化知识

课堂结束是一种“及时回忆”，知识的再次重复、深化，会加深记忆。依据教育心理学家的研究，课堂及时回忆要比六小时后回忆，效率高出四倍。课堂结束可以将知识信息从原来的瞬时性记忆转化为短时记忆或长时记忆，起到复习巩固的作用。

2. 总结概括知识

总结是结课的最大特征，也是结课的首要任务。俗话说：“编筐编篓，全在收口。”“收口”是指在教学过程中对教学内容和教学思路的再一次提纲挈领的概括和归纳。

3. 使知识条理化、系统化

通过恰当的结课，可以帮助学生作一番简要的回忆和整理，理清知识脉络，便于学生把握教学重点，使学生容易从复杂的教学内容中简化储存的信息。

二、结课的方法

1. 总结式结课

教师提纲挈领地把整个课的重点内容、难点、知识结构、基本原理、基本技能等进行梳理和概括，从而结束课堂教学的一种方式。这种结课，使学生对整节课有一个完整、清晰的印象，以加深学生对所学知识的理解和记忆，培养其综合概括能力。

[示例]《生物对环境的适应和影响》的结课

通过本节知识的学习，我们知道了生物的生活受环境的影响，生物又能适应环境并能影响、改变环境，它们是一个相互作用、不可分割的统一的整体。由此我们应该认识到，人类也生活在生物圈中，对环境的破坏必将回报给人类，所以人和自然和谐相处是多么的重要啊！

2. 呼应式结课

教师在一节课将要结束时，针对开讲时提出的问题加以解决，前呼后应进行结课，使整个教学过程前后照应的方法。回应法使教学表现出更强的逻辑性，让学生豁然开朗，顿开茅塞，同时还使学生产生一种“思路遥遥、惊回起点”的喜悦感，有助于增强学生进一步学习的兴趣。

3. 发散式结课

教师在课末用教学过程得出的结论、答案等引导学生进一步进行发散思维，去探求更多更好的解决问题的方法而结课。例如，数学教学中的解应用题，用一种方法已经解决了问题，而在下课时，可以启发学生课后试一试能否用别的办法解决这一应用题，激发学生去思考而结课。

4. 游戏式结课

游戏法是一种把练习内容寓于游戏之中结束课堂教学的方法，适用于年龄小的学生。小学生往往对大量的、枯燥的练习缺乏兴趣，甚至产生厌倦心理，学习处于被动状态。采用游戏法结课能帮助他们从厌倦的情绪中解放出来，唤起他们主动参与练习的激情，收到事半功倍的效果，并从中体验成功的喜悦，激励他们对成功的追求。

［示例］小学数学《倍的认识》的结课

一位教师在结束《倍的认识》一课时，设计了“动脑筋离开教室”的游戏。师生总结全课后，表扬本课最突出的三名同学，下课时要让他们手拉手先走出教室。然后提出：其余同学离开教室时，动脑筋想一想，怎样走，能让大家一眼就看出剩下的人数是他们的几倍（全班人数是3的倍数）。

经过一阵叽叽喳喳的讨论，大家认识到，以被表扬的三个同学为一倍量，思考剩下的学生还有几个3，即是3的几倍。下课铃响了，同学们纷纷三人一组手牵着手快乐地离开教室。

这样的结尾，自然、巧妙、不落俗套，寓知识的巩固、思维的发展于轻松的游戏之中，悄然之间丰富了学生“倍”的概念表象，深化了对于“倍”的理解。

5. 悬念式结课

教师在课末，使用设立悬念的方法留下疑问，诱发学生的求知欲，造成“欲知后事如何，且听下回分解”的悬念效应，给学生留下一个有待探讨的未知数。

［示例］《少年闰土》的结课

“同学们，‘我’和少年闰土结下了深厚情谊，离别时难舍难分。那么，三十年后他们又见面了，会怎么样？”（学生循着课文思路，纷纷自圆其说）“大家说了很多，可惜都没说对。”（学生困惑）“三十年后，真实的情况是，闰土一见‘我’便喊了一声‘老爷’。这是怎么回事呢？请大家课后阅读鲁迅的小说《故乡》就会明白了。”网开一面，欲擒故纵，既强化了教学重点，又激发了学生的阅读兴趣。

6. 延伸式结课

一堂有品位的好课，不只是学生学习的结束，而是把结束作为一种新的开始，即把结课作为引导学生联系课堂内外的桥梁，让他们学到的知识能力在课外得到延伸、扩张、充实，真正培养学生的运用能力。

[示例]《蝙蝠和雷达》的结课

“人类从蝙蝠身上得到启示，发明了雷达。你还知道人们从什么地方得到启示，发明了什么?”……同学们一下子举出了十多个例子，兴趣很浓，教师延伸提出一个问题：“你从什么得到启示，觉得可以发明什么?”这样就把学生从课堂上激起的学习兴趣延续到课外，鼓励学生去探索课本以外的奥妙。

[示例]《秋天的雨》的结课

秋天是美丽、迷人的，让我们沿着秋天的足迹，以自己的方式去寻找秋天，感受秋天，歌唱秋天。

1. 喜欢诵读的，找些赞美秋天的诗文进行诵读。
2. 喜欢写诗的，试着写一首赞美秋天的小诗。
3. 喜欢画画的，用你七彩的画笔画出秋天的一处景物。
4. 喜欢音乐的，编一个舞蹈表现秋天的美。

7. 震颤式结课

教师在结课时的语言充满激情，既言简意赅，又情深意长，往往能触动学生的心灵，使其情思之弦震颤不已，心潮之澜难以平静，收到发人深省的教学效果。

[示例]《孔乙己》的结课

教师问学生：“孔乙己有脚吗?”学生回答：“有啊!”教师又问：“他要离开我们的时候，是用脚走开的吗?”学生答：“用手。”教师就势总结：“课讲完了，孔乙己也离我们而去了，他走了。是用脚走开的吗？不！是用手。孔乙己这个备受凌辱、尝尽人间酸甜苦辣的读书人，这个善良忠厚、迂腐困窘的读书人，由于被打致残、频遭冷遇，只好用一双手走了，悲惨地、艰难地走了，走出了读者的视线，也走出了生活的舞台。”

8. 比较式结课

教师对教学内容采用辨析、比较、讨论等方式结束课堂教学的方法，意在引导学生将新学概念与原有认知结构中的类似概念或对立概念，进行分析、比较，既找出它们各自的本质特征，又明确它们之间的内在联系和异同点，使学生对内容的理解更加准确、深刻，记忆更加牢固、清晰。

［示例］《秋色赋》的结课

有位语文教师讲授峻青的《秋色赋》，落实本课基本要求后，在结束课时将欧阳修的《秋色赋》和毛泽东的《沁园春·长沙》也一同发给大家，引导学生比较、思考和讨论。

“其色惨淡，烟霏云敛；其意萧条，山川寂寥。”—这是欧阳修的秋。

“绚丽缤纷”“眼花缭乱”“不是人生易老的象征，而是繁荣昌盛的标志”。—这是峻青的秋。

“万山红遍”“漫江碧透”“万类霜天竞自由”。—这是毛泽东的秋。

通过比较，北宋文人、现代作家和伟大无产阶级革命家笔下的秋，其色、其光、其形、其情操、其胸怀、其精神的差异，给予学生认识上的不同感受，让学生在联想、想象、审美体验中，去实现对美的判断、理解。

9. 激励式结课

教师在课末充满激情，以意味深长的话语寄厚望于学生，激励学生刻苦努力，奋发向上，让课文的内容与学生的现实生活和未来联系起来，激起学生对未来的憧憬、对理想的向往。

三、结课的要求

1. 简明扼要

结课应重点突出，切中要害，画龙点睛，恰到好处，语言精练，干净利落。结课应从教材内容出发，紧扣教学中心目标，采用恰当的方法，或从重点难点处点拨，或从智力开发、思想教育方面予以引导，针对性强，不可面面俱到、不分主次。结课环节要紧凑，不要拖堂。

2. 前后呼应

结课要做到与导课遥相呼应，要注意教学过程的完整性和艺术性，结语应该像一条金线，使学生把零散的知识串联起来，做到首尾相连、一脉相承、前后联系，才能保证课堂教学结构的完整性。

3. 方式灵活多样

结课有法，但无定法。因此，在设计结课时，一定要考虑到教学内容的不同、知识的难易、学生的特点等各方面情况，形式要新颖，多种多样，不拘一格，各种方法可以综合利用。在设计结课时，应重视在“趣”字上下工夫，尽可能设计得生动活泼、有趣味，使学生乐学，切忌从头到尾简单重复。

第六节　课堂教学管理技能

课堂教学的管理技能是在课堂教学中，教师吸引学生积极参与课堂活动，管理纪律，使课堂环境达到最优化的状态，从而实现预定教学目标的教学行为方式。课堂的组织管理是影响课堂活动效率和质量的重要的因素，是课堂教学任务得以顺利完成的基本保证。主要体现在教师应善于营造积极的课堂气氛，规范课堂纪律的管理，教学中出现突发事件时能够机智地进行处理。

一、课堂气氛的营造

课堂气氛是班集体在课堂上所表现出来的心理气氛，通常是指课堂里某些占优势的态度与情感的综合状态。一般认为，课堂气氛是由教师的教风、学生的学风所形成的一种心理状态，不仅影响着教学效果，而且影响学生的人格发展。

（一）课堂气氛的类型

我国学者将课堂气氛划分为积极的、消极的和对抗的三种类型。

积极的课堂气氛是恬静与活跃、热烈与深沉、宽松与严格的有机统一。也就是说，课堂纪律良好，学生注意力高度集中，思维活跃。师生双方都有饱满的热情，课堂发言踊跃。在热烈的课堂气氛中，学生保持冷静的头脑，注意听取同学的发言，并紧张而深刻地思考。师生关系融洽，配合默契，课堂气氛宽松而不涣散，严谨而不紧张。

消极的课堂气氛常常以学生的紧张拘谨、心不在焉、反应迟钝为基本特征。在课堂学习过程中，学生情绪压抑、无精打采、注意力分散、小动作多，有的甚至打瞌睡。对教师的要求，学生一般采取应付态度，很少主动发言，有的学生害怕上课或提心吊胆地上课。

对抗的课堂气氛实质上是一种失控的课堂气氛，师生之间产生剧烈的矛盾、冲突，教师失去了对课堂的驾驭和控制能力。学生在课堂学习过程中各行其是，或故意与教师唱反调，教师因此有时不得不停止讲课来维持秩序。

（二）良好课堂气氛的营造

课堂气氛影响学生的学习效率和人格发展。理想的课堂心理气氛应该是好学上进、认真求实、积极主动、热烈活跃、民主平等、和谐宽松、秩序井然。教师是课堂教学的组织者、领导者和管理者，良好课堂气氛的营造需要教师精心组织与主动创设。

1. 教师要有良好的课堂运作能力

营造良好课堂气氛的方法之一是：教师有高超、精湛的教学艺术，课堂教学特别能够吸引学生学习的注意力和兴趣，使学生自觉主动地学习。这就要求教师合理组织课堂教学结构，优化时间意识，注意课堂时间管理的策略，课堂上要合理安排教学进度和节奏，选择适宜的课堂密度、课堂强度、课堂难度、课堂速度和课堂激情度。教学内容符合学生的需要，生动有趣，有参与性，教学方法要能激起学生的兴趣，创设生动活泼的教学情境来激发学生的动机与兴趣，如使用幻灯、录像和多媒体等教学手段，使教学内容更直观、生动，还可以组织多种形式的教学活动，如团体比赛、合作学习、参观访问、角色扮演等，都有利于提高学生的积极性，使课堂气氛热烈、活跃，课堂环境达到最优化。

2. 教师要保持积极的心理状态

教师的心理状态对课堂教学气氛有直接的影响，教师愉快健康的情绪状态会潜移默化地影响学生，使学生带着轻松、愉快的心境学习，从而形成欢快、和谐的课堂气氛。因此教师应该带着积极热情、乐观稳定的情绪走进课堂，经常保持自信的微笑，智慧的微笑，幽默的微笑，以自己饱满的激情、乐观的情绪感染学生。这就需要教师具有积极乐观的人生态度，开朗豁达的良好性格，以及对学生的爱心、耐心、恒心。

3. 教师要具有移情能力

移情指在人际交往中，当一个人感知对方的某种情绪时，他自己也能体验相应的情绪，即设身处地从对方的角度去体察其心情。在课堂学习管理中，教师要有体察情感反应的能力，对学生出现的一些调皮捣乱的行为，教师如果从学生的年龄角度去看待和理解，使自己在情感上和理解上都能处于学生的地位，多为学生着想，不过分苛刻，对学生的教育就会更人性化，就能有效减少师生之间的矛盾，使师生关系更融洽。比如有一位班主任认为一个学生喜欢把小动物带进教室的行为是故意捣乱，因而采取批评的方法，结果弄得师生关系紧张，课堂气氛受到严重影响。后来换了一位新的班主任，他能从学生的角度想问题，理解学生的兴趣和爱好，让他担任动物饲养小组的组长，使小组活动开展得生动活泼。

4. 教师要对学生寄予积极的期望

教师如果能形成对每个学生恰如其分的良好期望，那么教师的这种期望可能对学生产生良好的自我实现预言效应，促使学生向好的方向发展，并形成和谐的课堂气氛。否则，如果教师对学生带有偏见，看不到他们的优点而形成低期望，那么学生可能会自暴自弃，学习成绩越来越差，并严重影响课堂气氛。

［示例］一次数学单元考试后，一个平时成绩不错，但是这次只考了58分的男同学去到办公室，向数学老师请求“借2分”，并保证下次考试一定考好，把2分还给老师。面对这样“出格”的请求，老师看着孩子充满祈求的眼神，没有轻易拒绝，而是仔细询问了他这么做的原因，原来这个男同学的父母在一个月前离婚了，影响了自己的学习情绪，导致成绩下降，父亲心情不好，经常喝酒，只要孩子考试不及格就一顿暴打。听了学生的述说，老师感到如果拒绝孩子借分背后的那一点积极性和进取心，容易让孩子自暴自弃，于是在他的卷子上加了两分，并约定用下次的考试成绩归还。然后找到孩子的父亲进行交谈，希望他改变对孩子的态度，给孩子更多的关心。经过一段时间的努力，这个男同学的数学成绩果然有了明显的提高，期末考试时，他得到了82分，当他到办公室找老师“还账”时，师生一起开心地笑了。①

二、课堂纪律的管理

课堂管理需要制度规范作为其运行的前提。在课堂管理的过程中，教师要把教学目标中提出的对学生的期待转变为课堂活动的程序和常规，并将一部分程序和常规制定为课堂规则，以便指导学生的行为，促使学生积极主动地学习。课堂规则是描述和表达行为规范的静态形式，而对于这些课堂规则所进行的动态的执行和实施，则是课堂纪律。

（一）制定合理的课堂规则

课堂规则是形成良好课堂纪律的前提条件，必须认真细致地制定课堂规则，如听课、发言、课堂讨论、作业等的具体要求。

1. 课堂规则应符合四个条件，即简短、明确、合理、可行。首先，规则和常规一定要简明扼要，使学生能迅速记住；其次，规则要明确、合理，应具有操作性。

2. 课堂规则应通过教师与学生的充分讨论，共同制定。课堂规则不可由教师凭个人好恶独断设立，不能把课堂管理看成是教师一统天下，而应经过学生的讨论与认同。学生通过参与讨论，共同制定课堂规则，就会自

---

① 贾晓波：《心理健康教育与教师心理健康》，第193～195页，北京，中国和平出版社，2000。

觉遵守并乐于承担责任。

3. 课堂规则应少而精，内容表述以正向引导为主。教师要对所制定的课堂规则进行归纳、删改，避免那些不相关或不必要的规则，制定出尽量简明的、最基本的、最适宜的规则，一般以5～10条为宜。如果不够全面，也应等学生学会一些规则后再逐步增加内容。规则内容的表述坚持正面引导为主，多用积极的语言，如“希望……”“建议……”等，使学生知道应该怎样去做，少用或不用“不准……”“严禁……”等语句。

4. 课堂规则应及时制定和不断调整。在实施过程中要不断进行检查，并根据各方面的具体情况加以补充、修改和调整。

（二）区别对待课堂环境中的三种行为

学生在课堂内的行为可划分为积极行为、中性行为和消极行为三种形式。教师可以通过强化的方式对待三种行为，强化是指通过表扬、赞赏等方式使学生良好行为得到巩固，称为正强化，通过批评、惩罚等方式使学生不良行为得到制止的，称为负强化。

1. 积极行为

是指那些与实现教学目标相联系的行为，如遵守纪律、专心听课、作业认真、积极思考等。教师应鼓励和强化学生的积极行为，通过正强化使学生感受到成功的喜悦，得到心理上的满足，激励他们更加积极主动、全面发展。教师对学生正强化的方式主要有以下几种。

(1) 社会强化：是教师运用面部表情、身体接触、语言文字等增强学生的行为，如对表现好的学生微笑，亲热地把手搭在学生肩膀上，用口头或书面语言对学生进行称赞，在班会上进行公开表扬等。

(2) 活动强化：是指学生表现出具体的课堂积极行为时，允许学生参与其最喜爱的活动，或提供较好的机会与条件。如“如果小组讨论时积极发言，合作完成任务，就可以用班费奖励小组成员周末观看一场电影”。

(3) 行为协议：是指教师和学生共同制定旨在鼓励和强化积极行为的协议，如“如果期中考试平均成绩达到80分，就可以奖励一支钢笔”“如果作业三次得到优秀，就可以奖励一朵小红花”。

2. 消极行为

是指那些明显干扰课堂教学秩序的行为，如上课做小动作、讲话、吵闹、恶作剧等。教师要针对消极行为的轻重程度选择有效的制止方法，及时制止消极行为。通常采用的制止方法主要有以下几种。

(1) 合理运用表扬促使其改正。教师要想减少学生的不良行为，可以从表扬他们所做出的与不良行为相反的行为入手。譬如某个学生上课爱做小动作，教师就可以在这个学生认真学习的时刻表扬他。我们还可以采取表扬其他学生的方式来减少某个学生的不当行为，一般选择他邻座的同学或他最要好的同学加以表扬，这样可使行为不当的学生意识到，教师已经知道了他的行为表现，他应控制不当行为。

(2) 进行合情合理的批评教育，一旦学生改正之后及时表扬。教师对学生进行批评时要注意分寸，如有的教师在责罚学生时，由于情绪比较激动，不能冷静对待，有时言辞过于偏激，有损学生的人格，这样不但不能使犯错误的学生受到教育，反而会引起其他学生对这个学生的同情，甚至对教师产生反感。而如果被责罚的学生在班上部分学生中有一定的影响力，那么，教师的这种做法会引起严重的负面影响。

此外还有信号暗示、使用幽默、创设情境、转移注意、消除媒介、劝其暂离课堂、利用处罚等。但是无论如何要注意保护学生的自尊心，对于犯错的学生一旦改正，就要不计前嫌，积极接纳，不要算总账。调皮好动是孩子的天性，教师的责任就是引导他们朝积极的方向发展，在成长的过程中出现一些违反纪律的现象是很正常的，需要教师的指引与宽容。

3. 中性行为

是指那些既不增进又不干扰课堂教学的学习行为，如静坐在座位上思想开小差、看小说、玩手机、在座位上不出声地睡觉等。中性行为是积极和消极这两个极端之间的过渡环节，教师可以运用非言语线索的教育方式，主要包括目光接触、手势、身体靠近或触摸等。如对表现不良的学生用目光进行暗示就可能制止其不良行为，还可以走过去停留一下，或者把手轻轻地放在学生的肩膀上，还可以课后找他谈心，表达教师对他的关心，当他改正之后要及时给予表扬。

总之，对学生的教育要坚持以积极的引导为主，以消极的限制为辅，以鼓励为主，以批评为辅。对违反课堂纪律的行为的处理应尽量采取温和的方式，避免当堂激化矛盾，防止师生间的直接冲突。教师要发扬民主，让学生成为课堂学习的主人，自我管理、自我激励，积极主动参与教学，形成师生互动、配合默契、热烈宽松、轻松愉快的课堂气氛。

三、教师的教学应变技能

(一) 教学应变技能的概念

教学应变技能是教师在教学中面对突发性教育情境作出快速、恰当处理的随机应变的行为方式。教师应变中的“变”主要是指在课堂教学过程中出现的变化。这种变化既包括与教学内容、教学任务有关的变化，也包括与之无关但会影响教学进程的变化。教学应变中的“应”主要是指教师面对课堂教学变化所采取的种种措施，是教师教学机智的体现。

教学始终是处于动态变化之中，所以课堂教学应当根据主客观情况的变化而变化。尤其是当教学中出现突发事件时，教师必须要根据实际需要，灵活地调整、改变教学设计和教学进程以适应不断变化的教学情境。教师的“变”具有一定的被动性，但只要教师积极应变就可以化被动为主动，表现出应变中的主动性。如果教师具有较好的应变能力，就能从容不迫、随机应变地组织教学，即使课堂上出现意想不到的情况，也能临“危”不乱，坦然处之，采用恰如其分的方法和手段，妥善加以解决。如果束手无策、乱了方寸，不能采取有效的方式解决问题，必然影响教学效果。

（二）教学应变的方法

1. 问题转移法

教学是一个动态发展的过程，许多意想不到的情况随时可能出现。中小学生视野开阔、思维活跃、反应灵敏、喜欢分析、善于思考，因而会提出一些很特别的问题，完全在意料之外，有的甚至老师也一时难以回答。这时就可以利用问题转移法，把学生踢过来的球再踢给学生，也即把所提问题转移给全班同学或其他同学，这样既可以给教师提供思考的时间，同时也可以引发学生的思考，可以采用讨论法或其他方法，师生共同合作得出正确的答案。

［示例］在讲“社会主义比资本主义制度优越”时，有学生会问“为什么会有那么多留学生出国后不愿归国呢”？或者会问“中国周边的新加坡、韩国及台湾地区、香港地区都是实行的资本主义制度，可经济发展比中国更快，这是为什么呢”？对此，教师不回答是不行的，教师可有意识地组织学生一起讨论，教师引导学生思考问题，并作归纳，以达到良好的教学效果。

2. 幽默带过法

课堂上有些偶发事件使教师处于窘境，要追查责任会拖延上课时间，还可能伤害学生的感情，不处理又损害教师的威信，这种情况下，教师可以用幽默法摆脱窘境。

［示例］一位姓“缪”的老师第一次到一个班级上课，他先作自我介绍：“同学们，我姓缪。”教室里就有个学生模仿猫叫的声音：“喵——”引起全班哄堂大笑。面对这一恶作剧，缪老师没有发怒，神情自若地说：“同

学们，先别忙着夸我‘妙’，从今天起，我们一起学习，一段时间后你们再来评价我究竟‘妙不妙’。”

一位教师推开教室的门，忽然一只扫帚掉下来把手中的讲义夹打掉地上，全班一片哗然。这位教师没有大发雷霆，而是捡起讲义夹和扫帚，笑着说：“看来我工作中的问题不少，连不会讲话的扫帚也爬上门框向我表示不满了。以后同学们对我有什么意见，希望课后当面给我提出来，不要给我这种意外的‘惊喜’。”

3. 顺水推舟法

教师面对突发事件时，顺着学生提出的问题，以新的思路展开或推进教学的方法。

[示例] 有位年轻的女教师教《从百草园到三味书屋》，当讲到“美女蛇”的时候，一个男生举手发问：“老师，世上有没有美男蛇?”说完，他还得意地看了看同学们，引起了哄堂大笑。女教师沉思片刻说：“这个同学天真好奇，问得有趣，但他问的思路不对，照此下去，可以问，有没有丑女蛇和丑男蛇呢?要知道，作者的思路是在‘美女’和‘蛇’的对比上，‘美女’是指她迷人的外表，‘蛇’是其害人的本质，‘美女蛇’，比喻披着画皮的坏人……”

这位女教师没有因为学生的哄笑而影响自己的情绪，更没有因为那位男生的提问对自己不尊重而反感，而是因势利导，从现象到本质引导学生思考，把学生的思路拉回到正轨，既稳定了课堂教学秩序，又指导学生理解了“美女蛇”的寓意。这样处理十分得体，体现了教师机敏而灵活的教学艺术。

4. 将错就错法

教师把课堂教学中的出现的错误或失误变成教学资源加以利用的方法。这种方法往往在学生不知不觉中，教师既弥补了自身的失误，又达到了教学目的。

[示例] 一位化学老师上实验课，在演示实验前说：“当我们把金属钠伸到装满氯气的集气瓶时，将会看到钠剧烈燃烧并产生大量白烟。”然而开始实验后，集气瓶中冒出的不是白烟而是黑烟。面对这一失误，化学老师思索了片刻，问学生：“为什么产生的是黑烟？请同学们回忆一下金属钠的物理性质与贮存方法。”同学发言：“金属钠必须贮存在煤油中。”老师：“说得很好，由于我的疏忽，没有把沾在钠上的煤油擦干净，结果煤油燃烧产生黑烟。大家想一想，如果继续燃烧，将会出现什么情况?”学生：“应该最后冒出的是白烟。”不一会儿，果然金属钠燃烧加剧，集气瓶中冒出大量白烟，“同学们，你们的预言实现了！”教室里响起热烈的掌声。

（三）提高应变技能的要求

1. 满腔热情地工作

工作态度决定工作效果，教师从事教育事业的态度是表现教育智慧的前提。教师对事业与工作缺乏责任感，对学生冷漠无情，那么当学生出现意外情况时，就有可能认为是节外生枝、故意刁难或成心捣乱，就有可能以极其厌烦甚至粗暴的态度对待，就很难体现教育智慧。只有满腔热情地对待事业、工作和学生，才能产生机智，才能够妥善、巧妙地处理意外事件。

2. 提高知识素养、丰富经验积累

深厚的知识素养和丰富的经验积累是教师应变的保障。教师的应变能力是敏锐的观察、灵活的思维、准确的判断、果断的处置等心理素质的有机结合。教师要不断地充实和丰富教学专业知识，加强学习，拓宽知识面，研究学生的认知规律，认真学习教育学、心理学知识，同时还要注意积累各方面的生活经验。只有扩大知识面，提高应变能力，才能积极能动地适应千变万化的情况，富有成效地处理多种多样的、意想不到的突发性事件。

操作训练

1. 下列导入属于什么类型？

《声音的产生和传播》的导入设计

教师事先录制好自然界以及生活中常见的某些声音。例如：电铃声，钢琴曲片段，工厂烧电焊声，丛林中的鸟语，夏日的蝉声，瀑布声等。

教师提问：同学们，你们能听出刚才都是什么声音？是哪些物体在发出声音？

教师：从本节课开始我们将研究自然界中声音的有关知识。同学们自己想知道有关声音的哪些方面的知识？

《克与千克》的导入设计

师：前几天老师让同学们广泛收集我们日常生活中常见的物品的质量，现在交流一下。

生1：我妈妈买的牙膏是300克。

生2：火腿肠一根40克。

生3：前几天测体重我是34千克。

生4：一袋茶叶400克。

生5：一袋面粉25千克。

师：同学们说了那么多，在单位物品的方面你有什么发现吗？

生6：有的用“千克”作单位，有的用“克”作单位。

师：这节课我们来研究国际上通用的质量单位“克和千克”。

《心脏和血管的功能》的导入设计

让同学们用手摸自己的脉搏，数一下每分钟跳动的次数，“为什么大家都坐在教室里，每个人脉搏每分钟跳动的次数会不一样呢？心脏在人的一生中不停跳动，为什么不会疲劳呢？学习《心脏和血管的功能》之后就明白了”。

2. 下列提问属于什么类型？

《我的战友邱少云》的提问设计

(1)“纹丝不动”是什么意思？句中的“纹丝不动”指什么？

(2) 邱少云为什么要在烈火中纹丝不动？

(3) 邱少云是怎样纹丝不动的？

(4) 邱少云为什么能够在烈火中做到纹丝不动？

《地球上的水》的提问设计

(1) 为什么说地球是个大水球？

(2) 地球上有这么多的水，它们都在哪里呢？

(3) 地球上所有的水都能被人利用，为人们服务吗？

(4) 同学们分析一下这份资料中的水资源是怎样被污染的？结果怎样？

(5) 我们身边确实有很多“污染水”和“浪费水”的行为，我们作为地球上的小公民，该怎么做呢？

3. 选择两课时的教学内容进行板书设计。

4. 观摩优秀教师的教学录像或阅读本章开头“案例导引”呈现的课堂教学实录，指出教师用了什么方法进行导入、讲解、结课，并分析其特点。

5. 反思下列教学实例，谈谈教师应如何进行课堂管理。

来四(1)班上课前，就听说这个班是学校出了名的调皮班。因此开始给这个班上课时，我板起脸孔，向学生约法三章：课堂上不许这样，不许那样……果然课堂很肃静。可是当我提问题时，竟然没有一个学生回答问题。我很生气：“怎么你们都变成哑巴了?”这时学生才说：“老师，你不是规定我们上课不许说话吗?”我强辩说：“是叫你们不要乱说话，不是叫你们不回答问题呀!”学生抗议：“哪有这样不讲道理的老师?”有个平时最调皮的学生大叫起来，惹得全班哄堂大笑。我一气之下，把他拉到教室外，不让他听课。教室里的学生都成为“小木头人”，一动不动地听课。我提问一个学生，当我喊到他的名字时，他竟然吓得浑身发抖。

6. 课堂教学管理技能练习：对下面这两位教师的做法进行评价。

(1) 一位小学语文教师在讲《蜘蛛》一课。当讲到蜘蛛的捕食方式是用网上的黏液粘住飞来的虫子时，一个学生突然问：“老师，蜘蛛用网上的黏液粘住虫子，它自己为什么能在网上爬行而不被粘住呢?”老师愣了一下说：“这个问题课文中没有讲到，所以就不用想了，我们继续学习课文。”那个学生又说：“老师给我们讲一讲嘛。”老师生气地说：“不要无事生非，好好跟着老师的思路学习!”

(2) 还差一分钟就上课了，李老师推开教室门走进去，有几个小学生还在打闹，互相扔纸团。结果一个纸团扔到了李老师的脸上，全班同学一下变得鸦雀无声，看着那个扔纸团的学生，他吓得趴在桌上。此时只见李老师微微一笑，温和地说：“同学们，刚才这位同学的枪法不错，以后成了神枪手，可不要忘了我这个活靶子哦!”大家听后笑了起来。接着李老师又说：“同学们，这里是教室，是大家读书的场所，以后练习打靶的绝技时，不要在教室里练，好不好?”同学们齐声回答：“好!”紧张的课堂气氛得到缓解，老师开始上课。

7. 回忆自己经历过的一次教学偶发事件，对教师当时的做法进行评价。

资源链接

1. 郑金洲:《新编教学工作技能训练》，上海，华东师范大学出版社，2007。

2. 杨国全:《课堂教学技能训练指导》，北京，中国林业出版社，2001。

3. 李冲锋:《教学技能应用指导》，上海，华东师范大学出版社，2007。

第四章　教学评价技能

——走向发展性评价

本章概述

教学评价是指评价者通过收集教学过程中的信息，进行判断和决策、反馈和调控的过程。它不仅能为教师调整和改进教学提供充足的反馈信息，而且是学校、家长和社会了解学生学习情况，鉴别学生学业的主要方式。教学评价实质上是一种对教学活动及其教学效果作出价值判断的过程。对教师教学评价而言，它是为教师专业发展提供有效指导，以促进教师专业发展为最终目的的评价；对学生学习评价而言，它是为学生身心的健康发展提供诚挚帮助，以学生素质的全面提高为最终目的的评价。本章主要从一般教学评价、教师教学评价及学生学业评价进行阐述。通过本章的学习，学习者应了解一般教学评价的内容、程序与方法，认识教师教学评价的基本特征及评价方式，掌握学生学业评价的原则、程序及基本方法。

案例导引　**学生评价制度改革实施方案**①

一、传统评价制度存在的问题

传统的评价，主要是集考试分数和名次于一张试卷，学期末据此来对学生作出终结性评价。这种评价试图通过用分数排队的办法，来刺激学生进取，这就使甄别成为评价和考试的一个重要功能。分数被异化为人才的质量标准。这样的评价考试只有少数学生受到积极的鼓励与肯定，体验成功的快乐，心情开朗，充满自信，而更多的学生因为教师的横向比较，受到批评，惩罚而意志消沉，甚至自暴自弃，使学习更加困难。在这样的过程中学生身心受到严重伤害，学生、老师承受着沉重的心理压力，教育的过程常常出现违背教育规律的做法，学生的课业负担过重，除考试科目外素质教育的其他方面受到极大冲击，学生的个性被压抑，兴趣和爱好得不到培养。

---

① 李纪成：《学生评价制度改革实施方案》，见遂川县教育网·教学管理频道，http：//www. scxjyw. com。

二、评价制度改革的基本趋向

1.《基础教育课程改革纲要》指出：建立促进学生全面发展的评价体系。评价不仅要关注学生的学业成绩，而且要发现和发展学生多方面的潜能，了解学生发展中的需求，帮助学生认识自我，建立自信，发挥评价的教育功能，促进学生在原有水平上的发展。

2. 多元智力理论提出：人与人之间没有智力上的高低之分，只有多种智力不同组合形成的差异。这就要求教师平等公正地对待每一个学生，为每一位学生的成功创造机会，“多一把衡量的尺子，就会多出一批好学生”。教育必须尊重学生的差异性，应当尽可能设计不同的评价标准和方法，教育评价的主体、评价的指标也应当多元化。

三、改革评价制度的实施方案

1. 取消百分制，实行等级制

我们在对学生学业成绩的评定中取消了百分制，分作优、良、中、差四个等级。在素质发展报告单上，从语文、数学、音乐、体育、美术、英语个性特长等几个方面进行评价。

2. 考试制度的改革

在课改年级对语文、数学学科实施分项考核。语文考核内容除朗读、写字、古诗文、背诵、作文外，可考虑对口语交际、表演课本剧、语文实践活动等方面的考核，数学学科除口算、应用题外，可考虑对数学实践活动的考核，考核时间和方式由原来的每个级部每学期下半学期考核一项内容改为每学期至少在上、下半学期各考核一项内容。同时，加大对音、体、美、常学科的考核力度，对音乐学科除进行（声乐、视谱、节奏等）基本技能的考核以外，本学期又增加了音乐知识考核，美术学科除进行美术基本知识的问卷监测考核外，根据不同级部学生的不同特点，进行绘画表现测试。体育学科加强对我校传统项目小篮球技能的考核。

3. 构建目标体系，注重多元性，让评价“立”起来

①学业目标具体化。一是以纸笔测验为主的评价指标，包括单元测试、期末综合测试、学生的自测和互测等项目，根据学期初计划按时组织考核；二是体现学习过程的评价指标，包括各学科课堂作业、练习、实践调查报告、手抄报、学生读书笔记、生活中的数学专集等项目，实行小组、班级、学校三结合评价，全员参与，取长补短；三是以面试操作为主的评价指标，包括语文、英语学科的口语交际、朗读、阅读、讲故事、古诗文诵读等，数学学科的口算、估算、空间想象力、解决问题

能力、逻辑思维能力等，其他学科的演唱技能、艺术欣赏、实验操作、计算机操作、身体素质等项目，根据学校计划定期进行考核。

②特长目标个性化。包括优秀日记、创新设计方案、综合实践活动成果及资料、研究性学习成果、演讲、综合实践活动的组织与参与等，只要有一技之长，学生即可提出申请，然后由老师、学生和家长研究制定考核标准和办法，经考核合格者学校发给《特长生证书》。

4. 加强过程性评价，优化学业目标，让评价“实”起来

①课堂评价、单元评价与期末验收相结合。课堂评价重点看“三度”，即参与活动的态度、广度和深度，看学生是否关注问题情境，积极参与活动，是否以多样的方式参与活动，是否能提出有意义有价值的问题，是否能够倾听、协作、分享。单元评价重点看单元目标达成情况。学期初，各科教师根据课程标准和教学内容，制定出各单元具体的评价目标，根据教学进度及时进行单元评价，及时弥补不足。期末验收则依据多种形式的期末考试，结合平日课堂情况及单元评价情况进行综合评定。

②书面测验与面试操作相结合。根据不同学科测评内容的不同，灵活选择评价方法，尤其是语文和英语学科，学生的口语交际能力很难通过书面测验来评价，而根据新课程标准的要求，创设情境进行面试有利于对学生的全面评价。

③定性与定量相结合。学业目标以定量评价为主，实行等级制；教师注意从学生的作业中发现变化，从单项考核中发现提高，从日常活动中发现进步，并能及时送上一张言辞恳切富有鼓励性的评语卡，期末写出综合评语。

5. 强化形成性评价，落实非学业目标，让评价“活”起来

①注重随机评价。学生在课堂上、活动中时常有闪光的行为表现出来。为了及时抓住这样的闪光点对学生进行鼓励和表扬，老师们可创设“心之桥”“心灵对话”“星光闪耀”等评语卡，当学生接到话语亲切、设计精美的评语卡时，其激励之功不言而喻。同时教师将口头评价、体态评价、星星符号等多种形式有机结合，灵活运用。

②突出特长评价。为了激励学生形成兴趣、爱好，发展个性，我们把学生特长的发展作为一个重要领域进行评价，先由学生自己申报，然后组织任课教师、家长、同学进行评定，最后由班主任写出推荐意见，经学校审查通过后，进行大会表彰，发给“特长生证书”。

③倡导作业评价。应该让学生在做作业过程中体验幸福和快乐、苦

恼与辛劳。为了让学生真正获得这样的体验可建立作业评语卡，教师在批改作业和检测试卷时，要善于发现学生的进步与变化，并能及时给学生写上几句激励性的评语，每学期写给每个学生书面作业评语不少于5次。建立学生作业互评制度，开展经常性的小组评、集体评，每个学生每学期主动找家长评价不少于10次，找亲友评价不少于5次。

④尝试档案评价。成长记录就是有意识地收集学生作品以及其他相关证据，以反映学生在某一特定领域的努力、进步和成就。成长记录的用途主要有三种：展示最佳成果、描述学习过程、评估学习与发展的水平。

为了充分发挥“档案”的评价功能，要让学生用活、用好“档案”，让档案真实记录学生的成长事迹，真正成为学生发展的航标灯。学生成长档案的建立，应在班主任指导下，由学生、家长、任课教师共同参与，协商选择档案内容。一般应包括：

a. 我的个人小档案。每学期初填写一张。入学时，作为学前调查，请家长填写。以后，由学生个人在老师指导下填写。

b. 学科学习表现。语文、数学平日上好评价指导课，用好评价表，每月总评一次，征求学生意见后入档。单元测试按进度进行，根据学生意见确定是否入档。

音、体、美等学科，由任课教师设计体现学科特点的评价表，每月评价一次，征求学生意见后入档。

c. 收获园。特长作品、各科试卷、录音、录像带、同学评语、家长的话、荣誉证书、考级证书等，凡是体现学生成长过程的材料都可以积累存档并且可以随时更换，让学生展示自己最强、最好的一面。

d.“我长大了”。主要集存各方对学生本人的印象和评价，可包括：“家长眼中的我”“老师眼中的我”“同学眼中的我”“我看自己”四大栏目，一般在每学期末由班主任协调各方填写。另外还要重视家长和社会的评价。为使这些评价落到实处，都要制定具体措施。

⑤改革操行评语。旧有的操行评语多是抽象概括的空洞说教，有的是空泛的套话，有的是结论式的定语……这使得操行评定工作流于形式，收效甚微。应该认真研究学生的认知规律，加强操行评语的针对性、具体性和鼓励性，在形式上变“人称”、变语气、变文体。既满怀爱心地肯定学生的成绩，又委婉中肯地指出不足，从而激发起学生的信心。

评析：学生评价是对学生学习进展与行为变化的评价，是学校教育评价的核心。对学生进行评价的目的是要有利于学生个性的全面发展，培养学生的综合素质。促进学生身心健康和知识能力和谐发展，激发学生创新精神，促进学生的社会性发展和形成良好的心理素质。本学生评价方案在设计上多角度充分体现了基础教育改革的精神："建立促进学生全面发展的评价体系。评价不仅要关注学生的学业成绩，而且要发现和发展学生各方面的潜能，了解学生发展中的需求，帮助学生认识自我，建立自信。发挥评价的教育功能，促进学生在原有水平上的发展。"

思考：现行中小学学生的评价体系有哪些主要特征？与过去的评价体系相比，有哪些主要的区别？

第一节　教学评价概述

一、教学评价的含义及类型

（一）教学评价的含义

迄今为止，对于教学评价的界定尚无统一的看法。随着人们对教学评价本质认识的不断深入，许多学者从不同的角度作出了各自的界定。比如，加涅指出，通过系统收集、分析、解释证据来说明一个教学产品或教学系统结果如何的方法成为教学评价①。我国学者冯忠良也将教学评价视为对学绩测验所得的数据进行分析及解释②。而滕布林克（Tenbrink）认为，教学评价是获得教师教学的相关信息，进而形成判断，并据此作决定的过程③。张玉田则更加强调对教学效果的评价，认为教学评价就是根据教学目的和教学原则利用所有可行的评价技术对教学过程及其预期的一切效果给予价值上的判断，以提供信息改进教学和对被评价对象作出某种资格证

① ［美］R. M. 加涅等：《教学设计原理》，第 332 页，上海，华东师范大学出版社，1999。

② 冯忠良：《结构—定向教学的理论与实践（上册）》，第 375 页，北京，北京师范大学出版社，1992。

③ Tenbrink，*Evaluation：A Practical Guide for Teacher*，New York：McGraw-Hill，1974.

明[1]。孙瑞清也持类似的观点，认为所谓教学评价就是在教学过程中有目的、有计划地观察、测定学生在学习活动中的种种变化，根据这些变化，对照教学目标，对教学效果、学生的学习质量及个性发展水平作出科学的判断，进而调整、优化教学进程的教学实践活动[2]。张德锐指出，教学评价是针对教师在教学上的表现作出价值判断和决定的历程。其步骤是依据教师表现的规则收集一切有关信息，其目的在于了解教师教学表现的优劣得失及其原因，从而协助教师改进教学或作为相关人事决定的依据[3]。

以上这些各种界定都从不同角度、侧面揭示了教学评价内涵的某些特征，各有侧重，而且都具有一定的合理性和指导意义。总而言之，教学评价是指评价者通过收集教学过程中的信息，进行判断和决策、反馈和调控的过程。它不仅能为教师调整和改进教学提供充足的反馈信息，而且是学校、家长和社会了解学生学习情况，鉴别学生学业的主要方式。教学评价实质上是一种对教学活动及其教学效果作出价值判断的过程。

（二）教学评价的类型

教学目标的系统性、层次性以及达成教学目标所经过的教学历程，决定了教学评价要准确地把握不同阶段的教学要求在广度、深度和难度上的层次性。由此，教学评价的方式就应是多种多样的，而且必须根据各类教学活动的特点灵活地加以运用。依据教学评价实施的作用、标准、工具以及对象等因素的不同，可将教学评价划分成不同的类型。

1. 按教学评价资料的处理方式分类

（1）常模参照评价

常模参照评价（norm-referenced evaluation）是以学生团体测验的平均成绩即常模为参照点，从而比较分析某一学生的学业成绩在团体中的相对位置或优劣。常模参照评价对学生学习成绩的解释采用了相对的观点，着重于学生个人间的比较，主要用于选拔（如升学考试）或编组、编班。

（2）标准参照评价

标准参照评价（criterion-referenced evaluation）是以根据教学目标所确定的作业标准为依据，从学生在试卷上答对题目的多少来评定学生的学

---

① 张玉田：《学校教育评价》，第136页，北京，中央民族学院出版社，1987。

② 孙瑞清：《数学教育实验与教育评价概念》，第78页，北京，北京师范大学出版社，1988。

③ 张德锐：《教师评鉴模式之研究》，载《教学研究咨询》，2001（1）。

业成绩。标准参照评价对学生学习成绩的解释采用的是绝对标准，即学生是否达到了教学目标所规定的学习标准，以及达标的程度如何，而不是比较学生个人之间的差异。具体实施时，就是以考试分数为标准，100 分代表着学生的学习已完全符合教学目标的要求，而 60 分代表着及格，是对学习的最低要求。不管其他学生的成绩如何，只要分数达到 60 分就是及格。同样，如果一个学生得 50 分，尽管这个分数是全班的最高成绩，该成绩仍然是不及格。当然，标准参照评价是否有意义，取决于教师在编制测验时试题的代表性与难度是否符合教学目标及教学内容的要求。如果能够做到这一点，那么，标准参照评价就能很好地诊断学生知识、技能的掌握情况。在学校教学评价中，一般都采用标准参照的模式。

2. 按教学评价的功能分类

（1）准备性评价

准备性评价又称配置性评价或诊断性评价，是在教育、教学或学习活动开始前，为使其计划更有效地实施而进行的预测性、测定性评价，或对评价对象的现状和存在问题作出鉴定，目的是为了了解评价对象的基础和情况，为解决问题搜集必要的资料，找到解决问题的办法，以便进行指导。诊断性评价的主要功能在于帮助教师了解学生对新学习任务的准备程度，同时也有助于教师根据学生的具体情况找到最佳的教学起点，设计出可以排除障碍的最佳教学方案。诊断性评价也可用作对学前的入学准备程度的评价。在教学进行过程中的诊断性评价也是常见的，它主要用于对学生不能从教学中获益的原因的诊断。

（2）形成性评价

形成性评价又称过程评价，是在教学或学习过程中评价活动本身的效果，用以调节活动过程，保证目标顺利完成而进行的评价。其目的在于检验前一段教学的效果，找出存在的问题，为进一步改进教学提供依据。形成性评价常采用非正式考试或单元测验来进行。测验的编制必须考虑单元教学中所有重要目标。通过形成性评价能及时获得反馈信息，了解学生的学习情况，发现教与学的优点与不足，从而有目的、有针对性地调整和改进教学计划和活动，使大多数学生达到预期目标。在教学过程中，每一个教学单元结束时，都应进行形成性评价。

（3）总结性评价

总结性评价又称结果评价，是在某项活动完成后对一个完整的教育过程的最终成果作出的价值判断，是对教学全过程的检验。其目的主要在于检查、总结教学目标的达成情况，评定教学的学业成绩，证明学生掌握知识、技能的程度和能力水平，预言学生在后续学习中成功的可能性。此外，这种评价也能起到形成性评价的某些作用，为教学提供反馈信息，有利于下一轮教学的改进提高。

3. 按参与教学评价的主体分类

（1）自我评价

自我评价就是指教学活动实施者作为主体的评价，即被评价者对自己的教学活动状况或发展状况进行自我鉴定。其实质就是评价对象对自我教学行为过程及结果的反思。评价对象积极参与到评价活动中来，不仅有助于评价对象及时发现自己的问题并及时改进，而且有助于消除评价对象与评价者之间可能产生的逆反心理，从而使评价结果更容易被评价对象所接受。但是，自我评价一般没有统一的、客观的评价标准，其主观性比较强，评价结果比较容易出现偏差。因此，开展自我评价时要特别注意对评价对象的引导，并把自我评价和他人评价有机地结合起来。

（2）他人评价

他人评价就是由教学活动实施者之外的评价者作为主体的评价。评价对象的性质不同，他人评价的主体就不同。对于学生来说，教师、家长对其学习情况的评价是他人评价，对于教师来说，学生对其教学情况的评价是他人评价。相对于自我评价，他人评价一般有统一的评价标准，一般说来评价结果更为客观一些。因此，在鉴定水平和选拔淘汰的评价中一般都要使用这种评价方法。但是，在他人评价中，评价者与被评价者之间要建立民主平等的气氛和和谐的关系，否则，评价的结果往往不能为被评价者所接受，也就不可能发挥评价的激励、调节等功能。

4. 按教学评价的方法分类

（1）定量评价

定量评价是根据预先设定好的评价内容，采用一定的数学方法，收集和整理数据资料，对被评价者作出定量结论的评价。如对一个教学班学生学习状况的评价，首先确定学生的学科学习为评价内容，然后收集学生的考试分数，以统计的方法检验其成绩的优劣。目前教学评价中使用的数学方法主要有教育测量与统计的方法、模糊数学的方法。

（2）定性评价

定性评价指不采用数学的方法，而是根据评价者对被评价者平时的表现、现实的状态或文献资料的观察和分析，直接对被评价者作出定性结论的价值判断。如对学生学习状况的评价，也可以采用观察学生学习的行为表现，访问学生对学习的态度、想法及形成学习动力或阻碍学习的各种因素，了解学习环境、教师、家长对学生学习的影响，最终对学生的学习状况及影响因素作出分析和评价。

5. 按教学评价的对象分类

（1）教师教学评价

教师教学评价是针对教师在教学上的表现作出价值判断和决定的过程。其步骤是依据教师表现的标准收集一切有关信息，其目的在于了解教师教学表现的优劣得失及其原因，从而协助教师改进教学或作为相关人事决定的依据。换言之，教师的评价是以一定的方法、途径对教师在教学中的表现和效果诸如教师教学观念、教学内容、教学方法、教学行为、教学管理、教学资源利用、教学效果等作出价值判断和决定的一个持续过程，其目的在于增强教师的教学效能，促进教师的专业发展。教师可以从中获得反馈信息，及时调整教学计划，改进教学方法，采取必要的补救措施，以期收到最好的教学效果。

（2）学生学业评价

学生学业评价是指依据教学目标对学生知识、技能、能力、品德等发展状况进行测量分析，以鉴定学生的发展进步性而对教学实施价值判断的过程。对学生学习经历与行为变化的信息进行测评，应力求从多个方面去评价学生的发展进步情况。比如，对于认知领域、情感领域以及动作领域中那些可以明确表述且要求所有学生必须掌握的学习结果，可以通过标准参照测验或掌握知识测验对学生的教学目标的达成度或者掌握程度作出检测分析。此外，评价者也可以通过对学生动态行为的观察、评价获得大量的有助于了解、判定教学状况以及效率的真实材料，而有效了解学生的学习情况能够促进教师有针对性地调整教学，从而促进学生的进步。

二、教学评价的功能和意义

（一）教学评价的功能

教学评价作为教学过程中的一个环节，参与教学的全部过程，成为控制和调节教学过程的信息反馈机制，是使教学活动保持稳定发展的重要手段。具体而言，教学评价的功能作用主要表现在以下四个方面。

1. 导向功能

导向功能主要指评价目标的导向机制。教学评价目标的制定，一般都体现方向性和客观性，通过评价目标、指标体系的指引，可以为教学指明方向，即指明教师教和学生学的目标和应达到程度的方向。这样，通过教学评价过程的不断反馈和调节，可以使教师随时了解教学目标的达成程度，发现教学中所存在的问题，使教师的教学不断改进，学生的学习不断强化和提高。因此，教学评价对教学起着导向和指挥的作用，有利于各级各类学校端正教学指导思想和办学方向。

2. 鉴别和选择功能

对教师而言，教学评价可以了解教师教学的效果和水平、优点、缺点、矛盾和问题，以便对教师考查和鉴别。这有助于学校和教育行政领导决定教师的聘用和晋升，有助于在了解教师状况的基础上，安排教师的进修与提高。对学生而言，教学评价能对学生在知识掌握和能力发展上的程度作出区分，从而分出等级，为升留级、选择课程、指导学生职业定向提供依据，为选拔、分配、使用人才提供参考。同时，也是向家长、社会、有关部门报告和阐释学生学习状况的依据。

3. 调控功能

教学评价的调控功能是指评价主体通过教学所提供的反馈信息，使教师和学生都能从中及时得到反馈信息，调节和控制教学及其过程，同时也反映了教学评价的整体功能与作用。对教师而言，可以通过评价获得的反馈信息，及时了解自己的教学方法和教学过程组织中的某些不足，诊断出学生在学习上存在的问题与困难，并及时地调节自己的教学工作。对学生而言，通过评价获得反馈信息，能加深对自己当前学习状况的了解，确定适合自己的学习目标，从而调整自己的学习。此外，还能起到激发学生学习动机的作用。研究表明，经常对学生进行记录成绩的测验，并加以适当的评定，可以有效地激发并调动学生的学习兴趣，推动课堂学习。实际上，客观地判定教学的效果，合理地调节、控制教学过程，使之向着预定目标前进，也正是教学评价追求的基本目的。

4. 激励功能

教学评价的激励功能就是指评价主体通过科学合理的教学评价，激发教师与学生的内在动机，调动他们的潜能，增进工作、学习的积极性与创造性等。在教学评价的实践中，评价对象都有渴望获得较高价值评定的心理趋向，会自发地与周围群体和个人进行比较，使教师和学生都把注意力集中在教学任务的某些重要部分。对于教师来说，适时而客观的教学评价，可以明确教学工作中所需努力的方向；对于学生来说，教师和父母的褒扬、同学之间的竞争、学习成绩等，可以提高学习的积极性，从而带来愉快的情绪体验，提高学习兴趣，增进学习效率。从某种意义上说，教学评价的过程同时也是一种激励的过程。

(二) 教学评价的意义

搞好教学评价，对于深化教学改革，提高教学质量具有重要的理论意义和实际意义。

1. 教学评价是发展现代教育事业的需要

教育要面向现代化、面向世界、面向未来，教育要走上提高民族素质、多出人才、出好人才的轨道上来，就必须重视学校的教育、教学工作，就必须对学校的教学工作进行有效的评价。这是把握教学实际、获得反馈信息、进行科学决策的正确途径。重视、研究教育和教学评价，已成为世界各国教育管理的普遍的、一致的要求。联合国教科文组织把各国教育行政人员（学校干部和教育行政干部）有没有相当的教育、教学评价能力作为评价一定国家教育发达程度和教育效能的一种依据。对学校教育质量、教学效果的评价与检测已被看做是探讨、研究现代教育发展的基础性工作之一。美国、日本、英国、法国、德国等，都非常重视教学评价工作，积极探讨、研究各种适应评价的可行方法，以对学校教育、教学、课程、教材、教法以及学生掌握知识情况作恰如其分的评价，并力图以此为手段，来促进教育、教学目标的实现，培养出合格人才。教学评价体现了现代教育发展的世界性趋势，是现代教育事业发展的需要。

2. 教学评价是全面提高教学质量的需要

教学评价是教学工作的一个重要组成部分。教学的基本目标是什么？怎样根据教学目标确定教学方法？教学水平高低的标准是什么？是否按照教学规律教学？怎样考核教师的教学工作？如何考核学生各学科以及他们在德、智、体、美、劳诸方面的发展与进步？对这些能否作出科学的、准确的评价，直接决定着教学效率和教学质量的高低，通过教学评价可促使教师自觉地按教学规律办事，可对教学工作中每个阶段和每个环节不断调控，促使教学工作向规范化、科学化方向发展，保证教学的质量和效果。

3. 教学评价是推动教学改革的巨大动力

教学评价就是对教学活动的价值和教学效果进行判定。这种判定不仅要运用现代教育的观念，而且要求评价内容、标准、方法都要符合教学改革的需要。在教学思想上，要求教书育人，要求把传授知识和培养能力、发展智力结合起来；在教学内容上，要注重处理教学与发展的关系，现代科学技术发展和现行教材的关系以及教学目标制定等问题；在教学方法上，要着眼于传统的教学法与现代的教学法相结合、理论与实践相结合；在教学模式上，要着眼于调动学生学习的积极性、主动性和创造性，培养学生的自学能力等。因此，科学的教学评价对于改革同社会主义现代化不相适应的教学思想、教学内容、教学方法、教学模式具有重要作用，它是推动教学改革的巨大动力。

4. 教学评价是加强教师队伍管理科学化的重要手段

学校的各项工作，尤其是教学工作的质量高低，关键是看教师这支队伍作用发挥得怎样。建立教学评价制度，能实事求是地评价教学工作，真实地反映教师的工作实绩。它不仅能起到对照标准找差距的自我认识作用，而且能唤起被评价者之间、后进与先进之间比、学、赶、帮、超的激励作用。这会对教师形成压力，带来动力。教学评价还可以为教师的晋升、评优及使用等提供重要依据，对成绩优异者予以重用，对不合格者给予培训或调离现职，从而加强教师队伍管理的科学化，调动教师教学的积极性。

三、教学评价应遵循的原则

原则是客观规律在人们头脑中的反映，它是指导人们行动的准则。教学评价原则是指在进行评价时，评价者必须遵循的基本要求。在教学评价实践中，应遵循如下原则：

（一）方向性原则

教学评价的方向性原则，是指教学评价必须以党和国家的教育方针，国家颁布的课程计划、教学大纲，国家正式审定的教材为依据，通过评价使教学坚持正确的方向，促进学生的全面发展。对教学各个环节的评定、考核，要体现出相应的教学目标要求。对教学的评价要全面，要体现出教学要求的目标方向，既要评价知识、技能的掌握情况，又要评价智能发展和思想道德水平提高情况；既要评价教师在课堂教学中的表现，又要评价学生的参与情况，要评价教学是否面向全体学生，是否全面完成大纲规定的教学任务，是否达到了课程计划中规定的培养目标。总之，教学评价必须坚持正确的方向。

（二）科学性原则

教学评价的科学性原则，是指教学评价必须具有可信度与可靠性，必须建立在科学的基础上，有充分的科学依据和科学方法。教学评价要以正确的教育思想和教学理论为指导，遵循课堂教学的规律、原则，适应深化课堂教学改革的要求和各学科的特点。在建立教学评价指标体系时，要有相应的理论依据，每个指标项目要有相对独立的、准确的科学含义。在确定各项指标的评价标准时，要考虑到指标本身的科学内涵和操作的方便实用。教学评价的方法要力求科学、完整。在评价过程中，要根据教学目标与教学的管理要求，注意从教学过程入手，从教学的计划设计、备课上课、批改作业等方面进行。在评价信息搜集、处理上，要力求全面、客观、公正，注意其可靠性和合理性。教学评价只有坚持科学性原则，反对形式主义，才能真正起到评价的作用，调动教师教学的积极性、主动性和创造性，提高教学质量。

（三）客观性原则

教学评价的客观性原则，是指教学评价必须采取客观的实事求是的态度，要客观地反映被评价对象的真实价值，不能主观臆断或掺杂个人感情。在编制评价指标体系时一定要进行深入的调查研究，广泛征求老师的意见，使评价指标体系尽可能准确地反映教学实际情况。在评价过程中，评价者要熟悉评价指标体系和指标的界定，并严格按标准实施。确定评价标准时，不能为了照顾某个评价对象，把不应列入的条件列入，也不能为了排斥某一评价对象，把不应列入的条件列入。标准一旦确定，任何人都不能随意改动，如果教学评价是客观的，就会激发师生的教与学；如果评价不是客观的，就会挫伤师生的积极性。因此，客观性原则对于教学评价至关重要。

（四）整体性原则

教学评价的整体性原则，是指教学评价时要注意影响教学质量的诸因素及它们之间的联系，要抓住主要矛盾，全面系统地进行分析评价。在确定指标时，要从整体出发，分析各个因素在教学过程中的地位和它们之间的联系，根据各自在教学过程中的作用及其效应，确定指标及其权重。在评价时，不仅要注意教与学、传授知识技能与能力的提高和智力的发展、教学与教育这三种主要关系处理得是否恰当，还要注意教学安排是否符合学生的认识规律，教师、学生、教材、设备之间的关系是否达到了整体优化。

（五）激励性原则

教学评价的激励性原则，是指教学评价应促使被评价对象形成继续努力或在进一步教学活动中克服不足之处，增强提高教学活动效果的动机或期望。在教学评价中，教学评价的实施者要注意评价对象个体的心理状态，评价技术的操作应考虑评价对象的可接受程度，评价者要了解并尊重评价对象的意见，并向评价对象及时反馈评价的结果，以激励评价对象在进一步的教学活动中保持优势、克服不足之处。

（六）可行性原则

教学评价要从当地教学实际情况出发，评价的内容、方案、指标、方法等都要符合当地的具体条件，能够实行。在编制评价指标体系时，要充分考虑当地教学实际水平。过低，起不到评价的激励作用；过高，绝大多数教师经过努力也达不到，会使教师失去信心和兴趣。评价的方法要简便易行，能为教师、教学研究人员和学校领导理解、掌握。

（七）评价和指导相结合原则

评价是按照一定的原则、标准对评价对象已完成的行为作出肯定或否定的判定，使被评价者从中受到启发和教育。指导是评价的继续和发展，它把评价的结果上升到一定的理论高度加以认识，并根据评价对象所具有的主客观条件，从实际出发，使评价对象能掌握自身在今后一个时期内发展的方向。从教学管理上讲，有对教学问题的评价，就有对教学问题的指导，否则评价就失去了意义和价值。从评价到指导，再从指导到评价，循环往复，这是提高教学质量、保证教学沿着科学性轨道发展的关键。

（八）自评和他评相结合的原则

教学评价的根本目的是提高教学质量，因此，把评价的标准、原则、方法交给师生，让他们在教学实践中经常地进行自我评价，会不断地改进师生的教与学，有利于提高教学质量。在自评的同时重视他评，可有针对性地对某一教学问题进行专门评价，能准确地发现教师教学的优缺点，有利于明确今后的努力方向。

四、教学评价的程序

教学评价是一个连续的活动过程，主要包括以下四个环节。

（一）教学评价的准备

教学评价的准备是教学评价的第一个环节，准备工作做得好坏，将直接影响到教学评价的质量与效果。这一环节的主要任务是：

1. 确定教学评价的对象和目的

确定评价对象就是要评什么。是评价教师素质，还是评价教师的课堂教学质量，是评价教师的备课质量，还是评价教师教学的效果等等。对象确定之后，就要明确评价目的和要求。评价目的和要求是制定评价标准、确定评价方法和组织形式的基础，要给予充分的重视。

2. 确定教学评价标准和指标体系

教学评价标准和指标体系的制定，是教学评价的关键，它在很大程度上决定着教学评价的效果。制定教学评价标准和指标体系，必须以评价的内容、目标为依据，明确哪些要素要评，哪些要素可以不评，哪些要素应重点评。至于如何确定教学评价标准和指标体系，可参见本编的第四部分内容。

3. 选择教学评价的方法

教学评价的方法多种多样，本编第五部分已有详细介绍。选择评价方法要依据教学评价的目的和内容，使之具有科学性、灵活性和实践性。科学性是指选择的评价方法要适当、准确、客观。灵活性是指评价方法要灵活多样，可以用测验和考试方法考查，也可以用观察、问卷、定性评价等方法。实践性是指评价方法要从实际出发，注重实效。

4. 建立教学评价小组

无论是教师的教学评价，还是学生的学业评价，一般需要组建教学评价小组，要挑选业务水平高、政治素质强、大公无私、作风正派、有评价能力的同志参加，人数以5～10人为宜。组长要由教育教学理论水平高，对课堂教学评价有一定研究，工作认真负责，有较强组织能力的同志担任。

5. 制定教学评价方案

教学评价方案主要包括以下内容：

（1）教学评价的对象和目的要求；

（2）教学评价的组织领导和人员；

（3）教学评价的标准和指标体系；

（4）教学评价的方法；

（5）教学评价的时间安排；

（6）教学评价的注意事项。

6. 培训人员

在教学评价实施前，要对评价组的成员进行培训，使之明确评价的意义、目的、要求，掌握评价的内容、标准和方法。

（二）教学评价的实施

教学评价的实施是教学评价的第二个环节，这个环节直接关系到评价能否成功，能否取得真实效果。在这一环节，主要应做好以下工作：

1. 教学评价的思想动员

在教学评价开始前，评价小组要向被评价者讲明教学评价的意义、目的、过程和方法，回答他们提出的问题，解除被评价者的疑虑，让他们积极参与评价。

2. 搜集教学评价资料

搜集教学评价的信息资料是教学评价的一项基础工作，其方法很多，有查阅文件法、问卷法、测试法、观察法、调查法、谈话法、统计法等。对发出去的自评、互评、问卷等各种表格、材料要全部收回，调查记录、听课笔记等也要收回，并按要求加以整理。搜集信息资料必须要注意时机与场合，以保证资料的真实性、及时性与有效性。

3. 处理资料信息

对搜集到的大量教学评价资料，必须进行加工、分析和统计处理，以便作出相应的判断。处理的方法，一是分类整理，把各种信息资料分门别类进行整理，做到条理分明、层次清楚。二是归纳整理，对大量文件、各种记录要进行归纳，理出线索。三是数学处理，运用数学手段，进行计算求出定量结果，或用数学模型进行数字加工。四是绘制统计图表，利用数字或图形，把大量的信息整理，以简明具体的形象表达出来。

4. 分析教学评价

在前面的基础上进行评价，这是实施中的实质工作。评价时一定要把被评价者的现实表现和评价标准仔细对照，看哪些做到了，哪些还未做到或者没有完全做到，做到的程度是多少。评价时要紧扣评价指标的界定说明，把握好评价指标。根据评价的内容和要求，有的需要预评，有的需要试评，这些都要事先安排好。

5. 撰写教学评价结论

教学评价结论的形式是多种多样的，可以用量化的方式表示，也可以用定性的方式表示，还可以用定性定量相结合的方式表示。对教学评价结论要严肃认真地推敲，力求准确、可靠、客观。教学评价结论的内容如下：

（1）列出教学评价项目的分数统计表；

（2）指出教学评价对象突出的优、缺点；

（3）根据教学评价的内容和权重，算出教学评价的定量成绩（总分），并写出概括性的评语；

（4）对教学评价指标体系中的重点项目，进行必要的说明。

（三）教学评价结果的分析处理

教学评价本身不是目的，目的在于通过它改进教学工作，提高教学质量。教学评价的第三个环节就是分析处理评价结果。主要包括以下内容：

1. 分析诊断教学中存在的问题

教学评价小组要对教学评价结论和有关资料进行深入细致的分析研究，帮助被评价者找准自己的优点和不足，尤其是对存在的问题要分析透彻，并找出原因，以便他们在今后的教学活动中加以改进、克服。

2. 进行教学评价信息反馈

一是将教学评价结论和分析意见反馈给被评价者。反馈时，对有些结论要仔细、慎重地解释，要注意方式方法，充分考虑被评价者的心理承受能力。反馈时，还要向被评价者提出今后改进工作的建议。二是向有关领导机构或主管领导反馈评价信息，将评价结果作为今后教学决策和管理的依据。三是向教学评价组织反馈评价结果和评价过程中遇到的问题，提出今后改进评价工作的意见。

3. 进行相应的决策

教学评价的结果，可以用来进行相应的教学决策。一是课程设置调整决策。通过评价可对教学计划安排、教材使用、参考书的选择等进行调整。二是选择决策。通过对教师和学生素质的评价，可对教师的使用和培训作出安排与调整，可对学生的毕业去向、职业选择提供依据。三是日常教学决策。通过对学生学习质量的评价，可发现学生在学习上存在的问题，从而调整教学进度，或采取补救性的措施。

（四）撰写教学评价报告

教学评价报告，指的是依据教学评价活动得到的材料和结论而写成的、反映整个教学评价的书面文字材料。它在整个教学评价中占有十分重要的地位。撰写教学评价报告，要遵循以下原则：一是要紧密联系教学评价的实际，深入分析、研究教学评价的各种情况。二是要实事求是，用事实说话。对教学评价中的材料数据、结论、意见等要如实反映。三是要归纳总结出某些具有概括性、规律性的见解与结论。四是对教学评价情况重在叙述和说明，不必过多地进行说理和论证。教学评价报告一般包括以下主要内容：

1. 概要

主要概括论述进行教学评价的原因、目的、意义，评价的对象和内容，评价的简要过程，评价的结论和建议。

2. 教学评价方案的设计

主要论述评价人员的组成，评价标准和指标体系的制定，评价方法的选择等内容。

3. 教学评价的具体实施过程

主要论述教学评价信息资料的搜集、处理加工、分析评价等内容。

4. 教学评价的结果与建议

主要说明本次评价得出什么结果，并针对结果提出若干建设性意见。

第二节　教师教学评价

一、教师教学评价的内涵、维度及基本特征

（一）教师教学评价的内涵

教师教学评价是多层次多类型的，如国家、地方、学校、社会对教师教学的评价。本书对教师教学评价的探讨主要基于学校层面，即探讨在学校层面上，教师教学评价的现实情况及存在的问题。教师教学评价既要对教师教学工作现实的价值作出判断，也要对其潜在的价值作出判断。因此，教师教学评价既要评价教师的教学素质，也要评价教师的教学行为和教学成绩，是以教学行为和教学成绩为主，在评价中渗透对其教学素质评价的过程。

目前，我国教师教学评价主要是以基于课堂教学的教学质量评估占重要地位的教师教学工作评价，即评价教师教学过程和教学效果。从收集信息的方式来划分，存在三种不同的教师教学评价类型：一是教师教学胜任力评价，评价教师教学所需要的素质或胜任力。二是教师教学绩效评价，是对教师教学工作中的表现即教学行为进行评定，了解教师教学工作的质量。三是教师教学有效性评价，是对教师施加给学生的影响进行评价，也就是评价在教师的影响下学生在重要的教育目标上所取得的进步。三种评价类型相互间存在着密切的联系，教师教学绩效评价是以教师胜任力评价为效标的，教师教学有效性评价又是教师教学绩效评价的效标。也就是说教师教学有效性评价是教师教学评价的终极效标，而教师教学绩效评价则是中间效标。因此，教师教学评价的主要环节是教师绩效评价，即教师教学行为和质量的评价。

（二）教师教学评价的维度

根据素质教育发展的要求，当前教师教学评价应由三个维度的评价构成，即教师教学素质评价（反映教师教学的基本素质），主要包含思想道德素质评价、文化理论素质评价、身体心理素质评价；教师教学职责评价

（反映教师教学工作状况），主要包含育人管理职责评价、教学科研职责评价、协同工作职责评价；教师教学绩效评价（反映教师教学的成效），主要包含育人管理绩效评价、教学科研绩效评价、协同工作绩效评价。其中素质评价是教师实施教学的保障，绩效评价是教师实施教学的最终目标。

以此为依据，教师教学评价体系应该包含三个部分：A. 教学能力，评价教师会不会教，有没有具备教的基本能力，是以教师素质为保证的，具体表现在：①搜集教学资料的能力。②组织教材的能力。③选择教法的能力。④教学科研能力。⑤口头与书面表达能力。⑥教学实践的操作能力。⑦组织课堂教学能力。⑧教学诊断能力。B. 教学工作：①备课。②课堂教学。③作业批改与布置。④课外辅导。⑤测试与质量分析。C. 教学效果：①学生学习习惯与方法。②学业成绩。③学生能力发展[①]。

（三）教师教学评价应注意的问题

1. 教师教学评价必须注意其对象的集中性和系统性

教师教学评价与教师评价、教学评价既有区别又有联系，其集中性表现在教师教学评价的对象主要是教学及与教学密切相关的因素；其系统性表现在教师教学评价不仅限于课堂教学这个狭窄的范围内，它还包括就学生问题与家长的沟通，就教学问题与同事的交流等若干相关问题。

2. 教师教学评价重视调节、控制，更重视促进、发展

我们一谈到评价的功能，就会自然地面对“甄别”与“发展”之争。我们认为二者并非是截然对立的关系，在一定的评价系统中二者也可以很好地协作。新课改中的教师教学评价就是既要从调控的角度使广大一线中小学教师及时转变观念，为新课改作积极努力；又要从发展的角度上帮助他们发现问题，及时纠正、提高、发展。

3. 教师教学评价应注重评价者与被评价者之间的交往、互动

事实上，任何评价都是人与人之间的一种活动，其间的互相影响是必然的。新课改中的教师教学评价就是要协调二者的关系，特别是对被评价者而言，改变其以往对评价者的敌视态度，让其乐于被评，于评中获得发展、得到提升，让评价真正成为他们的一种需要，使其产生“积极的教和学的心态”[②]。

---

① 张维平等：《新编中小学教师继续教育必读（公共卷下）》，第 89 页，北京，中央民族大学出版社，2001。

② 毛景焕：《课堂评价的新视角——关于如何通过评价教师促进教师对学生评价的研究》，载《教育理论与实践》，2003（3）。

4. 教师教学评价不能漠视“唤起个性化表现”的评价理念

20 世纪 80 年代中期，以艾斯纳为中坚的评价学派认为评价在促进个体发展中不仅要重视其已有智力规则和技能的能力，同时也要关注其对已有文化的贡献。因而，在教师教学评价中我们也必须加强教师“个性化表现”在整个评价体系所占的比重，特别是在新课改中，若干问题急需一线中小学教师的探索与研究，这一点必须在评价中被提到应有的高度。

二、当前教师教学评价的价值取向

价值取向是指人们把某种价值作为行动的准则和追求的目标。它是个体的活动或意识中所渗透的价值指向，是人们实际生活中追求价值的方向。当前教师教学评价的价值取向主要有以下几个方面：

（一）以发展为中心的教师教学评价目的

任何评价目的都包括甄别（往往以奖惩为目的）和发展（以促进评价对象发展为目的）两层含义，两者是对立的，两种不同的目的带来了截然不同的两套评价体系；但两者又有统一性，任何一种评价都不可能绝对地表现出一种单一的目的（或甄别，或发展）。当前的教师评价是为了推动广大中小学一线教师尽快内化课程的理念和相关实践要求，促进素质教育的发展，因而它必然是以“发展为中心”的。但以“发展为中心”并不是排斥“甄别”，因为在一定意义下“甄别”本身也是推动“发展”的重要力量。

（二）系统、全面而又中心突出的教师教学评价内容

我国传统的教师教学评价，往往以课堂教学评价作为教师教学评价的全部。这存在很大问题，一方面，即使是传统课堂教学评价也往往仅以领导听几次课的形式来进行，以学生的成绩为主要指标，这本身就很难客观、公平地对教师教学进行评价；另一方面，这也忽略了教师教学评价中不可忽视的其他评价方面，如教师为学生学习而与家长的交谈、为教学而与同事进行的交流和科研活动等。而在当前课改中对教师提出的要求是多方面、多层次的，这要求新的教师教学评价机制也必须是全面、系统、立体的。把目光集中到教师教学和与教师教学密切相关的因素上来，否则会主观地增加教师负担，也偏离了发展、提高这条教师教学评价的主线。

（三）主体多元，重视教师参与的教师教学评价主体

评价中的“多元主体参与”概念是美国评价学者派特（M. Q. Patton，1978）首先提出的，他主张评价过程中应该把需要使用评价信息的各方面

人员都邀请过来，作为评价的主体。但多元评价主体也并不是随意对各方面人员的拼凑，一般来说这样几方面的人是必需的：教育决策者、教育教学活动的实施者、教育的接受者、评价信息的使用者。在教师教学评价中尤其要重视教师的积极参与，使他们通过参与评价工作的开展，自觉地认识到自身的不足，找到问题所在，并为之采取有效的行动，同时也消解了传统评价中评价者和被评价者之间的对立、紧张的关系，让评价真正成为教师的一种需要，自觉地接受评价、配合评价。

（四）评价形式多样，凸显质性评价

教师教学评价不仅影响到教师的发展，而且与学生发展、学校教学质量密切相关，因而在评价中必须采取多个角度的评价是必要的：自我评价、教师评价、学生评价、家长评价、学校评价等，这样获得的评价信息是相对客观、全面的，也具有较强的说服力。

（五）评价信息多渠道，注重客观性的教师教学评价

评价信息是评价作出判断的重要依据，但它往往受到人们的忽视。我们好像更喜欢在评价标准的构建上大做文章，而却对于“什么”能真正反映这些标准缺乏足够的重视。新课改中的教师教学评价目标新、内容新、方式新而且处于探索阶段，如何使得这样的一种评价得到广大教育工作者，尤其是被评价的一线中小学教师的认可，其中关键一环就是评价信息的说服力的问题。因而在新课改中，我们必须注重评价信息采集的多渠道性，并为其客观性进行详细的描述。

三、教师教学评价的基本方法

教师教学评价通常采用教师教学档案袋、学生评教、同行评教、教师自评等形式进行。

（一）教学档案袋评定

教学档案袋是关于教师教学评价信息的集合，这些信息不但范围广，而且具有系统性的特点，它包括教师按照评价标准与要求收集的最具代表教师成就的教育教学信息：教学观念和教学目标的表述、单元和课堂教学计划、学生学习的测试题以及成绩评定方案、反映课堂教学的照片或录像、学生作业、各种证书、与家长就学习问题交流的凭证、就教学问题与同行探讨的记录，以及教师教学的自我评价等。依据这些较为客观、全面的评价信息，我们就可以对教师的教学作出比较具有说服力的形成性或总结性的评价了。

（二）学生评教

学生评教是学生对教师教学行为进行的价值判断。一种比较民主的形式，主要有问卷调查与座谈会两种形式。学生评教一般集中在教师的教学方面，内容主要包括教师的教学态度、教学技巧、表达能力、教学组织能力、师生之间的交流等方面。从实际效果来看，教师普遍认为从学生中得来的这些反馈意见对改进自己的教学有很大的帮助。

（三）同行评价

教师之间的互评是发扬民主的一种评价方法，主要通过教案诊断和课堂听课的形式进行。教案诊断是从教法的角度，对教师准备的教案的教学目标是否清晰具体、内容是否得当、重点是否突出、难点是否突破进行分析并提出建议。教案诊断通常与教研室备课活动结合起来。课堂听课是教师互评中较常用的一种形式。通过同学科教师相互听课，在课堂观察的基础上，按一定的指标对教师课堂教学进行分析并提出建议，这既是教师教学评教的有效方法，也是教师之间相互学习的重要途径。

（四）专家评价

专家评价就是通过聘请一些教育专家到学校听课，对教师的教学进行诊断性评价，可以帮助教师发现问题，提高教学水平和质量。专家评价由于克服了囿于一校的局限，站在较为客观的立场，往往能开阔学校评价教师的视野，更客观地对教师的教学作出判断。

与教师互评一样，课堂听课是专家对教师进行评价的一个重要环节。通过观察教师的课堂表现，可以深入地收集有关教师上课的教学思想、教学方法、课堂气氛、师生关系、学生参与程度以及教学效果等方面，从而达到肯定优点、找出不足、提高教学质量的目的。

（五）教师自评

所谓教师教学的自我评价，指的是教师对自己教学准备、教学过程与教学效果以及对构成教学各要素的作用作出价值上的判断。目的是为了提高教学水平，促进教师和学生共同发展，强调教师对自己教学行为的分析与反思。

1. 教师教学自评的内容

在不同的教学阶段，教师教学自评内容应有所不同。比如，教师对教学准备的评价内容应包含教学目标、教学内容、教学手段、教学情绪、仪表等；教师对教学过程的评价内容应包含教学方式、教学方法、教学机智、教学态度、学生表现等；教师对教学效果的评价内容包含学生的学习成绩、学生作业、班级管理、教学情绪、前后知识衔接等。总而言之，学校在制定教师教学自评内容的时候，应该根据不同教师的特点、教学阶段、教学环境，选择适当的教师自评内容，以体现教师个人的教学特色为目的。

2. 教师教学自评的方法

为了使教师教学自评更加客观、合理，教师还需要运用多种教学自评的方法，从不同的视角来观察自己是怎样思考和工作的，这些自评方法包括：自我评定表、自我评价报告、通过观察别人来评价自己、教师档案袋、录音或录像、他人的观察记录以及教师间的教学交流与合作等。

3. 教师教学自评结果的分析

对资料收集的结果进行分析和处理，是评价活动的最后一个阶段。它的质量直接关系到评价的作用是否能真正发挥出来。这一阶段的主要任务是：教师参照自我评价的标准，审查目标的达成程度，对自己的教学工作进行定性和定量的综合判断，形成总体上的认识。同时对收集到的信息进行细致分析，对工作的优缺点和难以处理的事情进行系统的评论，认清存在问题及其症结所在。最后，教师还要根据评价结果和碰到的问题，估计本次评价的质量，决定在多大程度上可以根据本次教学自评来改进工作。

四、教师课堂教学评价

（一）课堂教学评价的含义

课堂教学评价是指按照一定的评价标准对课堂教学活动各个要素、各个要素发展变化和效果的价值判断。它包括课堂教学过程和课堂教学效果两个方面的评价。课堂教学评价与观摩教学中的听课评课有许多相似之处，因而在教学实践中有不少人把观摩教学中的听课评课作为课堂教学评价的一种形式。事实上，二者有很大的区别。它们在目的、组织和操作方式上都有所不同：观摩教学的目的比较单一，主要是总结并交流教学经验，而课堂教学评价主要倾向于分析课堂教学过程中存在的问题，以提高教师的教学质量为目的；观摩教学中的听课评课是专门组织的教学活动，而课堂教学评价则以随堂听课为主，一般不需要专门组织；观摩教学中的听课评课主要以他人评价为主，而课堂教学评价则以教师和学生的大量的自我评价和结合少量的他人评价开展的评价活动。

（二）课堂教学评价的基本内容

就中小学的课堂教学而言，其评价的基本内容主要有以下几个方面。由于这部分内容与第五章中的听课评课有些相似之处，在这里只作简单介绍。

1. 课堂教学目标

教学目标实现与否，教学要求达到与否，是一堂课成败的首要标志。课堂教学目标的确立应在教学大纲、教学计划的指导下完成。具体来说，一堂课的教学目标应该包括认知目标、技能目标和情感目标三个方面。

2. 课堂教学内容

教学内容的安排不仅是课堂教学设计的主要任务之一，也是课堂教学评价的一项基本指标。其评价要点主要有：教学内容适合分层教学目标的程度；讲授内容的科学性、系统性；重点与难点的处理等。

3. 课堂教学艺术

课堂教学艺术主要体现在完成教学目标时教师所采用的教学方法、对课堂教学结构的设计、教师本身的教学基本功和教学素养的展现以及课堂气氛等。其评价的要点是：教师对教法的选择是否有独到之处；教师对课堂教学结构的设计是否科学、合理；教师的素养和教学基本功以及教学气氛等。

4. 课堂教学效果

课堂教学效果是教学是否有效运行的重要表现，也是判断教学质量高低的根本标志。课堂教学效果集中地反映在学生的学习效果上。因此，评价课堂教学质量，除上述三方面内容外，还要考察学生的学习效果。学生的学习效果，可以从课程计划的完成情况、学生测验成绩或练习的质量、学生操作等方面进行考察，获取学生对课堂知识和技能的理解、掌握和运用程度的信息，并依据分层施教的目标要求来判定学生获取基本技能的实际水平。

（三）课堂教学评价的实施

1. 明确课堂教学评价目的

课堂教学评价的目的就是课堂教学评价主体期望通过评价过程及评价结果对课堂教学活动产生某种积极影响。明确课堂教学评价的目的，对评价标准的确定、评价方法的选择以及评价信息的利用等方面都具有重要意义。

2. 确定课堂教学评价内容、标准和评价者

在确定评价内容和标准时，应做到坚持体现导向性、有效性以及开放性，所确定的评价内容不一定面面俱到，可以围绕某一方面有突破，也可以在一个时期有一定的侧重，同时可以兼顾其他方面。确定评价者，在他人评价方式中是一项重要的工作。评价者应具备如下条件：一要了解评价对象；二要有评价知识和技能；三要有正确的评价态度。

3. 确定评价时间

课堂教学评价可以分为经常性评价和非经常性评价两种。非经常性评价可以根据需要安排，有较大的灵活性，没有固定的时间限制；而经常性评价则要事先对所要开展的评价活动作好时间安排，使评价不影响正常的教学工作，保证评价活动有序进行。经常性教学评价通常以一学年作为一个评价周期。学年开始时安排并进行评价，第一学期结束时进行自我总结和检查；学年结束时，评价者进行复查，并对整个评价工作进行总结。

4. 确定课堂教学评价方式

课堂教学评价的基本方式有两种：自评和他评。他评具有针对性强、可以使评价更全面、评价结果客观和科学等优点；而自评具有评价结果的真实性和准确性、有利于评价标准的内化、形成被评价者改进工作的内在动力等优点。两种评价方式在评价中都有其独特的作用，但也有一定的局限性，两者可以互补，但不能相互代替，因此，在评价实践中，选择课堂教学评价方式时，要自评与他评相结合。

（四）课堂教学评价结果的反馈

评价结果的反馈通常以课后讨论的形式出现，在讨论中使用的主要方法是评价面谈。评价面谈有以下几个步骤：①明确评价面谈的目的。申述面谈目的，有利于消除评价对象的顾虑，树立评价对象的信心。②让被评价者在阐述本节课的总体安排、设想及其实现程度的基础上，对本节课进行自我分析和评价。③评价者根据听课记录指出本节课中表现出的优势和不足，并提出改进的建议。④在被评价者对评价者所作的评价和建议提出意见后，就双方存在分歧的问题展开平等的讨论。⑤双方达成共识后，评价者对以后课堂进行提出要求和期望。

第三节　学生学业评价

一、学生学业评价的内涵及特点

（一）学生学业评价的内涵

学生学业评价是指收集相关的学生学业方面的信息资料，对这些资料所反映出的信息进行分析、整理，在此基础上得出一定的结论，并提出如何帮助学生发展的过程。学生学业评价的基本目标是促进学生的发展，而不仅仅是检查学生的表现，评价是为学习服务的，其目的在于提高教学的效率；评价是学校教育的动力和源泉，让学校为学生提供更优质的教育。

当前，在我国课程改革背景下提出的学生学业评价，其基本理念是以人为出发点，促进个体的和谐发展，即关注个体的处境和需要促进个体价值的实现、激发人的主体精神，而不是分数和分数的准确性。其核心特点是强调过程性评价，主要是指对学生学习进展与行为变化的评价。它包括对学生在知识与技能、过程与方法、情感态度价值观等方面发展状况的评价①。

（二）学生学业评价的特点

1. 关注学生的全面发展

传统的评价过于注重学生认知能力的发展，而忽视了学生其他方面的发展，培养出来的学生往往“高分低能”。实践证明，这样的学生不适应现代社会发展的需要。怎样评价学生才是合理的？怎样的评价是真正有利于学生发展的？学生的发展不是某一个方面的发展，而是学生综合素质的全面发展。学习评价不能仅集中在认知方面，应该兼顾除认知以外的其他方面的发展。基于学生发展的学习评价正是强调评价的全面性，强调评价关注学生的全面发展。

2. 关注学生个体间的差异和个性发展

人是具有差异性的个体，每个人都有不同于他人的兴趣、情感、性格、认知方式等，这使得每一个人的发展速度和轨迹不同，人的发展是有个体差异的，加德纳的多元智力理论充分地证明了这一观点。因此，学生学业评价要考虑到学生的个体差异性，强调评价要尊重学生的个体差异，关注学生个性化的发展，根据学生个人的潜质、能力倾向和需要，发展学生独特的个性。

3. 强调全体学生的发展

发展不是少数“尖子生”的专利，而是每一个学生应该享有的权利。学校教育要认识到这一点，并努力创设各种教育条件，使每一个学生在其原有基础上都能得到相应的发展。学生学业评价强调教育应面向全体学生，提供多样化的教育方式，使每一个学生在其原有基础上都能获得适合自己实际情况的发展。

4. 强调对学习过程的评价

评价更多地关注学生求知的过程、探究的过程和努力的过程，关注学生在各个时期的进步状况，并根据一定的标准对其发展状况进行描述和判断，结合学生的基础和实际情况，针对学生的优势和不足，给予激励或具

① 蒋碧艳，梁红京：《学习评价研究：基于新课程背景下的实践》，第56页，上海，华东师范大学出版社，2006。

体的、有针对性的改进建议，而不只是简单地给学生下一个结论。只有关注过程，评价才能深入学生发展的进程，对学生的持续发展和提高进行有效地指导，评价促进发展的功能才能真正发挥作用。

5. 追求主体本位的价值取向

主体取向的评价倡导对评价情境的理解而不是控制。认为“评价者与被评价者、教师与学生在评价过程中是一种‘交互主体’的关系，评价过程是一种民主参与、协商和交往的过程，所以价值多元、尊重差异就成为主体取向评价的基本特征”①。在评价情境中，尤其强调学生也是评价的主体，是意义建构过程中不可或缺的组成部分。

二、学生学业评价的作用与原则

（一）学生学业评价在教学过程中的作用

学生学业评价在教学过程中有着重要的作用。主要表现在以下几个方面：

1. 有助于把握学生学习的起点，正确地确定教学目标，选择教学策略

通过学生学业评价，教师了解了学生在学习一门课程时相关的知识、技能、能力与学习的态度，为确定适当的教学目标提供了依据。在更多的情况下，为实现预定的教学目标，了解学生学习的前期准备有助于教师有针对性地采取适合学生特点的教学方法。

2. 有助于评定学生学习的结果，作出恰当的教学决策

在一个单元或一门课程结束时，进行学生学习的总结性评价，对学生的学习是否达到预定的教学目标与达到教学目标的程度作出判断，这就可能作出恰当的教学决策。在一个教学单元中，学生学习离预定的教学目标还有较大差距时，教师就要考虑是否需要延续先前的教学，采取必要的教学补救。在个别学生掌握不好的情况下，教师就要考虑是否要采取一些个别辅导的措施。当一门课程结束时，个别学生未能达到教学要求，必要时也可考虑让他重新学习，否则，就会给他学习后续的课程带来较大的困难。这种教学决策的作出，也离不开科学的学习评价。

3. 有助于教师了解教学的得失，改进教学方法

通过在教学过程中进行的各种评价，教师能及时得到有关教学情况的反馈信息。当教学比较成功的时候，教师就可设法巩固已有的成绩。当教

① 钟启泉，崔允漷，张华等：《为了中华民族的复兴，为了每位学生的发展〈基础教育课程改革纲要（试行）〉解读》，第286页，上海，华东师范大学出版社，2001。

学活动与预期目标有较大差距的时候，教师就要找出问题所在，及时改进自己的教学。

4. 有助于了解学生的学习困难，帮助学生找出存在的问题

学生学业评价的一个主要任务就是在学生学习出现困难时，帮助他找出困难背后的问题。在学生学习出现困难时，一味地责怪学生不努力，试图通过给学生施加更大的压力来改变学生学习的态度，这在大多数情况下，都是收效甚微，甚至失败的。学生学习困难背后的原因是多重的，只有找准了影响学生学习的主要原因，有针对性地采取措施，才能取得较好效果。

（二）现代学生学业评价的原则

学生的发展有其多种因素的影响，因此我们更应该关注学生发展的整个过程，合理的评价学生的成长中的“得”与“失”。那么在制定评价标准时，应遵循如下原则：

1. 发展性原则

发展是学生评价改革的核心，通过评价的功能、内容、方式方法、主体参与等方面的改革，突显评价的激励、反馈、调整和改进功能。坚持用发展的眼光看待学生，既要看到学生现有的发展水平，更要发现潜在的发展可能性；既要重视结果，更要重视发展和变化的过程。从而激发学生主体自我发展的意识，让所有学生在自己原有的基础上都能得到发展。

2. 全面性原则

从德、智、体、美等方面综合评价学生的发展，培养学生高尚的道德品质和良好的公民素养，终身学习的愿望和能力以及健壮的体魄、良好的心理素质和健康的审美情趣，实现评价内容的多元化。以各学科课程标准为依据制定的学科具体评价目标，应体现“知识与技能、过程与方法、情感态度价值观”三个维度的整合，全面落实各项评价内容，促进学生素质的全面和谐发展。

3. 明确性原则

评价的目的要明确，评价的要求也要明确，这是明确性原则的基本含义。评价的目的、要求明确了，才能促进学生的发展。同时，明确的目的与要求要在教学活动之前就让学生了解与掌握，这样才能使学生朝着学校明确的要求去努力。在实践中存在这样一种现象：有些教师到考试前才去制定考试大纲，根据考纲再去拟试卷。这就失去了以评价促发展的作用。按照明确的要求，学校要根据教学目标去组织教学，然后根据教学目标进行评价。教学目标不仅是学校组织教学的依据，也是指导学生学习的指南，教师要在教学活动之前了解，学生在学习活动之前也要掌握。

4. 过程性原则

学生学业评价作为促进学生发展的工具，要贯穿学生学习活动全过程。要充分利用定位性评价、形成性评价、诊断性评价与总结性评价的不同功能，在学生学习的各个过程提供各种不同类型的评价服务。把评价的功能退化为仅仅是对学生分等鉴定，把学生评价缩减为只有一种总结性评价，这是对评价的曲解。通过提供各种不同类型的评价服务，才能使现代教育评价真正成为"为学生提供最好教育"的工具。

三、学生学业评价的模式

以评价的价值核心为标准，学生学业评价可以划分为以下四种不同的评价模式：

（一）目标模式

学生学业评价的目标模式将评价看做是学生学习的结果与预定教学目标相对照的过程。这种评价模式的任务，就是将学生实际学习结果与预先设定的标准（目标）进行比较，并以此作为对课程方案、教学过程以及学习质量进行评价的依据。在这里，评价者是评价主体，被评价者是评价客体。目标取向的评价模式追求评价的科学性与客观化，以自然科学范式为理论基础，基本方法是量化方法，具体方式主要是终结性的评价。时至今日，该评价模式仍然在学业评价的实践中发挥着重要作用。

（二）诊断模式

学生学业评价的诊断模式将学业评价看做是诊断与改进教和学的过程。这种模式强调通过科学化、客观化的评价（主要是测验）来改善教与学，使用的是量化方法和科学范式。该模式实际使用的是以查找问题为手段、以纠错矫正为目的形成性评价的方法。如果说，学业评价的目标模式主要是为课程决策服务的话，那么诊断模式则主要是为改进教学服务的。应该说，一直以来，学业评价的诊断模式对于诊断与改进教学发挥了重要的作用，并仍将发挥作用。但它也有与目标模式相同的缺陷，那就是将人简单化、客体化，忽视人的主体性、创造性与不确定性。这是科学范式、量化方法不可克服的共同弊端。

（三）过程模式

学生学业评价的过程模式，是将学生学习的全部过程都纳入评价范围的学业评价范式。这种评价模式关注的不仅是有关教与学的具体数据与最终结果，而且关注教学过程对于每一个学生以及不同学生群体的不同影响和效果。所以资料的收集是在教学的过程中进行的，具体方法可以是深入的观察、访谈和实物资料的收集。总体来说，学生学业评价的过程模式同关注学习结果一样地关注学习过程。与前两种评价模式相比，过程模式对于学生在学习过程中的行为表现给予更多的关注，也对学生在学习过程中的主体性、创造性给予更多的尊重。其不足之处在于，目标模式、诊断模式的藩篱仍然没有完全被突破，学生在评价中的被动地位仍然没有彻底的改变，学生的主体性还没有得到充分的肯定。

(四) 主体模式

学生学业评价的主体模式则将学业评价视为评价者与被评价者，具体来说，就是教师、学生、家长等共同构建意义的过程。在学生学业评价的本质问题上，主体模式认为，评价是一种价值判断的过程，但强调价值的多元性。在评价的实施过程中，评价者与被评价者都是具有平等地位的评价主体。主体模式提倡对评价情境的理解而不是控制，它以人的自由与解放作为评价的根本目的。主体模式认为，评价者与被评价者、教师与学生在评价过程中是一种交互主体的关系，评价过程是一种民主参与、共同协商和平等交往的过程。所以，主体模式强调使用自我参照、自我接受式的评价方式。应当指出，学业评价的主体模式代表着学业评价的一种可能的发展方向，但它不是也不可能是当今学业评价的主流。

四、学生学业评价的基本步骤

学生学业评价是一项技术性很强的工作，按照评价工作的基本规律，科学地开展学生学业评价对提高评价的质量会有很大的帮助。科学的评定学生的学习进展与行为变化要经过以下几个步骤：

1. 确定教育方案的目标，并预测各种可能出现的非预期的负效应，做教育的“先行者”；

2. 把教学目标转化为作业目标，通过具体的目标测试，预测各种负效应可能使学生产生的行为表现；

3. 决定评价方式与获取代表性样本的方法，评价的方式多种多样，针对不同的评价目标选择合适的评价方法，有的放矢；

4. 取得记录，为评价做好数据统计，同时相关数据的取得力争翔实、准确；

5. 结果分析，进行实事求是的数据分析，以期对教育教学以及学生的发展进行合理有效的评价。

五、学生学业评价的方法

（一）试题测验

试题测验是指教师根据教学需要而编制的、作为考查学生学习进步情况的测验。试题测验是在学生学业评价中应用最多，也是教师最愿意用的测验。这是因为，试题测验操作过程容易，教师可根据学科特点和教学检查的需要随时编制，并在本年级或本班的小范围内施测，颇为灵活方便。从测验的准备到测验的实施要经历一系列的阶段或步骤。

1. 测验题的编制

（1）明确测验的目的

按照测验所发生的阶段不同，测验的目的一般有两种。教学之前进行的测验，是教师为了了解学生的学习准备状态，了解学生是否达到计划中的教学目标的程度。教学之后进行的测验主要是考查教学安排的实际效果如何，即学生对教学内容的掌握程度。

（2）测验题的选择和准备

用何种类型的测验题来测量所期望的知识与技能呢？用于指导测验题的选择与准备的一个蓝图是双向细目表（示例见表 4-3-1）。双向细目表以一种简明的方式表达了教学内容、期望学生达到的认知能力类型以及能体现这种认识能力的测验题的类型和数目。

表 4-3-1　课程标准八年级数学学科纸笔测试评价双向细目表

题号	内容									能力				题型	分数	预设难度
	数与代数 45%			空间与图形 40%				统计与概率 5%		事实性知识和简单技能 25%	理解概念 25%	运用规则 35%	解决问题 15%			
	数与式	方程与不等式	函数	图形的认识	图形与变换	空间与坐标	证明	数据统计	不确定现象							
1														选择	2	
37														填空	3	
…																
难度										整体平均难度：0.75						

2. 对测验分数的解释与报告

（1）相对评分与绝对评分

通过测验所获得的结果必须按某种评分标准予以解释和处理。一般来讲，学校教育对学生学业成就的评分标准包括相对评分和绝对评分两种。

相对评分就是以其他学生的成绩为依据，相当于我们平常所说的“等级制”，并与常模参照评价的原则相对应。

绝对评分是以学生所学的课程内容为依据，学生的分数与其他同学的成绩没有关系，相当于我们平常所说的“百分制”，并与标准参照评价相对应。

（2）测验结果的报告

为了使测验成绩报告能起到加强学生学习动机，促进学生努力学习的积极作用，教师在向学生及其家长报告测验成绩时要注意以下几点：

①分数报告力求准确、全面；

②要对评分的标准或分数的含义作出适当的解释；

③要使学生和家长认识到分数或等级通常不具有绝对的价值，只代表一种相对的意义；

④鼓励学生本人参与对测验分数的解释；

⑤从保护学生及家长的自尊心的角度，成绩的报告不要采取公开的形式，而应采用一对一的形式。

（二）日常作业评价

作业作为课堂教学的延伸、学生学习内容的巩固和反馈的重要手段，是教师对学生实施评价的最原始的材料。常见的作业形式有以下几种：

1. 学习日记。学生以日记的形式将学习的内容、感觉、掌握情况、存在问题真实地记录下来，以书面的形式与老师交流。

2. 口头作业、手抄报、剪报等多种形式的作业，使作业不再单调，并且能融合其他学科的内容，让学生有更广阔的发展空间。

3. 实践性作业。实践性作业不要求当天完成，可以给学生一周或两周的时间，也可以由学生自由组成小组合作完成。但此种作业要注意让学生力所能及，不能盲目处理，否则将适得其反。

4. 书面作业评定。书面作业评定以课内作业为主，达到解题方法合理、结果正确、书写工整、格式符合要求，并能按时完成者为优，出现下列情况之一者适当加分。（1）能根据题目化繁为简，计算灵活合理；（2）解题方法有独创性；（3）某些题除用一般解题方法外，还能一题多解；（4）错题自觉更正并能分析原因。作业由老师批改，小组协作互检，组长负责将检查情况记录在“作业完成情况记录表”上，每单元评定一次成绩。

（三）档案评价

1. 档案评价的含义及其特点

档案评价，又称文件夹评价或成长记录袋评价，最初兴起于20世纪80年代后期的美国，是为了取代传统的标准化考试的评价，以体现学生学习实际水平的评价方法。

档案袋或成长记录袋是收集有关学习信息的工具和容器，它能够为档案评价提供信息源。它具备如下特点：

①档案袋的基本构成成分是学生的作品，另外还包含了解学生情况的家长、教师、伙伴等的信息；

②学生的作品数量众多且形式多样，包括诸如作文、绘画、录音、摄影等各种形式的信息；

③这些信息是在一个学期的学习过程中逐渐积累起来的。

2. 档案评价的实施过程

档案评价的实施过程分为组织计划阶段、资料收集阶段和成果展示三个阶段。

第一，组织计划阶段是档案评价的最初阶段，也是最重要的阶段。在这个阶段，教师需作周密的准备，为此需要做好如下工作：

①明确教学目标；

②确定评价的具体对象，包括年级和学科以及学生的人数（全体学生或是部分学生）；

③确定要搜集的信息形式与内容；

④信息搜集的次数与频率；

⑤要向学生进行必要的解释包括向学生解释档案评价的内涵、档案评价对自己学习过程中的重要作用等，以便使学生在心理上认同自己的成长，在档案袋中展示自己学习的实际状况。

第二，资料收集阶段是根据前一个阶段所确定的计划和方案在学习和教学过程中具体搜集学生的有关信息和作品的阶段。

第三，成果展示阶段是档案评价的最后阶段，在该阶段学生把自己的学习成果——作业、日记、小论文、手工制品、解决问题的方案等，以板报、橱窗、家长汇报会等形式展示出来，教师根据学生的展示，给学生以学期性的、终结性的评价。

3. 档案评价的实施策略

①评价标准的制定。

②评价的反馈。

③评价制度的确立。

④学生评价技能的训练。

⑤教师对评价的参与程度。

（四）活动性表现评价

活动表现评价是通过观察、记录和分析学生在各项学习活动中的表现，对学生的参与意识，合作精神，实验操作技能，探究能力，分析问题、解决问题的思路及能力，知识的理解和认知水平以及表达交流技能等全方位的评价。评价的结果以简单的方式加以记录，在比较、分析基础上，给出恰当的反馈，激励学生进步。表现形式可以采用等级评定加描述性评语。此评价可以采用独立、小组或团体的形式，既可以在学习过程中进行也可以在学习结束后进行。在评价中应该注意既评价学生在活动过程中的表现，又评价学生的活动结果。

（五）日常行为观察评价

日常行为观察评价是指在平时对学生的各项学习活动行为表现的观察记录，并对所观察到的现象做客观和详细的记录，然后根据这些观察和记录对教学效果作出评价。观察记录的方式主要有行为检查单和轶事记录。行为检查单是指教师根据教学目标和对学生日常的学习、劳动和纪律等方面的行为要求设计行为检查单，对学生的行为进行观察并随时加以记录。轶事记录是指教师客观地观察和记录在学校和课堂中所发生的一些与学习和教学有关的事件比较详细的经过和结果，但在记录过程中不做评论，尽可能不掺杂个人意见和观点。

操作训练

1. 教学评价有哪些功能？在实际教学评价中如何贯彻这些原则？

2. 一位从教 20 年的教师，在学校连续几年被评为优秀教师，却在新近开展的“学生评价教师”改革中，被学生评了低分。你认为，校长眼里的“好老师”和学生眼里的“好老师”一样吗？

3. 如何看待学生评价教师的教学？

4. 你认为中小学生应当如何自我评价？

5. 把作业或考试成绩由百分制改成等级制，你认为这是否就是定性评价？有人说，对于学生，等级不像分数那么“激动人心”，这说明了什么？

资源链接

1. 周卫勇：《走向发展性课程评价——谈新课程的评价改革》，北京，北京大学出版社，2005。

2. 教育部基础教育司：《新课程与学生评价改革》，北京，高等教育出版社，2004。

3. ［美］Ellen Weber：《有效的学生评价》，国家基础教育课程改革“促进教师发展与学生成长的评价研究”项目组译，北京，中国轻工业出版社，2002。

4. 沈玉顺：《现代教育评价》，上海，华东师范大学出版社，2002。

5. 范晓玲：《教学评价论》，长沙，湖南教育出版社，1999。

6. 唐晓杰：《课堂教学与学习成效评价》，南宁，广西教育出版社，2000。

7. 新课程实施过程中培训问题研究课题组：《新课程与评价改革》，北京，教育科学出版社，2001。

第五章　说课、听课、评课技能

——在互动中共谋发展

本章概述

说课、听课、评课虽然不是实施课堂教学的核心技能，但是，说课作为课前准备及课后反思环节，听课作为现场学习研讨及督导检查，评课作为课后的集体反思与评价，都是提高课堂教学有效性的重要形式，同时也是提高教师专业素养的重要途径。本章主要从内涵、意义作用以及实施步骤、方法及要求等方面对说课、听课、评课三项技能进行阐述。通过本章的学习，学习者应了解说课的内容与形式，认识听课的要领及要求，把握评课的原则及方法，最终掌握说课、听课、评课的技能要领。

案例导引　**《安塞腰鼓》说课稿①**

今天我说课的内容是义务教育课程标准实验教科书七年级下册第四单元的《安塞腰鼓》。下面我就按说教材、说教法、说学法、说教学程序四个部分进行说课。

一、说教材

1. 教材的地位及课文特点

本单元选编了《社戏》《安塞腰鼓》《观舞记》《竹影》《口技》等几篇与文化艺术有关的文章。这些文章从不同的方面向学生展示了各式各样的文艺形式，对于丰富学生的文化素养，开阔视野，初步形成自己的审美观、价值观起到至关重要的引领作用。

本文以铿锵磅礴的语言，张扬激荡的句式，瑰丽奇伟的想象，急促暴烈的节奏，用一个个宛如鼓槌的汉字，在那天地之间，雄浑厚重的黄土高原之上，为我们鼓荡起一场惊心动魄、惊天动地的安塞腰鼓，那生命滔滔的激流，仿佛汹涌的黄河夺路而出。展现了我们中华民族生生不息、澎湃激扬的活力。

① 佚名：《〈安塞腰鼓〉说课稿》，见巨人网·教师资源频道，2009年3月26日。

这样的文字对于新课标提出的要求学生吸收民族文化智慧、吸取人类优秀文化的营养是极有帮助的，因为它充分展示了我们中华文化的丰厚博大，充盈着生命的宣泄与活力，具有丰富的人文内涵，对学生精神的影响是深广的。同时，本文在写作上，内容与形式高度统一，气势恢弘，有阳刚之美，具有极大的感染力和穿透力。对于习惯于学生腔的中学生来说，其冲击力是可想而知的。

2. 学习目标和重点、难点的确立

上课前，我先请学生预习文章，提出他们已经知道了些什么，还想知道些什么，并拟定出来，综合学生意见，依据新课程标准及本单元要求，结合本文特点，最终确定教学目标如下：

(1) 理解课文内容，感受安塞腰鼓的磅礴气势，领悟作者所歌颂的生命的力量。

(2) 学习本文形、神结合的语言，注重感悟并发表自己的见解。

(3) 通过本文的学习，用中华民族生命律动的厚重阳刚之美熏陶感染学生。

重点：理解课文内容，感受安塞腰鼓的磅礴气势，领悟作者所歌颂的生命的力量。

难点：学习本文形、神结合的语言，注重感悟并发表自己的见解。

二、说教法

由于语文是人文性与工具性的统一体，具有综合性与实践性的特点。根据本文内容，结合创新教育理论，在课堂教学中采用自读感悟式，注重学生读的优化训练，以读代讲。课堂上提倡自由研讨，允许下位置交流意见。另根据“大语文观”的要求，在本节课上，充分利用课件展示创设情境，使学生自然融到课文的意境中去，从而将课外与课内相结合，将课堂教学与写作、生活实践相结合，以深化对文章的感悟，提高学生审美、写作能力，深化对学生心灵的影响。

三、说学法

一个好的老师应该教给学生如何发现真理的方法。教给学生学法正是为了实现叶老提出的“凡为教者必期于达到不教”的目标。

本文是一篇诗化的散文，教学中将指导学生以“朗读法”学习课文，即以“朗读”一线贯穿读、说、析、品、评，不知不觉中让学生受到熏陶，完成教学。以“讨论法”引导学生在自主学习的基础上，积极参与，合作探究。注重学生的实践探究能力和学习中的独特体验。不求全，不求面面俱到，这也是符合新课程标准精神的。

四、教学准备

1. 布置预习：落实字词，会读会写；多读课文，试图了解安塞腰鼓。

2. 教具准备：多媒体课件（苍凉厚重的黄土高原上，后生们粗犷、动力十足的击鼓场面，安塞腰鼓的大型演出）。

五、教学程序

（一）导入新课

安塞腰鼓是我国北方具有代表性的优秀民间舞蹈之一，通过对课文的预习，不知大家有没有体会到其中的气势，让我们观看一段《安塞腰鼓》的视频，一起感受其中的生命律动。

（好的导入犹如唱戏前的开台锣鼓一样未开台先叫座。此导入的设计贴近课文内容，能吸引学生注意力，激发学生学习的兴趣和欲望，使学生主动、自觉进入下一环节——新课的学习）

（二）学习新课

新课程标准要求我们要转变教学观念，真正落实学生的主体地位，树立教为学服务的思想，转变师生角色，真正体现师生平等，教学民主。在课堂上，我将作为教学的促进者、参与者，深入学生群体，与学生一起学习，共同讨论，相机点拨、引导，激发学生学习的兴趣与热情。

针对本文的教学思想及模式，我设计了以下三个板块，在这些板块的学习中，我将大部分学习的时间都交给了学生，让他们发挥主动探究、勇于创新及小组、班级合作的精神，通过自己反复读书、讨论而领悟，实现自主、合作、探究学习的目标。

第一板块：初读课文，整体感知

这一板块从以下几个方面入手，“知内容”——里；“明结构”——表；“寻美点”——里。这样的设计主要想从不同角度对文本进行解读，整体对文本进行初步感知。

1. 知内容

给学生以足够的时间读文章，解决生字词，提出在读中发现的问题，在教师的点拨下相互交流讨论。然后用“……的安塞腰鼓”对安塞腰鼓进行评价。可填词、短语、句子。最好是文中的内容。力求从整体与局部的结合中初步整体感知文章，初步感受文章的形式美以及其中的深情，实现知识目标。

2. 明结构

文章按“鼓响前、腰鼓表演、鼓声止”可分成3个部分。第二部分是文章的主体部分，分别从四个角度来展示腰鼓的艺术魅力，且这四个角度的分水岭都是一句话。(好一个安塞腰鼓)

这是文章内容与结构上的核心句。目的是培养学生在读书中理层次、明条理，学会在读中把握文章的“脉”。

3. 寻美点

布置分组朗读，分组进行寻找美点比赛。用“美，你看(听)……”的句式叙述出来。领悟作者所歌颂的生命的力量。此环节旨在陶冶学生情操，教给他们“生活中不是没有美，关键要有一双发现美的眼睛”的真谛。

第二板块：精读文章，品味语言

在这一板块中，主要是采用“朗读”策略，在教师的帮助下，学生通过自读自悟，合作探究，解决文章的重、难点。侧重实现能力目标与情感目标。

1. 指导学生采取“替换式品读”，目的是感受语言的节奏美、诗意美。(所谓替换式品读，就是将文章形式变为别的形式再读，比较、品味其中的美)出示幻灯，教师示范。要求学生仿照以上形式，加工另外的文章，并反复朗读。

2. 指导学生采取“评点式品读”，目的是理解文章语言的意蕴美、情味美。

学生可任意寻找自己觉得写得精彩的地方朗读3遍，要求用“好，好在……”这一句式进行评点。可从词、句式、修辞、写法、结构等方面进行评点，说得越多越好。出示幻灯，稍作总结。

第三板块：品读文章，学用语言

这个板块主要是通过学生再品读的优化训练，从读中深化对文章的感悟。在侧重于实现情感目标的同时，学用课文句式、段式。并试图将学生作文与课文结合起来，升华情感，渗透人文精神，实现学生能力的提高与迁移。

学生写好后，小组互评，选出好的作品，课堂展示，师生共议，评出好作品若干，并给予奖励。

最后，布置作业，让学生找自己喜欢的段落，并熟读成诵。目的是进一步理会并学习本文的语言样式。

现在我说说本文的教学构想与板书，本文我摒弃了教师的详细分析、讲解，侧重于展现课文的人文文化精髓和优美的句式段点，在侧重学生自读感悟与探究的同时，以学生活动为课堂主线。因而，本文的教学具有极大的开放性、灵活性与不可预知性。要求教师参与到学习中去，成为学习的促进者与指导者。我的板书主要以展示教学程序为主，学生学习成果为辅，使板书同时具有强大的教学功能和评价功能。

评析：全面提高学生的语文素养是语文课程标准的核心理念，培养学生高尚的道德情操和健康的审美情趣，形成正确的价值观和积极的人生观是语文教学的重要内容。这篇说课稿在内容方面多角度体现了基础教育课程改革的精神：在确立教学的目标时，“综合学生意见，依据新课程标准及本单元要求，结合本文特点，最终确定教学目标”，真正做到了把学生看成学习活动的主体；在教学中以“朗读法”贯穿教学的全过程，采用自读感悟，引导学生自主地“读、说、析、品、评”，这一方式让学生在积极主动的阅读实践中加深对课文的理解和感悟，获得思想启迪，享受审美乐趣，能够使语文课堂成为学生生命成长的乐园，学习活动变得充满情感愉悦；在教学的实施环节，通过“初读课文，整体感知”“精读文章，品味语言”“品读文章，学用语言”三个板块的教学设计，学生的学习方式实现了向“自主、合作、探究”的转变。另外，从形式看，这篇说课稿的各个组成部分思路清晰，结构完整，属于比较规范的说课稿。

思考：说课稿与教案有何区别？说课包含哪些内容？说课与上课有何区别？

第一节　说课：拓宽常规教研的视野

一、说课的内涵、意义及类型

（一）说课的内涵

“说课”是指教师在教育教学理论的指导下，依据教材、课程标准以及教学实际，在精心备课的基础上主要运用口头语言，在规定的时间内，针对某一特定教学内容向同行、专家系统阐述自己对教材的理解，教法、学法的分析，教学过程的设计以及相关理论依据等内容的一种教研活动形式。由于它具有不受场地限制、避免干扰学生、操作简捷以及有利于提高教师的理论素养、驾驭教材的能力和语言表达能力等优势，受到广大教师的重视，近年来被广泛应用于中小学的教学研讨、教学竞赛、教师技能考核等活动中，说课对于提升课堂教学的实效，提高教师专业理论素养具有很好的促进作用。

（二）说课的意义

说课是有理论、有实践的备课表述过程，是非课堂教学的一种教学活动形式。这种教学活动形式对落实课程标准精神，研究教材内容和教与学的方法，提高课堂教学效率有很大的促进作用，对教师，尤其是对青年教师教学能力及综合素质的提高，具有针对性的指导意义。

1. 说课有助于提高教研活动的实效

传统的教研活动，一般都停留在上几节课，再请同行、专家评评课，上课的老师处在一种完全被动的地位。听课的老师也不一定能理解授课教师的意图，往往导致教研实效低下。通过说课，让授课教师说说自己教学的意图，说说自己处理教材的方法和目的，让听课教师更加明白应该怎样去教，为什么要这样教，从而使教研的主题更明确，重点更突出，使教研活动的实效得以提高。另外，还可以通过对某一专题的说课，统一思想认识，探讨教学方法，提高教学效率。

2. 说课有助于提高教师备课的质量

传统备课多是教师封闭式的个人备课，由于个人的文化水准、认识能力、教学经验的差异，其课堂教学效果也不同，致使教学质量不平衡，对全面提高教学质量很不利。

说课将传统封闭式的备课开放化、理论化、实践化，同传统封闭式的备课比较，主要有三点好处：

首先，使备课更全面。传统的备课是教师自己备课完毕，就直接走进课堂进行教学，因此可能存在不周到之处。说课则是备课完成后先对同行老师说，不仅要说过程，还要说教材分析、学况分析、教学目标、教学程序、设计意图、理论依据等。说课后众人共议，取长补短，共同提高。这样经过充分全面的准备后，再走进课堂，效果必然好于前者。

其次，使备课更精深。说课多了一个备课的深加工过程，能明显提高备课质量。

再次，对备课更重视。因为说课是面向同行，所以说课者非常重视。在备课时要学习很多知识、方法、理论，要细致地钻研教材，分析学况，精心准备说课，反复推敲教学设计，甚至还要多次请教他人。

3. 说课有助于提高课堂教学的效率

教师通过说课，可以进一步明确教学的重点、难点，理清教学的思路。这样就可以克服教学中重点不突出、训练不到位等问题，提高课堂教学的效率。

4. 说课有助于不断提高教师的专业素养

说课是教学实践与理论研究相结合的体现。作为一种教学研究活动，要求说课教师既要有学科专业基础理论知识，又要有较好的教育教学理论知识，为了说好课，说课者往往不仅要认真研读教材，还要学习借鉴相关的教育教学理论。经常性的说课活动，能够激发教师主动地学习充实自身的专业理论知识。

5. 说课有助于加速职前教师的专业成长

对于职前教师来说，说课活动更能锻炼人、培养人。说课准备过程中的钻研教材、查阅资料、制定教法、制作教具、编写说课稿等相关环节，使职前教师的教学行为由被动机械的教变成主动灵活的学，这不仅能加深职前教师对教材编写意图、编写特色的了解，而且还能进一步理解教学目标、教学重难点。这种教研活动形式的组织使得职前教师在集体的说课研讨活动中迅速成长。

（三）说课的类型

说课作为一种教学研讨活动，因活动的目的、要求不同，就有不同的分类方法：

1. 根据说课的目的划分

（1）汇报型。这是向前来听课的领导进行说课的实际操作，旨在显示说课活动开展的状况和水平，求得批评和指导。

（2）招聘考核型。这是指主管部门组织考评小组为考核在职老师或招聘新教师而举行的说课活动。

（3）竞赛型。这是一种以选拔优秀、排出名次为目的说课活动。这种说课与其他类说课的不同在于在赛前需要制定出竞赛规则和评分标准。对说课的内容、要求、准备时间和说课时间等都有严格的限制。

（4）教研型。这是指教研组、备课组内部的小范围的说课，其形式比较自由，内容比较宽泛，气氛比较轻松，更有利于同行间的交流、切磋。

（5）示范观摩型。这是指由说课效果比较好的老师来做说课示范，供大家学习、研究。

2. 根据说课时间安排来划分

（1）课前说课，即在正式上课之前进行的说课。它主要向听课者解说课堂教学的构想，介绍自己在课中将要教什么、怎么教，以及为什么要这样教。它具有预设性。

（2）课后说课，即上课之后进行的说课。当然也要回顾原先的构想，但因课堂教学已成为“过去”，所以总结得失，反思一下自己教得怎么样也是十分必要的。它具有总结性。

3. 根据说课的方法来划分

（1）以语言表述为主的说课。以语言表述为主的方法可分为：

讲说法，即说课者运用口头语言，通过系统的讲说，向听说者传递说课信息的方法，这种方法使用最为广泛；

对说法，即听、说双方以对话的方式来完成说课；

论说法，即听说双方针对同一课题，以讨论或争论的方式来说课。

（2）以直观表演为主的说课。以直观表演为主的方法可分为：

演说法，即说课者借助图画、实物、多媒体等教具演示的方式进行说课；

表说法，即说课者借助于语言、动作或其他教具以实地表演的方式进行说课。

（四）说课与上课的区别

1. 目的不同

上课是教师实施教学方案，引导学生学习新课的过程。在这个过程中，教师引导学生学习是主要任务。说课是教师介绍自己的教学设计，重点要讲清我设计了什么，我为什么这样设计。简言之，上课的目的是让学生学会、会学，说课的目的是让听者明白说课者的设计并认同这个设计。

2. 方法不同

上课是教者在课堂上执行教学方案的过程，教者可以运用多种方法进行教学，如讲解、提问、讨论，也可以借助一些手段辅助教学，如投影、幻灯、电影、电视、计算机等。也就是说，上课时，执教者可以运用多种方法。而说课则不同，说课者运用的主要方法就是“说”，口头语言是其主要的表达方式。

3. 对象不同

上课的对象是学生，师生可以进行必要的双边活动。说课的对象是教师、研究人员、学校的领导，说课者无法安排双边活动。上课时，施教者与学生是互动互适的；说课时，说课者是单边活动。说课者面对专家、学者，进行自我表演，时常会感到尴尬，这就需要说课者充满自信。

4. 所用时间不同

课堂教学，全国普遍采用40分钟或45分钟两种形式。说课选用时间时灵活性较大，如10分钟、15分钟、20分钟、25分钟等。

二、说课的内容

1. 说教材

这里的“教材”是指规定时间内所讲的教学内容。在这一环节，要求说课人对本节教学内容在教材中的地位以及同其他知识的联系进行分析，并根据课程标准之要求，说明本课时的教学目标（包括知识与技能、过程与方法、情感、态度、价值观）、教学要求、教学重难点及其确立的理论依据；阐述在教学过程中如何挖掘教材的思想性；按照新课程的要求，还要说课程的开发与课程资源的利用，即要说明如何根据教材结合学生实际，将文本课程与现代社会、科技发展及学生生活紧密结合，使教学过程成为课程开发与创生的过程。

2. 说教法

即说明在本课的教学过程中准备采用的教学方法及理由，简言之，就是说明“怎样教”和“为什么这样教”的道理。教学方法要体现以教师为主导、以学生为主体、以思维训练为主线的原则。

“说教法”的具体内容包括：①选择怎样的方法；②选择这些教法的依据；③运用这种教法应注意哪些问题等。

3. 说学法

这一环节要说明学生“怎样学”的问题和“为什么这样学”的道理。学法是指学生学习知识、掌握知识的方法和途径。按照新课程的理念，教学的最终目标是要实现人的全面发展，因此，说学法要在分析学情的基础上进行。在此基础上，结合教学内容说明在教学过程中指导学生学习或学会使用什么学习方法，通过什么途径培养学生的学习技能，如何巧妙地组织课堂教学，优化学情。正如教育家所说“一个差的教师只会奉献真理，而好的教师则教给学生发现真理”。说课人要讲清是如何激发学生学习兴趣、调动积极思维、强化学生主动意识的；还要讲清是怎样根据年级特点和学生的年龄、心理特征，运用哪些学习规律指导学生进行学习的。

4. 说教学过程

说教学过程是说课的核心部分。教师在说课过程中，应重点说清准备通过哪些教学环节，借助何种教学手段，怎样围绕教学的重点和难点，来实现自己的教学目标，并说明教学过程中各个教学程序安排的意图；同时，还要说清各教学活动环节的时间分配，各环节间如何衔接过渡，实现教学目标预期效果等。具体到说明教师计划在哪个教学环节教（知识点）、提出哪些问题、安排哪些练习、组织哪些课堂活动、训练什么技能，甚至包括板书的设计等。这一环节要尽量勾画出课堂教学的概貌。

三、说课的原则及应注意的问题

（一）说课的原则

1. 说理精辟，突出理论性

（1）教材分析正确、透彻。说课的核心在于说理，在于说清“为什么这样教”。因为没有理论指导下的教学实践，永远是经验型的教学，只会是高耗低效的教学。因此，执教者必须认真学习教育教学理论，主动接受教育教学改革的新信息、新成果，并应用到课堂教学之中。说课中，教师不仅要从微观上弄清弄懂各知识点的内涵和外延，还要从宏观上正确把握本节课教材内容的地位、作用以及本课内容的知识结构体系。

（2）学情分析客观、准确，符合实际。说课中教师要从学生学习本课的原有基础和现有困难两个方面分层次的、客观准确的分析学情，为采取相应的教学对策提供可靠的依据。

（3）教学目标的确定符合课标要求、教材内容和学生实际。

（4）教法设计紧扣教学目的、符合课型特点和学科特点、有利于发展学生智能，可行性强。

2. 理论联系实际，突出可操作性

说课要有理论指导。在说课中对教材的分析应以学科基础理论为指导，对学情的分析一般以教育学、心理学理论为指导，对教法的设计应以教学论和学科教学法为指导，力求所说内容言之有理、言之有据。教法设计应上升到理论高度，并能经受检验。

说课理论与教学实际要有机统一。说课的内容必须客观真实、科学合理，不能故弄玄虚、故作艰深，生搬硬套一些教育教学理论的专业术语。要真实地反映自己是怎样做的，为什么这样做，引起听者的思考，通过相互切磋，达成共识，进而完善说者的教学设计。

说课是为课堂教学实践服务的，说课中的一招一式、每一环节都应具有可操作性，如果说课仅仅是为说而说，不能在实际的教学中落实，那就是纸上谈兵、夸夸其谈的“花架子”，使说课流于形式。

3. 不拘形式，讲究灵活性

说课的目的就是要通过“说课”这一简易、速成的形式或手段在短时

间内集思广益，检验和提高教师的教学能力、教研能力，从而优化课堂教学过程，提高课堂教学效率。

说课可以针对某一节课的内容进行，也可以围绕某一单元、某一章节展开；可以同时说出目标的确定、教法的选择、学法的指导、进行程序等全部内容，也可只说其中的一项内容，还可只说某一概念是如何引出的，或某一规律是如何得出的，或某个演示实验是如何设计的等。要做到说主不说次，说大不说小，说精不说粗，说难不说易；要坚持有话则长、无话则短、不拘形式的原则，防止囿于成规的教条式的倾向。

(二) 说课应注意的问题

1. 处理好课程标准与教材的关系

课程标准是教育部颁发的教学指导性文件，是教学的依据，具有法定的指导作用。说课教师在说课前应认真学习课程标准中的指导思想、教学原则和要求等，把它作为确定教学目标、重点难点、教学结构以及教法、学法的理论依据。教材是根据课程标准编写的，也是学生学习的主要依据。教师说课应“以本为本”，但不能“照本宣科”，要能驾驭教材，发挥教师的创造性。因此，说课教师应在熟练地掌握教材内容的前提下，牢牢把握课程标准和教材的关系，要把课程标准和教材结合起来认真钻研，反复揣摩编者的意图，只有这样才能正确地有分寸地发挥创造性。

2. 处理好说课和备课的区别

备课是教师在吃透教材、掌握课程标准的基础上精心写出的教案。它有明确的教学目标、具体的教学内容，有连贯而清晰的教学步骤，有启发学生积极思维的教学方法，有板书设计和目标测试题等。而说课，则是教师在总体把握教材内容的基础上，说出在教学过程中，教师对各个环节具体操作的想法和步骤，以及这些想法和采用这些步骤的理论依据。简单地说，说课主要是回答了自己为什么这样备课的问题。因此，说课教师不能只按照自己写好的教案把上课的环节作简单概述。

3. 处理好说课的详略取舍

说课教师对所说课内容应作详略取舍，切不可平均用力、面面俱到，对重点难点、教学步骤及理论依据等一定要详讲，对一般问题要“略”讲，若不分“详略”，不分主次，必然会使听者感到茫然或厌烦。

4. 处理好说课与上课的区别

上课是教师在特定的环境中，依据自己所编制的教案，实现教学目的、完成教学任务的过程。上课有具体的教学主体对象，有具体的师生配合过程，有一定的教学程序和具体的操作方法，是具体的教学实践活动。说课则不同，这是由说课教师给特殊听众（教师）唱“独角戏”，是教师“唱”给教师听的，它侧重于理论阐述。因为它带有相互学习、共同探讨教学方法、提高教学质量的性质，也可以说，它是集体备课的一种特殊形式。因此，说课与上课的性质是根本不同的，在某种程度上说，说课回答了自己怎样上好这堂课的问题。

四、说课稿的写作

说课稿与教案既有联系又有区别。教案是教师进行课堂教学的操作性的方案，它重在设定教学的内容和行为，即“教什么”和“怎么教”。而说课虽也包含教案中的精要部分，更主要的是要说出教师在备课中确定的教学目标、教学重难点、教学设计、教学程序等方面的理论依据，即说课不仅要精要地说出“教什么”“怎么教”，更重要的是从理论和实践上具体阐述“为什么这样教”。因此，在写说课稿时，不论写哪一部分，都要牢牢地把握住三个要点——“教什么、怎么教、为什么这样教”。

一般来说，说课稿的行文格式通常分四部分，即说教材、说教法、说学法、说教学程序。现分述如下：

1. 说教材

（1）教材简析。即本课或章节在本单元教材、整册教材中的地位和作用。

（2）教学目标。它一般分三层表述：

①知识目标；

②能力目标（包括学法目标）；

③思想教育目标。

目标制定要具体明确，可操作性强。

以语文学科为例，教学目标的表述切忌如学习生字、新词等空泛的表述，而要具体到哪一个字，哪一个词，如果较多，可列举 2～3 个后用“等”字打住。

（3）教学重难点。重难点在表述上可重合，亦可分开，但要明确两点：其一，重点可能是难点，但难点不一定是重点；其二，教学重点确定后，必须围绕“重点训练项目”，在深钻教材的基础上，找准新旧知识的衔接点。

（4）教材的处理。主要指教材内容的取舍和重点的选择。要说清楚，哪些须先讲，哪些须后讲，哪些须总结概括，哪些须解释发挥，哪些须详讲，哪些需略讲，以及这样处理的理由。

2. 说教法

一般来讲，一课书或一节课应以一两种教法为主，穿插渗透其他教法，即“一法为主，多法并用”。说教法时不可笼统，要点出具体的方法，如“提问法”“讨论法”“比较法”“情境教学法”“词语突破法”等。在提出某种教法后应对其作简要的解释，说出如何操作，不宜过长，三言两语即可。在说清楚所选择的教法后应另起一段，简短地说一说使用的教辅手段（如CAI课件、幻灯片、小黑板、实物等）及目的。特别要说清楚何时使用，有何作用。

3. 说学法

在这一部分中要重点说清楚通过教学，将指导学生学会什么样的方法，培养学生何种能力，要充分展示你设计的教学过程就是渗透学法、展示学法的过程。可分三个层次简要说：

（1）学生现状分析。学生目前的认识水平已达到的层次，已经学习了或掌握了哪些方法或技能。

（2）拟教学生何种学法。学生通过本课书或本节课的学习，真正掌握一两种切实有效的方法已经很不错了，切忌贪多。

（3）如何激发学生思维，调动学生的积极性，设想学生可能出现的学习障碍以及帮助学生克服障碍的方法。

4. 说程序

这部分是说课的重点，从篇幅上说应占整篇说课稿的一半以上；从形式上说类似于教案，但不可照搬教案。在写作时可首先提炼出教案的总体框架（例如，目标定向—启发导入—读议讲练—反馈补授—评价小结等），然后分别说清“为什么这样教”，特别是要说清学生在新课学习中突破重难点的主要环节的设计、时间的分配、问题的设置、化解教学难点的具体步骤。最后说板书设计及其依据。

以上只是说课稿的基本写法，在行文时可灵活处理。如在说教法、学法时，可用小标题标示层次，亦可综合阐释；说程序时，可每说一步便进行理论说明，亦可整个程序介绍完后进行总的介绍。

第二节　听课：聆听同行的教学智慧

一、听课的内涵及作用

（一）听课的内涵

一般我们所说的听课，既指学生听教师讲课，也指教师同行、专家、领导进入课堂听教师讲课。听课不仅是学生学习的主要方式，也是教师教学工作的重要组成部分。

本节所讲的听课技能仅是针对教师或教学研究人员而言的。

听课是教师或教育教学研究者、管理者凭借眼、耳、手等感官或有关的辅助工具（记录本、调查表、录音录像设备等），直接或间接地从课堂情景中获取相关的信息资料，经过理性分析而进行的学习、评价和研究的教育教学研究活动。① 作为教学研究的有效手段之一，听课不是目的，以听课为手段来进行教学评价、教学研究才是听课的根本所在。通过听课可以甄别、认定教师的课堂教学效果，从而提升课堂教研的水平和质量。在课程改革的背景下，通过听课发现教学中存在的问题进而解决就显得尤为重要。

听课是教育行政和教学业务部门检查、指导教学活动的重要内容，也是教师、教研人员的一项必不可少的、经常性的工作任务，更是一种技能和方法。听课技能是以听课者原有的教育思想和经验为基础，以看、听、想、记、谈等多种活动协调为保证的立体性综合技能。而合格的听课者又需要掌握一定的听课技术要领。

（二）听课的作用

听课的作用和效果随听课的目的及听课人身份的不同而不同。从以下两方面来看，听课具有这样的作用：

1. 从学校组织及管理的角度看

首先，听课活动是教学管理工作的有机组成部分，是强化学校教学管理的有力保证措施。课堂是教育政策、教学要求等最终落实的地方，教师的课堂教学是这些政策、要求等得以落实的最终、最直接的体现。教育管理者带着检查督促的目的去听课，一方面可以了解和掌握学校、教师贯彻落实教育教学法规、政策和要求等的情况，掌握学校当前的教学质量、教师的教学水平、经验和不足等相关信息，以便作出准确的评价、制定正确的决策。另一方面，管理者的听课行为对于执教者的教学行为也产生督导作用，它会促使教师自觉规范教学行为。

其次，教师的发展在现代学校管理中被认为是促进学校发展和提高的根本因素，而学校又是教师专业发展最为直接有效的场所。每一所学校都有其各自的校园文化特色，即使身处同一所学校，教师的风格、专长、实践经历等也有很大的差异。同一所学校的教师之间、不同学校的教师之间，

① 杨九俊：《新课程说课、听课与评课》，第 64 页，北京，教育科学出版社，2008。

通过听课，不仅可以了解自己和其他教师课堂教学的实际情况，做到相互学习和交流，取长补短，共同提高，而且还可以协调各方面的人际关系，增进相互的理解和信任，营造良好的教研氛围，分享教育教学的有益成果，促进教学水平和教学质量的提高。

2. 从教师个体发展的角度看

首先，听课可以促进教师对自己教学的反思。优秀教师独具匠心的教学设计、准确生动的教学语言、灵活有度的教学形式往往闪现着教学智慧的光芒。教师在听课中的所见、所闻，必然引起的所想往往引发对自身教学行为的反思，这种反思带来的是对自身习以为常的教学模式的触动，是对一些老问题形成新感悟，在听课中获得的新认识、新视野能够为可能已经僵化了的教学形式注入活力。教师听课后深入反思，能够引导教师走上自我完善的专业发展之路而避免走进自我封闭的死胡同。

其次，听课可以提升教师教学智慧。对于新上岗的教师来说，实践性知识的获得在入职前是远远不够的，不仅如此，开展学科教学，还存在不熟悉教材、难以把握重难点、不熟悉学生、教法生疏机械等问题。对于新教师来说，听课是一条较为便利有效的成长路径。老教师的教学经验是经过长期实践而形成的，其中渗透着老教师丰富、独特的体验，其中不少是我们在教育理论课堂上无法获得的显现化了的缄默知识。通过老教师在课堂上的梳理、分析、整合、阐释，能使新教师对学科知识的理解更深刻、更系统；通过听课，新教师还可以学习到老教师对教学的严谨态度、对学生谆谆善诱的精神，同时还可以促进新教师养成与同行对话、合作与交流的品质。

二、听课的基本特点

1. 目的性

听课者在听课之前应该有明确的听课目的和任务，应当听什么样的课，听课要解决什么问题等都要了然于胸，还应根据听课的目的来选择时间、地点和听课对象等，有侧重地听某门课或某节课。譬如，新教师听课最主要的目的就是观摩学习，主要观察授课教师的教学过程，获得教学经验，研究授课教师是如何突破重点与难点、如何设计板书、如何运用教学手段和教学媒体、如何活跃课堂气氛等，并在自己的教学中加以运用和改进。

2. 主观性

听课是一种客观的实践性活动，但是影响听课活动的主观因素很多。这首先表现为什么时候、到什么地方、去听什么人的课，基本上是听课者自己确定的；其次，听课者、被听课者和学生都是有主观意识的人，课堂教学的实际情况极有可能会因听课者的参与而产生微妙的变化；再次，听课者的听课行为受其教育思想、教学经验、对被听者的印象等因素的影响，这也使得听课活动具有很大的主观性。

3. 选择性

听课具有选择性，要有意识有目的地听课。譬如，学校要培养和考核年轻教师，自然就会有选择地听年轻教师上的课；如果要遴选教师参加优质课比赛，自然就会选择听一些优秀教师的课；若要了解课堂教学的现状，便会在课前不预先通知就“推门听课”。

4. 指导性

听课不能纯粹地“听”。绝大多数听课活动在听课后都要形成一定的评价反馈给学校或教师，并提出指导性意见、要求及改进措施等，尤其是上级对下级、领导对教师、专家对新手听课，以及学校内部的公开课、研讨课等。

5. 理论性

要听好课，听课者必须具备一定的教育教学理论基础，以理解和评价他人的教学过程。在听课中及听课后，听课者需要针对授课教师的课堂教学情况进行思考分析，并对授课教师作出定量和定性的评价，这都需要相关的理论作支撑。如果听课者具有一定的教育学、心理学的理论基础以及掌握了一定的新课程教育教学理念、教学方法，即使听课者听的是自己专业研究以外的课，也能听出其中的一些成功和不足之处，并给予授课教师合适的建议。

6. 情境性

课堂教学是一种较为自然的情境，而听课又是在课堂教学现场进行的活动。听课者和被听课者均处于一定的情境中，不同的时间、地点、教学条件下就可能出现不同的教学过程和结果。同一名教师对不同的学生上同样内容的课也可能会收到不同的教学效果。听课获得的信息及有关的感觉和理解依赖于一定的情境，因此，不可避免地带有不稳定性和偶然性。

三、听课的类型

听课类型的划分是相对的。一般来说，听课的目的决定了听课的类型，不同目的不同类型的听课有不同的听课要求。但在实际的教学研究和听课过程中，有些类型可能是交叉的，听同一节课可能同时达到几个听课目的。

1. 检查型听课

检查型听课就是为了了解学校和教师教育教学工作的情况而进行的听课活动。它是上级教育部门和学校领导监督、检查教育教学工作的一种最普遍的形式。

2. 评比型听课

评比型听课主要是为了对教师作定性评价而进行的听课活动。如为评优秀课及评选优秀学科教师、特级教师等所进行的听课就属于这个范畴。

3. 观摩型听课

观摩型听课是为了总结、推广、交流教学经验和方法等而进行的听课活动，包括听公开课、示范课、展示课等。观摩型听课目的就是在一定的范围内推广先进的教学方法和教学经验等，因而，一般都是观摩特级教师、优秀教师或某一方面有特色、有创新、有经验的教师的课堂教学。

4. 调研型听课

调研型听课是为了研究、探讨有关教育教学问题或了解教学改革实验进展情况而进行的活动，研讨课、实验课、调研工作中的听课等都属于这个范畴。这类听课活动往往是实验研究性质的，组织者和实施者一般有比较明确的研究目的和相对成熟的做法与经验。对听课者来说，其听课的主要目的是与授课者共同讨论教学过程、教学方法等，共同总结反思，逐步完善教学。

四、听课的要求

要进行有效的听课，必须要做到以下几点：

（一）听课前要明确听课的目的、计划和要求

无论是听何种类型的课，在听课前都应明确听课的目的和要求，否则就难以达到听课的目的。

（二）听课前要了解教材、学生的基本情况

不同的学科、不同的教材有不同的教学内容、教学方法及教学要求等，听课者必须对此有所了解。另外，听课者还要了解所听课班级学生的一些基本情况，如教学基础、学习风气、学习习惯和认知水平等，增强听课的针对性及评价的客观性和公正性。

（三）听课要处理好听课者与被听课者的关系

听课者应以谦虚的态度去听课，课前适当地和教师谈一下听课的因由，或了解和关心一下学校或教师的教学情况，或与教师闲谈，转移和减轻教师的紧张情绪，尽最大可能迅速取得被听课教师的信任、理解与配合。进入课堂后，听课者要集中注意力，做到认真听、仔细看、勤记录、多思考，最大限度地减少对课堂教学的影响，尽量使课堂教学以真实自然的面貌呈现。

（四）听课者要不断地学习教育教学理论和有关学科的课改理念

掌握先进的教育教学理论是听好课的基础和前提，了解当前相关学科的

课改理念是听好课的重要保证。只有学习与掌握了教育学、心理学、教学法、教育哲学等教育教学理论，才能在听课中透过现象听出本质，从感性认识上升到理性认识。例如，新课程标准对教师的教学要求是：由单纯的知识传授向知识探究转变，树立问题意识；由重教师"教"向重学生"学"转变，树立主体意识；由"师道尊严"向"平等融洽"的师生关系转变，树立情感意识……如果听课者不了解这些新的要求，就不可能用新的教学理念去审视课堂教学，就可能出现"听不懂"的现象，甚至作出错误的判断。

（五）听课要做到听、看、记、思有机结合

听课是一项复杂的脑力劳动，需要一定的方法和技能。听课者要充分调动自己的感官，做到听、看、记、思有机结合，才能真正达到听课的目的。

1. 听的要求

听课者主要应注意听以下几方面：

（1）教学是否体现新课程的理念、方法和要求；

（2）教学过程设计是否科学合理；

（3）教学内容是否重点突出，详略得当；

（4）教师语言是否流畅、表达是否准确清楚；

（5）授课中是否有创新的地方；

（6）教师的思维是否灵活、宽泛，学生的发言是否积极。

2. 看的要求

听课不仅要用耳朵听，还应用眼睛仔细观察，用心体会课堂教学的每一个环节。看的方面主要有：

（1）教师主导作用的发挥。例如，教态是否亲切自然，处理课堂偶发问题是否灵活巧妙，指导学生学习是否得法，板书是否规范合理，教学媒体的运用是否熟练等。

（2）学生主体作用的发挥。例如，学生是否主动参与教学过程，课堂气氛是否活跃，全体学生的积极性是否得以调动，学生学习习惯是否科学，学生分析问题和解决问题的能力是否得到培养。

3. 记的要求

听课中发现的问题要及时记录，以免课后遗忘。听课记录是听课者素质的体现，它反映了听课者的品德、态度、能力、水平等方面的基本素质。在做听课记录时要注意以下几点：

（1）听为主、记为辅。听课要分清主次，以听为主，要把注意力集中在听和思考上；记录要详略得当，文字要精练。

（2）听课记录是重要的教学资源，是评课的依据。听课记录包括两个

主要方面：

一是教学实录。教学实录包括：①听课年、月、日、学科、班级、执教者、课题、第几课时等。②教学过程。一般要记教学过程、板书设计、教师的重点提问、学生的典型发言、师生的互动交流、有效的教学方法和手段、教学中的失误、各个教学环节的时间安排、教学效果等。各部分的详略根据听课的目的与需要自定。

二是教学评点。教学评点包括：①教材处理与教学思路、目标；②教学重点、难点、关键；③课堂结构设计；④教学方法的选择；⑤教学手段的运用；⑥教学基本功；⑦教学思想；⑧其他。

值得注意的是，做听课记录时，许多人偏重于记课堂实录，而不做评点分析，甚至有相当一部分人记录的内容多是执教者的板书内容，显然，这种听课记录的价值是不大的。好的听课记录应是实录与评点兼顾，做好课堂评点往往比实录更重要。因此，我们在听课后要及时整理听课记录，进行理性的分析、归纳，总结出有价值的经验和做法，必要时还要提出自己的改进意见等。（附听课表）

听 课 记 录 表

<table>
<tr><td>时间、节次</td><td></td><td>任课教师</td><td></td><td>地点、班级</td><td></td></tr>
<tr><td>听课人</td><td></td><td>课程名称</td><td></td><td>课题</td><td></td></tr>
<tr><td colspan="5">教学过程主要内容：</td><td></td></tr>
<tr><td>总体评价意见</td><td colspan="5">（突出优点及需要改进的地方）</td></tr>
<tr><td>改进建议</td><td colspan="5"></td></tr>
</table>

4. 思的要求

听课者在听课中要注意思考以下几个方面：

（1）教师为何如此处理教材，换个角度又怎样；

（2）要仔细思考教师教学的成功、不足或失误之处，分析原因，并考虑对学生产生了哪些相关的影响；

（3）换位思考，假若自己是施教者会做怎样的教学安排；

（4）课堂教学中是否体现了新课程标准的理念、方法、要求等，教师是否将其内化为自觉的教学行为；

（5）若无听课者，教师是否也会这样上课，即这节课能否反映教师真实的教学水平，等等。

（六）听课后要积极参与评课

听课者应本着实事求是、鼓励为主的原则，积极参与评课，通过与授课教师和其他听课者相互研讨，共同总结这堂课的成功和不足之处，并给出改进意见或方向。听课评价要抓住重点，多谈优点和经验，明确的问题不含糊，存在的问题不回避，尽量用平等协商的语气，以鼓励为主。在通常情况下，不作定量的分析和评价。另外，在评课中，听课者还应对授课教师的自评和其他听课者的评价做认真地记录和思考，以便在自己的教学实践中借鉴。

【案例】　　“说真话　抒真情”作文教学实录①

一、导入

师：有多少同学的父母曾经在深更半夜冒雨送子女看病？有多少人扶过素不相识的老奶奶过马路？有多少人送过迷路的小孩回家？有多少人跳进冰冷的水里营救素不相识的人？又有多少人有过奋不顾身勇斗歹徒的经历？这些经历在很多同学的文章中都曾出现过，更有同学的文章里甚至不惜牺牲自己的双亲，不惜让父母离异，看似惊天动地，但始终无法打动读者，为什么？因为缺乏真情实感。那么，到底怎样才能真正打动读者呢？这就要求我们做生活中的有心人，学会观察，学会感动，学会表达，因为人间处处有真情！今天我们就来学习：“关注生活，抒写亲情”，让我们的真情在笔端流露。（大屏幕展示课题、学习目标）下面请同学们齐读学习目标。

---

① 田静：《作文教学案例》，徐州市教育教学“十一五”规划课题管理博客，2010年11月5日。

生：（齐读）1. 关注生活，学会捕捉家庭生活中令人感动的瞬间。

2. 具体描写感受最深的画面，展示人间真情。

二、抓住动情点，学会感动（多媒体展示“求知的眼睛”等画面）

师：这些都是我们生活中的一个个感人的瞬间，摄影者用照相机捕捉到了这个瞬间，拍下了这些感人的画面。其实我们生活中像这样感人的瞬间也有很多，就看我们能不能去捕捉。下面请同学们欣赏陈红的MTV《常回家看看》，请同学们用眼睛捕捉最使你感动的画面；看完后向我们描述一下画面，并说说使你感动的理由。（大屏幕播放MTV《常回家看看》）

学生交流。

教师总结：刚才同学们说了片子中那么多动情的画面，而且有几个同学语言也用得很好。然而如果要把这些画面用文字展现给大家，这就要学会表达。那么，如何来表达这动情的瞬间呢？下面我们就一起来看看两篇同是表达父母之爱的文章。思考：你认为哪一篇更好，为什么？

三、运用具体的描写表达真情

（比较评析，引出表达技巧——通过具体的描写再现动情点）

1. 出示《我的爸爸》

师：请一位朗读好的同学给我们读一读。

生：我爸爸是世界上最好的爸爸。总也忘不了，从小到大，爸爸为我的成长付出的一切。我考试成绩不好，爸爸从来不发火，只是耐心地帮助我、鼓励我；期末考试得年级前十名时又告诫我、提醒我。在生活上，他总是无微不至地关怀着我：那时候，我夜里发高烧，爸爸背着我四处求医；每天，爸爸总要等我回家之后才开饭，哪怕再晚、再饿也会无怨无悔地等着我；天冷了，提醒我多穿一些衣服，晚上为我关窗、拉被子……我知道，爸爸他真的很爱我。我爱我的爸爸，就像他爱我一样。

2. 出示《我懂得了母爱》（全班齐读）

可是那是一种奇怪的感觉，我每次走近母亲——倚靠在路灯旁的母亲，我就会有这种感觉。淡淡的灯光洒了母亲一身，那是我喜欢的橘黄色。尘埃在灯光下飞舞，盘旋着、跳跃着，再轻轻地落到别处。母亲的影子被她悄然不顾地踩在了脚下，颓然无声。每次迎接我的都是母亲的笑颜，在暗淡的灯光中慢慢绽开，酒窝里包含了无尽的爱意，每次走近母亲，我都会暂时忘却辛劳，温馨溢满了我的心灵，把我融化了……背后那股暖暖的灯光还在零星地跳跃着，是它见证了这浓浓的母爱。

（学生交流、讨论）

师：好，哪位同学先来谈谈自己的观点？

生：我更喜欢第二篇，因为第二篇具体地描写了母亲在路灯下等候我的场景，写得比较具体生动。

师：说得不错！还有不同见解吗？

生：第一篇虽然抓住了生活中父亲关心自己的情感，但一个个事情只写了个大概，既不生动，也不具体，所以没有第二篇好。

师：好，这位同学谈到了第一篇文章的不足。那大家都说第二篇写得好，那请同学们看看运用了哪些方法？

生：运用了神态描写和景物描写，文章语言优美。

师：看来，如果要学会表达真情，不仅要会细致的观察，而且我们要通过运用具体的描写再现生活中的动情点。（出示幻灯片：学会表达——具体的描写）请同学们注意：这里所指的具体的描写除了可描写景物、神态外还可对人物的动作、语言、心理、等进行细致的刻画。下面我们就一起来欣赏两位大家的作品片段，领略他们的表达技巧。

3. 出示范文，感受、巩固（全班齐读）

（1）朱自清《背影》

我看见他戴着黑布小帽，穿着黑布大马褂，深青布棉袍，蹒跚地走到铁道边，慢慢探身下去，尚不大难。可是他穿过铁道，要爬上那边月台，就不容易了。他用两手攀着上面，两脚再向上缩，他肥胖的身子向左微倾，显出努力的样子，这时我看见他的背影，我的泪很快地流下来了。

（2）都德《最后一课》

忽然教堂的钟声敲了十二下。祈祷的钟声也响了。窗外又传来普鲁士兵的号声——他们已经收操了。韩麦尔先生站起来，脸色惨白，我觉得他从来没有这么高大。

“我的朋友们啊，”他说，“我——我——”但是他哽住了，他说不下去了。

他转身朝着黑板，拿起一支粉笔，使出全身的力量，写出了两个大字：“法兰西万岁！”

然后他待在那儿，头靠着墙壁，话也不说，只向我们做了一个手势：

“散学了——你们走吧。”

学生讨论、交流后教师总结：这两个片段之所以能够打动我们，就因为他们运用了具体的描写，再现了动情点。《背影》运用了动作描写，《最后一课》则综合运用了神态、动作、语言等描写手法。下面，我们就学习他们的描写技巧来展现刚才所欣赏的 MTV《常回家看看》中那个最使你感动的画面。

四、课堂练习

回放 MTV《常回家看看》。

1. 要求：(1) 截取一幅画面运用具体的描写展现你感动的一瞬间

(2) 字数：200字左右

2. 教师提示：回放时，同学们要有目的地观察刚才欣赏时那个最使你感动的瞬间，注意那一瞬间的画面中人物细微的神态、动作，可揣摩他们的心理，也要注意当时的环境氛围，最后运用具体的描写把它再现出来。

(学生写作，教师巡视)

3. 交流、评点（选取学生作品）

教师引导：你认为他写得成功的地方在哪？请同学们从他抓住的动情点和具体的描写这两方面去考虑。

五、课堂小结

今天我们学习了要从生活中去抓住“动情点”，学会感动，在此基础上运用具体的描写再现动情点，从而去学会表达真情，达到以“我手写我心”的目的。其实人的一生中，许多往事随着时间的流逝已忘却，但有一些不起眼的瞬间却依然那样清晰、那样动人。那么就让我们用心去感受、品味那些动人的瞬间吧！让真情在我们笔尖涌动！

六、作业布置

同学们最熟悉的莫过于家人了。请选择几件最能体现“亲情”的事件，写一篇文章，注意在叙事上让亲情自然流露。

要求：1. 通过日常生活中的动情点来表达亲情。

2. 用具体的描写再现动情点，也可运用恰当的抒情。

3. 题目自拟，字数600字左右。

七、板书设计

让真情在笔端流露

学会感动——抓住动情点

学会表达——具体的描写

评析：语文《新课程标准》强调生活与语文学习的关系，明确指出：要使学生具有“能具体明确、文从字顺地表述自己意思”的能力。写作要感情真挚，力求表达自己对自然、社会、人生的独特感受和真切体验；要多角度地观察生活，发现生活的丰富多彩，捕捉事物的特征，力求有创意地表达。作文活动本身是生活内容的一部分，是一种重要的生活基本技能之一。当前的学生并不是没有生活，而且可以说是丰富多彩，如校园生活、家庭生活、社会生活等，然而不少学生的作文却思想空泛，或抄袭范文，或瞎编乱想，写作时东拼西凑、套用模式、空话连篇，呈现出一种“虚伪的生活”状态。

这是由于他们不能捕捉生活中令人感动的瞬间，不会运用具体的描写方法来刻画这感动的瞬间。本课的教学目标就是要让学生说真话、写真事、抒真情。从该堂课的实录中我们可以看到，教师的教学是在学生已有生活经验的基础上，提出了两个目标：一是关注生活，学会捕捉家庭生活中令人感动的瞬间；二是具体描写感受最深的画面，展示人间真情。本课的教学环节通过展示五幅画面，并提示“这些画面是摄影师用照相机捕捉到的生活中的瞬间。其实生活中这样感人的瞬间有很多，就看我们能不能去捕捉”。接着播放 MTV《常回家看看》，让学生用眼睛捕捉最感动自己的画面，然后进行描述并说明理由。此外在动笔写作前让学生对例文进行点评，这样的过程，使学生由感性认识到理性认识，达到学会的目的。这堂作文教学课的特点在于：写作前教师引导学生捕捉生活中令人感动的瞬间、作自我独立的深思，引导学生尽可能真实地反映现实生活，反映自己对生活的深刻感悟。稍显遗憾的是，这份实录似乎犯了“重教轻学”之嫌，实录中虽也有对学生课堂行为的描述，但对于学生参与本堂课学习的效果记录不到位，明显之处表现在课堂练习完成后的“交流、评点”一句带过。“学生是课堂的主人，是学习的主体”。我们的听课不但要观察教师的“教”，也关注学生的“学”，这样才能全面、准确地了解课堂教学的效果，获得完整、有效的听课信息。

第三节　评课：全息透视课堂教学情景

一、评课的含义及其功能

评课是一项常规的教学研究活动，一般指评课者在随堂听课后，依据一定的教育思想和教育理念，对授课教师这节课的教学行为和教学效果进行的一系列评价活动。《基础教育课程改革纲要》指出：“建立促进教师不断提高的评价体系。强调教师对自己教学行为的分析与反思，建立以教师自评为主，校长、教师、学生、家长共同参与的评价制度，使教师从多种渠道获得信息，不断提高教学水平。”科学的评课可以客观地评判教师课堂教学水平以及不同的教学方法和内容所产生的教学效果，并以此为教师提供反馈信息，有利于教师改进教学，从而带来学校教学质量的提高。评课作为一种特殊形式的教学交流与评价活动，其功能体现在：促进学校教学管理质量的提高；促进学校教师专业理论水平的提升；还可以带动学校学习共同体的形成，促进教育科研水平的提高。

二、评课的原则

评课原则是进行评课活动时评课者必须遵守的基本准则和指导思想，它反映出课堂教学的客观规律和人们对课堂教学发展的客观认识。评课在整个教育教学评价系统中占有十分重要的地位，旨在帮助教师提高课堂教学水平。因而，在肯定教师的劳动、总结教师的教学经验、尊重教师的教学特色的同时，更要通过评课鼓励教师们勇于创新，潜心教改。在评课过程中只有自觉遵循评课原则，才能真正发挥出评课的导向、激励等作用。

教师在评课时应遵循以下一些原则：

1. 客观公正原则

评课应尊重事实，本着实事求是、客观公正的原则评价课堂教学。通过评课仔细观察授课教师的课堂教学行为，这是评课的主要事实依据。评课过程中采用的一些测评数据，必须是真实可靠的，没有任何情感因素和虚假成分。评课结论必须真实反映授课教师现有的教学业务水平，不能人为拔高或随意贬低。另外，评课人必须具备一定的教学理论与实践功底和评课经验，才能够科学、客观地分析评议他人的课堂教学。

2. 有的放矢的原则

评课要体现主次分明、突出重点的原则。评课时切忌面面俱到、平均用力、主次不分。无论是教学中体现出特色的地方还是需要改进的地方，都应抓住问题的主要方面，结合实际教学过程，详细地进行分析评点；而次要的则宜简略地讲，点到为止。评课应做到语言简洁、观点鲜明、条理清楚、重点突出。

3. 理论联系实际原则

评课要坚持理论联系实际的原则。评课既不是生硬的、泛泛的理论说教，也不是简单的、细琐的教学行为描述，而是一项理论性很强的实践活动。评课要注意理论联系实际，将教育教学理论与课堂教学环节紧密结合，围绕着“如何教”来阐明观点，切忌泛泛而谈和平铺直叙。评课不仅要有教育教学理论的科学铺垫，而且要有教学例子的有力论证，做到夹叙夹议，这样的评课才具有说服力和感染力。

4. 差异性原则

评课要因“人”而异。执教的对象不同，评课的侧重点以及方式方法也应有所不同。例如，对新教师，评课的侧重点宜放在备课、上课等教学基本功是否扎实方面，评课的目的重在鼓励和引导他们尽快入门；而对教学能力较强的教师，评课的目的则是在充分挖掘、总结优秀教学经验的同时，全面深入地提出教学中仍存在的问题，使教学精益求精。评课时，对不同性格的教师也应区别对待，如对性格内向、自尊心强的教师，评课者宜采用委婉含蓄的语言指出问题所在，或者保留部分问题在私下交谈时再议。

5. 民主性原则

评课要坚持民主性原则，为评课营造民主的氛围，调动每一个参与者的积极性，尊重每一个人的问题与建议，做到人人敢讲，畅所欲言。评课不能把授课教师排除在外，也不能仅仅由专家评，应该让所有参与听课的人都来评价，包括听课的学生。针对听课中出现的问题，评课者与授课教师通过充分地沟通与交流，民主讨论，可以使评课在不同层次、不同角度得到升华，让参与教师能博采众家之长形成一技之技。

6. 艺术性原则

评课要讲究说话技巧，掌握谈话的方法与策略。评课的语言要做到简明、易懂，避免晦涩、生僻，语气要平和谦虚，避免说教的口吻。评课还要注意人的心理变化，掌握评议的尺度。评课者提出问题宜委婉含蓄，提出教学建议时，尽量使用商量的语气。评课者要以帮助、促进者的身份，站在授课教师的角度来考虑、分析问题，用诚恳的态度提出中肯的意见，这样的评课才能使授课者和听课者都乐于接受。

三、评课的类型

依据评课的目的，评课一般可分为以下几种类型：

1. 观摩性评课

观摩性评课通常是选择教学经验丰富的优秀教师做示范课，组织专家与其他教师对授课教师的示范性课堂教学作点评，交流、总结其教学经验，从而使参与评课的青年教师从中受益。

2. 提高性评课

提高性评课一般以年级组或教研组为单位，骨干教师与青年教师共同参与。在随堂听课的基础上，可先由授课教师自我评课，再由青年教师充分评课，最后由骨干教师进行有针对性地总结评课。提高性评课旨在诊断课堂教学存在的问题和不足，提高授课教师和青年教师的授课水平。

3. 研究性评课

研究性评课一般以课题组或学科组为单位，通常采取集体备课的形式，相互切磋，共同探讨，写出教案，然后指定几位教师分别讲课，课后逐一进行集体评课，不断完善教学方案。研究性评课旨在发挥集体优势，取长补短，共同提高评课参与者的教研水平。

4. 检查性评课

检查性评课一般由学校领导或上级教育部门组织评课专家组，在随堂听课的基础上，对授课教师的课堂教学行为和效果作出一系列综合评价，侧重对授课教师的教学质量进行专项测评。检测性评课旨在衡量课堂教学水平，评价授课教师的教学素质。

根据评课的实际情况和组织形式，评课还可划分为个别面谈式、小组评议式、书面材料式、调查问卷式、陈述答辩式、点名评议式、师生评议式、专家会诊式和自我剖析式等形式。

四、评课的内容

评课教师、授课教师有时也包括学生，一般应从以下方面对授课教师课堂教学行为和结果进行评价：

1. 评教学目标

教学目标是课堂教学评价的重要指标。在教学之初，教师要明确陈述目标，在教学过程中还要经常提醒学生关注教学目标，把注意力集中到如何使自己达标的内容及其活动上。这是提高课堂教学质量和效率的一条重要措施。评价教学目标要注意目标的表述是否准确合理、明确具体、便于学生理解和把握，并且便于检测。理想的教学目标应该达到一般目标和具体目标相结合、集体目标和个人目标相结合、难度适中、便于检测等基本要求。评价教学目标的表述主要评价本节课是否有明确的知识、能力、情感三维目标。评价教学目标还应注意预定的教学目标是否达成，这可以通过观察教学过程（三维学习目标是否贯穿于教学过程的始终），检测教学效果（课堂结束时教学目标的达成情况）来确定。

2. 评教学态度

在课堂教学中，教师教学态度影响着学生的上课情绪和求知热情。评价教师的教学态度主要应评价教师是否对教材等相关资料进行了深入地、细致地研究；教师对课堂教学的活动组织和开展是否具有激情；教师对学生的关注是否体现了希望和关爱之心；对学生在学习中表现出的探究过程是否重视以及是否重视对学生的思想道德教育；对自己的角色定位是否是学生的朋友和帮促者，等等。

3. 评教材处理

新课程理念认为教材不是唯一的课程资源，教师应该用教材教，而不是教教材。评价教材处理应评价教材处理是否定位在学生素质的发展上；是否使知识目标、能力目标、德育目标、美育目标相统一；是否强化了德育渗透、美育渗透、学科渗透、科学精神和人文精神的渗透；是否根据学生健康成长与健康发展来把握教学的重点与难点；教材处理是否具有层次性，照顾到不同学生的差异；教材处理是否使书本知识在教学中得以活用；是否围绕教材内容设计学生能积极参与的活动，有效地引导学生思考，使教学顺利进行，等等。

4. 评教法运用

教法必须灵活实用，能够注意启发学生思维，培养学生所需的能力。新课程提倡在教师指导与启发之下的自主探究、合作探究等形式的学习，提倡引导学生深入生活，体验和运用所学知识解决实际问题。教师的教学方法要体现时代性、体现学生的需要，在运用上，讲究实效性与个性化相结合，科学性与人文性相结合。教学方式的选择、教学方法的运用必须根据本班学生的实际状况，合理选用。评价教法运用主要评价教学手段是否先进，教学方式是否恰当，教学方法是否有效。

5. 评学法指导

评学法指导要评价课堂教学中是否渗透了学科思想方法的传授；是否对学生进行了有针对性的学法指导；学生是否掌握了解决疑难问题的一般思路与方法；教师的学法指导是否科学合理，是否面向全体，同时又注重差异；学生能否积极地提出问题，并主动地探求解决问题的方法，等等。

6. 评教学过程

评价教学过程主要评价教学过程设计是否科学，双边活动是否有步骤有条理地进行；教学组织安排是否抓住知识主线，层次分明，思路清晰，重点突出，有讲有练，组织严密；教学时间分配是否合理；教学中是否能根据学生学习现状实时调整教学计划；教学活动是否体现了情感意识，树立了以学生为本的理念，师生关系和课堂气氛是否融洽和谐，是否注重了对学生创新能力和学习动机、兴趣、习惯、信心等非智力因素的培养；是否突出了学生的主体地位，教学是否面向全体学生，突出个性，体现差异性；教师在教学中是否引导学生独立自主地学习，体现知识的形成过程；是否注重了精讲精练，体现以思维训练为教学重点；是否实现了教学信息多向交流，反馈及时，矫正奏效。此外还须关注教学任务是否完成，教学有何特色等。

7. 评教学效果

基础教育改革的基本理念是“以学论教”，以学生的学习成效来评价教师的教学效果。对学生学习成效的评价主要包括对学生的学习效果和与认知有关的态度、兴趣等非认知因素的考查。因而，评价教学效果自然就要考查在教学活动中是否调动了学生的学习积极性，是否注重了学生创新意识和实践能力的培养，学生是否能正确理解教学内容，学生的综合能力是否强化等。

8. 评教师素质

教师素质的高低不仅影响自身的职业发展，更直接影响着学生素质的发展。评教师素质主要评价教师是否具备扎实的学科专业知识和教学技能，教学中能否体现学科教学特点；教师的教学语言是否规范简洁、生动形象、科学准确；教师的教态是否自然，仪表是否端庄，治教是否严谨；教师是否具备较强的课堂应变和教学调控能力；能否熟练合理地运用现代化的教学媒体手段；板书设计是否层次分明、条理清晰；作业布置是否难易适度、分量适中，具有启发性、开放性，等等。

根据上述评价的内容和要求，可以构建评课的指标体系，划分评价的不同等级，为当前开展评课活动提供可以借鉴的价值标准，来测评授课教师的教学行为和实际效果。

×××教师专业技术资格评审课堂教学评价表

<table>
<tr><td colspan="2">授课教师</td><td colspan="2"></td><td colspan="2">所在单位</td><td colspan="2"></td><td>申报资格</td><td></td></tr>
<tr><td colspan="2">授课学科</td><td colspan="2"></td><td colspan="2">授课课题</td><td colspan="2"></td><td>授课班级</td><td></td></tr>
<tr><td rowspan="2">序号</td><td colspan="3">评价标准</td><td colspan="4">指标达到度</td><td rowspan="2">评分</td><td rowspan="2">小计</td></tr>
<tr><td>指标</td><td>权数</td><td>指标要求</td><td>(A)</td><td>(B)</td><td>(C)</td><td>(D)</td></tr>
<tr><td rowspan="2">1</td><td rowspan="2">教学目标内容</td><td rowspan="2">18</td><td>教学目标准确具体适度，符合课程标准（大纲）要求和学生实际</td><td>10～9</td><td>8～7</td><td>6</td><td>4</td><td></td><td rowspan="2"></td></tr>
<tr><td>结合学科特点，渗透思想品德教育和人文教育</td><td>8</td><td>7</td><td>6～5</td><td>4</td><td></td></tr>
<tr><td rowspan="2">2</td><td rowspan="2">教学过程方法</td><td rowspan="2">40</td><td>整体设计合理，重点突出，突破难点，方法有效</td><td>8</td><td>7</td><td>6～5</td><td>4</td><td></td><td rowspan="2"></td></tr>
<tr><td>教学内容正确，容量适当，讲解准确恰当</td><td>8</td><td>7</td><td>6～5</td><td>4</td><td></td></tr>
</table>

续表

序号	评价标准			指标达到度				评分	小计
	指标	权数	指标要求	(A)	(B)	(C)	(D)		
2	教学过程方法	40	教学过程紧凑，学生活动充分，反馈及时，教学效果好	8	7	6～5	4		
			教学方式、方法、手段的选择和使用符合教学内容需要、学科特点和学生实际	8	7	6～5	4		
			启发思维，指导学法，注重探究，重视操作，培养能力	8	7	6～5	4		
3	教师基本素养	18	讲普通话，语言流畅、准确、简练	6	5	4	3		
			教态亲切自然，师生平等和谐	6	5	4	3		
			演示操作熟练、规范；板书、图示设计合理；字迹工整、规范	6	5	4	3		
4	教学即时效果	16	完成教学任务，双基得到落实，能力有所培养	8	6	4	2		
			学生自主学习，合作探究，思维活跃，师生互动积极	8	6	4	2		
5	教学特色	8	在课堂教学中，在某一方面具有创造性，特点鲜明	8	6	4	2		
评价等级				评价总分					
评价意见： 评委签名：　　　　年　　月　　日									

需要强调的是，评课还要关注学生的发展，坚持“以学生的发展为本”。教学的本质是学习活动，其根本目的在于促进学生的发展，而且教师教学活动是否有效取决于学生是否进行有效的学习。在一节课上，如果教师能想尽办法、合理有效地创设问题情境，引导学生积极参与到学习中来，学生在课堂中表现积极、主动，而且通过学习，学生的思维得到激发、认识有所提高、学习兴趣得到激发并产生持续的学习欲望，这样的课就是一堂好课。反之，就说明教学（某个环节或整个教学过程）有可能存在问题，必须引起注意。

另外，评课要坚持评教与评学相结合，充分重视“评学”。课堂教学的主体是学生，教学目标的落实最终是体现在学生的学习过程之中。因此，课堂教学评价要改变传统的以“评教”为重点的现象，把评价的重点转到“评学”上来，以此促进教师转变观念，改进教学。要转变评课的关注点，从关注教师传递知识转到关注学生有效学习。还要转变评课的着眼点，不能仅仅着眼于学生学习的质量及效果，应该更多地关心教师有否创设有效的教学活动氛围；关心教师对学习者的指导、帮助是否切实有效；关注学生是否在教师的引导下积极参与到学习活动中；关注学生是否乐于思考、讨论；关注学生是否乐于进行合作学习；关注学生是否经常主动提问，等等。

五、评课的注意事项

1. 评课时要根据课堂教学特点和班级学生实际情况，实事求是的公开评价一节课，切忌带有个人倾向。

2. 要以谦逊的态度、商讨的语气与被听课老师共同分析研讨，不能把自己的主观意志强加给别人。

3. 评课要以激励、提高为目的，既要评价优点加以鼓励，又要指出不足提出修改建议。

4. 评课要有理有据，才能使人信服。所以之前的听课、观课是评课的前提，思课是评课的关键。

5. 要做好调查了解工作，尽可能较全面了解学校、教师和学生情况。

操作训练

1. 在中小学的教材中选择一课时的教学内容，进行说课设计。
2. 利用本章中的听课表，选择一堂课做记录并加以评析。

3. 根据下面的课堂实录，试写一篇评课稿。

《长相思》课堂实录①

一、教学目标

1. 知识目标

(1) 有感情地朗读课文，背诵古诗词；

(2) 学习通过看注释、查阅资料、边读边想象等方法，感知诗词大意，用自己的话讲述诗句的意思。

2. 能力目标

(1) 培养"自主、合作、探究"的学习习惯与能力；

(2) 体会作者的思乡之情，揣摩作者的表达方法；

(3) 积累古诗词，增强对祖国语言文字的热爱之情，厚实文化积淀。

3. 情感目标：体会诗人的思乡怀亲的思想感情。

二、教学过程

学习活动一：读诗词（初步感知诗词的语言）

(一) 回顾旧知，引入课题

师：同学们，第5课我们已经学习了两首表达思乡之情的古诗，你能背出来吗？

(生齐声背诵《泊船瓜洲》与《秋思》)

师：王安石奉诏进京，泊船瓜洲，见春景引发乡愁；张籍客居洛阳，见秋风思念故乡；又是什么触动了诗人纳兰性德的思乡之情呢？让我们一起走进他的词——《长相思》。请齐读课题。

(生齐读)

师：大家在课前预习的时候，查阅了许多相关的资料。谁能给大家说说关于诗人纳兰性德的情况呢？

生1：我知道。纳兰性德，清词人。满洲正黄旗人，康熙十五年中进士，授乾清门侍卫。他是清朝大学士明珠的儿子，文学成就以词为最。共存词三百四十二首，当时的人把它誉为"清代第一词人"……

生2：我想补充一下，纳兰性德的词集叫《纳兰词》。

(二) 整体把握，初步感知

师：让我们一起来读读《长相思》这首词。我们先仔仔细细地读上两遍，注意多音字和生字的读音。请每位同学找出自己不能把握读音的字，

① 邹玲静：《〈长相思〉课堂实录》，见中国语文网·小学语文，http：//www.chinese001.com。

自己觉得很难理解的字、词，在文中标记出来。

（生独立自学生字和多音字，并标记所遇到的关于字词方面的问题）

师：老师希望大家充分利用小组同学的智慧获得更多知识，小组同学互相帮助，解决你们所遇到的问题。老师将对每个小组合作学习的情况进行检测，看哪组学得最好。

（出示课件）

▲ 能准确读出多音字和生字。 ▲ 能联系上下文和注释理解字词的意思。

（生小组之间合作学习）

师：可以了吗？老师现在想看看，大家合作学习的效果怎么样呢？

（课件逐题出示检测题）

第一题：你能准确地读一读下面的字词吗？	
榆关	那畔
风一更	聒碎

（第一题，老师抽一个组回答，其他组认真倾听，当好评委）

（一学生准确读出词语，其他组同学用 OK 手势表示答对）

第二题：请说一说，你是怎么理解下列词语的？	
榆关	那畔
风一更	聒碎

（第二题，老师要在每一个组抽一个学生解答，不正确的话，组内大家可以纠正）

1. 词中的“榆关”指的是什么地方呢？
2. 文中“一程”“一更”怎么理解？
3. 请说说“故园”的近义词。
4. 你知道“聒”的意思吗？

生 1（1 组 1 号）：我们组认为，“榆关”就是指“山海关”。

生 2（2 组 4 号）：我们认为：“一程”指一段路；“一更”是指“一阵”。

（这时有一位学生举手表示异议）

师：这位同学有不同想法吗？

生 3：我认为“一更”实际上指两个小时。

师：刚才那位同学你为什么理解成“一阵”呢？

生2：我认为，词中是说：在晚上，风吹一阵，雪下一阵，一阵又一阵，不停歇。

师：学习语文就应该这样，学会联系课文的上下文理解意思。

生3（3组2号）："故园"的近义词是"家乡"。

生4（4组5号）："聒"是嘈杂的声音，课文中是说风雪交加的声音。

师：对于读音和字词的理解，你还有问题吗？

（生表示没有）

师：看来，大家合作学习挺有收获的，很好！让我们用自己最喜欢的方式将这首词再读两遍，读出自己的味道和感觉。你可以边打节拍边读、可以唱读，还可以小组合作读……想怎样读就怎样读，开始。

（同学们开始饶有兴致地朗读，有的正襟危坐，有的在桌上、在手上、腿上敲起了节拍，有的摇头晃脑……两分多钟后，开始有学生用手势示意读好了）

师：老师想听听大家读得怎样？谁先来试一试？

（一个学生站起来，正确流利地朗读全词）

（师激励。然后，再随机抽查一个组）

师：同学们已经读了这么多遍，老师相信，你们一定读出了自己的理解和感悟。我很想听听：你从这首词中，读懂了什么？知道了什么？

生1：我读懂了，纳兰性德是多么的思念自己的家乡！

生2：军人在风雪交加的夜晚是非常难熬的。

生3：诗人离开家乡后痛苦万分的心情。

生4：诗人的家乡是没有风雪交加的嘈杂之声的。

生5：我读懂了词的意思。将士们跋山涉水，向山海关那边进发。夜里，住宿帐篷，每个帐篷里都点起了灯。晚上，又是刮风，又是下雪，将士们从睡梦中醒来，再也睡不着了，不禁思念起故乡来，因为故乡温暖、宁静，是没有寒风朔雪之声的。

学习活动二：品诗词（深入品味诗的情感）

（一）自主探究 合作学习

师：孩子们，让我们一起用心灵，跟随着纳兰性德，走进他的生活吧。

（出示课件范读）

师：现在，请大家轻轻闭上眼睛，再听听这首词，你的眼前仿佛出现了什么样的画面？

师：请同学们再回到课文，一字一句地读一读：诗人的身在哪里？而他的心又向何方？

（板书）

身、心

师：请在文中找一找。你是从哪里体会到的呢？你可以在文中圈点出来，还可以写下旁注，写下自己点点滴滴的感受。

（生自主学习，认真地品读词或句，并及时做旁注。老师巡视，了解学生的学习情况，随机作出指导）

师：大家可以将自己的学习收获与感受在组内交流，由组长将答案写在白板上，派发言人做好准备。

（生小组合作学习。组长组织组内学生逐个谈自己的体会，其他的孩子认真倾听。有的小组有人举手，欲打断，组长示意先听再谈。每组均有记录员在记录。当有学生情绪高涨，声音较大，有同学示意声音适度）

（二）反馈交流、引领提升

师：刚才我发现，同学们对词又有了更深一层的理解与感悟。让我们再次走进《长相思》，去倾听诗人的内心世界吧！请每个组展示你们的讨论结果。

（生各小组组长在讲台前展示小白板，老师和其余同学认真地浏览）

师：我看到你们组的内容是最丰富的。请你们这一组说一说讨论结果，好吗？

生1（本组发言人）：我们组认为，从词中可以看出：诗人的“身”有时在山上跋涉、在船上颠簸；有时在山海关外的帐篷中；有时在风中、在雪里……而他却心系故园，因为“故园无此声”！

师：我想知道，你们是从哪些字、词、句中体会到的呢？

生1：“山一程，水一程”“榆关”“夜深千帐灯”……

师：你们的想法是不是和他们一样？你可以补充，但不希望重复。

生2：我补充一点。还有一个地方可以看出诗人的心在自己美好的家乡，就是“聒碎乡心梦不成”。一个人想什么，梦中就会出现什么，而“乡心”说明诗人做的是思乡之梦，可见他心系家园。

（师板书）

身在征途，心系故园

师：同学们，我们的诗人正如大家所说，他和众多的将士们一样，一次又一次地跋山涉水，经历了一次又一次风霜雨雪，经过了多少艰难险阻。正如词中所写的那样，起！

（引读：“山一程，水一程”，又是“水一程，山一程”！“风一更，雪一更”，又“雪一更，风一更”！）

[拓展1]

师：诗人在词中写道：“故园无此声。”“此声”是指什么声音？

生1：我认为，是风雪交加的声音。

生2：我想还有战场上声势浩大的战鼓声，厮杀的声音。

师：是呀！白天战场上经历的一切都可能进入到诗人的梦中来。

生3：我想，还有战场上将士们的呐喊声！

师：这样的声音、这样的情景会带给人怎样的感受？我们一起来穿越历史的时空，去感受一下纳兰性德和将士们的处境吧：

（课件：千军万马出征图，伴寒风朔雪声、战马嘶鸣声，壮观而悲怆）

师旁白：顶顶帐篷，点点灯火，本该是多么豪迈多么壮观！然而长途跋涉之后，在这样一个野外宿营的寒夜里，却要听着寒风朔雪的嘈杂声，叫人怎能安然入睡？

师：“故园无此声”，“故园”指什么？

生：指诗人的家乡。

师：故园没有什么声音？

生：没有风雪的声音，没有战马的声音，更没有战场上冲杀的声音，非常的安宁。

师：那，在纳兰性德的心中，在纳兰性德的记忆里面，他的家乡，他的故园，又应该是怎样的画面？怎样的情景呢？让我们用想象的眼睛仔细看看纳兰的故园吧：

师（引导学生精心角色体验，来到一位学生面前）：纳兰性德，此时此刻，你的眼前，仿佛看到了什么呢？

生1：红花绿草，一切生机盎然的样子。

生2：我想到了以前在河边垂柳下下棋的情景。

生3：我的母亲鬓角又多了几丝白发；想起了母亲为我缝制战袍的情景。

生4：我曾和家人一起在自家的院里吃着、喝着、说着、笑着；我也曾和好友在江边悠闲地垂钓，或吟诗作画……

生5：我回想到过去，在花香染满的夜晚，人们三三两两地在月光下散步，耳旁仿佛还能听见牧童的短笛声……

［拓展 2］

师：是呀！故园，在诗人心中，是最美丽的地方、最温暖的地方。他曾写过的词中，就有过这样的诗句（课件——音乐、诗词、画面：“忆当时，垂柳丝。花枝，满庭蝴蝶儿”……）我的家乡多么美好呀！故园，有的是亲人关爱，有的是温暖舒适、宁静祥和……而身在塞外，听到的却只有风雪交加，感觉到的只有寒冷孤寂，卧不成眠！叫我怎能不想家！这种心情，谁人知晓呀！这种身心分离的痛苦交织在一起，融成了一个字，那就是——

生：（情绪激动地）——“碎”！

师：从这一个“碎”字，我们可以感受得到，诗人那颗被思乡之苦揉碎了的心！谁可以带着心碎的感觉再读全词！

（生感情十分充沛地朗读）

师：让我们一起来读读！试着把作者身和心分离的那种苦、那种痛、那种碎读出来！

（课件：配乐朗诵——生全体齐声朗读）

学习活动三：提升

回归主题、升华情感

师：同学们，读到这儿，我们不禁想问一问诗人：你为什么要抛家别子，远离故土呢？为什么要风餐露宿，不回到自己的家园呢？

生 1：为了我们的国家，为了人民的安宁。如果不保卫好自己的国家，哪有和家人团聚的美好时光呢？

生 2：国家国家，先国后家，没有强大的国家，哪有安宁的家园呢？

师：作为康熙皇帝的一等侍卫，虽厌倦战争，渴望和平，但我要保家卫国；故土虽难离，但责任重于山哪！

学习活动四：积累

（一）拓展延伸

师：古来，有多少仁人志士征战疆场，既心怀浓烈的思乡之情，又满怀强烈的报国之志！表达这种情感的古诗还有很多很多。今天，老师收集了几首，我们一起来读读。

（课件出示配乐诗朗诵《出塞》《塞下曲》）

（欣赏的过程中，学生情不自禁地跟着诵读起来，现场气氛尤显沧桑与悲壮）

（二）背诵全诗，积累语言

师：至此，我感觉到同学们已经深深地领会到了纳兰性德内心强烈的思乡之愁以及那浓烈的爱国热情！这首词，已成广为流传的名篇佳作，让我们把它背下来，留在我们的记忆深处吧！

（独自背——小组互背——能背的领背——集体起立，背诵全词）

师：现在，让我们和诗人一起，共同倾诉他从内心深处喷涌而出的《长相思》吧！

（齐声背诵）

师：希望大家在今后的学习中，多收集这样的一些古诗词，让诗人们的千古名句永远回荡在我们的心中吧！

三、板书

长相思

（清）　纳兰性德

山一程，水一程，身向榆关那畔行。夜深千帐灯。

风一更，雪一更，聒碎乡心梦不成。故园无此声。

身　　心

在征途　系家园

资源链接

1. 郑金洲：《教师课堂行为变革丛书》，北京，教育科学出版社，2007。
2. 杨久俊：《新课程教学问题与解决丛书》，北京，教育科学出版社，2008。
3. 王晞：《课堂教学技能》，福州，福建教育出版社，2010。
4. 罗树华等：《教师能力学》，济南，山东教育出版社，2004。

第六章　教学媒体的选用技能

——营造多彩的教学空间

本章概述

课堂教学过程是一个由教师、学生、媒体等按照教学目标构成的相互作用的整体过程，是一个多因素、多层次、多功能的复杂系统。在传统的教学过程中，教师的主要任务是讲解，将知识传授给学生。但随着信息技术的发展和新的教育技术手段的出现，教师从单纯的口头讲授知识转变为使用多种媒体去呈现知识，全方位地引导学生掌握知识。因此，选用合适的教学媒体，逐步实现教学内容的呈现方式、学生的学习方式、教师的教学方式和师生互动方式的变革，以增加教学容量，激发学生的学习兴趣，突出教学重点、突破教学难点，促使教学效益最大化，成为现代教育追求的目标。本章主要从教学媒体、教学媒体的特性及现代教学媒体选用技能等方面进行阐述。通过本章的学习，学习者应了解教学媒体的含义、教学媒体的理论依据、特性及种类，了解教学媒体在教学中的作用，了解现代教学媒体与课程的整合方式，了解教学媒体在学科教学中应注意的问题，掌握选择教学媒体的依据和方法，最终能够针对具体的教学内容选用适当的教学媒体。

案例导引　**多媒体教学，使课堂更精彩①**

荷　　花

叶圣陶

清晨，我到公园去玩，一进门就闻到一阵清香。我赶紧往荷花池边跑去。

荷花已经开了不少了。荷花挨挨挤挤的，像一个个碧绿的大圆盘。白荷花在这些大圆盘之间冒出来。有的才开两三片花瓣儿。有的花瓣儿全展开了，露出嫩黄色的小莲蓬。有的还是花骨朵儿，看起来饱胀得要马上破裂似的。

---

① 阳春：《基于网络的多媒体教学案例——〈荷花〉教学课例》，见搜狐博客·阳春之家，2009年9月12日。

这么多的白荷花，一朵有一朵的姿势。看看这一朵，很美；看看那一朵，也很美。如果把眼前的一池荷花看做一大幅活的画，那画家的本领可真了不起。

我忽然觉得自己仿佛就是一朵荷花，穿着雪白的衣裳，站在阳光里。一阵微风吹过来，我就翩翩起舞，雪白的衣裳随风飘动。不光是我一朵，一池的荷花都在舞蹈。风过了，我停止了舞蹈，静静地站在那儿。蜻蜓飞过来，告诉我清早飞行的快乐。小鱼在脚下游过，告诉我昨夜的好梦……

过了一会儿，我才记起我不是荷花，我是在看荷花呢。

《荷花》是义务教育课程标准人教版实验教科书三年级下册的一篇课文，是叶圣陶先生的一篇散文，描写了夏日公园里一池荷花盛开时的情景，以及“我”沉浸在此景中，与荷花融为一体的感受。作者以丰富的想象力、生动细腻的语言，描写了荷花的清新美丽，展现了一幅各具姿态、色彩明艳，活生生的水中荷花的画面，表达了作者热爱大自然的感情。

教学过程：

（一）整体感知

1.（大屏幕展示课件首页：一池摇曳的荷花，其间几只蜻蜓飞来飞去）引导学生说说看到课件首页画面想到的。

【点评：充分发挥媒体手段营造教学情境的优势，调动学生的生活体验，高效地激发学生的学习欲望】

2. 师：这节课我们学习一篇关于荷花的课文——《荷花》。（学生朗读课文）

3. 组织、指导学生玩“生字开花”游戏。

【点评：“游戏认字”体现寓教于乐的教学思想】

（二）细读看花

1. 读文想象

师：课文哪个自然段具体描写了荷花池里的荷花以及荷叶的样子？（引导学生朗读，并想象画面）

2. 感悟“冒”字之妙

（1）师：哪一句写的是荷叶？（引导学生通过图片以及拖拽荷叶的游戏体会“挨挨挤挤”“碧绿的大圆盘”）

【点评：拖曳荷叶的游戏让学生通过人机互动，在游戏中理解、体会“挨挨挤挤”的样子是怎样的。在游戏中学习语文，学生的兴致极高】

（2）师：白荷花就在这挨挨挤挤的荷叶之间生长出来，文中哪句话表达了这个意思？“冒”即长的意思，为什么用“冒”不用“长”？

（3）展示“冒出叶间”图，引导学生以手作花表演“冒”的动作，谈“冒”的体会。

【点评：动手表演符合学生心理特点，学生在边读边演的过程中产生体验，获得语感】

3. 细看形状之异

（1）师：这么多的白荷花在大圆盘之间冒出来，它们的花瓣形状相同吗？（指名读出相关语句）

（2）师：你能想象一下各种花瓣形状的样子吗？可以用手比画一下。

（3）指导学生进入“形状各异”页面，完成看图拖曳。

（4）师：你觉得哪种形状的荷花更可爱？读出相应的句子。

【点评：看图拖曳，让学生以图文对照的方法自己理解语言文字，构建自己的语感。每个学生自己动手操作完成，凸显学生学习的主体地位】

4. 欣赏姿势之美

师：（展示课件“千姿百态”页面）这么多的白荷花形状各异，如果你再仔细看还会发现它们一朵有一朵的姿势。（引导学生边看图片边发挥想象，选择最喜欢的一幅图片进行描述、赞美）

学生点击欣赏图片，并发挥想象赞美荷花。

【点评：图片弥补了课文“空白”之处，激发了学生的想象力，给学生提供一个语言表达练习的机会】

5. 感悟“活的画”

（引读本段开头两句）师：一朵朵美丽的白荷花汇集成一池荷花那该有多美啊，美得就像（一幅画），作者在课文说就如——

学生结合生活实际理解“活的画”。

【点评：这里意在引导学生感受大自然的美，激发了学生对大自然的热爱之情】

（三）美读变花

1. 配乐范读

师：一池荷花每一朵都如此美丽，你也想成为其中一朵吗？老师告诉你们方法：第一，点击“我变荷花”；第二，戴上耳机，听第四自然段配乐朗读，等一会儿老师要让你们说说变成荷花的感觉与经历。

学生边听读，边想象自己就是其中的一朵荷花，体会荷花池中的美妙感觉。

【点评：音乐、动画可以激发学生的想象】

2. 畅所欲言

鼓励、引导学生畅所欲言，表达自己的想象。

【点评：意在培养学生的想象力与表达力】

3. 美读想象

师：变成荷花的感觉真美妙啊，谁能读出这如梦如幻的感觉？

学生美读想象。

（四）吟诵荷花

师：荷花凌水而开，千姿百态、纯洁无瑕，出淤泥而不染，自古以来深受人们的喜爱与赞美。老师在灿烂的荷文化里精选了几首古诗词要和大家分享。（课件显示，引导学生吟诵关于荷花的古诗）

学生欣赏、吟诵古诗。

评析：《基础教育课程改革纲要（试行）》中就明确指出：大力推进信息技术在教学过程中的普遍应用，促进信息技术与学科课程的整合，逐步实现教学内容的呈现方式、学生的学习方式、教师的教学方式和师生互动方式的变革，充分发挥信息技术的优势，为学生的学习和发展提供丰富多彩的教育环境和有力的学习工具。这是一节三年级的语文课，三年级学生对于荷花具有一定的认识，但未曾像作者那样仔细观察和欣赏过荷花。在本课的教学设计中，设计者利用多种教学媒体集文本、声音、图形、动画为一体，为学生营造了一个图文并茂、有声有色、生动逼真的学习情境，从“我读荷花”“我看荷花”“我变荷花”“我吟荷花”四个导航点出发，提供意义建构的平台，引导学生投入充沛的情感，发挥想象，感悟语言，发展情智，使整个教学着眼于学生的主动发展，着眼于学生思维的触动和情感的激发，着眼于学生语感的训练和语文素养的提高。

思考：什么是教学媒体？在课堂教学中，怎样选择教学媒体使教学效益最大化？

第一节　教学媒体概述

一、媒体

媒体一词来源于拉丁语“medium”，意为“两者之间”，也称为“媒介”，泛指能够承载并传递信息的任何载体和工具。广义的理解，可将媒体看做是实现信息从信源传递到受信者的一切技术手段，从书本、图片、报纸、杂志、广告物、电影、电视、电话、录像机到计算机、网络、通信卫星等，都属于媒体范畴。

著名的加拿大传播学者麦克卢汉（Marshall Mecluhan）的“媒体是人的延伸”观点是所有关于媒体的本质观点中最有影响的一种，麦克卢汉把任何一种媒体都看做是人体某器官的延伸。在他看来，印刷品是人眼的延伸，无线电通信是人耳的延伸，电视则是人耳和眼睛的同时延伸，传声器是嘴巴的延伸，面对面地交流则是五官的延伸。媒体的延伸提高了人的感觉能力，打破了感官刺激的习惯，赋予媒体功能以互补性，同时媒体也是一种工具，是人类传播信息，借以认识世界的工具；媒体也是一种技术，所有的媒体都是人类技术的结晶，技术的化身；媒体也是一种环境，它不仅通过它的内容影响人的认识、价值观和行为，而且在很大程度上改变着社会和人。

二、教学媒体

教学媒体是指在教与学的活动过程中所采用的媒体，它是在传播知识、技能和情感的过程中，储存和传递教学信息的载体和工具。教学信息只有“铭刻”于某一载体上才能使教师与学习者相互之间有所交流，才能使教学信息本身以知识经验、思想信念、生活习俗、价值体系等形式得以传播出去。①

课堂教学过程是一个由教师、学生、媒体等按照教学目标构成的相互作用的整体过程，是一个多因素、多层次、多功能的复杂系统。教学媒体是教学系统的要素之一，它是承载和传播教学信息的载体。人类最早的个体之间的交流是利用一些信号、简单声音、姿态或手势。后来又逐渐创造

① 王以宁：《教学媒体的理论与实践》，第2页，北京，高等教育出版社，2007。

出一套非口头语言，如鼓声、火光、图画、音乐和舞蹈以及其他形式的图形符号。这就是人类最早、最古老的传播媒体。在传统的教学过程中，教师的主要任务是讲解，将知识传授给学生。但随着信息技术和新的教育技术手段的出现，教学领域出现了一场前所未有的革命，教师从单纯的口头讲授知识转变为使用多种媒体去呈现知识，全方位地引导学生掌握知识。

1. 口语语言媒体阶段

口语语言产生于人类历史的初期。口语语言传播是通过人类自身具有的发声和接收器官实现的，不需要利用其他媒体的中介来完成，因此口语语言所具有的这一独特优势使得它至今仍是在使用的传播媒体。口语语言的优点除了便捷性外还有高度的参与性、交互性和丰富性，但口语语言传播形式受时空的限制，它发生在人们能感受的范围内，因此，口语语言传播存在空间性和即时性的问题，受众数量少且学习者的行为只能是一次性的，要反复聆听就得教师反复讲述。

2. 文字和印刷媒体阶段

文字语言传播不要求发送者和接收者同在，因此文字语言媒体的出现克服了口语语言传播的时空限制，传播从时间和空间中解放出来。印刷媒体技术的出现，又使得人类能以更方便、快捷、牢固的方式对已有知识进行记录和保存。

人类最初采用文字的时间是在公元前 4000 年。手写、手抄形式的书本出现在 3000 多年前。人类发明纸以前，文字的书写和记载是非常不方便的，当时只能将文字刻写在龟甲、兽骨、竹简、金石、木版、锦帛之类的物品上。

公元前 2 世纪，中国人发明了造纸术。公元 105 年，中国的蔡伦造出了一批良纸。

文字媒体的出现使人类除口耳相传，又可以利用文字传达信息，成为重要的教育工具，并引起了教育方式的一次重大变革。

在印刷术发明以前，文字的传播主要靠手抄。手抄书费时费力，容易出错，效率很低。

公元 6 世纪，中国人发明了雕版印刷术。

公元 1041～1048 年，中国的毕昇又发明了活字印刷术。

公元 1456 年，德国人古腾堡发明了铸字方法，用金属活字印刷书籍。

印刷媒体的出现，使得信息可以大量复制、储存并广泛传播。教科书使得大规模公共教育成为可能。

17 世纪产生了班级授课制，各种类型的学校相继开办，引起了教育的又一次重大变革。

3. 电子媒体阶段

以电子技术新成果为主发展起来的各种新传播媒体称为电子传播媒体，例如，幻灯、投影、电影、唱片、广播、电视录像、计算机等。电子媒体引进教育领域，极大地拓展了传统教学媒体的空间。

1844 年塞谬尔·莫尔斯发明了电报，1876 年贝尔发明了电话，1895 年马可尼和波波夫分别成功地使用无线电收发报，由此，信息传播突破了物理空间的限制，可以向远距离及更广的空间进行及时传播。

1884 年，英国的爱迪生制成一种放映影片用的“活动电影视镜”，法国的卢米埃尔兄弟对它进行了重大改进，于同年研制成功电影放映机。1885 年 12 月卢米埃尔兄弟在巴黎第一次公映电影，开始了电影时代。1940 年彩色电影开始普及。由于电影具有生动、形象、感染力强，又极易普及等优点，很快就被引入到教育系统。

20 世纪第一个 10 年发明了无线电，随后的 20 年间无线电台相继在各国建立。无线电广播很快成为世界上最为普遍的一种传播媒体。

电视媒体既能提供远距离地点之间的及时传播功能，又提供了记录外界视觉影像的能力，它集中了电报技术和摄影技术的优点，使得语言、文字、图像等信息的传播更方便快捷。电视时代始于 1936 年的法国和美国。

由于广播电视的发展，世界上许多国家兴办了远距离教育。例如，英国于 1971 年建立了英国开放大学。

自从 1954 年出现了第一台能用于演播室的磁带录像机以来，录像技术有了很大发展。录像技术解决了图像信息的记录和重放问题，使大量优秀的教学电视节目得以保存、传播。许多高等学校的图书馆内都存储录像教学资料，师生随时可以借阅。

4. 数字语言媒体阶段

世界上第一台计算机出现于 1946 年。计算机的产生和发展，使信息的利用和传播、加工和处理等技术进入了一个新时期，也就是人们常说的“信息时代”。

自 1957 年苏联发射第一颗人造卫星以来，全世界已经发射了许多卫星。至 20 世纪 90 年代初，互联网成了一个真正的全球网络。计算机网络媒体应用于教学领域，丰富了学习资源的获取，也改变着学习者的学习方式。

三、教学媒体的理论基础

1. 建构主义学习理论

建构主义学习理论是和行为主义学习理论相对应的一种学习理论。行为主义学习理论把环境看做刺激，把伴随刺激的有机体行为看做反应，认为学习者的行为是他们对环境刺激所作出的反应，所有行为都是习得的，认为学习就是通过强化建立刺激与反应之间的联结。行为主义学习理论不重视学生在学习过程中的理解和心理过程。

建构主义学习理论认为，个体的认知发展与学习过程密切相关。知识是学习者在一定的情境即社会文化背景下，借助其他人（包括教师和学习伙伴）的帮助，利用必要的学习资料，通过意义建构的方式而获得的。真正的理解只能由学习者基于自身的经验背景而建构起来，取决于特定情境下的学习活动过程。因此“情境”“协作”“会话”和“意义建构”是建构主义学习理论认为的理想学习环境中的四大要素。

传统的教室和教学方式很难建构这样的学习环境，而教学媒体的发展使我们可以方便地建设这样的理想学习环境。因此，现代教学媒体与课程的整合更重要的是以教学媒体为基础构建新的教学环境，在这个环境中，教学媒体不是一种辅助工具，而是知识的载体、教学的媒介和交流的工具。

2. 人本主义学习理论

人本主义学习理论对人的情感、知觉、信念等内部行为格外关注。在他们看来，如果学习对个体没有任何意义，则不可能产生学习行为。罗杰斯认为，学习应该是逻辑与直觉、理智与情感、概念与经验、观念与意义的全面结合，而要达到全面结合，学习者就必须以“完整的人”投入学习中。所谓“完整的人”即学习不应该只发生在“颈部之上”，而是学习者整个人（包括情感与理智）全部投入到学习中。

人本主义学习理论强调以人的价值的实现、情感体验的满足、精神的健康、创造力的激发为教学宗旨，它重视个性的交往、师生间情感的交流，为建立平等和谐的师生关系提供可能性，为学生可持续发展奠定基础。借助现代教学媒体，可以为学生建构真实的问题情境，提供丰富的学习资源，创设多种学习路径，引导学生多方向、多角度、多层次、多结果地思考问题，培养学生创造性和发散性思维，让学生主动参与学习过程，调动多种感官功能，在直接知识与间接知识之间建立联系，培养学生的探索精神，变被动学为主动学，从中学会发现、分析和解决疑难问题的方法，进而体验成功的快乐。

3. 多元智能理论

20世纪80年代，美国著名发展心理学家、哈佛大学教授霍华德·加德纳博士提出多元智能理论。加德纳认为，智能是在某种社会和文化环境的价值标准下，个体用以解决自己遇到的真正难题或生产创造出某种产品所需要的能力。加德纳指出，人类的智能是多元化而非单一的，至少存在语言智能、逻辑—数学智能、空间智能、身体运动智能、音乐智能、人际智能、自我认知智能、自然认知智能八种智能。

加德纳承认每个人都或多或少拥有不同的八种多元智能，这八种智能代表了每个人不同的潜能，这些潜能只有在适当的情境中才能充分地发展出来。智能之间的不同组合表现出个体间的智能差异，教育的起点不在于一个人有多么聪明，而在于怎样变得聪明，在哪些方面变得聪明。这一全新的智能理论对于学校教学中现代教学媒体的应用具有重要的指导意义。

第二节　教学媒体的特性与分类

一、教学媒体的共同特性

1964年，加拿大著名大众传播研究者麦克卢汉在《媒体通论：人体的延伸》一书中，论证人类在进入电子时代的同时，对媒体的性质、特点、作用和分类，提出了许多新的观念，其中一个重要的观念就是认为，媒体是人体的延伸。例如，印刷品是眼睛的延伸；话筒是嘴巴的延伸；收音机是耳朵的延伸；电子计算机是大脑的延伸。除此之外，教学媒体还有六个共同特性。

1. 固定性

这是指教学媒体可以记录和储存信息，以供需要时再现。如印刷媒体直接将文字符号固定在书本上，电子媒体将语言、文字、图像转换成声、光、磁信号，固定在磁带或胶片上。媒体的这一特性使前辈们能够把丰富的实践经验逐渐积累，老师们能够把宝贵的知识、技能传授给学生。

2. 扩散性

这是指教学媒体可以将各种符号形态的信息传送到一定的距离，使信息在扩大的范围内再现。古代的“秀才不出门，便知天下事”依靠的就是媒体的这一特性。而在电子信息技术长足进步的20世纪后半叶，麦克卢汉提出“地球村”的概念，也是不足为怪的。

3. 重复性

这是指教学媒体可以重复使用。如果保存得好，这些媒体可以根据需要，一次次地被使用，而其呈示信息的质和量稳定不变。另外，它还可以生成许多复制品，在不同的地点同时使用。这种重复使用的特性适应了学生逐渐领会、重温记忆的需要，也适应了扩大受益面的需要。

4. 组合性

这是指若干种教学媒体能够组合使用。这种组合可以是在某一教学活动中，几种媒体适当编制、轮流使用或同时呈示各自的信息；也可以把各种媒体的功能结合起来，组成多媒体的系统，如声画同步幻灯、交互视频系统等。组合性还指一种媒体包含的信息可以借助另一种媒体来传递，如图片、模型等可以通过电影、录像等媒体呈示在屏幕上。计算机多媒体系统更是集中地反映了这一特点。

5. 工具性

这是指教学媒体与人相比处于从属的地位，即使功能先进的现代化媒体，它还是由人所创造，受人所操纵的。教学媒体只能扩展或代替教师的部分作用，而且适用的教学媒体还需要教师和设计人员去精心编制或置备。正如事实已经证明的，即使具有某种智能的计算机辅助教学，也不会使教师失业，而只是促进了教学设计者对于人机功能合理分配的思考。

6. 能动性

这是指教学媒体在特定的时空条件下，可以离开人的活动独立起作用。比如，优秀的录像教材或计算机辅助教学课件的确可以代替教师上课。精心编制的教学媒体一般都比较符合教学设计原理，采用的是最佳教学方案，尤其是由经验丰富的老教师参与设计、编制的教学媒体，较之缺乏教学经验的年轻教师来说，教学效果会更好。

二、教学媒体的个别特性

英国开放大学的贝茨（A. Bates）博士的教学媒体观认为：

1. 媒体一般是灵活的、可替换的。比如说，通过电视达到的教学目标也可以通过印刷品或其他媒体来达到。

2. 每种媒体都有其独特的内在规律，即有一套充分发挥其功能的固有法则。比如说，同是电视，可能有人用得很恰当，有人却用得很糟糕。

3. 不存在对任何教学目标都最优越的“超级媒体”。各种媒体都有自己的优缺点，而且不同媒体的优缺点又是各不相同的。

4. 对于某些具体的教学目标来说，还是存在某种媒体其教学效果明显优于其他媒体，即不同的媒体有不同的专长。

总之，贝茨认为，各种教学媒体既有共性，又有个性，为了追求优化的教学效果，应该鉴别它们的特点和专长。

日本教育技术专家坂元昂教授在大量调查、认真分析的基础上，提出过一个“教学媒体的特性评价表”（见表 6-2-1），从功能、目标、成本、使用等几个方面比较了自教科书至计算机辅助教学系统的各种主要教学媒体的个别特性。

表 6-2-1　教学媒体的特性评价表

教学特性 \ 媒体种类		教科书	程序课本	黑板	模型	卷片幻灯	电影	投影	电视	反应分析装置	模拟机	录像	教育信息处理	计算机教学系统
功能	呈现信息	★	★	□	□	★	★	□	★	×	□	★	×	□
	反馈信息	▲	□	×	▲	×	▲	□	×	□	★	□	×	★
	激起反应	□	★	▲	□	★	□	□	★	×	★	★	×	★
	控制反应	□	★	▲	▲	□	□	▲	□	×	★	★	×	□
	诊断评价	×	□	×	▲	×	×	×	×	★	□	□	★	★
目标	知识	★	★	□	□	★	★	★	□		×	★		★
	技能	×	▲	×	□	×	□	×	×	……	★	★	……	▲□
	能力	□	□	□	□	▲	□	□	□		□	□		▲
	态度	□	▲	▲	□	★	□	×	★		▲	▲		
代价	准备的精力	□	▲	★	□	×	□	□	□	▲	×	▲	×	×
	设备投资	□	▲	★	▲	▲	▲	▲	▲	×	×	×	×	×
	日常耗费	★	★	★	□	×	▲	□	★	□	★	▲	×	×
	保存性	□	□	★	□	▲	□	★	□	▲	▲	★	□	□
	反复性	□	□	□	★	▲	★	★	×	×	★	★	▲	▲
使用方式	便利性	□	□	▲	□	▲	★	★	★	□	□	□	×	□
	个别指导	★	□	□	□	×	□	×	□	×	★	★	×	★
	集体指导	★	□	□	□	★	□	★	★	★	×	□	□	□
	实用性	★	□	★	□	□	□	★	★	□	★	□	▲	▲

注：★很有利　□较有利　▲困难　×不利

我国对于各种教学媒体的个别特性，则常常从以下几个方面进行鉴别，见表 6-2-2。

1. 表现性：也称为表现力，指教学媒体表现事物的空间、时间和运动特征的能力。空间特征：指事物的形状、大小、距离、方位等；时间特征：指事物出现的先后顺序、持续时间、出现频率、节奏快慢等；运动特征：指事物的运动形式、空间位移、形状变换等。

2. 重现性：也称为重现力，指教学媒体不受时间、空间限制，把储存的信息内容重新再现的能力。

3. 接触性：又称为接触面，指教学媒体把信息同时传递到学生的范围的大小。

4. 参与性：指教学媒体在发挥作用时学生参与活动的机会。模型、录音、录像、计算机等媒体提供学生自己动手操作的可能，使学生可能随时中断使用而进行提问、思考、讨论等其他学习活动，行为参与的机会较多；电影、电视、无线电广播、多媒体计算机等媒体有较强的感染力，刺激学生的情绪反应较为强烈，容易诱发学生在感情上的参与。

5. 受控性：指教学媒体接受使用者操纵的难易程度。

表 6-2-2　教学媒体特性一览

教学特征 \ 媒体种类		教科书	板书	模型	无线电	录音	幻灯	电影	电视	录像	计算机
表现力	空间特性			√			√	√	√	√	
	时间特性	√	√		√	√		√	√	√	√
	运动特性							√	√	√	√
重现力	即时重现		√			√				√	√
	事后重现	√		√		√	√	√		√	√
接触面	无限接触	√			√				√		
	有限接触		√	√		√	√	√		√	√
参与性	感情参与				√	√		√	√	√	
	行为参与	√	√	√			√				√
受控性	易 控	√	√	√		√	√			√	√
	难 控				√				√		

三、教学媒体的分类

(一) 教学媒体分类

随着科学技术的发展，教学媒体越来越多。依据不同的标准，教学媒体可分为多种类型。

1. 按照媒体使用时用“电”与否，可分为传统教学媒体和现代教学媒体两大类。

2. 按照媒体的制作方式，可分为印刷和非印刷两大类。

3. 按照媒体的物理性能，可分为光学投影媒体、电声媒体、电视媒体和计算机媒体四类。

4. 从传递信息的范围来看，可分为有限接触和无限接触两类。

5. 从能否及时反馈信息来看，可分为单向和双向两类。

6. 从传递信息与现实事物的关系来看，可分为实物型、模拟型和符号型三类。

7. 从使用者对媒体的可控性来看，可分为可控型、基本可控型和不可控型三类。

8. 根据使用方式不同，又可分为教学辅助媒体和学生自学媒体。自学媒体是指教师不在场的情况下，学生可进行自学的媒体。

9. 按媒体呈现的形态，罗纳德·安德森（Ronald. H. Anderson）将媒体分为十大类：听觉媒体、印刷媒体、听觉—印刷媒体、静止图像投影媒体、听觉—静止图像投影媒体、活动视觉媒体、有声活动视觉媒体、实物媒体、人类与环境的资源、计算机。

10. 根据教学媒体作用于人的感官不同，分为非投影视觉媒体、投影视觉媒体、听觉媒体、视听觉媒体和综合媒体五类。

非投影视觉媒体又称为传统教学媒体，包括印刷材料、图画、图示材料、模型和实物等。

投影视觉媒体包括幻灯机、投影机等，以及相应的教学软件。

听觉媒体包括录音机、收音机、电唱机、激光唱机（CD 机）等，以及相应的教学软件。

视听觉媒体包括电影放映机、电视机、录像机、激光视盘机（影碟机）等，以及相应的教学软件。

综合媒体包括多媒体计算机和计算机网络等，以及相应的教学软件。

上述仅简介了部分教学媒体的分类法，可见名目繁多，我们可以按使用与研究工作的需要，选用那些最有用的分类法去应用。

(二) 常用教学媒体简介

1. 视觉类媒体

又分为非投影型视觉媒体和投影型视觉媒体两种。非投影型视觉媒体包括粉笔、黑板、印刷的文字材料、图示材料、图片、实物教具与模型等；投影型视觉媒体是将视觉材料放在屏幕上展示，以实现教学信息传递的媒体，包括幻灯、投影、实物投影等，其优点是善于提供静止、放大的视觉画面。利于学生观察事物的细节，能突出事物的外部形态及特征，可创设问题情景，材料丰富易制，可控性强。缺点是不善于表现连续运动变化的过程。

2. 听觉媒体

包括广播、录音、有声卡、语言实验室、唱片、激光音碟等，其优点是善于呈现各种逼真的听觉信息，提供标准声音刺激，便于感知、模仿，能营造氛围，烘托气氛，调动情感参与，材料丰富易制，可控性强。缺点是语言的表现抽象性强，难定合适的步调，是以时间线索的固定顺序来表现信息。

3. 视听型媒体

包括电影、电视、录像、激光影碟等，优点是善于呈现连续的视听觉信息，有利于展示事物发生、发展的全过程，有利于呈现标准的运动和动作规范，便于模仿，能观看实验中不能直接看到的事物，表现力强，容易调动学生的兴趣，有利于建立共同经验。缺点是教材制作周期较长，制作技术方面有一定要求，单向传播媒体，画面元素较多，学生不容易集中注意力于所表达的内容上。

4. 交互型/综合型媒体

包括教学模拟机、教学游戏机、双向有线电视系统、计算机辅助教学（CAI）系统等，优点是能呈现多种信息形态，动静结合表现力强，便于交互，有利于调动学生的参与积极性，能实现异地的实时性交互，内容设计方式便于学生联想、跳跃式的思维，能创设逼真的人际化的环境，适合于各种学习方式。缺点是适合于教学用的软件太少，使用此媒体类型成本高，操作技能需通过培训，系统维护工作量大。

第三节　现代教学媒体选用技能

一、现代教学媒体在教学中的作用

现代教学媒体是相对于传统教学媒体而言的，传统教学媒体主要指黑板、挂图、标本、仪器、文字教科书等，现代教学媒体主要指教学上使用的电子技术媒体。它由两部分构成，即硬件和软件，硬件指各种教学机器，如幻灯机、投影仪、录影机、电影放映机、电视机、电子计算机等；软件指已制作好的载有教学信息的幻灯片、投影仪、录影带、电影片、录像带、计算机软件等。

现代教学媒体被广泛地应用于各种教和学的情境，其呈现方式主要有以下几种：

A、设疑——播放——讲解；B、设疑——播放——讨论；

C、讲解——播放——概括；D、讲解——播放——举例（学生讨论）；

E、播放——提问——讲解；F、播放——讨论——总结；

G、边播放、边讲解；H、展示事例，开阔视野；

I、边播放、边议论；J、其他（学生自己播放学习等）。

教学过程是复杂的、动态的，随着教学内容、教学对象、教学方法的不同，对实现具体的教学目标，发挥着各自不同的作用。现代教学媒体的作用主要表现在以下几方面：

1. 辅助师生的教与学。就常规教学来说，使用教学媒体就是为了帮助教师的“教”，当然，正确选择与设计的教学媒体，不但能辅助教师的教，而且能很好地强化和促进学生的学，这种双重作用的发挥依赖于教师。

2. 提供学生训练或实践的机会。一些媒体特别适合于学生的训练和实践。例如，在各种实验室、多媒体网络教室等以学生为中心的学习环境中，各种教学媒体主要是为学生的自我训练和实践服务的。

3. 有利于发现学习。教学媒体有助于在教学中使用“发现式”和“探究式”的学习和教学方法。例如，让学生观看一段资料影片、一个演示实验或一定的网上资源，然后让学生们去“探究”和“发现”其中的关系、原理等。

4. 有利于个性化教学。个性化教学被认为是一项重要而有效的教育策略，教学媒体的发展促进了个性化教学的发展。以计算机和网络为核心的教学媒体能为所有学生提供适合于他们个人兴趣、能力和经验的学习材料，让他们进行自主的选择。

5. 有利于教学互动。计算机网络教室等现代教学媒体，能实现师生、生生间的教学互动。教师不仅可以利用媒体来向学生传递信息，也可以利用媒体来分析、解答和纠正学生在学习中出现的问题，可以与多个学生就同一问题进行相对封闭式的讨论，或进行一对一的交互式的教学，从而更好地进行因材施教。

二、选择现代教学媒体的依据

1. 教学目标

每个单元、每个课题、项目都有一定的教学目标，即具体的教学要求，比如要使学生了解某个概念，或明白某种原理，或掌握某项技能等。为达到不同的教学目标常需使用不同的媒体去传输教学信息。以外语教学为例，让学生知道各种语法规则与使学生能就某个题材进行会话是两种不同的教学目标。前者往往采用教师讲解，辅以板书或投影材料，使学生在井井有条的内容安排中形成清晰的语法概念；后者往往采用角色扮演并辅以幻灯或录像资料，使学生在情景交融的沟通条件下掌握正确的言语技能。但假如是为了纠正学生的外语发音，则最好采用录音媒体了。

2. 教学内容

各门学科的性质不同，适用的教学媒体会有所区别；同一学科内各章节内容不同，对教学媒体也有不同要求。如在语文学科中讲读那些带有文艺性的记叙文，最好配合再造形象，所以应通过能提供某些情景的媒体，使学生有亲临其境的感受，以唤起他们对课文中的人物、景象和情节的想象，使之加深理解和体会。又如数学、物理等学科的概念、法则和公式都比较抽象。要经过分析、比较、综合等一系列复杂的思维过程才能理解，所以应使媒体提供的教材延伸变化，才能帮助学生理解。

3. 教学对象

不同年龄段的学生对事物的接受能力不一样，选用教学媒体必须顾及他们的年龄特征，比如，小学生的认知特点是直观形象的思维和记忆比逻辑抽象的思维和记忆发达，注意力不容易持久集中，对他们可以较多地使用幻灯、电影和录像。幻灯片要生动形象、重点突出、色彩鲜艳，能活动的地方力求活动，每节课使用的片数不宜过多，解释要细致些。使用录像和电影也宜选用短片。动画镜头可以多一些。随着年级的升高，学生的概括和抽象的能力发展了，感知的经验也逐渐丰富起来，注意力持续集中的时间延长。为他们选用的教学媒体就可以广泛一些，传递的内容则增多了一些分析、综合、抽象、概括，增加了理性认识的份比，重点应放在揭示事物的内在规律性上，同一种媒体连续使用的时间也可长些。另外，在两种效果接近的媒体中进行选择时也可适当考虑学生的习惯。

4. 教学条件

教学中能否选用某种媒体，还要看当时当地的具体条件，其中包括资源状况、经济能力、师生技能、使用环境、管理水平等因素。录像教学具有视听结合、文理皆适的优点，但符合特定课题需要的录像片是不是随手可得呢？语言实验室是一种极其有效的外语教学媒体，但并非每个学校都有能力置备，因陋就简采用录音机代替也是可以的。使用计算机辅助教学前景看好，但除了需要资金购买计算机，还得培训使用人员。若教室不具备遮光设备，连“价廉物美”的投影、幻灯都用不上。有的单位管理混乱，结果使不少已经置备的现代化教学媒体无法使用。

三、选择现代教学媒体的原则

教学中我们常将两种以上的媒体组合使用，因为各种教学媒体都有各自不同的特点和长处，使用两种以上的媒体来传递信息，可以使媒体之间互相补充。另外一个教学点的总目标一般是由多级目标组成的，通过多个教学环节实现，教学目标和教学策略不同，适应的教学媒体也就不同。多种媒体的恰当组合，能更好地调动学生的多种感官参与活动，有效地提高学习效率和记忆水平。同时多媒体教学信息量大，信息来源广泛，有利于开阔学生的视野，拓宽知识面。通过现代教学媒体的适用时机及考虑其主要因素，在选择与组合现代教学媒体时应遵循以下原则：

（一）目标性原则

要根据课堂教学目标和教学内容选择现代教学媒体，比如一堂语文课，如果教学目标是着重培养学生的听说能力，就应考虑选用录音媒体；如果教学目标是通过看图让学生造句或作文，提高观察能力，那就应选择投影或幻灯。不管选用哪种教学媒体，都是为达到课堂教学目标服务的，都是服从于教学任务这个大局，绝不能想用哪种媒体就用哪种媒体。

（二）最优化原则

多媒体组合教学的研究与实践表明，围绕教学目标选择教学媒体时，必须根据不同媒体的功能特性，充分发挥各种教学媒体的特长，选择使用最能表现相应教学内容的媒体种类，同时还要对多种媒体进行优化组合。

1. 多种感官配合

这是依据媒体的功能和属性去组合媒体的重要原则。教育心理学研究表明，在人类的5种感官学习中，视觉、听觉的学习最重要（分别占83%、11%），而视、听觉组合对知识的记忆率远远高于视、听觉分别记忆之和，可见调动多感官学习意义很大。对人脑功能的研究还表明，单一持续的刺激，会诱导抑制效应，大脑迅速出现疲劳现象，而多种感官的交替刺激（如讲解20分钟，看录像5分钟，再演示实验等），可充分调动大脑的功能，使之处于兴奋激活状态，提高学习效率。因此，多种媒体的组合应用，应根据多感官的配合原则来设计，使之协调统一，交替轮换，相互补充。如视觉媒体与听觉媒体的组合、视听媒体与实物媒体的组合、传统媒体与交互计算机媒体的组合等，但并不是说媒体用得越多越好，还要考虑教师的操控能力、学生接受能力，因此在考虑多感官媒体组合时，还要注意媒体运用的适度性。

2. 传输大信息量

现代教学媒体的组合必须有利于增加教学信息量，这是现代教学媒体内容组合的基本原则。如果所组合的两个媒体的教学信息是等值的，就不应将之组合在一起使用。一般来说，把在信息表达特性方面互补的媒体组合在一起应用，可提高教学信息量。

（三）适度性原则

在教学过程中应适当多采用些教学媒体，因为多种媒体传递的教学信息量，一般会比只用一种媒体传递的教学信息量要大，但这并不是说媒体用得越多越好，因为课堂信息大了，还要考虑学生能不能接受，如果不能接受，再多的信息也是无用。因此不该放录音一定不放录音，不该放录像坚决不放录像。

（四）反馈互动原则

反馈是课堂教学结构不可缺少的部分，是检测学习效果、了解学习动态的重要途径，也是体现以学生为中心，发挥学生主体作用的重要方法。应用现代教育技术提高教学效果，必须通过多种途径和多种形式建立最佳反馈渠道，既要让学生及时准确地获取反馈信息，以便将更多的知识内化为自身素质，又能使教师及时了解学生的学习态度、智力因素及非智力因素发展程度，以便调整自己的教学方式和策略。

（五）经济与实效相结合的原则

一般来说，媒体组合不宜过于复杂，而以简洁实用、少而精、省时省力、易于操控为佳。要讲究教育经济学原理，以较小的代价取得较大的效果。能用传统教学媒体讲清楚的，则不用现代教学媒体；能用简单媒体的，则不用复杂媒体；能用低成本媒体的，则不用高成本媒体。现代教学媒体操作总要占用一定的教学时间和资源，因此教师课前要熟练掌握所使用媒体的功能和操作方法，各种附件和软件要准备齐全。就我国目前国情来说，经济实效尤为重要，要提倡因陋就简、勤俭节约、就地取材，用有限的经费迅速发展和推广多媒体教学。

四、选择现代教学媒体的方法

人们在大量的媒体应用实践中逐步总结出了一些选择媒体的方法、程式或模型，这里主要介绍问题表、流程图、矩阵式和经验之塔四种模型。

1. 问题表

问题表实际上是列出一系列要求媒体选择者回答的问题，通过对这些问题的逐一回答，来比较清楚地发现适用于一定教学情景的媒体。

下面的一组问题便是例子：

编号	题　　目
1	所需媒体是用来提供感性材料还是提供练习条件？
2	该媒体是用于辅助集体讲授还是用于个别化学习？
3	媒体材料与学生的认知水平相一致吗？
4	教学内容是否要作图解或图示的处理？
5	视觉内容是用静止图像还是活动图像来呈现？
6	活动图像要不要配音？是用电影还是录像来表达视听结合的活动图像？
7	有没有现成的电影或录像以及放映条件？

由教师对这些问题作答，归纳问题的答案，选择适当的媒体。

问题表列出的问题根据实际情况可多可少，可按逻辑排序，也可不按逻辑排序。这种模型出现较早，并为其他一些选择模型提供了基础。它的优点是方便灵活，缺点是列表时全凭教师的认识和经验，容易出现遗漏。

2. 流程图

流程图建立在问题表模型的基础上，它将选择过程分解成一套按序排列的步骤，每一步骤都设有一个问题，由选择者回答“是”或“否”，然后按逻辑被引入不同的分支。回答完最后一个问题，就会有一种或一组媒体被认为是最适合于特定教学情景的媒体。

媒体选择的流程图可以根据不同需要设计成各种形式。下面介绍美国著名教学设计专家肯普提出的针对小组教学（图 6-3-1）、个别化教学（图 6-3-2）和集体化教学（图 6-3-3）三种不同教学组织形式的媒体选择流程图以及英国教育技术专家罗米斯佐斯基提出的选择视觉媒体的流程图（图 6-3-4）。

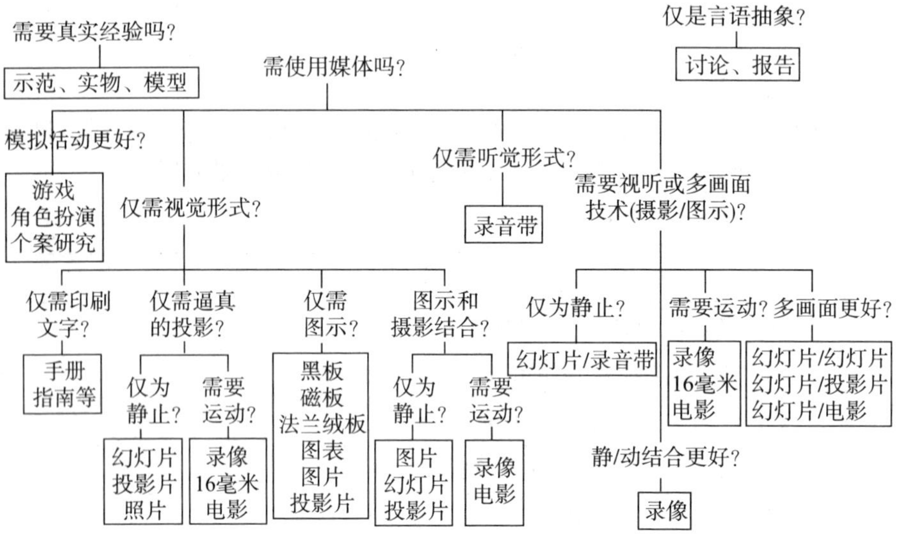

图 6-3-1　小组相互作用的媒体选择流程

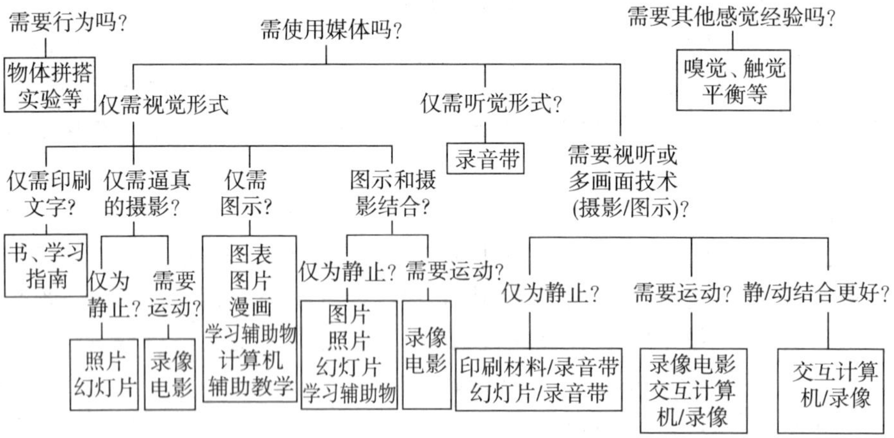

图 6-3-2　个别化学习的媒体选择流程

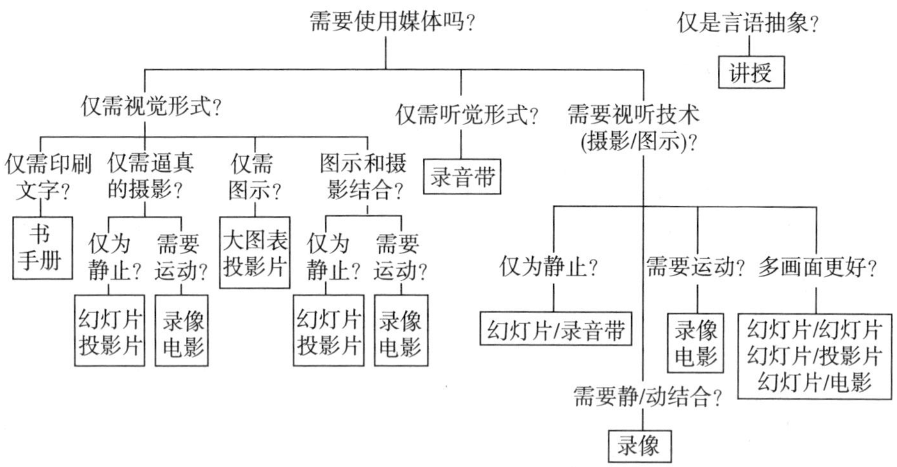

图 6-3-3　集体授课的媒体选择流程

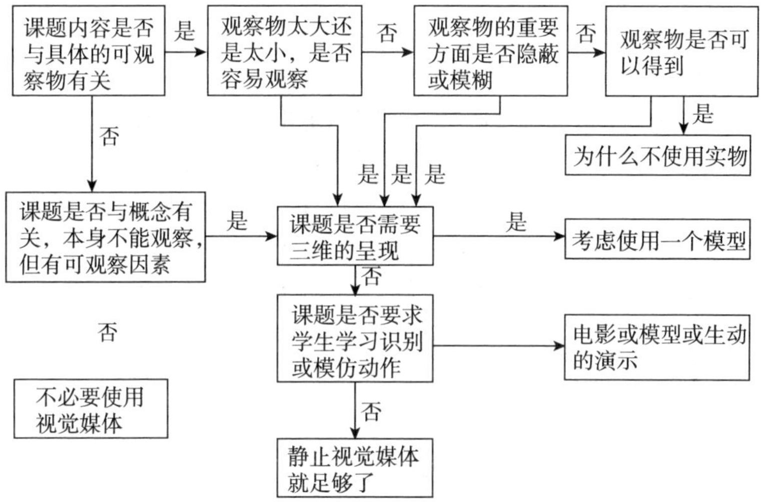

图 6-3-4　视觉媒体选择流程

流程图的优点在于它有现成的模式供参考，当教师回答了全部问题以后，所需的媒体也就确定出来，而不需要像问题表那样还需要进一步综合分析每一个问题的答案才能得到结论。

3. 矩阵式

矩阵式主要由两个维度组成，一个维度是特定的媒体；另一个是特定的学习目标和学习类型，运用某种评判尺度反映两者之间的关系。加涅以自己的九阶段教学事件作为矩阵式的一个维度，以媒体的种类为另一维度，提出了媒体选择的一个矩阵式，如表 6-3-1 所示。

表 6-3-1 矩阵式媒体选择表

种类 功能	实物演示	口头传播	印刷媒体	静止图像	活动图像	有声电影	教学机器
呈现刺激	Y	Li	Li	Y	Y	Y	Y
引导注意和其他活动	N	Y	Y	N	N	Y	Y
提供所期望行为的规范	Li	Y	Y	Li	Li	Y	Y
提供外部刺激	Li	Y	Y	Li	Li	Y	Y
指导思维	N	Y	Y	N	N	Y	Y
产生迁移	Li	Y	Li	Li	Li	Li	Li
评定成绩	N	Y	Y	N	N	Y	Y
提供反馈	Li	Y	Y	N	Li	Y	Y

注：Y—有此功能；N—无此功能；Li—功能有限。

矩阵式的优点在于它考虑了更多的与教学情境有关的因素，但实际操作起来比较困难。

4. 经验之塔

"经验之塔"是由美国视听教育家戴尔提出的，他将教学媒体按其所能提供的学习经验进行排列，形成金字塔形状，由下而上分为 11 个层次。"塔"的最底层的内容提供的学习经验最直观、具体，逐层上升后直接感觉的程度越来越下降，趋向抽象的程度越来越高，如图 6-3-5 所示。位于"塔"中间的那些视听教材和视听经验，比上层的言语和视觉符号更具体、形象，又能突破时间和空间的限制，弥补下层各种直接经验方式的不足。

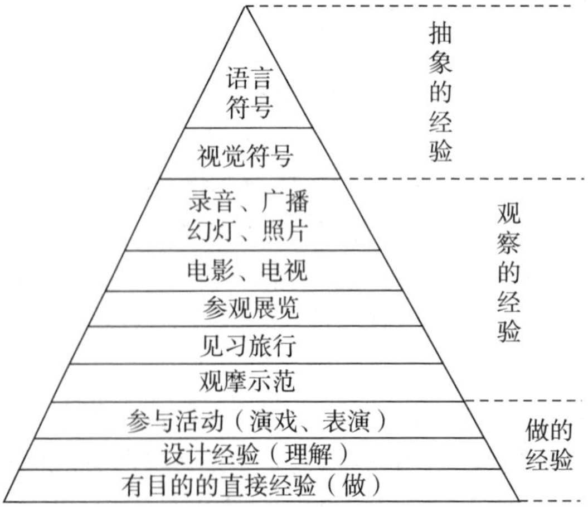

图 6-3-5 戴尔的"经验之塔"

“经验之塔”优点是能较快作出抉择，但在媒体间进行相互比较的标准过于简单。

五、现代教学媒体与课程的整合方式

现代教学媒体与课程整合经历了一个不断发展与深化的过程，在这一进程中，现代教学媒体与课程整合主要表现为以下几种方式。①

1. 现代教学媒体作为演示呈现工具

这是现代教学媒体用于学科教学的最初表现形式，是现代教学媒体和课程整合的最简单方式，目前的基础教育和高等教育的学科教学已广泛地采用这种方式。

教学中教师可以使用现成的计算机辅助教学软件或多媒体素材库，选择其中合适的部分用在自己的讲解中。也可以利用Power Point或者一些多媒体制作工具，综合利用各种教学素材，编写自己的演示文稿或多媒体课件，清楚地说明讲解对象的结构，形象地演示其中某些难以理解的内容，或用图表、动画等展示动态的变化过程和理论模型等。另外，教师也可以利用模拟软件或者计算机外接传感器来演示某些实验现象，帮助学生理解所学的知识。这样，通过合理的设计与选择，计算机代替了幻灯、投影、粉笔、黑板等传统媒体，实现了它们无法实现的教育功能。

在这种方式的整合中，教学虽然也有教师、学生、教学内容、教学媒体四个要素，但教学媒体并不是必不可少的。教师的教学活动、学生的学习活动与传统的教学模式相比没有发生质的改变，对教师的现代教学媒体掌握的能力要求也不高，教师能使用教学媒体，制作一些简单的教学课件就能完成教学。

如在进行日食、月食形成的教学中，用Flash软件或Power Point课件把太阳、地球、月亮三者按天体中的坐标排列，使三者按实际情况运转起来，这样在什么地方怎样形成什么样的现象就很明显直观了，从而将物理概念转化为形象生动的物理画面，降低了物理知识的认知难度。

2. 现代教学媒体作为个别辅导工具

这种方式主要是根据不同的教学内容，让学生利用计算机辅助软件，如操作练习型软件、计算机辅助测验软件等，对所学习的内容进行练习和测验。个别辅导软件实现了教师职能的部分代替，如计算机可以生成不同难易程度的练习与测验，供不同程度的学生使用，并对学生的练习及测验

① 何克抗：《信息技术与课程整合》，北京，北京大学出版社，2002。

的完成情况进行评定。也可以让学生利用个别辅导软件进行个别化的学习，个别辅导软件是一种内容特定、组织良好的计算机辅助教学程序，这与一般的信息资源不同，学生可以通过与某种“课件”的交互来学习相应主题的知识和技能。在这种交互过程中，“课件”可以针对学生的反应情况给予反馈，展开下一步的学习内容，就像一个“辅导教师”。

根据不同的学习内容和学习目标，个别辅导软件提供的交互方式也有不同，体现了不同的教学（或学习）方法，从而形成了不同模式的个别辅导软件，反映了利用计算机进行学习时的人机交互方式，包括操作和练习、对话、游戏、模拟、测试、问题解答等。

在这种整合方式的教学中，教师要对所用的软件进行选择，有条件的教师也可以根据教学的需要对已有的软件进行二次开发，或进行一定的设计与制作。这种整合方式，从一定程度上注意了学生的个别差异，提高了学生的学习投入性。

3. 现代教学媒体作为交流协作工具

这种整合方式主要是利用现代教学媒体便于交流的特点，为学生多创设一些交流的机会。电子邮件、BBS、聊天室等都可以为教师和学生间的交流提供支持。教师可根据教学的需要或学生的兴趣开设一些专题或聊天室，使学生在课后有机会对课堂上没有得到解决或感兴趣的其他问题进行充分的交流，把课堂上的学习延伸到课外。

学生也可以建立各种兴趣小组，对感兴趣的问题进行共同探索和讨论。比如，在科学教育中，世界上不同国家的学生利用互联网来共同研究全球气候变暖的问题，他们分别收集当地气候变化的有关资料，并进行实地观测，然后将数据录入基于互联网的数据库中，对气候变化及原因进行网上讨论。这样，这些学生就可以对世界上不同地方的气候变化情况进行分析和研究。教师可以通过网络对学生提供指导，学生可以通过网络向教师提问题或者交作业。同时学校和家长之间也可以利用网络实现更好的沟通和协作。另外，在进行某个领域的学习时，学生还可以通过互联网访问该领域的一流专家或者第一线的实践工作者。比如，学习者可以就遗传问题直接通过电子邮件访问遗传学专家。

4. 现代教学媒体作为研究探索工具

现代教学媒体能为发现性学习提供有效的支持。在发现学习中，教师不是直接把现成的知识呈现给学生，而是要给学生提供一定的问题情境和有关的资源，让学生通过自己的思考、探索来形成某些概念，发现一定的原理。在这种教学中，现代教学媒体的作用主要是呈现探索情境，提供解决问题所需要的工具。

根据一定的课程学习内容，利用多媒体集成工具或网页开发工具将需要呈现的课程学习内容以多媒体、超文本、友好交互等方式进行集成、加工处理转化为数字化学习资源，根据教学的需要，创设一定的情境，并让学习者在这些情境中进行探究、发现，有助于加强学习者对学习内容的理解和促进学习能力的提高。

现代教学媒体还能为学生的学习提供有效的研究探索工具。常见的工具主要有：

（1）专门的工具型教学软件。工具型教学软件不提供具体的教学内容，而是提供一个展示、处理某类教学内容的平台，教师、学生可以利用这一工具来解决自己所面临的具体问题。如学生利用“几何画板”这一工具可以很方便地绘制各种几何图形，测量长度、角度等参数，而且可以对图形做各种操作，如伸缩、旋转等。通过这些操作，学生可以研究和发现图形中的各种内在关系。

【知识链接】 几何画板

几何画板是一个适用于几何教学的软件，它给学生提供了一个观察几何图形的内在关系、探索几何图形奥妙的环境。它以点、线、圆为基本元素，通过对这些基本元素的变换、构造、测算、计算、动画、跟踪轨迹等，构造出较为复杂的图形。

如，可以在画板上任取三个点，然后用线段把它们连起来。这时，拉动其中的一个点，图形的形状就会发生变化，但仍然保持是三角形。再进一步，还可以分别构造出三条边的三条中线，这时再拉动其中任一点时，三角形的形状同样会发生变化，但三条中线的性质永远保持不变。这就可以让学生在对图形的探索性操作中观察、体验到规律：任意三角形的三条中线交于一点。

（2）一般工具软件在教学中的应用。一般工具软件也可以在教学中成为学生学习研究的有利工具。比如文字处理软件、演示文稿软件、电子表格软件、数据库软件等。如，文字处理软件（如 Word 等）可以用在语文的写作课上，学生可以利用 Word 等进行写作和修改，可以进行编辑排版。在进行英语写作时，Word 等还具有拼写和语法检查的功能，对学生的写作有一定的帮助。另外，也可以在社会科学或自然科学课上让学生用 Word 撰写研究报告等。数据库、电子表格等软件可以用在自然科学研究或社会调查中，进行数据的管理和处理分析。例如，在学习中国人口问题时，教师可以不直接向学生讲解中国的人口现状和人口政策，而是给学生提供中国人口数量发展的原始数据、世界人口的发展资料、中国及世界的耕地面积数据等，让学生通过电子表格软件建立相应的数据表，绘制中国和世界人口发展的曲线，分析中国人口发展的趋势及面临的问题。

（3）计算机及其外接设备作为教学工具。在国外的理科教学中，传感器用于实验教学已经比较普遍。将计算机与一些传感器连接起来，我们便可以利用计算机很方便地进行科学实验。传感器可以精确地测量和传递实验中的各种变量，例如温度、光强、速度、pH 值、氧气浓度、电压电流、压力等，在进行实验时，实验的各种数据会实时地输入计算机，由计算机统计分析后，转化为图像、表格等形式在屏幕上呈现出来。比如把温度传感器放进一杯热水中，计算机屏幕上会出现一条正在逐渐上升的温度曲线，而且会在表格中具体显示温度的变化数据。这样一来，利用基于计算机的实验，我们不仅可以使传统教学中的定性实验得以量化，而且可以使原有的定量实验变得更为准确和精密。

此外，通过计算机外接 MIDI 设备，加上相应的软件，教师和学生就可以进行音乐的创作、演奏和赏析。教师和学生可以选择一种乐器，比如钢琴、吉他、小提琴等，然后选择一段乐谱，就可以让它演奏了。另外也可以利用 MIDI 键盘演奏一段音乐，计算机会将它以乐谱的形式记录下来，而且可以对乐谱再作进一步修改。

5. 现代教学媒体作为学习资源环境

在前几种方式中，无论是演示、辅导还是交流协作，以至作为研究探索的工具，都是以课堂教学为中心、以书本知识为基本线索，现代教学媒体还是处于课堂教学的辅助地位。

把现代教学媒体作为学生探究学习的资源环境时，学生的学习就能够突破书本知识的局限，学习的内容转变为开放式的网上学习资源，网络资源为学生的学习创设情境，为学生研究问题、探索问题、解决问题提供支撑。

如学生可以访问各种电子化的课程资源库，获得直接相关的素材和资料；使用各种多媒体百科全书光盘（如《科学大百科》《世界名画》等），获得图、文、声并茂的教学资料；通过网络检索图书馆中的相关资源，或者直接访问数字图书馆中的内容，比如中国期刊网；浏览互联网上的各种专业网站，获得该学科的最新信息，如教育技术专业网站 http：//www.etc.cn，心理学专业网站 http：//edu.xinli.net，法律专业网站 http：//www.mylaw.com.cn 等。

在这一整合方式中，学生最主要的任务是学会获取信息、分析信息。教师的任务则主要是为学生提供信息来源的参考意见，使学生知道：去哪里、通过什么途径、获取什么样的信息，对收集的信息进行价值判断、筛选，以确定是否得到了与学习主题相关的、足够的信息，能否有效地支持学习的进行。教师从课堂上的知识传授者，变成了学生学习活动的设计者、帮促者和指导者。

这一教学过程，既是学生利用网络资源进行开放式的自主探究学习的过程，也是学生与老师、同学进行沟通、合作的过程。当然，它是以教师把现代教学媒体与学生的学习有机地整合起来的教学设计为前提，以教师的有效组织、指导为保障。在这一过程中，网络和计算机作为教学媒体，主要起到了教学资源呈现与存储的作用，网络教学资源成了学生学习探索的资源环境。

六、现代教学媒体与学科教学整合中应注意的问题

现代教学媒体为教学创造了一个生动有趣的教学情境，化无声为有声，化静为动，通过形象生动的画面、标准逼真的朗读、动听的背景音乐、妙趣横生的益智游戏，把学生带入一个宽松愉快的学习环境之中，让学生去主动探索，使他们愿学、乐学和会学。然而我们也发现现代教学媒体在使用时存在下面的误区：

1. 只为装饰不求效果

为了赢得上级的好评、社会的认可，有些地区，部分中小学教师应用多媒体教学是打着“教育现代化”的旗帜装饰门面，究其实质，仅仅是把原先的板书搬上“银屏”，根本不注重如何恰当地应用多媒体来提高教学质量。许多中小学教师在使用多媒体教学时，将课堂变成了“电脑＋大屏幕模式”，大屏幕一味地播放，内容不断地更新，使学生疲于应付，教师成了控制者，学生则完全成了旁观者，当开始时的好奇和兴奋过去之后，学生就不再有兴趣了，这样的多媒体教学就只成了一种形式，很难有好的效果。这种肤浅的应用，只会让学生乘兴而来，败兴而归。久而久之，会使其产生厌倦甚至反感的情绪。

2. 只求数量不求质量

使用多媒体教学最大的意义应该在于，在学生难以理解的重点和难点问题上加以释疑，帮助教师解决在黑板上用粉笔这个工具难以表达清楚和完成的东西。一堂课的内容应当根据学生已有的知识经验、认知结构、现实水平来量体裁衣，一味地求多、求全，企图把所有可能涉及的知识都压缩在一两节课中，这样的“压缩饼干”当然不利于消化，只会让学生分不清主次，达不到应有的效果。

3. 只顾形式不求实效

一个好的课件，是应该在具有针对性的前提下，文字取舍精当，动画清晰，色调和谐，音乐优美，具有科学性和艺术性。有些课件设计过于花哨，片面追求画面色彩变化、背景音乐的插入、页面的跳转，在页面上堆砌较多不必要的修饰。心理学研究表明：由于多媒体的声、光、电的综合刺激，学生的大脑皮层长时间处于高度兴奋状态，也容易使身心疲惫，收不到应有的教学效果。学生或兴奋过度或疲劳不堪，对本课内容却不得要领，结果是事倍功半，得不偿失。

4. 媒体应用结构单一

作为一种教学媒体，计算机与其他教学媒体（如黑板、投影仪、电视机）没有什么不同，只是一个辅助工具。计算机作为一种工具能够帮助中小学教师更好地完成教学过程，但如果说计算机能代替教师完成知识的传授就大错特错了。教师的课堂教学不可能是统一模式，教师要依据教学对象的变化不断改变教学方法、统筹全局，引导学生适时开展各种教学活动，从而充分发挥教师的主导作用。

七、现代教学媒体选择案例评析

【案例 1】《探索直角三角形全等的条件》教学媒体选择分析

评析：《探索直角三角形全等的条件》是义务教育课程标准人教版实验教科书《数学》八年级上册的第十三章“全等三角形”中的教学内容，其教学目标是掌握“斜边、直角边”条件的内容，初步运用“斜边、直角边”条件证明两个直角三角形全等；学生经历作图，比较证明等探究过程，提高分析、作图、归纳、表达、逻辑推理能力；通过探究与交流，解决一些问题，获得成功的体验，进一步激发探究的积极性。本章学习全等三角形的性质及各种三角形全等的判定方法，同时学会如何利用全等三角形进行证明。第十三章分三节，第一节介绍全等形，包括三角形全等的概念，全等三角形的性质。第二节介绍一般三角形全等的判定方法，及直角三角形全等的一个特殊的判定方法。第三节，利用直角三角形的判定方法，证明了角平分线的性质，并会利用角的平分线的性质进行证明。为了突出体现新教材的设计思想，在第二节“三角形全等的条件”中教材共设计了 8 个探究，其中“探索直角三角形全等的条件”是最后一个探究内容。可见，学生在学习本节内容之前已经学习并基本掌握了一般三角形全等的判定方法，已经具备了一定的探究能力、有条理表达的能力和逻辑推理能力，但如果采用讲授法教授本节内容，学生会觉得单调乏味，因此结合本课特点，借助多媒体辅助手段，采用“创设情景、问题探究”等方法进行教学，尽力激发学生学习的欲望，进一步培养学生的动手探究能力、有条理表达的能力、分析解决问题的能力和逻辑推理能力。见表6-3-2：

表6-3-2　教学媒体选择分析①

	媒体类型	媒体内容要点	教学作用	使用方式	所得结论	占用时间	媒体来源
教学媒体选择	印刷材料	判定三角形全等的条件及应用练习	J	H	巩固学生对三角形全等条件的理解和应用	5分钟	自制
	课件	提出问题	B、D	F	唤起学生求知欲	2分钟	自制
	课件 印刷材料	作图、探索直角三角形全等的条件	D	G	通过画图、探究、归纳、交流，得出直角三角全等的条件	10分钟	自制
	印刷材料 课件	直角三角形全等条件的应用举例	D	E	通过应用举例，加深对新知识的理解，巩固新知识	15分钟	自制
	课件	整理反思	J	F	通过讨论，归纳本课时学习内容	3分钟	自制
	印刷材料	作业	J	E	对新知识的应用、巩固	10分钟	自制

①媒体在教学中的作用分为：A. 提供事实，建立经验；B. 创设情境，引发动机；C. 举例验证，建立概念；D. 提供示范，正确操作；E. 呈现过程，形成表象；F. 演绎原理，启发思维；G. 设难置疑，引起思辨；H. 展示事例，开阔视野；I. 欣赏审美，陶冶情操；J. 归纳总结，复习巩固；K. 其他

②媒体的使用方式包括：A. 设疑—播放—讲解；B. 设疑—播放—讨论；C. 讲解—播放—概括；D. 讲解—播放—举例；E. 播放—提问—讲解；F. 播放—讨论—总结；G. 边播放、边讲解；H. 其他

① 大河：《〈探索直角三角形全等的条件〉教学媒体选择分析》，见网易博客·绿色梦想，2009年12月27日。

【案例 2】　　　　《捞铁牛》教学媒体选择分析

评析：《捞铁牛》是义务教育课程标准北师大版实验教科书《语文》三年级下册第五单元的一篇讲读课文。课文讲的是宋朝怀丙和尚利用水的浮力，把陷在河底淤泥中的八只铁牛打捞上来的故事，赞扬了我国古代出色的工程家——怀丙和尚的聪明才智，反映了我国古代科学技术的成就及劳动人民的聪明智慧，激发学生爱科学、学科学、用科学的兴趣。课文按事情发展顺序记叙了怀丙和尚捞铁牛的原因、经过和结果。先讲铁牛被大水冲走，陷在淤泥里，一个和尚主动提出捞铁牛；再讲和尚做捞铁牛的准备工作以及怎样捞起一只只铁牛，其中捞第一只铁牛的过程是文章的重点，捞其余七只，只用了一句话，这样写，既抓住重点又避免了重复；最后才点出和尚的姓名和身份。文中铁牛捞上来是学生理解的难点，如果做实验既浪费时间，又很难操作。教学中可充分发挥教学媒体的作用，制作多媒体课件，分步演示捞牛的全部过程，让学生明白船、沙、绳、牛这几样事物之间的联系，利用教学媒体的虚拟技术超越时间和空间，变抽象为具体，栩栩如生地加以展现，帮助学生突破难点，从而让学生加深对课文的理解。见表 6-3-3：

表 6-3-3　教学媒体选择分析①

	媒体类型	媒体内容要点	教学作用	使用方式	所得结论	占用时间	媒体来源
教学媒体选择	课件	各生字的音形动画	D	C	认识生字	各1分钟	自制
	课件	各字组词并出示解释	F、J	A	理解文中几个词的意思，并个别造句	各1分30秒	自制
	投影	课文投影	J	A	看课文理解句句之间的联系	3分钟	自制
	课件	课文，范读语音	D	E	正确朗读课文	5分钟	自制
	课件	课文	A	F	正确划分相关段落	3分钟	自制

① 佚名：《〈捞铁牛〉教学媒体选择分析》，见初中语文教育网，2006 年 12 月 19 日。

续表

<table>
<tr><td rowspan="4">教学媒体选择</td><td>媒体类型</td><td>媒体内容要点</td><td>教学作用</td><td>使用方式</td><td>所得结论</td><td>占用时间</td><td>媒体来源</td></tr>
<tr><td>课件</td><td>捞牛动画</td><td>B、E</td><td>E、F</td><td>看动画理解捞牛原理</td><td>4分钟</td><td>改编</td></tr>
<tr><td>教具</td><td>演示水的浮力</td><td>C、F</td><td>F</td><td>认识到古代劳动人民的聪明智慧，激发爱科学、学科学、用科学的兴趣</td><td>7分钟</td><td>自制</td></tr>
<tr><td>课件</td><td>自学检测练习</td><td>J</td><td>B</td><td>完成练习，激发学的兴趣，培养科学地认识问题、解决问题的态度</td><td>15分钟</td><td>自制</td></tr>
<tr><td colspan="8">①媒体在教学中的作用分为：A. 提供事实，建立经验；B. 创设情境，引发动机；C. 举例验证，建立概念；D. 提供示范，正确操作；E. 呈现过程，形成表象；F. 演绎原理，启发思维；G. 设难置疑，引起思辨；H. 展示事例，开阔视野；I. 欣赏审美，陶冶情操；J. 归纳总结，复习巩固；K. 其他
②媒体的使用方式包括：A. 设疑—播放—讲解；B. 设疑—播放—讨论；C. 讲解—播放—概括；D. 讲解—播放—举例；E. 播放—提问—讲解；F. 播放—讨论—总结；G. 边播放、边讲解；H. 其他</td></tr>
</table>

【案例3】　学习歌曲《鼓浪屿之波》教学媒体选择分析

评析：《鼓浪屿之波》是义务教育课程标准人教版实验教科书《音乐》九年级上册第四单元“神州大地（5）——海滨音诗”中的一首音乐作品，作品表达了对台湾同胞的诚挚思念，反映了海峡两岸人民期待祖国统一的强烈愿望。现代教学媒体技术将视、听、声有机结合为一体，具有形象性强、信息量大、资源广和交互性强的特点。多媒体已经成为现代音乐教育技术不可缺少的组成部分，它利用现代技术与传统艺术表现形式相结合，让音乐教学不再受到时间、空间和地域的限制，从古至今，从中到外，无论是风土人情或是世间万象都可通过多媒体技术让学生得到体验，并可以达到入情、入境的境界。在音乐课堂教学中合理的利用教学媒体，能使学生在聆听时，不仅仅听到歌声和乐声，还能领会到音乐所表达的情感，蕴涵的思想和艺术形象，培养学生追求真理，崇尚真、善、美的优良品德。在多媒体音乐教育中进行集体主义与爱国主义及社会思想品德教育，充分体现音乐教育的社会化功能。见表 6-3-4：

表 6-3-4 《鼓浪屿之波》教学媒体选择分析①

<table>
<tr><td rowspan="9">教学媒体选择</td><td>媒体类型</td><td>媒体内容要点</td><td>教学作用</td><td>使用方式</td><td>所得结论</td><td>占用时间</td><td>媒体来源</td></tr>
<tr><td>图片</td><td>中国地图</td><td>C</td><td>C</td><td>唤起学生对海峡两岸的情思</td><td>1 分钟</td><td>下载</td></tr>
<tr><td>课件</td><td>朗读歌词</td><td>B</td><td>H</td><td>通过朗读了解歌词，激发学生爱国之情</td><td>2 分钟</td><td>自制</td></tr>
<tr><td>音频</td><td>欣赏音乐</td><td>B</td><td>G</td><td>听音乐使学生掌握音乐轮廓</td><td>4 分钟</td><td>下载</td></tr>
<tr><td>视频</td><td>自制 MTV</td><td>I</td><td>C</td><td>让学生通过视频欣赏音乐，达到陶冶情操</td><td>4 分钟</td><td>自制</td></tr>
<tr><td>课件</td><td>歌曲结构分析</td><td>K</td><td>G</td><td>了解歌曲结构</td><td>5 分钟</td><td>自制</td></tr>
<tr><td>课件</td><td>学唱歌曲，联系配合钢琴伴奏</td><td>F</td><td>H</td><td>增强学生视唱、划拍、乐感、歌唱咬字吐字能力</td><td>20 分钟</td><td>自制</td></tr>
<tr><td>课件</td><td>演唱情感处理</td><td>I</td><td>B</td><td>教师组织学生启发思维，学会处理歌曲的演唱情感</td><td>4 分钟</td><td>自制</td></tr>
<tr><td>课件</td><td>打击乐的伴奏</td><td>F</td><td>H</td><td>提高学生的乐感，使学生智力协调发展</td><td>4 分钟</td><td>自制</td></tr>
</table>

① 佚名：《〈鼓浪屿之波〉教学媒体选择分析》，见豆丁网，2010 年 10 月 4 日。

续表

教学媒体选择	媒体类型	媒体内容要点	教学作用	使用方式	所得结论	占用时间	媒体来源
	课件	小结和作业	J	F	对新知识的巩固，对两岸人民之间的深情的体验	1分钟	自制
①媒体在教学中的作用分为：A. 提供事实，建立经验；B. 创设情境，引发动机；C. 举例验证，建立概念；D. 提供示范，正确操作；E. 呈现过程，形成表象；F. 演绎原理，启发思维；G. 设难置疑，引起思辨；H. 展示事例，开阔视野；I. 欣赏审美，陶冶情操；J. 归纳总结，复习巩固；K. 其他 ②媒体的使用方式包括：A. 设疑—播放—讲解；B. 设疑—播放—讨论；C. 讲解—播放—概括；D. 讲解—播放—举例；E. 播放—提问—讲解；F. 播放—讨论—总结；G. 边播放、边讲解；H. 其他							

【案例4】 《鸟》教学媒体选择分析

评析：《鸟》是义务教育课程标准人教版实验教科书《生物》八年级下册第七单元“生物圈中生命的延续和发展”中第一章“生物的生殖和发育”的最后一节——第四节“鸟的生殖和发育”。鸟是学生们比较喜欢、比较熟悉的动物，但对于鸟类的生殖和发育的知识，学生们只是一知半解，还不能上升到理论高度，特别是鸟卵适于在陆地上发育的结构特点，比较抽象，也是本节课的难点。因此，首先播放一段精彩的录像，创设情境，吸引学生的注意力，引起共鸣，并借此对学生进行爱鸟护鸟、保护自然的情感教育，同时导入新课。展示与鸟类生殖和发育有关的图片，形象、逼真，增加感性认识，激发兴趣，增强求知欲，再结合学生比较感兴趣的日常生活实例，巧妙地设置问题，让学生动眼去观察、动脑去思考、动手去研究，可以提高学生的观察能力、思维能力、分析问题和解决问题的能力。经过这样的处理，使重点内容很容易得到解决。产卵是鸟类繁殖的一种行为，为了让学生更好地理解鸟卵为什么可以在陆地上发育的道理，为学生准备了探究实验的用具，让他们利用鸡蛋作为实验材料，以小组为单位，亲自动手操作、设计实验，从内心感受科学探究的过程，体验科学探究的方法，明确鸟卵的结构特点，并讨论推测各结构的功能。在教师的点拨引导下，通过比较鸟卵和青蛙卵的结构、比较鸟类和两栖动物的生殖和发育方式，从而明确鸟卵适于在陆地上发育的结构特点，并渗透生物的生殖发育是由水生向陆生过渡这一进化观点，使难点内容不攻而破，而且使知识得到升华，为后面学习生物的进化作了很好的铺垫。见表 6-3-5：

表 6-3-5　教学媒体选择分析①

	媒体类型	媒体内容要点	教学作用	使用方式	所得结论	占用时间	媒体来源
教学媒体选择	视频	鸟类的生活	B	H	唤起学生的学习兴趣	1 分钟	下载
	课件	你喜欢鸟吗?	I	F	营造轻松环境	2 分钟	自制
	图片	鸟类繁殖行为	A	E	解释鸟类的常识	5 分钟	杂志
	视频	鸟的生殖和发育	E	C	总结鸟的生殖和发育过程	2 分钟	下载
	实物	鸡卵	G	B	观察鸡卵的结构，探究卵壳的功能	20 分钟	自备
	课件	你都观察到了鸟卵的哪些结构?	J	C	概括鸟卵的结构	2 分钟	自制
	课件	推测各部分结构的功能	G	B	讨论鸟卵各结构的功能	2 分钟	自制
	课件	鸟卵结构复杂与它们所处的环境有关吗?	G	B	鸟的生殖发育与环境	2 分钟	自制
	课件	小结和练习	J	E	对新知识的巩固	5 分钟	自制

①媒体在教学中的作用分为：A. 提供事实，建立经验；B. 创设情境，引发动机；C. 举例验证，建立概念；D. 提供示范，正确操作；E. 呈现过程，形成表象；F. 演绎原理，启发思维；G. 设难置疑，引起思辨；H. 展示事例，开阔视野；I. 欣赏审美，陶冶情操；J. 归纳总结，复习巩固；K. 其他

②媒体的使用方式包括：A. 设疑—播放—讲解；B. 设疑—播放—讨论；C. 讲解—播放—概括；D. 讲解—播放—举例；E. 播放—提问—讲解；F. 播放—讨论—总结；G. 边播放、边讲解；H. 其他

① 佚名：《〈鸟〉教学媒体选择分析》，见光明网博客，2009 年 9 月 6 日。

【案例 5】　《日本》（第一课时）教学媒体选择分析

评析：《日本》是义务教育课程标准人教版实验教科书《地理》七年级下册第七单元“我们邻近的国家和地区”中第一节的内容。其教学目标是了解日本这一东亚岛国的自然地理特点和人文地理特点，认识一个国家的地理位置、特点、主要灾害及成因的分析方法，了解地震和防震的相关知识，培养探究问题的能力和分析各地理要素之间相互联系的能力。教师在教学中，从学生的需要出发，充分发挥教学媒体的作用，利用视听觉媒体创设与课堂内容相应的情境气氛，对学生进行多种感官的刺激，使学生有身临其境的感觉，有效地激发起学生的学习热情和探究热情。见表 6-3-6：

表 6-3-6　教学媒体选择分析表

<table>
<tr><td rowspan="7">教学媒体选择</td><td>媒体类型</td><td>媒体内容要点</td><td>教学作用</td><td>使用方式</td><td>所得结论</td><td>占用时间</td><td>媒体来源</td></tr>
<tr><td>视频</td><td>日本名胜风景区</td><td>B</td><td>H</td><td>激起学生的学习兴趣</td><td>5 分钟</td><td>下载</td></tr>
<tr><td>地图</td><td>日本的地理位置</td><td>E</td><td>B</td><td>正确读图，了解日本的地理位置</td><td>15 分钟</td><td>自备</td></tr>
<tr><td>课件</td><td>总结日本的地理位置</td><td>K</td><td>H</td><td>概括出日本的地理位置</td><td>2 分钟</td><td>自制</td></tr>
<tr><td>视频</td><td>地震、火山</td><td>B</td><td>B</td><td>初步感知日本的地形特点</td><td>3 分钟</td><td>下载</td></tr>
<tr><td>视频</td><td>日本的地形特点</td><td>E</td><td>C</td><td>概括日本的地形特点</td><td>15 分钟</td><td>下载</td></tr>
<tr><td>课件</td><td>小结和练习</td><td>J</td><td>E</td><td>巩固新知识</td><td>5 分钟</td><td>自制</td></tr>
<tr><td colspan="8">①媒体在教学中的作用分为：A. 提供事实，建立经验；B. 创设情境，引发动机；C. 举例验证，建立概念；D. 提供示范，正确操作；E. 呈现过程，形成表象；F. 演绎原理，启发思维；G. 设难置疑，引起思辨；H. 展示事例，开阔视野；I. 欣赏审美，陶冶情操；J. 归纳总结，复习巩固；K. 其他
②媒体的使用方式包括：A. 设疑—播放—讲解；B. 设疑—播放—讨论；C. 讲解—播放—概括；D. 讲解—播放—举例；E. 播放—提问—讲解；F. 播放—讨论—总结；G. 边播放、边讲解；H. 其他</td></tr>
</table>

【案例 6】 《问路》教学媒体选择分析

评析：《问路》是义务教育课程标准人教版实验教科书《英语》七年级下册 Unit2 “Where is the post office” 的教学内容。其教学目标是学会询问街道上某一场所的位置，学会为他人指明去某一场所的路线，学会阐述某一场所各个建筑物之间的位置关系，学会利用地图向他人介绍自己所居的社区。《全日制义务教育英语课程标准（实验稿）》指出，基础教育阶段英语课程的任务是：激发和培养学生学习英语的兴趣，使学生树立自信心，养成良好的学习习惯和形成有效的学习策略，发展自主学习的能力和合作精神；使学生掌握一定的英语基础知识和听、说、读、写技能，形成一定的综合语言运用能力；培养学生的观察、记忆、思维、想象能力和创新精神；帮助学生了解世界和中西方文化的差异，拓展视野，培养爱国主义精神，形成健康的人生观，为他们的终身学习和发展打下良好的基础。传统英语教学学生缺乏轻松的语言环境，多媒体教学则化抽象的知识点为具体形象，以声情并茂的形式展现，让学生感知事物，提供活泼的教学课堂，激发学生学习的兴趣和热情。学生是课堂的主体，生动情景使学生模仿地道的英语口音，通过语音单项教学与语言整体教学的结合培养良好的语感。采用多媒体课件中的彩图移动、文字变化、动画解说等手段学习单词有独到之处。现行的英语课本，涉及英语国家的历史、地理、社会、人文和生活方式等各方面。如果对课文内容和背景知识平铺直叙，信息量少而枯燥，学生未必听，但教师巧妙利用英文视频短片播放背景知识，把阅读背景直观生动地展示给学生，一目了然，帮助学生加深印象更好地理解课文，同时帮助学生拓展知识、丰富词汇，便于提高学生阅读速度及语言交流能力。见表 6-3-7：

表 6-3-7 教学媒体选择分析①

教学媒体选择	媒体类型	媒体内容要点	教学作用	使用方式	所得结论	占用时间	媒体来源
	课件	问路的常见表达方式	J	C	学会问路的常见表达方式	5 分钟	自制
	视频	一些表示方位的介词	A	G	会使用一些表示方位的介词	3 分钟	下载

① 佚名：《〈问路〉教学媒体选择分析表》，见光明网博客，2009 年 9 月 6 日。

续表

<table>
<tr><td rowspan="7">教学媒体选择</td><td>媒体类型</td><td>媒体内容要点</td><td>教学作用</td><td>使用方式</td><td>所得结论</td><td>占用时间</td><td>媒体来源</td></tr>
<tr><td>图片</td><td>地图上的方位</td><td>B</td><td>H</td><td>弄清地图上的方位</td><td>2 分钟</td><td>自备</td></tr>
<tr><td>课件</td><td>怎样去邮局?</td><td>G</td><td>H</td><td>语音提示：怎样去邮局</td><td>1 分钟</td><td>自制</td></tr>
<tr><td>视频</td><td>去邮局对话</td><td>E</td><td>G</td><td>对问路句子和方位词的使用</td><td>12 分钟</td><td>下载</td></tr>
<tr><td>课件</td><td>生生座位上对话</td><td>K</td><td>H</td><td>对新知识的练习</td><td>10 分钟</td><td>自制</td></tr>
<tr><td>课件</td><td>生生地图前对话</td><td>K</td><td>H</td><td>对新知识的练习</td><td>6 分钟</td><td>自制</td></tr>
<tr><td>课件</td><td>小结</td><td>J</td><td>F</td><td>对新知识的巩固</td><td>6 分钟</td><td>自制</td></tr>
<tr><td colspan="8">①媒体在教学中的作用分为：A. 提供事实，建立经验；B. 创设情境，引发动机；C. 举例验证，建立概念；D. 提供示范，正确操作；E. 呈现过程，形成表象；F. 演绎原理，启发思维；G. 设难置疑，引起思辨；H. 展示事例，开阔视野；I. 欣赏审美，陶冶情操；J. 归纳总结，复习巩固；K. 其他
②媒体的使用方式包括：A. 设疑一播放一讲解；B. 设疑一播放一讨论；C. 讲解一播放一概括；D. 讲解一播放一举例；E. 播放一提问一讲解；F. 播放一讨论一总结；G. 边播放、边讲解；H. 其他</td></tr>
</table>

【案例 7】 《原子结构》教学媒体选择分析

评析：《物质结构与性质》是高中课程标准实验教科书人教版《化学选修 3》第一章的教学内容。物质结构理论是中学化学中比较难学的理论知识。必修内容是面向全体高中生的教学内容，因此，新课程标准将这一内容在必修教材中大大地进行了删减和降低了要求。而选修内容只面向部分对化学有兴趣和有志向从事化学专业学习的学生，因此，在《化学选修 3》中物质结构知识内容的要求反而有所提高，难度也有所增加。《原子结构》这一内容主要是让学生学习核外电子的运动状态和规律，掌握和明确能层与能级的概念，并能理解二者的区别和关系，知道各能层中能级的数目和各能级中的轨道数目，理解能级符号的意义，掌握和理解“构造原理”，学会用能级符号表示核外电子的运动规律。化学理论比较枯燥、抽象，比较难懂难学，课堂气氛往往很沉闷，学生的学习情绪和兴趣都比较低落，学习效率不够高，效果也往往不好。因此在教学中应用教学媒体，营造良好的学习氛围和创设活跃的教学情景，根据教材内容，将各知识点设计为探究性的问题，引导学生参与学习的过程，让学生自学阅读探究和小组讨论合作探究，充分调动学生学习的积极性和兴趣，将抽象的理论直观化，将化学理论多与自然现象和生活实际相联系，使学生由感性认识上升到理性认识。见表 6-3-8。

表 6-3-8　教学媒体选择分析①

	媒体类型	媒体内容要点	教学作用	使用方式	所得结论	占用时间	媒体来源
教学媒体选择	课件	科学家图片和对原子结构理论贡献的介绍	A	H	认识著名科学家	2 分钟	自制
	课件	氢原子结构图及二氢原子聚核的分析与讨论	B	B	氢元素是所有元素之母	3 分钟	自制
	课件	问题探究：电子在核外的运动规律	B	B	核外电子根据能量大小分层运动	7 分钟	自制
	课件	什么是能层？各能层的符号	C	B	能层：能量相近电子的运动区域	3 分钟	自制
	课件	问题探究：同一能层中电子的能量是否完全相同?	G	B、C	能级：能量相同电子的运动区域	7 分钟	自制
	课件	分析各能层中的能级数的表格	E	F	能层序数等于能级数	3 分钟	自制
	课件	各能级中容纳电子数的表格	E	F	各能级上的电子数分别为 2、6、10、14	3 分钟	自制

① 佚名：《〈原子结构〉教学媒体选择分析表》，见 VCM 教育博客，2007 年 6 月。

续表

<table>
<tr><td rowspan="3">教学媒体选择</td><td>媒体类型</td><td>媒体内容要点</td><td>教学作用</td><td>使用方式</td><td>所得结论</td><td>占用时间</td><td>媒体来源</td></tr>
<tr><td>课件</td><td>能级符号</td><td>E</td><td>F</td><td>能级符号表示电子的运动状态</td><td>3分钟</td><td>自制</td></tr>
<tr><td>课件</td><td>与原子结构相关的练习题</td><td>H</td><td>H</td><td></td><td>9分钟</td><td>自制</td></tr>
<tr><td colspan="8">①媒体在教学中的作用分为：A. 提供事实，建立经验；B. 创设情境，引发动机；C. 举例验证，建立概念；D. 提供示范，正确操作；E. 呈现过程，形成表象；F. 演绎原理，启发思维；G. 设难置疑，引起思辨；H. 展示事例，开阔视野；I. 欣赏审美，陶冶情操；J. 归纳总结，复习巩固；K. 其他
②媒体的使用方式包括：A. 设疑—播放—讲解；B. 设疑—播放—讨论；C. 讲解—播放—概括；D. 讲解—播放—举例；E. 播放—提问—讲解；F. 播放—讨论—总结；G. 边播放、边讲解；H. 其他</td></tr>
</table>

【案例8】《独具魅力的面具》教学媒体选择分析

评析：《独具魅力的面具》是义务教育课程标准人教版实验教科书《美术》七年级下册的第四单元“校园艺术节（综合·探索）”的活动三“设计道具、表演”中的教学内容，其教学目标是通过对面具艺术的欣赏和对面具特征的表现，进一步了解面具的文化内涵；通过欣赏，分析面具的造型、色彩、材质等特征，了解面具的设计特点和造型方法，了解面具在表现人物外形特征和性格特征上的常用手法，从而培养学生的审美能力；初步学会运用恰当的材料设计制作平面或立体的面具。在与其他同学合作完成作业时，锻炼协作能力和互助精神，提高艺术创造力。传统的美术教学以“语言＋静止图片＋演示＋练习”为主，课堂教学情感成分少，课堂气氛沉闷，学生的情绪处于消极被动状态。现代教学媒体的应用为学生营造了良好的学习氛围，将声音、图像、文字集于一体，使用视听一体化的现代化教育手段，以其生动、活泼的形象及悦目动听的声音吸引学生的注意，激发学生积极的学习情绪，使学生的各种感觉器官都参与感知活动，变被动接受信息为主动接受信息。见表6-3-9：

表 6-3-9　教学媒体选择分析①

	媒体类型	媒体内容要点	教学作用	使用方式	所得结论	占用时间	媒体来源
教学媒体选择	图片	舞会照片	K	F	唤起学生的学习兴趣	1 分钟	自制
	视频	罗密欧与朱丽叶舞会上相识时的片段	B	C	唤起学生的参与欲望	1 分钟	下载
	图片	各个民族不同风格的面具	C	G	艺术欣赏，开阔视野	1 分钟	下载
	视频	贵州面具傩堂戏的欣赏及文化传承（面具与民间歌舞的相互融合）	H	G	探究面具独特的文化内涵	5 分钟	下载
	视频	京剧装饰脸谱的制作（面具与戏曲的相互融合）	D	C	了解制作过程，唤起热爱文化瑰宝的感情	2 分钟	下载
	视频	面具舞（面具与现代舞的相互融合）	I	H	面具与歌舞戏曲结合时所散发的独特魅力，强化学生的感受	4 分钟	下载
	课件	面具的特点	C	F	讨论面具的造型特点、文化	2 分钟	自制
	课件	不同材质的面具及其制作工艺	G	A	面具的造型特点和感染力，震撼人心的力量	2 分钟	自制
	实物	面具 5 个	G	B	观察面具的结构，找出制作的步骤	5 分钟	自备

① 陈晓丽：《独具魅力的面具——选择教学媒体》，见天河部落·我的论文和总结，2007 年 11 月 6 日。

续表

教学媒体选择	媒体类型	媒体内容要点	教学作用	使用方式	所得结论	占用时间	媒体来源
	图片	各个民族不同风格的面具	F	H	尝试画设计图或直接制作	10 分钟	下载
	课件	小结和练习	J	E	对新知识的巩固	2 分钟	自制
①媒体在教学中的作用分为：A. 提供事实，建立经验；B. 创设情境，引发动机；C. 举例验证，建立概念；D. 提供示范，正确操作；E. 呈现过程，形成表象；F. 演绎原理，启发思维；G. 设难置疑，引起思辨；H. 展示事例，开阔视野；I. 欣赏审美，陶冶情操；J. 归纳总结，复习巩固；K. 其他 ②媒体的使用方式包括：A. 设疑—播放—讲解；B. 设疑—播放—讨论；C. 讲解—播放—概括；D. 讲解—播放—举例；E. 播放—提问—讲解；F. 播放—讨论—总结；G. 边播放、边讲解；H. 其他							

操作训练

1. 媒体、教学媒体、现代教学媒体的含义。

2. 简述教学媒体的理论基础。

3. 试列举教学媒体在教与学中的作用。

4. 列举选择教学媒体的依据。

5. 结合教学实习或其他教学情境，对自己或任课教师所选用的教学媒体进行评价。

6. 结合选择现代教学媒体的方法，再结合自身所学专业，选择一教学内容，进行教学媒体选择设计。

资源链接

1. 王以宁：《教学媒体理论与实践》，北京，高等教育出版社，2007。

2. 祝智庭：《现代教育技术——走向信息化教育》，北京，教育科学出版社，2002。

3. 何克抗：《信息技术与课程整合》，北京，北京大学出版社，2007。

第七章　学习方法指导的技能训练

——为学生插上飞翔的翅膀

本章概述

“以学生的发展为本”，是教育教学应秉承的基本理念，也是素质教育的基本主张。在教学中，教师既要注重自身教学技能技巧的完善，同时也要注重对学生学习方法的指导，让学生在掌握知识的同时，进一步学会学习，提升搜集信息、分析信息、甄别信息、占有信息的能力，做学习的主人。据此提出了立足于促进学生学习的“学习方法指导的技能”。本章主要从学法指导概述、学法指导的内容、学法指导的模式和基本要求等方面进行阐述。通过本章的学习，学习者应能说出学法指导的含义、意义、应遵循的原则、形式及基本要求，通过提供的文字材料能归纳概括出学习方法指导的内容，能反思自己过去的学习方法，明确自己需要改进的地方。

案例导引　“渔”的乐趣与奥秘①

犹太民族有这样一个故事，讲的是一个贫困的人在一户农场门口乞讨，渴望主人能给他点食物或者金钱，然而这个农场的主人却说，我不会给你钱和食物，但是如果你愿意每天帮我把杂草清理干净，并且替我去看管部分牲畜，我可以安排你住在我家，与我们一起吃饭。乞丐很生气也很无奈，只好接受了这个安排。一年以后，这个乞丐掌握了一些牲畜的养殖和放牧方法，于是他离开了农场主，另谋生路。故事的结局是这个乞丐通过自己的努力最终成了一个农场主，并把自己的故事一代代地传了下去。

故事很简单，却很有意义。给乞丐食物和金钱，只能解决他一时的问题，给得再多也有限，乞丐只能永远是乞丐。因此授人以鱼，不如授人以渔。授人以鱼，只供一饭之需，教人以渔，则终生受用无穷。

---

① 欧阳芬：《有效教学的基本功——新课程下中小学教师学法指导技能的指导》，第1页，北京，世界图书出版公司，2008。

但教人以渔是否就足够了呢？让我们再来看这样一个故事：海边渔村居住着一群世代以打鱼为生的人，其中有一位渔民是远近闻名的捕鱼能手。为了把自己一身的捕鱼本领传授给儿子，这位渔民每次出海捕鱼都带着儿子，让他一边看自己是怎样捕鱼的；一边听自己讲解捕鱼的要领。而儿子的小伙伴们则三五一群，自己摸索着捕鱼。多年以后，渔民老了，便让儿子独自出海捕鱼，可每次回来，儿子捕的鱼都没有伙伴们捕的鱼多。渔民纳闷不解：自己把一身的本领都传给了儿子，怎么儿子捕的鱼反而没有别人捕得多呢？

其实道理很简单：纸上得来终觉浅，绝知此事须躬行。渔民教子，看上去儿子参与、经历了捕鱼的过程，而实际上却只是在被动地接受着父亲传授的一个又一个捕鱼方法，常常是“知其然，而不知其所以然”。最终，渔民的儿子不过是父亲捕鱼技术的“操作工”而已，很难成为捕鱼方法的创造者。

评析：学法指导是新课程改革的核心理念之一，体现了教学思想的转变，体现了以学生为主体的现代教育观念。上海市著名特级教师钱梦龙曾提出过“学生为主体，教师为主导，训练为主线”的教学思想。① 所谓“学生为主体”，就是确认学生在整个教学过程中始终是认识的主体和发展的主体，教师在教学过程中的作用，只是为学生的认识和发展提供种种有利条件，即帮助、指导学生学习，培养学生自学能力和习惯。要授之以鱼，更要授之以渔。“学生为主体，教师为主导”正确地揭示了师生在教学中各自的地位和作用。在教学中教师应为学生创设良好的学习情境，提供“渔场”，让学生在学习过程中自主去发现问题、提出问题、探索问题、解决问题，经历“捕鱼”方法的发生、形成、应用过程，才能真正掌握“捕鱼”方法，甚至创造出更好的“捕鱼”方法，获得终生可持续发展的能力；教师既要教知识又要教方法，促使学生由“不想学”到“想学”，由“学会”到“会学、优学”，培养学生良好的自学能力，缩短学生掌握知识的时间，才能提高学习效率，最终变“苦学”为“乐学”，取得事半功倍的效果。

给学生物质的东西，不如培养学生生活的本领；传授给学生既有的知识，不如教给学生学习知识的方法；让学生掌握知识，不如培养学生的求知能力。

思考：什么是好的学习方法？什么是学法指导？学法指导有什么必要性？

---

① 蒋宗尧：《学法指导艺术》，第 66 页，北京，中国林业出版社，2000。

第一节 学法指导概述

一、学法指导的含义

(一) 学习方法的含义

学习方法是一个使用非常广泛而且长久的概念，我国学术界对学习方法有不同的解释。邵瑞珍在《中国大百科全书·心理学》中对“学习的方式方法”的释义是“以获得大量的知识与技能为目的组织学习活动的方式或方法”。[①] 周原冰认为，“学习方法，也就是如何使自己从不知到知，从不能到能，从知其然到知其所以然的方法，就是一种发现问题、分析问题、认识问题的方法。实际上也就是一种思想方法”。[②] 吴也显认为，“学习方法是学习理论与学习实践的交接点，也是人们在一切学习活动领域内从实践上或理论上把握现实，为达到某种学习目的所采用的途径、手段、工具和方式的总和”。[③] 钟祖荣认为，学习方法就是人们学习活动所应遵循的原则以及采用的程序、方式、手段的组合。学习方法分解为四个要素。(1) 程序：它是指学习行为的先后顺序。学习程序的特点有：①时间顺序性；②具体明确性；③层次性。(2) 原则：它指的是人们在学习活动中应遵循的准则或要求。作为原则，它有三个特点：①概括性、抽象性；②规范性、主观性；③层次性。(3) 方式：它是指完成一项学习任务所采取的具体途径、具体方法。学习方式的特点有：①类型的多样性；②综合性或组合性；③层次性。(4) 手段：它是指学习活动中采用什么样的工具或物质手段，如，纸、笔、书、录音机、复印机、电脑等，其特点是具有物质性、多样性。[④] 这些定义，有的侧重解释“学习”，有的侧重解释“方法”。

学习方法是一个多义词，在不同的场合含义不尽相同，一般可以从广义和狭义两方面来理解。广义的学习方法是指在学习过程中，学习者为了

---

① 《中国大百科全书·心理学》，第 479 页，北京，中国大百科全书出版社，1991。

② 周原冰：《学习观点与学习方法》，第 70 页，北京，生活·读书·新知三联书店，1950。

③ 吴也显：《小学生学习方法研究》，第 70 页，南京，江苏教育出版社，1995。

④ 钟祖荣：《学习指导的理论与实践》，第 75～76 页，北京，教育科学出版社，2005。

达到学习目的、掌握学习内容而采取的手段、方式、途径以及学习所应遵循的规则等的总和；狭义的学习方法是指学生在学习过程中所采取的具体活动措施与策略。① 这里，我们更多采用的是广义的学习方法。

（二）学法指导的含义

学法指导，全称学习方法指导，这是研究早期使用的概念，主要指教给学生学习方法，包括一般的学习环节、学习策略和各学科的学习方法。这个概念的使用，与80年代初期教育教学改革中提出的“培养能力，开发智力”的思想是相适应的。钟祖荣也使用过这个概念，并在一篇论文中下了一个定义，“学习方法指导，是教育者通过一定的途径对学习者进行学习方法的传授、诱导、诊治，使学习者掌握科学的学习方法并灵活运用于学习之中，逐步形成较强的自学能力”。② 欧阳芬在《有效教学的基本功——新课程下中小学教师学法指导技能的指导》一书中写道，“学法指导包含两个方面：一是学法，二是指导，即教法”。③ 简言之，学法指导即教学生学会学习，或者是教育者对学习者的学习方法信息进行的一种反馈控制。它包括两个方面的内容：一是在具体的教学情境中，教师通过对学生学习兴趣的激发，学习态度和学习习惯的培养，引导学生掌握和运用适当的方法进行学习；二是引导学生充分认识某些方法的运用范围，以便学生在一定的学习情境中科学地选择和运用相应的方法。④ 我们认为学法指导即指导学生学会学习，包括创设学习条件的方法指导、掌握知识的方法指导、心理调节的方法指导、普通学习方法指导、特殊学习方法指导等。

学法指导从范围上讲属于教学论的范围。传统教学论以研究教授为主，现代教学论则兼顾教与学的研究。在教学论上，学法指导一般又称学习指导（比如在日本），教学论归纳起来可分两大部分：学习内容的指导与学习方法的指导。⑤ 教师的课堂行为应包括这两部分，应该同时完成这两部分的任务。前者在于使学生理解外在的内容，即把应当掌握的知识、技能和技巧作为理解的对象；后者使学生理解内在的过程，即指向学习活动的进

---

① 郑金洲：《新编教学工作技能训练》，第166页，上海，华东师范大学出版社，2008。

② 刘舒生：《教学法大全》，第265页，北京，经济日报出版社，1989。

③ 欧阳芬：《有效教学的基本功——新课程下中小学教师学法指导技能的指导》，第82页，长春，世界图书出版公司，2008。

④ 蒋宗尧：《学法指导艺术》，第62页，北京，中国林业出版社，2000。

⑤ 蒋宗尧：《学法指导艺术》，第62页，北京，中国林业出版社，2000。

行过程。[①] 这应该成为教学论的重要原理或原则。所以，研究学法指导，对于补充和完善教学理论来说是必不可少的。

现代教学理论认为，从科学的角度，完整意义上的教学活动是包括教法实施和学法指导在内的思维活动、心理活动和行为系统的综合统一，教学方法包括教的方法和学的方法，教学方法是由学习方式和教学方式运用的协调一致的效果决定的。[②] 教法是针对教师而言的，学法是针对学生而言的。对学习者而言，研究学法是为了更好的学习，举一反三、触类旁通，提高学习效率，独立获取新知识，锻炼能力，达到无师自通的至高境界，从而达到良好的学习效果；对教师而言，研究教法是为了在教学过程中围绕教学目标提高教学效率和教学质量，对学生进行有效的学法指导，实现教是为了将来不教的目的。

二、学法指导的意义

学生的一切学习活动，从过程的进行到效果的取得，无不包含着方法论的因素。学习方法是学生为完成学习任务而采取的方法或手段。方法不当的学生在学习中往往要走很多弯路，无端浪费很多时间和精力，而学习效果又不理想，从而容易散失学习的信心和兴趣，造成一种恶性循环。古往今来，千千万万的学习者无不希望自己能搞好学习，学有所成。为了达到这个目的，很多的学习者付出了艰辛的劳动，然而学有所成者并不多。许多人虽然采取悬梁锥股的方法，但仍无所作为。

随着教育教学观念的转变，过去一直被忽视的学法指导也逐步变成新课程改革的一个重要课题，而且也是世界教育教学改革的一个重要课题。“最有效的教法是把最有价值的关于方法的知识教给学生。”“未来的文盲将不是目不识丁的人，而是那些没有掌握学习方法，不会学习的人。”“授之以鱼，只供一饭之需，教人以渔，则终身受用无穷。”这就是学法指导的根本意义。

对学生进行学法指导，其意义突出地表现在以下几个方面：

（一）重视学法指导，是时代发展的需要

当今时代是一个知识爆炸的时代，科学技术发展迅猛，新知识、新信息按几何级数增长，科学技术的更新和知识老化的周期日益缩短，学生在

---

① 赞可夫：《教学与发展》，第 48 页，北京，人民教育出版社，1985。

② 欧阳芬：《有效教学的基本功——新课程下中小学教师学法指导技能的指导》，第 71 页，北京，世界图书出版公司，2008。

学校所学的知识再多也赶不上新科学技术的发展速度，这已成为现代社会的突出特点之一。面向浩瀚无垠的知识海洋，面向瞬息万变的科技世界，让学生懂得如何去学，已成为广大教师不得不认真对待的问题。当今的中学生是21世纪的主人，为了成为合格的社会成员并能适应未来社会的发展，让他们只学些书上现成的结论，显然是远远不够的。这就迫切要求教师在教学中应培养学生主动进取的学习态度，掌握好的学习方法，明确学习规律，让学生在学习过程中自己去探讨、去理解、去发现、去创造，让学生掌握人类在积累这些知识和技能的过程中所总结出来的认识问题和发现规律的科学方法，引导他们逐渐将知识转化为能力，并为形成科学的人生观和世界观创造条件。

（二）重视学法指导，是学生终身发展的需要

中小学属于基础教育，基础教育是为学生发展打基础的，需要学生掌握基础知识、基本技能、基本能力等。与此同时，教师还应注意到，在充满变化的未来社会，对学生发展的需求提出的挑战是巨大的。因此，在引导学生关注当下、注重基础的同时，还需要注重未来变化，要使教育体现出自身的未来特征。学生掌握了科学的学习方法，是终生受益的一种素养。它开启了学生的终身学习之门，即使离开了学校，也可以借助自己的学习方法，凭借自己良好的学习态度和学习习惯，以不断吸收各种各样的知识，不断使自己努力跟上甚至引领社会知识的变化。换句话说，让学生在中小学掌握一些学习方法，不仅对学生在校学习各门学科起到良好的促进作用，而且有利于学生养成独立思考、独立创造的优良品质，学生将终生受益。

（三）重视学法指导，是学生全面发展的需要

教育是一种双边性的活动，其成功取决于教、学双方的积极活动。在教学中，既需要教师运用一定的组织形式，通过一系列教学环节，根据教学规律和原则，采用行之有效的教法，将人类科学文化知识宝库中的精华传授给学生；也需要学生在教师的指导下，用科学的学习方法，积极主动地吸取这些知识。因此，学习方法对实现教学目的、任务有重要意义。学生掌握了好的学习方法，一般就能准确、快捷地理解和掌握教学内容，熟练地运用知识解决实际问题，并主动高效地获取大量社会信息。这样，既增长了才干，又发展了智力。另外，教师指导学生在获取知识、发展能力的过程中运用良好的学习方法，必然有助于科学思维的形成；有助于正确的政治、思想观点和崇高的道德品质的形成；有助于培养学生的个性。总之，教师指导学生掌握科学的学习方法，可促使学生德、智、体诸方面生

动、活泼、主动地得到发展。

（四）重视学法指导，是课堂教学改革的需要

面对新技术革命的挑战和建设我国社会主义现代化的需要，我们的教育必须加快改革步伐。教学是学校工作的中心，教育改革应主要体现在教学改革上。过去的教学改革，往往只注重教的方面，以教学内容和方法、教学组织形式的改革为主，而很少涉及学的方面。其实，教师的教与学生的学是密切相关、相互促进的。教是学的基础，从教的角度而言，不仅要教给学生知识，更应教会学生学习；而让学生“会学”又是教的目的。学生掌握了“会学”的本领，不仅终生受益无穷，又能进一步促进教师的教。忽视学法，教法会失去针对性，减弱其实效性；没有学法的教法是不完善的、不科学的教法。可见进行教学改革，既要注重教的改革，也要注重学的改革。学的改革固然体现在诸多方面，但学习方法的改革则是其核心。

（五）学法指导是实施素质教育的重要途径

多年以来，我国的教学都是为了应付形形色色的考试，要实现由应试教育向素质教育的转轨，有大量工作要做，其中加强学法指导是一项重要工作。从学法指导看，其本身就是素质教育的重要组成部分，它具有智育和德育的双重职能。首先，学法指导可以提高学生的能力素质。它通过指导学生培养自己的注意力、观察力、想象力、思维能力、创造能力、记忆能力、快速阅读能力、口头表达能力、自学能力等，教给学生科学的学习方法。其次，学法指导还可以提高学生的思想道德素质。它通过指导学生形成正确的学习动机，引起浓厚的学习兴趣，增强学习毅力，调动学习积极性，培养学生明辨是非的能力；使学生由厌学、弃学到愿学、会学，参与教育过程，提高学生的思想道德素质。最后，从学法指导的双重职能上来说，它是思想转变的一个标志，也正是因为如此，学法指导是促进应试教育转轨的重要途径。

（六）学法指导是发挥学生学习内因作用的有效措施

在教学过程中，学生要接受信息，理解、消化知识，并不断发展能力，主要是靠学生自己这个内因的努力，而教师的学法指导正好有效地促进学生充分发挥内因的作用。不少伟大的教育家都强调要发挥学生这个内因在学习中的积极作用。例如杜威曾主张“从做中学”的原则；鲁迅先生就曾主张让学生“自己探索，自己做主”；叶圣陶先生也认为，教师“不是教学生，乃是教学生学”；毛泽东同志也曾提倡“要自学，靠自己学”；张志公先生说过“引导学生自己去学，并且会学，这应该是教学的更高的目的”。美国心理学家罗杰斯也说过：“每个教师应当忘记他是一个教师，而应时刻牢记必须具有

一个学习促进者的态度和技巧。”总之，教师采取各种形式，就是要让学生做学习的主人，积极地动口、动手、动脑，主动地进行学习和探讨。

（七）学法指导是国内外教学改革的发展趋势

我们正处在科技迅猛发展的时代，新的科技知识在成倍的增长。人们只有具备获取新知识和新能力的自学能力，不断更新头脑中的知识结构，才不至落后，才能促进自身能力的发展。学习方法的知识，是学生知识体系中的重要组成部分，也是能力结构的重要成分。如果学法掌握得好，学生的自学能力就能日益增强。因此，世界各国为了培养开拓型、创造型的人才，都在进行教育教学改革，都非常注重培养学生的学习能力。达尔文曾强调要掌握学习方法的知识，他说：“最有价值的知识是关于方法的知识。”① 学法指导，就是要最大限度地调动学生学习的积极性，激活学生的思维，帮助学生掌握学习的方法，培养学生的学习能力，为学生发挥自己的聪明才智提供和创造必要的条件。美国的理科教育委员会（SAPA）认为，掌握获得知识的方法比掌握现成的知识更为重要。苏霍姆林斯基明确主张要教会儿童学习。巴班斯基则强调“教的最优化必须落实到学的最优化”。赞可夫在他提出的实验教学论体系中，把“使学生理解学习过程”作为五大原则之一。就是说学生不能只掌握学习内容，而是要自我观察、分析自己的学习过程，要让学生对如何学、如何巩固进行自我检查、自我校正、自我评价。日本经济学家花田米津在《信息社会》一书中预言，未来信息化社会“自学系统将扮演主要角色，现行教育制度是单向的，教师教学生。电脑辅助教育后学生可以自己攻读，教师退居咨询地位”。“教会学生学习”已成为当今世界的口号。就当前教育改革来说，随着教改的不断深化，教学观念的不断更新，新的教学方法不断涌现，这些教学方法的一个明显特征就是注重对学生学习方法的研究，强调学习积极性的调动，并以学生的学习方法为基础，使教法与学法结合起来，授学法于教法的全过程。这种现象的出现并非偶然，它是教育改革深化的必然反映。

三、学法指导应遵循的原则

学法指导原则是指导学习方法规律的主要反映，是指导学生学习方法必须遵循的基本要求。要对学生进行有效的指导，教师必须不断学习现代的教育理念，更新教育观念，掌握新的教学方法，以此作为指导的基础。

① 蒋宗尧：《学法指导艺术》，第67页，北京，中国林业出版社，2000。

对学生进行指导时，应当遵循以下原则：

（一）针对性原则

所谓针对性原则就是针对学生的实际特点和实际问题，针对不同学科的性质和内容、不同的学习目的，进行对症下药式的指导。这是学法指导的最根本的原则。贯彻这一原则的要求有如下几点：

1. 针对不同的学科性质和内容。不同学科有不同的特点，所选用的方法也不相同。任何一门学科的建立都有它具体的研究方法，学生学习这门学科也就要有除一般学科方法之外的、符合其性质特点的学习方法。另外，同一学科不同部分有不同的内容，而方法是内容的运用形式，所以对不同内容的学习，也应让学生选用不同的学习方法。

2. 针对不同的学习目的。方法是为目的服务的。学习任务不同，要求选用的学习方法就不同。总之，要选用实现学习目的的方法。这就是选用学习方法至关重要的原则。

3. 针对学生的自身特点。主要包括：①针对学生的年龄特征。年龄特征是指某一年龄阶段的生理、心理特征。学生的心理发展水平是进行学法指导的依据。如果学法指导脱离学生的生理特征的实际，再好的学法也难于发挥作用。②针对学生的类型差异。学生学习的类型大致有四种：第一种，全优型；第二种，松散型；第三种，认真型；第四种，全劣型。对不同类型的学生，指导方法侧重点不同。③针对学生的知识水平、能力、性格、气质等特点。每个学生的知识水平、能力、性格、气质等各不相同，指导方法侧重点也有所不同。

实践中，学生总是以自己独有的特性影响着学习方法的选用。教师要让学生根据自己的年龄特征、类型差异、知识水平、能力、性格、气质等特点以及学习习惯选用学习方法。

4. 针对学生的学习环境和条件。学法指导一方面要努力为学生创造良好的物质条件；另一方面又不能过分强调物质条件的作用，而应从实际出发。

教师在使学生明白学习方法选用的依据的同时，还要使他们明白，任何学习方法都不是灵丹妙药，都只能在特定条件下发挥最佳效果；各种学习方法都不是孤立使用的，而是在不同阶段、学习不同内容的过程中与其他方法配合使用，以完整地体现出来。教师要让学生根据各学习方法的特点和自己的特点，扬长避短，精心选用，巧妙组合，创造性地形成自己的学习方法体系。

（二）操作性原则

学习方法实际上是一种操作技能，具有明显的外部特征。要使学生真正掌握学习方法，就必须进行方法训练（即操作），使之达到自动化、技巧化的程度。因此，指导中切忌只讲一些知识，讲一些理论，学而无用。因为尽管学法的理论指导可以使学生知道有关学习方法的知识，对学习方法产生感性认识，但这不是学法指导的目的，学法指导更体现在实践上，达到学习的目的。贯彻这一原则应遵循以下要求：

1．理论指导必须符合学生的实际。学法的理论指导应突出应用性特点，强调实际可行和具体的方法，具有可操作性，适合学生的特点和需要，便于学生接受和掌握。另外，在一般规律性阐述的同时，还要对不同学科学习方法的特殊性进行必要的提示和渗透，以便引导学生结合具体的不同学科的特点，进行有效地拓展和深化。

2．理论与实践应同步。从某种意义上说，学法指导实际上是在教与学的实践中指导。要贯彻理论与实践统一的原则就必须强调运用，理论是行动的指南。理论在运用中掌握，方法在运用中熟练，认识在运用中升华。进行方法训练时，最好能和各科的具体内容结合起来，使学生在具体运用中掌握方法。

3．重视学法操作程序的设计。学法操作程序的设计是教师根据学生学习的规律和年龄特点，把有关学习方法的概念和理论，科学地变为学习过程中可供学生实际操作的具体步骤。让学生在学习过程中一步一步地按程序进行学习。

由于学法指导是一种操作性很强的技能，因此针对不同年龄阶段的学生及学习不同学科内容的学生的指导目的必须非常明确，指导的方法或措施必须具体翔实，能够被学生直接应用于学习情境之中。学习指导切忌笼统模糊，否则将丧失其指导价值。

（三）系统性原则

系统性原则是指不仅要对学生进行系统的学法知识的传授，而且要对学生学习的全过程以及各方面都要进行指导，并且和家庭相互配合，全体教师协调一致地共同进行指导，以达到学法指导的目标。贯彻这一原则的要求如下：

1．对学生进行系统的学法知识传授。学法指导是一门有其自身规律和特点的科学，因此，学法指导的安排，应该包括学习规律、学习原则、学习过程、学习心理、学习修养、学习环境和学习方法等相对完整的内容。

2. 对学习的全过程进行指导。学习的各环节是相互制约的，所以，每个环节都要加强指导。此外，学习活动涉及态度、基础、能力、身心因素、环境因素等诸多方面，对这诸多方面也要同时指导。

3. 各方面相互配合协调一致。学校和家庭要相互配合，班主任和各科教师要协调一致。尤其要利用各种机会向家长传授有关知识，以便在家庭学习中获得有效指导。

4. 充分发挥学法指导系统的整体效应。学法指导是一个系统工程，在充分发挥个体系统作用的同时，还要注重发挥学法指导系统的整体效应。

（四）发展性原则

发展性原则是指学法指导要遵循学生身心发展和学习活动的规律，要对学生的学习现状和问题做动态考察，从发展中探求学习指导的有效措施，防止僵化的指导模式和倾向。贯彻这一原则的要求如下：

1. 学生是不断发展、日趋成熟的个体，其学习活动也是一个由简单到复杂、由已知到未知、由低级到高级的发展过程，这就要求教师不能把学法指导看做是凝固的、静止的、孤立的。因此，学法指导的具体方法和措施不是一成不变的，它会随着学生的不同发展阶段和不同的学习时期而发生变化。

2. 教师在对学生进行学法指导时，不仅要考虑到他们已经形成和确立了的心理特点，还要考虑可能产生新的心理品质，预见学生未来的发展。

总之，学法指导是一个动态的、发展的过程，教师必须从个体发展的全过程和不同知识体系的发展轨迹中寻求最有效地获取知识的方法或措施。尽管教师的学法指导是建立在学生已有的心理水平之上，但是这些指导应有利于学生在以后的学习中充分发挥其学习潜力，产生更佳的学习效果。

（五）点面结合的原则

学法指导受两个因素的制约：一是指导对象。学法指导既要对全体学生普遍进行，又要结合每个学生不同的特点进行个别指导。二是指导内容。既有普遍的一般方法的指导，又有特殊的不同学科具体方法的指导。因此，只有采取普遍指导与特殊指导结合起来，既有“面”上的指导，又有“点”的指导，才能达到良好的效果。贯彻这一原则应注意：

1. 要了解普遍的学习状况和个别的学习差异，做到因材施教与普遍传授相结合。

2. 要对学生学习各科知识的情况进行了解，找出有代表性问题进行有针对性的具体学科的普遍指导。

3. 要对个别差生进行了解，找出问题所在，对个别学生的个别学科进行特殊指导。

（六）情感意志原则

情感意志原则是指在学法指导过程中，要调动教与学的积极情感，进行情感性教学，提高学法指导的效率。情感性教学能对师生产生互感效应，使双方情感交融，互为激励，教学相长。积极的情感，往往成为教与学双方最好的原动力和催化剂。积极性情感对教、学双方都具有重要的作用。具体表现在：

1. 带着积极的情感教，可以使教者心情舒畅，充分发挥教育者的聪明才智，激发出智慧的火花。

2. 带着积极的情感学，可使学者精神振奋，激励学习热忱和探索欲望，使注意力集中，思维活动处于最佳状态，获得知识快，保持记忆久。

由此可见，情感性教学是师生学法指导过程中的共同精神支柱，充分利用积极情感，既是学法指导活动本身的要求，也是提高指导效果的有力措施。

第二节　学法指导的内容

概括地讲，学法指导的内容，就是指导学生创设良好的学习条件和环境，使学生掌握科学的学习方法，逐步形成独立学习的技能。学法指导是一项综合性的系统工程，它的内容不仅仅是指导学生掌握科学的学习方法问题，而且还包括指导学生掌握对所有影响学生学习的因素进行有效调控的方法。具体内容包括：创设学习条件的方法指导、掌握知识的方法指导、心理调节的方法指导、普通学习方法指导、特殊学习方法指导五个方面。

创设学习条件的方法指导主要是指影响学习的外界条件的指导。学习离不开一定的条件，良好的学习条件能促进提高学习效率和质量。相反，不好的学习条件会对学习产生消极的影响和干扰，甚至影响学生身心的健康和成长。主要包括：创设良好的学习环境、创设良好的学习条件、进行体育锻炼等。具体内容这里不详细展开论述。

掌握知识的方法指导主要是对影响学习的智力因素的指导。掌握知识包括知识的获得、巩固和应用三个阶段，即信息论意义上的信息输入、储存和输出。因此，掌握知识的方法指导主要也是指这三个阶段的方法指导。主要内容包括：在知识的输入阶段，指导学生如何观察、如何思维、如何想象、如何集中注意力等。在知识的储存阶段，指导学生如何分析，如何概括和综合，如何创造，如何解决问题等。这种指导有助于发展学生的智力，提高学生的学习能力。由于掌握知识的方法指导在心理学及教育学中有所涉及，故这里不再赘述。

心理调节的方法指导主要是指对影响学习的非智力因素的调节方法的指导。心理调节的指导对学法指导有特殊意义，是极为重要的组成部分。因为非智力因素对学习起着启动、指向、推动、维持、支持和强化的作用，是影响学习的动力部分。此外，学法指导的教书育人的职能也是在心理调节的指导中实现的。心理调节的方法指导主要包括指导学生如何培养浓厚的学习兴趣；如何形成正确的学习态度和动机；如何养成良好的学习习惯；如何克服学习中的困难与挫折；如何科学用脑；如何克服学习中出现的生理疲劳、兴趣衰退；如何排除心理障碍；如何增强学习毅力；如何调节和控制学习情绪等。由于心理调节的方法指导在心理学及教育学中有所涉及，故这里不再赘述。

这里重点介绍普通学习方法指导和特殊学习方法指导。

一、普通学习方法指导

普通学习方法指导主要指学习各环节的方法指导，这是对学习过程的指导。根据学生学习的几个环节：制订计划、预习、听课、复习巩固、独立作业、小结或总结、考试，从宏观上对学习方法分层次、分步骤指导。

（一）制订学习计划的指导

学习计划是指预先拟定的学习打算和安排。一个人有无学习计划，学习的效果大不一样。有了学习计划，就有了奋斗的目标，就可以对整个学习过程的目的、内容、方法、时间安排心中有数，就可以排除干扰、坚持学习，就可以学得主动，学有成效。制订得当的学习计划能使学习活动彼此协调，有利于学习目标的实现；可使学生的意志得到磨炼，培养良好的学习习惯；也能提高时间利用率和提高学习效率，并有利于学习效果的检查。

在制订学习计划时，教师应指导学生做到以下几点：（1）计划要切合实际；（2）计划要有灵活性；（3）要长计划短安排；（4）计划要注意效果。

（二）预习方法的指导

预习就是学生在课前的自学。一般是指在教师讲课之前，学生独立地自学新课的内容，做到初步理解，并做好上课的知识准备的过程。成功预习的秘诀可以用四个字概括：读、画、写、记。读，即课前预读，也就是阅读新课教材及参考资料，必要时还需要阅读与新课有关的学过的课文，有针对性地复习新课学习可能涉及的旧课知识。画，即阅读时对课文中有关规定、定理和重点画线，或是注眉批、分段落，必要时还需要在一个专用的练习本上写写画画。写，即根据不同的学习内容，不同的学习要求，以及个人自由支配的时间多少写预习笔记。记，即预习的最后阶段对新课重点知识进行记忆。

指导学生在预习时应注意以下几个问题：（1）刚开始预习时，不要全面铺开，可以文科、理科各选择一门做试点，取得经验后，再逐步扩展到其他学科；（2）预习时间的长短，要服从学习的整体计划；（3）知识基础不同，预习的要求也不同；（4）注意粗读与细读结合；（5）不同性格的同学，预习时应注意扬长避短；（6）应根据各自家庭与学习的具体情况，选择最佳的预习时间；（7）要根据教材的难易程度和自己的实际情况来决定预习时间的长短；（8）对不同教材内容、不同学科，预习的重点与方法也应有所不同。

（三）听课方法的指导

听课是学生学习的主要形式，是学习活动的中心环节，是学生获取知识、发展智能的主要途径，也是培养良好的学习习惯、正确的学习方法的重要桥梁。可以说，学习质量的高低，主要取决于课堂上听课效率的高低。

在听课方法的指导方面要引导学生做到以下几点：（1）上课时要做到“五到”，即心到、口到、眼到、脑到、手到。“心到”就是心要在课堂上；“口到”就是上课要多发言；“脑到”是指在课堂上要积极地思考；“眼到”是指要积极进行认真地阅读、观察等；“手到”是指对教师上课讲的主要内容要记好笔记。（2）上课要注意记好笔记。（3）要抓住课堂教学的思路。（4）处理好“听”“思”“记”的关系。“听”是直接用感官接受知识，“听”包括听老师讲和听同学发言；“思”是指学生思维；“记”是指学生课堂记笔记。

（四）复习巩固方法的指导

复习是对已学教材进一步加工的过程。复习能巩固记忆，防止遗忘，有助于加深对知识的理解和熟练运用，能促进学生技能的形成，使所学的知识进一步系统化、熟练化和技能化；能检验学习的效果，及时发现薄弱环节和弥补学习漏洞；能为学习新知识作好铺垫，起到温故知新的作用；能使所学知识形成条理清晰的知识结构，还能发展学生的认知能力；能进一步提高记忆能力，培养自学能力。教师应从以下几个方面进行复习指导：

1. 分散复习与集中复习相结合

实验表明，分散复习比集中复习效果好。但根据学习需要，集中复习也不可少。因此，教师要让学生进行及时的分散复习，又要在学完某课或某单元后搞集中学习，还要在期中、期末搞更大的集中复习。例如，八年级学生学完了下册第十七章反比例函数后，可以围绕这一专题进行集中复习，可以把这一专题与八年级上册14.2.1的正比例函数进行比较，从定义域、值域、奇偶性、单调性、图像等方面进行比较，研究两类函数的区别与联系；同时，要注意研究反比例函数在实际问题上的体现以及生活中的反比例关系，能举出生活中可以用反比例解释的事例。如会用反比例函数的知识解释在我们使用撬棍时，为什么动力臂越长越省力。

2. 尝试回忆与阅读相结合

尝试回忆可检查听课效果，可强化记忆，可提高阅读材料和整理笔记的积极性，并能使学生养成爱动脑筋的习惯。例如，七年级学生学完了上册第四章图形认识初步中4.2直线、射线、线段后，可以让学生先尝试回忆什么叫直线、什么叫射线、什么叫线段，它们有什么区别和联系。如果回忆有困难再查看教材和笔记，如果回忆没有困难，等回忆完后再让学生对照看课堂笔记阅读教材。

3. 让学生学会归纳总结

为使所学知识系统化、条理化，教师要让学生在复习过程中学会归纳总结。可让他们以问题为主线去归纳，也可利用对知识的比较、分类、抽象、概括等思维方法去归纳。在形式上，可让他们列提纲，亦可运用图表或表格等。例如，当高一学生学完第一册第二章初等函数（Ⅰ）后，可以让学生归纳指数函数与幂函数、指数函数和对数函数的区别与联系，可以从图像上进行对比，也可以从定义域、奇偶性、单调性、特殊点等方面进行对比。再如，当高二学生学完第九章平面、直线、简单几何体后可以让学生构建立体几何知识结构：三大关系（线线关系、线面关系、面面关系）、四个主题（角度、距离、面积、体积）、一垂到底、两条途径（标量法、向量法）、三样东西（球、柱、锥）。

（五）独立作业方法的指导

学生从小学一年级开始至高中毕业，每天做作业，所做作业题可谓不计其数。做作业是学习过程中的一个重要环节，独立完成作业是学生将所学知识用于实践的形式，是预习、听课、课后复习的继续。听完课后，如果不做一定的作业题，就和军事上讲的纸上谈兵没什么两样。光靠听课不及时动手做题，知识就会很快遗忘掉。坚持每天课后做适量的作业题，是提高学习质量的重要条件。只有每天做适量的作业题，才能及时检查学习效果，及时发现问题弥补缺漏，才能加强对知识的理解和巩固，把易混易错的知识搞清楚，把知识间联系贯通起来，把公式、法则、定律等运用灵活，利于将知识转化为技能技巧，并能培养多种能力和良好的习惯。只有做适量的作业题，才能进一步培养分析问题、解决问题的能力。作业的形式一般有两种：一种是口头或书面作业；另一种是操作性作业。中小学生的作业以书面形式为主。做作业的过程包括：作好准备、认真审题、动手做题、自我检查等。教师在指导书面作业时应做到以下两点：（1）指导学生树立正确的态度；（2）指导学生掌握做作业的程序和方法。

（六）小结或总结方法的指导

在进行单元小结或学期总结时，学生容易依赖老师，习惯教师带着复习总结。从小学开始就应培养学生学会自己总结的方法。单元小结的具体做法与要求为：（1）全面回顾知识，把握重点难点；（2）弄清知识结构，突出内在联系；（3）归纳习题类型，探求解题规律。单元小结应让学生做到：先回忆后看书；先看题后做题；先复习后笔记。

在具体指导时可给出复习总结的途径。要做到：（1）看，即看书、看笔记、看习题，通过看，回忆、熟悉所学内容；（2）列，即列出相关知识点，标出重点、难点，列出各知识点之间的关系，这相当于写出总结要点；（3）做，即在此基础上有目的、有重点、有选择地解一些不同档次、类型的习题，通过解题再反馈，发现问题、解决问题，最后归纳出体现所学知识的各种题型及解题方法。

应该说学会总结是学习的最高层次。学生总结与教师总结应该结合，教师总结更应达到精练、提高的目的，使学生水平向更高层次发展。

（七）考试方法的指导

从小学到中学，每位学生都要经历无数次的各种考试。考试是检查学生学习成果的一种方法。通过考试，学生可以了解自己掌握知识的程度、技能技巧达到的水平和灵活运用知识的能力。具体考试方法上，要引导学生努力做到以下几点：（1）不慌不乱，排除压力；（2）浏览试卷，把握难度；（3）认真审题，整洁答题；（4）先易后难，克服难题；（5）草稿有序，便于复查；（6）查找原因，改正错误。

二、特殊学习方法的指导

教师根据教学实际，对各科学习中有效的特殊学习方法给学生以指导。

如：对语文课中的查字典、解词、造句、概括段落大意、总结中心思想和各种类型的作文的方法，对思想品德课中的理论联系实际的方法，对数学课中的证明、推理、解题和绘制图表的方法，对物理化学课中的实验和写实验报告的方法等，都要结合具体的教学内容，给学生以具体的指导。由于这些内容会在学科教学法中涉及，故这里不再一一赘述。这里仅介绍学生规范解题的方法指导。

每个小学生、中学生、大学理工科的学生都得解题，以每天做 10 道题，一年以 200 天在校时间计，那么，从小学一年级开始至小学毕业的 6 年里，每位学生都得做 12000 道题；从小学一年级开始至初中毕业的 9 年里，每位学生都得做 18000 道题；从小学一年级开始至高中毕业的 12 年里，每位学生都得做 24000 道题；如果大学读的是理工科，那么这些学生从小学一年级开始至大学毕业至少得做 3 万道题。但是，不同的学生做题方法和做题的质量大不一样，尤其是文科生和理科生差别比较大，有的学生做题不仅正确、迅速敏捷，而且每做完一道题还能从中得到启示，从中总结出规律，可以举一反三，这就是解题能力较高的表现；而有的学生做题不仅速度慢、差错多，而且做完一题忘一题，特别是一到考试时，许多题目看似曾做过，但想半天也想不起解法，最终还是解不出来，这就是解题能力低下的表现。那么如何提高解题能力呢？一般来说，要提高解题能力就要养成规范解题的习惯。

规范解题包括以下四个方面：

（一）掌握解题策略

1. 认真审题。所谓审题就是看懂题目的内容、理解题意，分清题目中的已知与未知、找出已知数据与未知量之间的联系（如果找不到直接联系，就考虑辅助题目），画出关键词，判断题目属于哪一类题型，要用到哪些知识。审题是否认真、仔细、全面，是解题成功的关键。养成认真审题的习惯，对提高解题能力的作用很大。所以，要审好题，首先，要在思想上重视审题，坚决不能拿到题目就开始做；其次，要学会审题，审题是应用知识解决问题的开端。

2. 探索思考。探索思考即利用题目给出的条件和要求的结果寻找解题思路，进行多个角度分析、设想，特别是对题目能够进行反向思维。如对判断题、选择题非正确答案的分析，学科之间联系的分析等。对于比较复杂的问题，为了便于思考，可以根据理解把题目画成简图，尤其是数学应用题，首先要根据题意画出线段图，使题目形象化、直观化。这是运用已学过的知识对题目加工改造的过程，以使题目更直观，容易形成解题思路。

3. 整理解题思路。整理解题思路即选择解题途径，制定解题步骤，组织答案。这就要求学生能清楚地看出每个步骤是否正确（如果是数学题，还要求学生能证明每个步骤是正确的）。

4. 回顾总结。回顾总结即检查验证答案，尝试不同途径，鼓励创新。这就要求学生能检验答案（如果是数学，要能验证论证），能以不同的方式推导结果，能在别的题目中利用这个结果或这种方法。

［示例］ 培养学生的解题思路①

在练习中，首先，要求学生读懂试题，理解什么是条件，什么是需要解决的问题，条件与问题之间的关系。其次，回忆所学知识，套用解决问题方法，尝试解决问题。如果学生的尝试不成功，要求教师讲解时，首先问：你想到哪里想不明白了，是怎么想的，遇到了什么样的困难？这些问题解决后，让其再想，直到问题解决。

如果以上方法不能解决学生的问题，学生再要求教师解决时，教师可给出答案，但要求学生逆推，用答案分析题目的条件和问题，直到理解为止。

5. 消除经验的负性影响。学生具有一定的经验后，会迅速抓住问题情境中的关键点，从而迅速地使问题得到解决，在应试教育中这是培养的目标。但只从经验出发有时会限制学生的思维，削弱创新精神。要培养学生多角度看问题的习惯和发展学生辩证思维的能力，来取消经验的负性影响。

如，学生在学习“三角形的内角和为180°”时，除了让学生掌握三角形的内角和定理外，还要引导学生探索它的逆命题、否命题和逆否命题，虽然此时学生还不知道什么叫逆命题、否命题和逆否命题，但教师可以把三角形的内角和定理改为逆命题、否命题和逆否命题的形式，让学生判断这三个命题是否正确，让学生发现原命题和逆否命题同真假，这可以为学生以后的学习打下基础，同时让学生养成多角度看问题的习惯。又如，学生做选择题时，教师要引导学生除了从题目出发解题外我们还可以采用排除法。再如，求解“如果你只有两个容积分别是4升和9升的容器，怎样从一条河中恰好取出6升水”②时，直接求解很困难，就需要学生逆向思维，用“倒着干”的方法解题。

(二) 吃透典型例题

许多学生解题多半停留在模仿解题这个层次上，只会“照葫芦画瓢”，

---

① 作者刘莉莉。转引自郭友：《新课程下的教师教学技能与培训》，第58页，北京，首都师范大学出版社，2009。

② ［美］波利亚：《怎样解题》（第一版），第186页，涂宏、冯承天译，上海，上海科技教育出版社，2007。

不会举一反三，如果题型稍微变化一下，就会感到无从下手，一筹莫展，这就是为什么许多学生听懂了课堂上的例题，也会做课后习题但不会做练习册上的变形题目，同时许多学生平时会做题，但一到考试就不会做，导致考不了高分的原因。一般来说，练习册上的变形题目和课后考试的题目都比较灵活，单凭模仿是不行的，要会举一反三才行。因此，要想提高自己的解题能力，首先就要吃透“例题”，所谓“吃透”，就不是模仿，而是要从本质上去把握它。如这个例题属于什么类型？它的功能或实质是什么？除了课本的解法外，还有什么其他解法？若把例题条件或结论改变一下，又应该如何解？这个题目可以有哪些变形？通过这个例题从中可以揭示什么规律？等等。养成在做习题之前“吃透”例题的好习惯。

【案例】 用画函数图像的方法解不等式 $5x+4<2x+10$

解法 1：原不等式为 $3x-6<0$，画出直线 $y=3x-6$（图 7-2-1），可以看出，当 $x<2$ 时，这条直线上的点在 x 轴的下方，即这时 $y=3x-6<0$，所以不等式的解集为 $x<2$。

解法 2：将原不等式的两边分别看做两个一次函数，画出直线 $y=5x+4$ 与 $y=2x+10$（图 7-2-2），可以看出，它们的交点的横坐标为 2，当 $x<2$ 时，对于同一个 x，直线 $y=5x+4$ 上的点在 $y=2x+10$ 相应点的下方，这时 $5x+4<2x+10$，所以不等式的解集为 $x<2$。

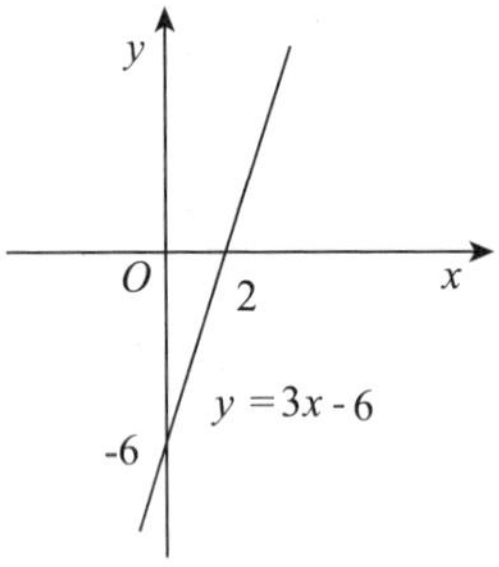

图 7-2-1

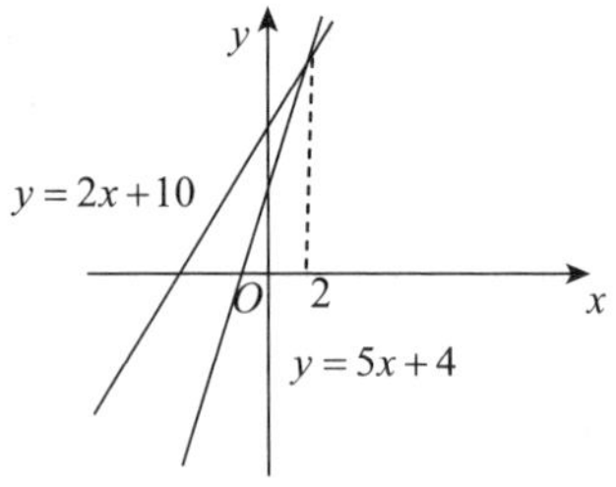

图 7-2-2

评析：学习这个例题，我们应该从本质上把握它，要做到以下几点：

（1）弄懂这个例题所属的类型是什么。

（用画函数图像的方法）解一元一次不等式。

（2）弄懂要完成此题所需要的基础是什么？

会画一次函数的图像，会求一次函数图像的交点。

（3）弄懂两种解法的实质是什么。

都是把解不等式转化为比较直线上点的位置的高低。

（4）思考除了课本上的两种解法我们是否还有其他的解法。

因为此题题目限定要用画函数图像的方法解不等式，所以只有课本上的两种解法，但是如果去掉条件“用画函数图像的方法”，那么这个题目也可以直接用解一元一次不等式的方法（即移项、整理、化简）得出答案，而且这种方法比“用画函数图像的方法”解要方便得多。

（5）思考如果变换题目，此题应该如何解。

例如，①把题目中的“用画函数图像的方法”去掉可以怎么解？有多少种方法？②把题目中的“不等式 $5x+4<2x+10$”改为其他一元一次不等式应该怎么解？③把题目中的“不等式 $5x+4<2x+10$”改为其他一元一次方程应该怎么解？……

（6）思考这个题目可以有哪些变形。

如，①把题目中的“不等式 $5x+4<2x+10$”改为“方程 $5x+4=2x+10$”应该怎么解？②把题目中的“不等式 $5x+4<2x+10$”改为“不等式 $5x+4>2x+10$”应该怎么解？③把题目中的“不等式 $5x+4<2x+10$”改为“不等式 $5x+4\geqslant 2x+10$”应该怎么解？④把题目中的“不等式 $5x+4<2x+10$”改为“不等式 $5x+4\leqslant 2x+10$”应该怎么解？……

（7）思考“用画函数图像的方法”解一元一次不等式有什么好处。

我们可以看出虽然用一次函数的图像来解方程或不等式未必简单，但是从函数的角度看问题，能发现一次函数、一元一次方程与一元一次不等式之间的联系，能直观地看到怎样用图形来表示方程的解与不等式的解，这是一种用函数观点认识问题的方法。

（8）思考通过这个例题从中可以揭示什么规律。

我们从中得到：可以用一次函数的图像来解方程（解法 2）或不等式（解法 1）。

（9）通过这个例题思考用画函数图像的方法解一元一次不等式的基本方法有哪些。

我们得出用画函数图像的方法解一元一次不等式 $ax+b<cx+d$（$a\neq c$）的一般解法有两种，一种是先将所给不等式化简为 $ex+f<0$（或 $ex+f>0$），画出直线 $y=ex+f$，再观察图像得出对应的不等式的解集；另一种是将原不等式的两边分别看做两个一次函数，画出直线 $y=ax+b$ 与 $y=cx+d$，从图中观察得出它们的交点的横坐标，再观察图像得出对应的不等式的解集。

(10) 我们可以从这个例题的解法中收获什么?

我们要弄清楚一次函数、一元一次方程与一元一次不等式之间的联系，要弄懂用画函数图像的方法求解一元一次不等式的方法和这两种方法的实质。

(三) 处理质与量的关系

要学好一门功课，首先必须做题，而且作业、练习要达到一定的量。数学家杨乐在中学读书时，做了一万道以上的初等数学题，从而获得较系统、较完整的数学基础知识；苏步青教授在学生时期也曾经做过一万个微积分题目，他认为“要真正把知识学到手，一定量的重复是很有必要的”。但是追求量千万不能忽视做题的质，质较量更为重要。有的学生认为只要多做题，学习效果自然就会好，所以把大量的精力和时间放在搞“题海战术”上，然而一到考试，成绩仍然不理想，事倍功半。这就是只追求做题的“量”而忽视做题的“质”所造成的恶果。有经验的老师和学生都认为做题是必要的，但应该少而精，“囫囵吞枣做十道题，不如实实在在做好一道题”。心理学也告诉我们：只有经过反复思考的东西才能记忆深刻，只有经过消化的东西才能“创造”出能力。所以，要提高自己的解题能力，除了要有一定“量”作保证外，更要注意解题的“质”。每做完一道题都要想一想：这道题考查了什么基本概念？我运用什么基本规律解题？用了什么样的方法解题？解题的思路是怎样的？还可以用别的什么方法去解？把题目的条件或结论改变后又得到什么结果？这样，通过做一道题，可以变成做几道题，变成做一类题。

(四) 正确对待难题

在学习过程中，每位学生都会遇到难题，但是，如何对待难题和处理难题，不同的学生有不同的态度和方法。有的学生遇到难题时，不是积极开动脑筋力争解决，而是不经思考就问老师问同学，有的甚至干脆去抄别人的答案；而有的学生却能认识到，突破难题不仅有助于自己深入掌握所学的大量知识，而且有助于培养自己的分析问题和解决问题的能力。所以，一旦遇到难题，总是自己刻苦钻研，力求自己解决难题。有的学生虽然做了不少的习题，甚至做了很多难题，但解题能力仍然没有提高；而有的学生虽然做的难题不多，但注重方法、规律的总结，故解题能力有很大提高。

当学习中遇到难题时，一般可采用如下办法去解决：

1. 扎实基础，独立思考。学习中遇到的难题，一般是由于自己对知识理解得不够深刻、全面和精确，或者是不会运用的缘故，并不是题目超出了所学知识的深度和广度。这时，就应反复阅读教材和笔记，认真思考领会，使自己对知识的理解达到融会贯通的程度。

2. 暂时搁置，过段时间再解。经过自己的独立思考，问题仍然得不到解决，这时最好暂时放下来，搁置几天，过段时间再研究。当再捡起重新研究的时候，也许往往变得容易得多，难题不难了。

3. 请教别人，指明思路。通过以上努力，难题还得不到解决就有必要请教老师和同学，跟他们一起讨论，寻求解决难题的办法，但要注意在寻求帮助时，不要让别人讲透彻，只要在思路上点拨一下就可以了。

4. 归类训练，总结规律。有的学生虽然做了不少的习题，甚至做了很多难题，但解题能力仍然没有提高，其中一个主要原因就是不善于总结解题规律，不善于归纳题型。所以，学生要想在较短时间内取得较好的学习效果，需要利用一段时间集中钻研同一类型题目，并在做题时认真总结解题规律。比如，在数学学习中，学生可以在一段时间内主攻“行程问题”应用题，通过解一定数量的题目，摸清这一类题的特点，掌握解这一类应用题的一般规律。再如，学完小学阶段的应用题后，学生应该把解应用题的常用方法总结出来，如：综合法、分析法、图示法、对应法、列举法、份数法、化归法、比较法、转化法、逆推法、假设法、估值法、重叠法、设数法、代换法、推理法、统筹法、比例法、代数法、制表法、分类法、倒数法、间接法、实验法、扩倍法、拼割法等，并总结出哪些题型用什么方法。

第三节　学法指导的形式及要求

一、学法指导的形式

世上任何行为都很难找到一种或一套确定的模式，然而，一种百千人参与的持久的目标明确的行为，经过一个“不约而行”的探索期，为求继进，为求高效，人们总会逐步归纳出若干形式。学法指导的形式是多种多样的，各种形式各有利弊与适用范围，在进行具体指导时要针对学生的实际进行有效的选择和综合运用，不可生搬硬套。

在实施学法指导的过程中，以下模式值得我们借鉴。

(一) 课程传授式

课程传授式，即通过开设学习方法课，向学生系统传授一般学习方法的模式。要使学生掌握完整的学习方法体系，必须有意识地向学生系统地传授科学的学习方法，因此就有必要开设学习方法指导课。这类课的开设，要以学生在学习过程中的心理特点、认知规律为研究对象，揭示学习的规律性要求和学生的生理、心理机制，提出相应的学习技巧和方法，通过学习目标的提出、学习动机的激发、学习兴趣的培养，使学生明确掌握学习方法的目的和意义，明白学习方法的类型，并学会正确运用各种学习方法。其具体做法是：将学法指导纳入教学计划，列入课程表；要求教师像教其他各科课程一样，要认真钻研教材，认真备好课；要求学生有教材，上课认真听讲，认真笔记。学法指导课一般不考试，但一个阶段后，可要求学生结合自己的实际总结学习经验与体会，并在全班甚至全校进行交流。课程式一般适用于中学的起始年段，小学高年级也可采用这种模式。这种模式的优点是能引起学生对学习方法的高度重视，可使学生较系统地掌握基本的学习理论和方法，并很快地运用到各学科学习之中，对树立学生正确的学习观、培养良好的学习习惯、掌握科学的学习方法有很大的好处。但是，这种模式易与各科学习脱节，方法不具体，课时安排与教材供应使用也有许多具体问题。

（二）专题讲座式

由于人力物力所限，有些学校无法开设系统的学习方法指导课，但可以通过专题讲座式让学生了解学习方法的相关知识和基本要求。专题讲座式就是在宏观上对学生进行学法指导，它是根据学生学习的需要，采用专题形式定期或不定期地举办学法指导讲座，讲座的内容可以是普通学习法或学科学习法。这种模式既可以以班级为单位进行，也可以一个班级或全校统一进行；可以是报告会的形式，也可以利用校刊、校报、班级学习园地等进行。讲座式的优点是形式灵活，具有针对性和实用性。可使课程式得到延伸和拓宽。讲座式是实现学法指导经常化、系列化的一种好形式。它的缺点是缺乏系统性，易被其他工作冲击，理论易与实践脱节，且没有统一的教材。

（三）专题训练式

所谓专题训练式，就是利用典型单元或结合期中、期末复习的契机，把前一时期学过的学法及时归类，形成“学法链”“学法集”“学法树”或“学法库”整体的学法结构。例如，结合编写段意的单元，可以开设编段意五法的专门训练课。这五种编段意的方法是：摘句法、缩句法、串联法、取主法、连接关键语句法。

（四）学习规程式

学习方法规程，是学校制定和实施的关于学生学习方法的规范性文件。[①] 学习方法规程有以下特点：第一，规范性；第二，简明性。根据学习方法规程的特点，在制定和实施时要注意：（1）事先要做一定的调查研究；（2）搞好学习方法规程的宣传和学习；（3）一定要有落实的措施；（4）搞好检查、评价。学习规程式就是把学习方法规程的材料印发给学生，以指导学生学习的一种模式。[②] 它要求学生按照既定的学习规程进行训练和实践，进而形成习惯，掌握方法。这种指导模式有着很大的强制性和规范性，能起到一定的指导作用，而且简便易操作，节省时间。但是，也存在着容易流于形式，不能贯穿始终及忽视学生个性心理品质等的弊端。

（五）学生交流式

某些学生在某些学科上学得很轻松，成绩优良，对这些学生的学法有必要加以总结和交流。各门学科学得好的学生，更有自己独特的学习方法和经验。对于这些，教师要善于发现，及时推广。这些学生来自班级群体，彼此间学习条件相近，总结推广他们的经验，会在群体中引起强烈的反响，使大家感到可信、易学。所以，在校内或班级内交流学习经验，是进行学习方法指导的又一有效途径。在具体做法上，除学习经验交流外，也可召开学习方法研讨会、学习方法主题班会、学习方法宣讲会、组织优秀学生学法报告会、介绍咨询会、座谈交流会、作品展览会和优秀学法专刊、专辑等。这种模式的优点是具有较强的实用性，可以随时随地地进行，不受时间、空间的局限，比较符合学生实际，易于被学生接受，有利于学生从同学身上获得符合口味的经验，进而产生竞争心理。通过学习方法交流，交流学生间学习信息的沟通渠道，引导学生自己总结学习过程，逐步掌握和运用科学的学习方法。缺点是由于学生的经历和经验有限，交流的内容也就十分有限，而且学生的认知水平较低，很难从学生的高度来总结。因此，这种方式不宜作为学法指导的主要方式，作为一种辅助方式效果会更好。

（六）学科渗透式

学科渗透式就是在各科教学过程的各个环节中，教师在讲解知识与技能的同时也讲解学习本学科特定知识与技能的特定方法。这是学习方法指

---

① 郑金洲：《新编教学工作技能训练》，第 176 页，上海，华东师范大学出版社，2008。

② 蒋宗尧：《学法指导艺术》，第 82 页，北京，中国林业出版社，2000。

导最经常、最直接的途径。这种模式要求教师既要对所教学科的知识有扎实的基础，又要对学法知识熟练掌握。在教学中，教师不仅要与学生进行知识互动，而且还要有目的、有计划地引导学生掌握各种学习方法。不同学科有不同教法和学法。教师应遵循学生的认知规律和各科教学内容的特点，把学习方法指导渗透于各科教学之中。具体途径有：(1) 教师可通过与学生一起学习，如一起讨论问题，对学生进行学习方法示范。(2) 在教学过程中可对学生的学习方法提出具体要求。如让学生背诵课文，就应同时向学生介绍科学的背诵方法；如批改作业，不但重视内容或结果是否正确，还需要指出方法是否合理。(3) 教学中教师要引导学生分析自己的学习过程，让学生把自身的学习作为认识的对象，去分析自己的思维过程和思维方式。发挥良好的思维方式，纠正不良的思维习惯，这对学生创造性地运用学习方法有重大意义。它的优点是能结合学生实际，又能结合学习特点，还能兼顾学法指导知识体系。缺点是有时过于烦琐，大量的学习规律方面的知识也不可能完全在学科渗透中掌握。

(七) 过程渗透式

这是一种把学法指导渗透到学生学习过程各个环节之中的模式。它的特点是看得见、摸得着、用得上。学生学习过程的基本学习环节有三个层次、十个方面。第一层次是获得积累知识环节：看、写、问、听、思；第二层次是巩固掌握知识环节：练、习、记；第三个层次是目的学习环节：用和创。十个学习环节都有各自丰富的学法指导内容。也就是说，要通过指导学生如何看、写、问、听、思；如何练、习、记、用、创，来渗透更具体、更有效、更实用的学习方法。这也是实现学法指导系列化的一条根本途径。

(八) 点拨指导式

所谓点拨式，就是以强烈的学法指导意识为前提，结合教学，抓住最佳契机，用画龙点睛、留有余味的方法点拨学习方法。① 这一模式实际上早已运用，关键在于用的目的、力度、巧妙度、效率不同罢了。采用这种模式要注意：(1) 不仅要有强烈的点拨学法意识，而且要有稳妥周密的点拨计划，要设计几个点拨点，精心点拨，点出实效。绝不能从头到尾，无主次、轻重，像蜻蜓点水、浅尝辄止。(2) 要注重点拨思维方向和思维方

① 欧阳芬：《有效教学的基本功——新课程下中小学教师学法指导技能的指导》，第79页，北京，世界图书出版公司，2008。

法。学法指导要把传授指导学生的思维方法作为指导的核心。因为思维训练、发展思维能力是各科教学的共性目标，是提高学生基本能力的重要保证。学生掌握了思维方法，就可以越来越会学，学习效率、质量都会提高。学生回答问题时，由于受模仿和单向思维的影响，总是沿着前一个学生发言的思维方向思考问题。例如，让小学生举例说明 $3\times4=12$ 的含义时，第一个学生讲："妈妈买了 4 个苹果，每个苹果 3 元，妈妈一共需要付多少元?"则第二个学生很自然地说出："妈妈买了 4 个香蕉，每个香蕉 3 元，妈妈一共需要付多少元?"这样的顺势思维是低层次的，教师要恰当地点拨，除水果以外，除这些说法外，还可以怎么说，看谁说的不一样。这时就会出现新的例子。(3) 要选准时机，力求适度。点拨时机是至关重要的，在学生最易忽视的地方，或百思而无一解时都是点拨的最佳时机。力度也十分重要，该轻则轻，该重则重。

(九) 转移迁移式

转移迁移式就是教师把以前所教的某篇课文或本节课所教的首段或重点段课文的教法，让学生通过自己"操作、反思、迁移"转换为学习同类或相近课文段落的学法。[①] 这就是教法转化为学法的模式，或称之为"教法举一，学法举三"模式。运用这种模式要注意：(1) 作为要迁移的主教法要具备可转化、可操作的特点；(2) 使这种主教法与其他辅学法优化组合；(3) 在转换过程中要反复让学生思考，适度深化。

(十) 领悟发现式

领悟发现式就是通过教师导学，让学生自主学习，让学生不断按教师的教学思路去领悟、去发现新的学法。这比教师教授学法、转换学法、点拨学法效果更好。实践证明，用这种学法学习知识，学生学习兴趣更浓、记得更牢。结合学法指导而进行思维训练层次也高。领悟发现式具体形式有以下三种：(1) 在学习过程中，由教师引导学生逐步领悟；(2) 在集体讨论、交流一个时期后，从各自积累、使用的学法中领悟；(3) 在总结课文这个环节，加一个"纯顿悟"的小环节，就是让学生思考并回答：通过本课学习，你学到或"悟出"哪些学习方法？让学生自觉养成在完成一课或一种任务后，对采用的学法进行反思和"自悟"。对讲得好的、讲出新意的学生，教师要给以"重奖"。

---

① 蒋宗尧：《学法指导艺术》，第 83 页，北京，中国林业出版社，2000。

(十一) 诊断治疗式

这是一种个别指导的模式。它是指教师通过问卷、谈话、观察、提问、改作业等形式对学生学习动力、学习方法、学习环境、学习效果等方面进行较全面的了解，进行认真分析，从而诊断出学生在学习上存在问题的主要原因，然后有针对性地加以治疗，从而使学生逐步掌握科学的学习方法的一种模式。由于学生情况千差万别，影响学生学习的因素也不止一个，学习的效果又是多种因素综合作用的结果。所以，运用诊断治疗模式对学生进行学法指导就具有针对性强、适应学生差异的独特优势，它可以具体帮助学生分析影响学习效果的因素，寻找主要的问题，指出具体的解决办法，使学生的学习方法逐渐地走向科学化的轨道。这种模式针对性强，适应学生的个别差异，特别适用于对学困生的个别指导。能及时有效地解决学习困难生在学习上的问题。但这种模式缺乏系统的指导，而且指导面小，只能使用于小范围内，对人员素质要求也较高，耗费人力也较多。

(十二) 对比式

对比式就是将两种正反方法进行对比指导，让学生明辨则用。① 例如，背诵，一种是死记硬背，逐字逐句死记硬背，花时多，收效低；另一种是活背法，有仿照文章结构背诵、有化整为零再化零为整背诵、有借助想象记忆背诵等。两方面的背法同时交给学生实践检验，方法不同，效果也不同。

学法指导模式远不止以上几种，每位学科教师都可以结合自身经验和学生特点创造出更多丰富多彩、行之有效的学法指导方式。

这里要指出，以上几种学法指导的基本形式，并非学法指导的完整样式。因为学法指导的指导功能一般不可能脱离知识的传授、能力的训练、性情的陶冶等而单独存在，学法指导往往与课上其他教学活动结合起来进行，所以上述种种形式不等同于课堂结构，而是“参加”到课堂结构中去。这些形式又不是相互排斥的，为进行一项学法指导往往有若干形式的“合作”，从这个意义上说，教学中实际采用的大多是“综合式”。

二、学法指导的要求

中小学的学法指导的目的就是运用现代的学习理论，帮助学生树立正

---

① 蒋宗尧：《教法运用与学法指导基本功》，第90页，北京，中国林业出版社，2007。

确的学习观点，掌握科学的学习方法，逐步提高学习能力，培养优秀的学习品质，形成良好的学习习惯，有效地提高学习质量，使学生在德、智、体、美、劳等方面得到全面发展，成为社会主义的建设者和接班人。因此，学法指导要遵循以下基本要求：

（一）发挥教师自身的表率作用

教师的教学方法影响着学生的学习方法。科学的教法会促进学生良好学法的形成，提高学习效果。因此教师选择一种教法，运用一种教法，首先要考虑学法的指导需要。如果教师采用的是注入式、满堂灌、照本宣科的教学方法，那么就容易使学生养成不动脑筋、死记硬背、生搬硬套的不良习惯；如果教学能够做到少而精、深入浅出、富有启发性，那么学生就会变得活泼生动、爱动脑筋、有创造性。同时教师应重视教学方法的变革，通过自己新颖、多样、科学的教学方法来影响学生。

（二）教师要不断积累科学的学习方法和多做具体方法的操作设计

在学法指导中，教给学生学习方法，除了介绍一些科学学习方法的知识外，主要途径还是教学过程要渗透方法指导。所以教师一定要注意探索和积累科学的学习方法，既要吸收传统学习方法和精华，也要学习国内外新的学习方法和经验，在积累中增长见识，在此基础上根据教学需要，择善而施。例如，培养学生口头表达能力的方法有答问、解说、复述、致辞、交谈、口述见闻观感等；拟写提纲的方法有按段落结构拟提纲、按情节发展拟提纲、按论点论据拟提纲等。在培养学生的口头表达能力和拟定提纲能力时，就要根据实际情况指导其采用恰当的方法。同时，教师要多做具体方法的操作设计，解决某一问题，应用什么样的方法，应给学生提出操作程序，并做出典型示范。

（三）经常调查学生的学习状况，做到有的放矢

教师要在日常教学中注意纠正学生不良的学习习惯，帮助他们学会和掌握科学的学习方法，要对他们的学习习惯和所运用的学习方法有所了解。就拿数学来说，教师就要了解学生课前是否主动预习，上课是否专心思考，课后是否自觉复习，是否有经常归纳总结知识点、总结各种题型解法的习惯，是否有大胆质疑的习惯，课后作业是否有先复习完内容再完成作业，做到完成作业不翻课本和笔记的习惯，是否有改错、将错题归类的习惯等。对这些调查结果，教师要进行深入分析，了解学生学习方法的得失，然后进行有效的指导。

（四）着眼于发展学生的思维

思维能力是智力结构的核心，贯穿于学习活动的整个过程。学习方法

的指导应着眼于思维方法的掌握和思维能力的发展。在教学过程中，教师应指导学生懂得如何抓住事物的整体和全貌，以及关键性问题；培养学生透过表面现象认识事物的本质和规律的能力；有助于学生对所面临的问题迅速、准确地作出反应；有助于学生按照逻辑顺序思考问题。

（五）引导学生逐渐形成自己独到的学习方法

掌握良好的学习方法是一种能力，一般来说，需经过模仿和创新两个阶段。在学习方法指导中，教师应根据由浅入深、循序渐进的原则，先给学生提供恰当的示范或基本模式，并通过一定量的训练，以促使学生把教师所教给的学习方法内化为自己的学习方法，逐步建立起个人独特的学法体系，发展自学能力。在这个过程中，教师不可操之过急，苛求学生的学习方法合理、有效，也不可满足于学生对示范和模式的模仿，而窒息了学生的创造性和独特性。

（六）依据不同学段进行学法指导

教学过程是一个师生双边共同活动的过程，是一个不断发展、变化的过程，其方向是不断地从“教到学”。在这个转变过程中，教师教的作用所占比重也在不断变化着。根据实验统计，在正确方法指导下，如果小学阶段教师讲授知识是100％的话，到了小学高年级，学生自学就要占20％～30％，教师教的比重开始下降；到了中学高年级，教师的教和学生的学各占一半；而到了大学，双方的活动差不多为3∶7；临近大学毕业，学生的自学几乎接近100％，这就是叶圣陶先生说的“教是为了不教”。

当然，要实现从教到学的转变，需要一定的条件。这个条件就是加强学法指导。指导学生掌握正确的学习方法，才能加速从教到学的转变过程。各阶段的具体要求如下：

1. 1～6年级

要求学生养成在一定时间内迅速学习、不拖延的习惯，养成心平气和、耐心学习的习惯，养成注意集中精力、不为外物分心的习惯，对小学生的学法指导，可由浅入深，分三个层次由低向高进行。第一个层次是指明——尝试；第二个层次是示范——模仿；第三个层次是回顾——概括。

2. 7～9年级

要求学生初步掌握正确的学习方法，即要求学生系统地掌握制订计划、课前预习、认真听课、及时复习、独立完成作业、总结提高、课外阅读等常规的学习方法。同时结合分科的教学工作，进行7～9年级的分科学习方法。

3. 高中阶段

要求学生在系统掌握正确的常规学习方法的基础上，重点学习语文、数学、外语等分科学习方法，结合学习一点心理及思维科学常识，培养学习能力，发展智力。

4. 大学阶段

要求学生在系统掌握正确的学习方法和科学的思维方法的基础上，懂得大学学习的一般方法，掌握各自所学专业的学习方法，提高自学能力，提高分析问题和解决问题的能力以及一定的创新能力。

（七）依据学生的年龄特征进行学法指导

从小学、初中、高中阶段到大学阶段，学生将经过一个儿童期、少年期、青年初期到青年中、晚期的生理、心理发展过程。不同年龄阶段具有不同的生理、心理特点。这些特点将直接影响学法指导的广度和深度。就以智力的核心思维而言，1～6 年级学生以形象思维为主，七年级学生的抽象逻辑思维很大程度上也是属于经验型，仍需得到感性经验的直接支持。从八年级开始，开始由经验型水平逐步向理论性水平发展，到了高中二年级便基本形成这一转化过程，即能够摆脱对感性材料的依赖，而应用理论作为自己的抽象思维活动。这就大大发展了思维的深刻性、独立性和批判性。因此我们在确定学习指导的目的及内容的广度、深度时，就不能不考虑到不同阶段学生的年级特点和接受能力。

（八）依据学生实际进行分类指导

不同的学生在知识、能力、性格、气质和非认知因素等方面，均存在着不小的差异。因此，教师要兼顾这些差异，有针对性地进行辅导，对不同条件的学生提出不同的要求；对不同的学生，应具体针对其薄弱之处给予指导。

（九）依据学校的性质、任务进行学法指导

1～9 年级是义务教育，其任务就是要培养社会主义建设者和接班人、为提高全民素质奠定初步基础；其培养目标是要使学生在德、智、体、美、劳等方面得到全面发展，并要“初步掌握正确的学习方法，发展独立思考能力和动手操作能力”。

高中教育仍是基础教育，肩负着为高一级学校培养合格新生和为社会主义现代化建设培养后备力量的双重任务；其培养目标要求高中学生在德、智、体、美、劳等方面得到全面发展。

由此可见，各级各类学校都要把学法指导列为首要任务，不同性质类型的学校，其具体要求也不同。

操作训练

1. 从自己的切身体会谈谈掌握学法指导的重要意义。

2. 在教学实习或其他教学情境中，针对学生实际需求，对学生进行学习过程中各环节的方法、掌握知识的方法和心理调节的方法指导。

3. 思考学生学习方法运用中容易出现的问题，以及解决这些问题的方法。

4. 通过小组讨论，明确学法指导的途径及要求。

5. 案例分析

“会说数学”与“会做数学”哪个更重要?

(1) 一直为学不好数学而苦恼的一位初一女生问老师什么叫自然数。老师写了一些数，让她从中把自然数找出来，直到她全部找对。这女孩既高兴又惊异地问：“老师，难道不用背自然数的定义吗?”老师肯定地回答：“不用。”接着，学生要求老师给她补习分数加减法，直到学会了才罢休，后来，这女孩判若两人，仿佛治好了心病似的，对数学的恐惧感消失了。不到一年，她的数学成绩从不及格直升到优生行列。

(2) 在学习二位数减一位数不退位减法的基础上，教师组织学生学习二位数减一位数退位法。(小学一年级)

课前准备：每张桌上放5张卡片，上面分别写有2、3、7、—和＝等数字及运算符号。

同桌分工合作：一位用5张卡片摆出所有的二位数减一位数算式；另一位记录，并准备汇报。

学生兴致勃勃，热烈讨论，紧张地摆着、写着。

教师根据学生的汇报和补充，在黑板上写下所有可能得算式：

27－3＝　37－2＝　73－2＝　23－7＝　32－7＝　72－3＝

师：我们班是不是每个同学都能独立地心算这几道题? 请大家把所有算式写在本子上，记下心算结果；算出所有算式的，想一想怎样用口头语言表达你的算法、步骤；遇到障碍的要找出难点，力争自己克服，或者阅读课本寻找帮助。

教师巡视学生独立学习的情况后，在黑板上写下两个算式：

32－7＝35　32－7＝25

师：同一个算式，为什么我们会得到不同的结果呢? 它们都对，或都错? 还是一个对一个错?

师：今天的挑战是二位数减一位数时遇到个位数不够减时该怎么算。

小组讨论：辨别上述两种计算结果的正误，对要说出算理，错要找出原因。

小组汇报时，教师在黑板上记录学生对于“32－7＝25”的多种算法；证明“32－7＝35”的错误，请用竖式算法计算这道题的同学说一说竖式算法应注意哪些问题。

教师小结后，学生用自己喜欢或擅长的算法进行当堂练习。

你认为案例中的教师采用了哪些学法指导方法帮助学生学会学习，提高了课堂教学质量？这对我们有哪些启示？

资源链接

1. 庞维果：《自主学习——学与教的原理与策略》，上海，华东师范大学出版社，2003。

2. 任长松：《探究式学习——学生知识的自主建构》，北京，教育科学出版社，2005。

3. 庞国斌、王冬凌：《合作学习的理论与实践》，北京，开明出版社，2003。

4. 滑文革：《研究性学习导论》，长春，吉林教育出版社，2001。

5. ［美］J. 布罗菲：《怎样解题》，涂宏、冯承天译，上海，上海科技教育出版社，2007。

第八章　综合性学习活动的组织技能

——为了学生的全面发展

本章概述

综合性学习，是当前世界基础教育课程改革的基本发展趋势，在构建21世纪基础教育课程体系的过程中，综合性学习作为一个新领域纳入到中小学校的课程结构中来。综合性学习是超越课堂、超越学校的学习模式，使学生置身于活生生的现实学习环境，基于学生自己的经验，密切联系自身生活和社会实践，体验对知识综合运用的学习形态，是以学生的经验与生活为核心的实践性学习。本章主要从内涵、意义、作用以及实施策略、方法等方面对综合性学习活动进行阐述。通过本章的学习，学习者应了解综合性学习的策略及意义，把握综合性学习的原则及方法，最终掌握组织开展综合性学习活动的技能要领。

案例导引　**《我也追星》教学案例**①

初中《语文》教材（七年级下）第三单元的“综合性学习”的主题是《我也追星》，我在课堂教学中，从调动学生积极性出发，积极探索，以学生为主体，采用“激趣、导读、探究、创新”，演练结合的教学模式，大大调动了学生的积极性，取得了很好的效果。

一、激趣、导读

1. 课型激趣：活动课是中学生比较喜欢的课型之一。利用学生对活动课及网络的喜爱，让他们对活动的内容及评价进行介绍，进而让他们在初步掌握课程特点的基础上展开学习。

2. 猜想激趣：看到课题《我也追星》，在同学的思维中，活动的内容可能是自己最崇拜的影视明星，或是这些偶像的一些故事，让学生谈自己心中的“星”，引导学生带着这种兴趣走进活动课的学习。

---

① 佚名：《激趣 导读 探究创新——〈综合性学习 我也追星〉教学案例》，见烟台第二十一中学网，http：//www.fsjy.cn/yt21z/Documents/homee/xueke/yuwen，2002-06-23。

3. 明确活动的内容，让学生进一步拓宽思维，把范围扩大到各个方面。从歌星、影星到艺术家、军事家、革命家、文学家、科学家等。

4. 提议分小组讨论问题，（1）让学生用“我喜欢的是________家，他是________”形式，帮助学生把思路集中到某个人身上，再上网搜集相关的资料。（2）讨论事迹成就。名人的生平事迹或成就叙述也许不止一件，让学生在讨论的过程中，选取认为典型的事例，这既能体现学生对人物的态度，也可以了解学生的思想意识。

5. 分组汇报：让不同的人物的不同事例粉墨登场，在学生们有声有色的汇报讲述中，展现出名人的风采，使学生的思想受到一定的启迪或教育。

（教学片断）

提问：“你有自己崇拜的明星吗？”

生：“阿杜”

“裴勇俊”

“赵薇”

……

（说明：学生们的声声回答，道出了他们强烈的内心世界，可见他们心中的明星范围是何等狭窄。这时，我因势利导，提出教学内容，要求以小组为单位，互相探讨）

提问：“这些人都是当今走红的歌星、影星，可以说是艺术名人的代表，你还知道艺术类的其他名人吗？知道多少就说多少，看哪一组的同学所说的和别人的不同。”

（说明：教室里呈现出积极参与、主动思考、热烈交流的景象，学生的精力都高度集中在解决问题上）

生：“徐悲鸿”

“贝多芬”

“郑板桥”

提问：除了这些艺术家，你还知道其他的名人吗？

生：“李大钊”

“钱学森”

“周恩来”

……

提问：那么，你知道这些人有什么事迹或成就吗？你能说出自己崇拜他们的原因吗？

（说明：同学们神情专注，苦思冥想。讨论时，有的学生边说边指点比画，唯恐别人听不到；交流时，各小组同学各抒己见，展示自己的学习成果，积极踊跃）

生："我喜欢的名人是画家，如徐悲鸿，他画的马举世闻名。"

"我喜欢的是音乐家，如贝多芬，他的《命运交响曲》有谁不知道呢?"

"我喜欢的是雷锋，他的事迹外国人都在学习呢!"

"我喜欢爱因斯坦，他的发明实在伟大!"

……

（说明：在这种讨论的基础上，学生探讨的兴趣也更浓了。于是将教学内容中的艺术家、文学家、革命家、科学家等进一步分组，到电脑室及图书馆进一步搜集人物事迹成就资料，学生们就投入了更大的热情。也找到了许许多多的名人的事迹材料）

二、探究

1. 把握事迹，品味人物的精神实质。让学生在复述中，用简洁的语言概括情节，引导学生在交流、讨论中了解人物事迹，对名人的思想有正确的认识。学生发言，会说出多种答案：如"爱因斯坦反对做手术可见其对科学研究的奉献精神""鲁迅弃医从文是为救国救民""刘备的'三顾茅庐'可见其重视人才"等。

2. 多侧面地评价人物。活动中，学生了解某一类人物及他们的思想，因此让学生分析："这些名人身上是不是只有壮举，没有常人的情感与态度？他们都不是凡人，因而能做出卓越的成就?""如何对他们的整个人生作正确的评价呢?"小组讨论、交流，梳理，得出结论：鲁迅是名人但他的人生并不是一帆风顺的，甚至遭受极大的挫折与不幸，只不过他们有常人所没有的意志力，克服了常人所不能克服的困境；毛泽东的儿子牺牲在战场，他也悲伤得眼泪打湿了枕头，但他是以国家大局为重，所以作出了艰难的抉择；拉登的行为也许是反强暴，但他毕竟给大多数的人带来了灾难……

3. 结合自身体验，关注语文课程的人文性，培养学生学习名人良好品质。让学生讨论：在现实中是否有类似名人，他们的情况怎样？这些名人的事迹对我们今天有什么现实意义？这样，学生发现了许多自己身边的人，发现了周围的可歌可泣的故事，树立了学习名人品质的好思想，达到了学习名人的现实意义。

三、创新

1. 求异创新。大胆改变原有情节，多设想几个“如果……那么……”比如，如果没有这些名人的创造性劳动社会将会怎样？如果人人都如他们一样的有成就，那这世界又会怎样？如果你崇拜的人就在你面前，你会对他说些什么？……这些培养学生发散思维、求异创新思维的问题，只要学生言之有理，都应当给予肯定。

2. 迁移创新。在现实生活中还有像这些名人一样的人吗？如果没有，我们应该怎么办？可以“我们身边的‘名人’”为题，让同学们即兴表演，在编演中鼓励学生合作。

3. 比较创新。出示不同人物的画像或照片（如毛泽东与布什、奥斯特洛夫斯基和张海迪）让学生从他们的事迹、思想、品质等方面进行比较，寻求人物的相同或不同之处。

评析：社会的发展呼唤创新，教育改革更需要创新。综合性学习是一门新兴学科，是语文学科教学中的一个新课题，是一门综合性、实践性很强的知识体系。它在课堂教学中发挥了前所未有的作用。作为语文教师要大胆改革，具有探索精神与创新意识。教师不再是把知识装进学生的头脑中，而是把课堂还给学生，让学生自己探究，互相学习，获取知识。

一、充分发挥学生的主体性

课堂教学中，要有“一石激起千层浪”的方法，使得课堂变成了学生思维操练的场所。教师作为一个教学的组织者和参与者，引导学生去寻找、发现和探索。学生不仅积极地参与每一个教学环节，情绪高昂，切身感受了学习的快乐，品尝了成功的喜悦，而且不同的学生得到了不同的发展，满足了学生求知、参与、成功、交流和自尊的需要。激发了学生学习的兴趣，提高了课堂效率。

二、培养学生独立学习的能力

作为一位合格的教师，不仅要教会学生知识，更重要的是应该教学生“学会学习”。只有学会学习，才能应用所学知识，创造性地解决问题，并形成新的知识。“自主探究学习”，在学习活动的安排上，把培养学生主动参与的意识和探究发现的能力作为教学的一个重要目标，用“教会学生学习”“教会学生创造”的现代教育理念组织教学，让学生以小组为单位，互相探讨，相信学生，尊重学生，发扬教学民主，激发学生的求知欲，培养学生独立学习、创新学习的精神。

思考：综合性学习教学与传统课堂教学有何异同？综合性学习有什么特点？

第一节 综合性学习的概述

一、综合性学习的内涵、特点及目的

（一）综合性学习的内涵

综合性学习就是超越课堂、超越学校的学习模式，使学生置身于活生生的现实学习环境，基于学生自己的经验，密切联系自身生活和社会实践，体验对知识综合运用的一种学习形态。这是以学生的经验与生活为核心的实践性学习，是学生自主学习的过程。是一种具有时代气息的学习方式。

综合性学习在形式上应是一种学习形态，而实质则是体现学生综合能力形成的课程。综合性学习应理解为如下几层含义：

1. 学习者自身的综合

即解决谁要学习、为何而学习的问题。学习者自身的综合，不是从教科书上习得的全部知识总和的意思，而是作为生存的整体而存在的意思。具体来说，学习者为了把握住自己的宝贵的人生，为了过去、现在和未来，把包围自己的丰富多彩的世界和多面的、发展的相互关系（认识、价值、行为）作为主体，从而确立的学习过程和学习形态。此时，学习者作为学习主体的同时，在和生活世界的相互关系中，把自己作为学习的教材加以客体化。由此看来，在同一学习过程内，作为学习主体的自己和作为客体的自己相互统一、相互依存是综合性学习的典型特征。

2. 学习内容的综合

即解决学什么的问题。综合性学习所选择的内容不能是与学习者的主体需要毫无关系的、事先限定好的内容，这些内容的选择必以学习者的兴趣、爱好、问题意识为基础。就是说，从学生的生活环境之外所选取的内容必须是学生切实关心的问题，甚至于所择定的内容是游离于教科书的框架，与教科书的认识、价值、行为等存在着不一致性，这样的内容对学生综合能力的发展才是有价值的。

3. 学习方法的综合

即解决怎样学习的问题。为使与生活世界的多面的相互联系变成可能，采用适应学习者以及课题的特征、适应学习展开过程的学习方法是十分关键的。可以说，和学习内容无关的学习方法是毫无意义的。学习方法的运用的过程，究其实质，也是把所关注的课题内化的过程，学习方法的应用、发展，新的学习方法的开发必是学习者这一主体的创造的过程。

4. 学习环境的综合

即解决什么时候、在那儿、和谁学习的问题。就综合性学习而言，如何把学校和地域作为学习环境加以有效、灵活地利用是非常重要的。由于综合性学习与时间、空间以及人、物相关，所以静止地利用学习环境是不可能的，贵在灵活地、创造性地使用学习环境，这一点是综合性学习的要点。与学习环境的相互联系越大、越广，综合性学习越有实效性。

5. 学习评价的综合

即解决学到了什么的问题。综合性学习不是限定性的学习终点，不是预定的学习目标，而是学习终点相对自由、学习目标相对宽泛的学习活动。可以说，学习者的问题意识的展开过程就已经把自己的学习目的包含在内了。因此，对学习者的课题探讨，给予灵活多样的即时评价是非常重要的。如前所述，把握学习者的片断的发展变化并不是综合性学习的评价目标，把握学习者的整体，即“现在”（过去、今天和未来）的经验的再构成的过程才是综合性学习评价的真实目的。

(二) 综合性学习的特点

综合性学习的特点有以下四个方面：

1. 开放性

从内容上，不囿于学科特定的知识体系，不囿于学科能力的某个方面，而是着眼于学科整体（整合），着眼于学生基本素养的整体提高。同时，内容更多地来源于社会、自然、学生自身的生活之中。因此，它是课程与生活、社会联系的表现。

2. 自主性

自主性主要表现为学生在综合性学习过程中的主体地位的充分发挥（凸现）。因为在综合性学习过程中，“学什么”“怎么学”的问题，均是学生自主确定或在教师指导下自主解决。学生在学习过程中能充分“参政议政”“当家做主”，即学生是综合性学习的决策者、实施者、评价者。

3. 实践性

综合性学习的过程是实践的过程，强调学生的亲历参与、实践体验。实践既是改变学习方式方法的要求，又是培养学生创新精神和实践能力的基本途径。

4. 探究性

探究性表现为探究什么主题（专题）、如何进行、解决什么问题都需要学生自己研究，这一过程就是探究过程。

总之，综合性学习活动侧重于学科领域内进一步发展的自由的学习活动，而综合实践课是整个教学计划内的一门课程，研究性学习是层次比较高的科学性较强的专题研究活动。

（三）综合性学习的目的

1. 改变学生单纯地接受教师传授的学习方式，为学生构建开放的学习环境，提供多渠道、多层次的实践学习机会，培养学生创新精神和综合实践能力，真正实现“人的发展”这个根本性要求。

2. 关注学生的生存方式，满足学生成长的需要和社会发展需要，拓展学生学习空间和学习内容，使他们在生活中学习，在实践中学习，在应用中学习，主动地参与社会生活，并服务于社会，培养具有责任感、有创意、有个性的生活方式的学生。

3. 面向学生的“生活世界”，使学生与生活、学生与社会的联系更加密切。超越书本知识的局限，使学生从生活、社会实践中提出问题，围绕人与自然、人与他人或社会、人与自我、人与文化等方面自主提出活动学习主题，并深入自然情境、社会背景或社会活动领域，开展探究、社会参与性体验、自我实践等学习活动，形成对自然的整体认识，发展良好的情感、态度与价值观。

二、综合性学习与过去的第二课堂的联系与区别

1. 比第二课堂层次高

综合性学习是从过去的学科活动发展而来的，其“活动”的基本形态与特征依然存在。无论是专题研究，还是主题活动，都是一种学科学习活动的方式。但是活动内容具有综合性和探究性特征，使得综合性学习的层面远远高于过去的第二课堂活动。

2. 活动主权性不同

就活动过程看，过去的第二课堂是在教师的组织安排下进行的，学生做什么、怎么做，都是由教师给学生规定，而学生是“规定”的执行者。综合性学习却不一样，从课题的提出、选择、确定、组织实施、评价都由学生自己说了算。既自主学习、自主探究，又共享成功。

3. 活动参与要求不同

从活动量看，第二课堂活动参与者少，参与面不大。是常规教学的

“添头”和“装饰”；而综合性学习是常规内容，不仅有量上的要求，而且还有面上的要求。全体学生以不同的方式参与到综合性学习中来，是综合性学习的基本要求。

三、综合性学习的意义

应该说，综合性学习在学校教育中的地位越来越显得举足轻重。那么，综合性学习的意义有哪些方面呢？

（一）综合性学习促进了教育课程的改革

目前，分科构成的教育课程依然是学校课程的主流，各学科仍然以固有的系统和理论为基础进行教学。在这样的课程组织下，许多社会的、自然的、现实的、学生感兴趣的课题被排斥在教育内容之外，大大缩小了学生的信息量；同时，单纯的分科教学又使学生形成的知识结构处于分裂状态，很难综合起来，学生的“生存能力”培养大大降低。基于此，把综合性学习放到教育课程的核心，就会彻底改变分科课程状态，给课程改革注入全新的活力。

把综合性学习摆放到教育课程的核心位置，对培养学生的生存能力的作用是显而易见的。在单纯进行分科教学中，学生对自己的发展方向并不知晓，即不知自己为什么去上学，为什么去学习？这是因为教育课程存在的弊端造成的，在现有的课程体系下，只能部分地反映学习者的整体价值，部分地培养学生的生存能力，所以，学生对自己的人生目标和人生理想是模糊的，缺少持久的学习动机。把综合性学习引入到课程结构中来，就可以改变这种不良结构，一方面使课程体系更加科学；另一方面使学习者的智力结构中的诸因素趋于融合，形成学习者内在的生存能力的智力基础。表现为，学习者对自己进行崭新的认识，即再发现作为主体的学习者和作为生活者的自己的存在，站在生存的角度去看待学习，从现实生活的高度去体验学习，从而形成了愉快的、持久的学习动机。

把综合学习放到课程的核心位置，是对分科课程的有益的补充。如日本把综合性学习视为“和各科、道德、特别活动并列的第四学习活动领域（解决特别问题的综合性学习）”。从综合性学习与各科、道德和特别活动的关系角度看，它们之间是相互促进、相互作用的关系，是其他学习活动的发展、深化和补充。并且具有把学校整个教育活动统合起来的核心功能。

此外，综合性学习有利于学生和教师的协同创造性的发挥。可以说，学习者自身的问题意识和课题自体的展开的过程，即是学习主体的选择、判断和创造的过程。换句话说，综合性学习打破了各科学习的固定的、局限性模式和学习轨迹，而是以学校内外、自己的生活等多个轨迹展开学习，并且不断创新自己的学习活动。这就意味着，在综合性学习中学习者可以在教师的帮助下，不断地超越学校的课程而创造出具有自己色彩的“个人的课程”。“个人的课程”并不是学生单个人的课程，而是学生和教师协同创造的表现。由此，“个人的课程”的形成更大程度上是在学生和教师共同创造学校学习生活的过程中产生的，学生和教师是创造“个人的课程”的双主体。

（二）综合性学习使学生的主体地位得到复归

综合性学习的实施，促成教育者进一步更新观念，树立学生是学习的主人的新理念。教育工作者的观念更新，必然使教育教学活动走上素质教育的轨道，不断改进教育教学方法，并从学生是学习主人的视角去拓宽思维，积极参与到各项改革中去，不断创造和完善适应学生发展、成长的教育环境。同时，学生学习主人地位的回归，使学生产生高涨的学习热情和稳定的学习动机。综合性学习，给予学生宽裕的学习时间，学生在学习过程中一改被动求知的状态，而转为主动求知、主动思考的新氛围。综合性学习提倡进行体验性学习，学生在教师的指导下，针对自己感兴趣的、关心的课题，运用所学的知识去创新性解决问题，进而开发自己的潜能，形成自己的综合能力。综合性学习使学生获得了全新的体验，重新发现了知识的价值，发现了自己学习的真实性目的。可以说，综合性学习是革除“应试教育”的一把金钥匙，是学生从学习重压、考试重压中解放出来的理想途径。综合性学习使学生摆脱了学无所用和知识片面、能力片面的困境，而步入全面发展自己的综合能力、不断形成自己的生存能力的学习正轨。

（三）综合性学习有利于教师作用的全面发挥

综合性学习在致力于学生主体性发挥的同时，也要注重教师作用的发挥。综合性学习中的教师作用主要有如下几个方面：

1. 教师是开发综合性学习课程的主体力量

传统的课程开发往往是与教师无缘的，教师不过是各学科课程的教授者。综合性学习掀起了课程改革的新篇章，既往的课程基础发生了动摇。一方面环境、福利、国际理解等现代社会的诸问题是各科课程无法全部包容的，因而打破以往的知识框架，打破现存的课程体系是课程改革的新方向。从这一观点出发，寻求各科课程与综合性学习的关联点是课程改革的要点，而完成此任务的担当者则是教师。目前，日本 2002 年开始实施的《新学习指导要领》明确提出，“在综合性学习时间里，各学校的教师要在课程改革上不断创新，不断向学生提供有益的学习经验，并把丰富多彩的现代社会变成学生培养自己生存能力的课堂”。这里，对综合性学习而言，是把教师作为促进主体性课程开发的核心力量看待的。就是说，综合性学习的实施使教师的作用变得多面性，教师不再是单纯的教学担当手，他们理应投身到课程的改革中去，成为课程改革的核心生力军。

2. 综合性学习使教师的指导性教学更具有价值和活力

教师在综合性学习中要发挥自己应有的价值，就必须致力于授课质量的改善。因为已往的知识传达、机械灌输的教学模式严重桎梏了学生主体性的发挥，在这种教学模式下，是无法培养学生的综合性能力的。所以，综合性学习必须坚持指导性方向，依据学生的兴趣和所具备的知识、能力基础，选取有价值的人文问题、自然科学问题等，引导学生去探究，这是教师发挥作用的关键。在综合性学习中，教师应彻底改变以知识获得为目标的教授方式，而转变到以能力形成指导为核心的指导方式。就是说，教师必须对综合性学习的指导价值有明确的认识，要侧重于思考方向的指导，要以“促使学生去想去做，有欲望地学习”为指导目标。教师如果总是在知识量的多少上下工夫或者就此方面出现的问题加以指导，就必然偏离综合性学习的目标，那么培养学生的生存能力也就成为一句空话。由此而论，综合性学习中，教师的指导价值和活力应体现在学法的指导和思考力的养成上，引导学生学会发现问题、学会自己思维、学会归纳总结才是教师指导的初衷。

【案例】 《综合性学习——编演短剧》教学案例①

一、活动创意

1. 强调合作精神，培养学生策划、组织、协调和实施的能力。

2. 拓展文化视野，提高学生的人文素养。

3. 培养学生的探究精神、实践能力、口语交际能力、表演能力和书面表达能力。

4. 通过戏剧演出，展示同学们的表演才能，从中体验合作与成功的喜悦。

二、活动

1. 活动名称：我来编戏剧

---

① 张放：《〈综合性学习——编演短剧〉教学案例》，见锦州教育网，http://news.tenglong.net，2007-03-09。

2. 时间范围：三周

3. 参加人员：八年级三班、四班全体学生，语文教师一人

4. 主要活动：

学生活动	教师活动
资料收集，各尽所能	确定目标
资源共享，互通有无	指导主题
协作交流，共同提高	组织探究
交流汇报，展示自我	适时援手
活动反思，以期进步	积极评价

三、探究目的

1. 挖掘自身的表演才能，提高运用语言的能力。

2. 锻炼学生的组织能力与合作精神。

四、探究内容

自编自导自演一出短剧，反映中学生的生活。

五、探究范围

反映现代中学生心理，贴近中学生心理。

六、探究方式

自编自导自演。

七、探究过程

1. 通过讨论，选取一个适当的题材，成立编导组，集体构思剧本。

2. 可以在自荐的基础上成立剧组，确定导演和扮演不同角色的演员。

3. 可以请戏剧表演或创作的专业人士、有经验的教师、家长担任艺术指导。

4. 利用课余时间组织排演。

5. 演出以前，设计、制作演出海报和节目单，做好宣传工作。

6. 演出时，可以邀请本地教育行政领导、学校领导、教师、家长来观看。演出结束后，剧组邀请各方代表交流、座谈。

八、小组成员

李泉芃、谷雨、龙菲、黄玉超、任阳洋、郭诚。

九、探究成果

时间	地点
第一幕　放学后	张洋家
第二幕　白天	教师办公室

第三幕　五点以后　　　　　　　　　张洋家

人物

旁白：李泉艽　饰　　　　　　　　同学甲：谷 雨　饰

母亲：龙　菲　饰　　　　　　　　同学乙：任阳洋　饰

张洋（儿子）：郭诚　饰　　　　　教师：黄玉超　饰

第一幕

旁白：

人们都说，家庭是社会的最小单位，在家庭生活中，我们可以学会做人，感受人间的温暖。在家庭生活中，父母对儿女的关爱组成幸福家庭的调味剂，一家人要时刻相互关心才能和谐、快乐！

[儿子，同学甲、乙背书包进家门，母亲同时上场]

儿子：妈，我回来了！我班同学来咱们家，和我一起学习来了。

同学甲、乙：阿姨好！

母亲：好，欢迎，欢迎！随便玩吧。快，儿子，给同学拿水果。（同时做炒菜姿势）

[儿子，同学甲、乙拿书，写作业，母亲过来]

母亲：儿子，妈出去打会儿麻将，一会儿就回来啊！

儿子：（不耐烦地）你怎么又去打麻将啊？那我怎么办呀？

母亲：锅里有饭，你自己吃吧。你们在家玩啊，阿姨出去了。

儿子：（悲伤的）噢！（低头）

同学甲、乙：阿姨再见。

[母亲出去，沉默片刻]

同学甲：你怎么不开心了？

儿子：还不是因为我妈去打麻将了吗！

同学乙：爸妈出去打麻将不是很正常吗？

儿子：你们不知道，我爸妈整天不在家，不是去打麻将就是出去吃饭，很少有时间在家，我们已经好长时间没有沟通了，他们不了解我的心情，想一想，我们已经有好长时间没有坐在一起吃饭了！

同学乙：那你可以跟父母说呀，找个机会，让他们知道你的心情。

儿子：可是他们整天不在家，也不管我的学习，我想找个机会都很难呀！唉……

[沉默片刻，退场]

第二幕

[在老师办公室，同学甲、乙敲门进入]

老师：你们来找我有什么事吗？

同学甲、乙：老师，我们想向您说件事情！（犹豫）

老师：你们说吧，我会尽量帮你们解决的。

同学甲：我们昨天晚上放学以后去了张洋家。我们了解到在他的家里，他的父母经常出去打麻将，不在家，总是剩下他自己一个人。他和父母的交流也少了许多，心里的话也没人去倾诉，现在他家里没有人照顾他、关心他，他觉得很无助，总想找父母说一说心里话，却总是没有机会！

同学乙：是呀！我们应该帮帮张洋，让他走出悲伤的低谷，帮他找回父母与子女之间的亲情，让他重新得到家庭的温暖。

[老师思考一会儿]

老师：好，我知道了，我会尽量帮他解决问题的。你们去把张洋叫来吧！

[过一会儿，张洋进办公室]

张洋：老师，您找我有事？

老师：（和蔼、慈祥地）是啊，我听其他同学说，你的父母经常不在家，出去打麻将，没人照顾你的生活，没人关心你的学习是吗？

张洋：是，在家里没人关心我，我想找父母倾诉我心里的想法，可他们总不在家，我没有机会和他们说呀！我真的很想让父母多给我一些关心和温暖！

老师：老师能理解你，放学以后我想去你家坐坐，和你的母亲还有你，我们共同沟通一下好吗？

张洋：那太好了！（高兴）

第三幕

[母亲在家等候，张洋与老师入]

张洋：妈，我回来了。这位是我的老师。老师，这是我母亲。（带有相互介绍的动作）

老师：您好！

母亲：您好！

[母亲、老师坐]

母亲：去，给老师倒杯水去。

张洋：好（离开）。

老师 ：最近张洋的状态一直不太好，听同学说是因为您和他爸爸经常不在家，孩子想和您沟通都没有机会。如果是这样，我觉得，作为家长应该给孩子温暖和关爱，让孩子能够体会到社会的温暖和父母对儿女的关爱，让孩子生活得更快乐一些。孩子们不应只拥有物质上的需求，精神上也应该得到安慰、得到快乐，您说是吗？

［张洋端着水杯回，坐下］

母亲：您说的没错。以前我们是不够关心他，没照顾好他，让孩子觉得伤心了。以后，我一定会多陪陪他，多和他沟通，让他更幸福的。孩子，你能原谅妈妈以前的过错吗？

张洋：妈妈，我能谅解，以后我们还是和谐、快乐、幸福的一家。

旁白：

通过这个短剧我们想提醒天下所有的父母，要多关心自己的孩子，不要让他们感到无助、悲伤和没有人关心。关心是组成幸福家庭的必备条件。让我们关心身边的人，关心自己的家人，拥有一个美好、和谐的家庭！

学生感悟：

通过这次综合性学习活动，我们学习的自主性和独立性得到了充分的体现，我们的潜能得到了挖掘，才华得到了展示，自信心增强了。现在我敢说：只要勇于尝试，我们一定能行！

在探究学习的过程中，我们的合作意识、团队精神得到了增强，大家互帮互助互学，协作交流，让我们体验到了合作与成功的喜悦。

评析：综合性学习是突破课堂中心、课本中心、教师中心的学习模式，强调从学生的学习特征和社会生活中提出课题，强调在研究过程中主动获取知识，并应用知识解决问题。同时，也是培养学生主动探究、团结合作、勇于创新的重要途径。从整个活动过程看，这次的综合性学习应该说是成功的，主要表现在：

第一，整个活动过程安排得井然有序，紧紧抓住“有利于学生发展”的目标。对于这次历时三周的综合性学习，以自编自导自演的方式，按照先选择适当题材，接着成立编导组，再成立剧组、确定演员，最后进行演出的顺序，使整个学习过程由感性到理性、由浅入深地进行。整个过程安排合理、有条不紊，注重了学生探究精神和实践能力、口语交际能力与书面表达能力以及合作精神和表演才能的提高，符合“一切为了学生的发展”的学习目标。

第二，本次活动主题渗透了课程综合化的思想，将语文学科与美术、音乐、校本教研、心理健康等其他学科有机整合在一起，使学生在跨学科的学习和信息技术手段的运用中，在不同内容和多种方法的相互交叉、渗透中，开阔了视野。

第三，教师能够充分尊重和鼓励学生进行探究学习的积极性，做学生学习的促进者和引导者。整个活动安排都是在教师与学生的商量讨论中进行的，教师表现出了充分的"民主"精神。在学生遇到诸如语言运用、缺乏表演经验等困难时，教师及时伸出援助之手，及时调整学生心态并充分鼓舞学生，真正使教师角色得到转变，使整个学习过程充满了生机和活力。

第四，尝试了新的过程定性评价措施。除了教师对整个活动过程及时给予积极的评价外，过程定性总评的主体也由过去的教师变成了现在的学生、教师、家长；由过去的注重结果进而强调注重过程；由过去的注重学会到现在的注重会学。

第二节　综合性学习教学的基本策略

一、综合性学习的教学观

（一）综合性学习的教学观

综合性学习的教学观与传统的注入式主义的教学观有着质的不同，它异于传统的学科教学强调理性的、间接性的、受动性的、共同性教学的特点，而强调教学要体现主体性、体验性、个性与感性的特点，重视学生的自我探究学习的方式。在教学观上主要体现如下几个方面：

1. 主体性

综合性学习从"生存力是以人的主体性的确立、自立"为出发点，强调学习过程以体现学生主体性为基本特征，通过学生的自我思考、判断、行动的问题解决与探究来形成问题解决的资质和能力。

2. 体验性

从学生的培养方式、生活存在方式的角度出发，要求恢复学生学习过程的体验性，重视教学中的体验性学习。体验性学习是个体学习过程中重要的组成部分，是人们成长不可缺少的一环。长期以来，学科教学淡化或者缺少体验性学习，从而导致学校教育的非人性化现象。因此，综合性学习旨在通过学生体验性的学习来获得问题的意识，掌握问题解决的方法。

3. 差异性

综合性学习充分考虑到学生个性发展的差异性，通过小组学习、个别学习为学生创造不同学习的类型，使其能够按照自己的兴趣、需要、能力等的差异选择不同的学习方式，安排适合自己学习的进度和时间。因此说，综合性学习较之学科性学习能够体现学生的差异性特点。

上述的主体性、体验性、差异性是统一在综合性学习活动过程之中的。可以说，综合性学习是主体的问题解决活动的学习，是体验性的、实践性的学习，更是适应学生个别差异的学习。

二、综合性学习的策略

（一）确保学生的主体地位

综合性学习强调发挥学生自身的主动探索和创造精神，重视学生的自我组织和互相启发。由于活动式的学习不拘泥于统一的方法和同一种答案，因而给每个学生的个性学习留下了广阔的空间，为他们的多样化发展提供了充分的可能性。

作为教师，可从以下两方面入手来确保学生在综合性学习中的主体地位：

1. 树立学生意识和童年意识

“学生意识”就是教学中要关注学生的发展，注重联系学生的生活经验，注重培养学生的学习兴趣；“童年意识”就是要关注学生的心理发展，注重学生的感受，让学生爱学、乐学，给学生一个幸福的童年。“学生是学习和发展的主体”，根据学生身心发展规律和学习的特点，关注学生个体差异和不同的学习需求，爱护学生的好奇心、求知欲，充分激发学生的主动意识和进取精神。

2. 关注学生的精神成长和内心需求

一次丰富的综合性学习，是一次精神的探险，心灵的追寻，让师生流连忘返。学习过程中，老师要密切联系学生的实际，贴近学生的生活，时刻关注学生的生活世界、已有的经验和精神需求，走进学生的心灵世界，为学生创设相应的体验和感悟性的空间。如初中生形象思维占主导，并逐步向抽象思维过渡，好奇心强，肯动脑、爱表现、渴望得到别人的赏识，渴望成功是他们的天性。教师应理解和鼓励学生的表现意识、期望意识、成功意识，要经常让学生担当角色，参与表演，在活动中学习，在学习中活动，在实践中思考。这样可以让学生有所动、有所思、有所感、有所悟，大胆实践，勇于创新，敢于发掘自我、发展自我，促进每个学生良好个性的自主发展，同时也培养尊重他人、与他人合作的意识和能力。

（二）辩证处理师生关系

在综合性学习中，教师既是一个热情的支持者，又是一个积极的引导者。虽然综合性学习强调学生的自主性，但是，活动不是自发的、漫无目的的、毫无规则的，更不是随心所欲的，而且无论哪个阶段或水平的学习活动都可能伴随有疑惑、阻力、障碍和困难，绝不只是轻松和愉快。所以仍要重视发挥教师适时、必要、谨慎、有效的指导作用，以追求真正从自主的学习活动中有所收获，包括增进对世界的认识和学生综合素质的不断提升，从而使学生的学习实践得到不断提高和完善。

教师初为组织者、促进者、平等的参与者，与学生一起共同探究，从原来的传递知识向激励思考、提供帮助转移，鼓励学生寻找多种信息源，启发思想，补充知识，介绍方法和线索，创设民主、宽松、和谐、愉悦的氛围，提供学习实践的机会，组织好合作学习，既做到在互动中把学习引向深入，又做到因材施教，加强个别指导，组织好全班交流，在交流中加强引导、调控，让学生通过参与真实世界相关的学习任务来培养他们自主学习的兴趣与能力，从而促进学生个性的健全发展，让学生自主学习发现、合作探究。所以，教师的角色主要体现在：①为学生创设学习情境，做学生自主活动的“领路人”；②有效地推动活动的进展，做学生实践活动的“指路人”；③善于组织学生开展合作学习，做学生集体活动的“带路人”。学生既尊重指导教师，虚心听取他们的指导意见，又要树立自主立题、自主实施、自主结题的意识，并把这种意识转化为现实，逐步发展为完整意义上的具有独立人格的自由人，这样，师生在和谐愉快的情境中实现互动，学生的综合素养、教师的创造才能都得到了充分的发挥。

（三）积极开发教材资源

今天的课堂，由于主客观条件的限制，只能永远是单调的墙壁、黑板、桌椅，教师试图靠“言语”来吸引学生，而学生也完全靠想象来还原文字，这是流水线教育造成的人和自然的隔阂。从教育成本考虑这是英明的，但从教育的角度看就不能不说是一种局限。综合性学习的教材开发，它不同于学科课程教材按照学科的系统结构组织和编排，而是从当代社会面临的复杂的社会性课题和学生实际的课题出发来编制地域性的教材。

所谓地域教材化，实际上是强调地域素材的教材化。地域作为未开发的教材，哪些素材具有教育意义，是需要人们主动去开发的。从这个意义上说，地域的教材化是将未开发的具有教育意义的地域有关的素材开发出来的过程。

（四）灵活运用多种手段

综合性学习常采用实践性、操作性等方式，给学生的体验学习留出了更多的空间。因此，要积极采用多种多样的方法、形式、活动，让学生带着问题到社会、生活、历史中进行问卷调查、访谈、阅读、资料辑录、实地拍摄、上网收集、了解信息，参加社会实践。到大自然、社会中体验。

（五）建立科学的评价机制

1. 立足于每个学生的学习

综合性学习是体现学生为主体的自主性学习，它在客观上要求由学生学习的兴趣和需要来决定学习的课题。学生只有在想知道、想做的欲望基础上，才能在问题解决活动的过程中产生积极的态度。因此，评价要结合学生的学习兴趣，由此形成作为提高学习欲望的资料。

综合性学习由于体现的是学生的自主性学习，因此，它要求教师能够针对学生学习的问题，考虑自己怎样地组织教学，并根据对学生学习状况和态度的观察而进行综合性的评价。评价的目的在于不断改进学生的学习。在学习对象中，重视每个学生价值感受的能力，即各自的思考、美感等的获得。对于学生多样性的行为能够从多样的认识、观点进行评价。

评价学生参与活动的欲望和参与状况，并由此提高学生学习的求知欲。为了达到这一目标，教师要多采用表扬性评价、感动和愉快的评价、富有成就感的评价、富有自信的评价、富有必要性和使命感的评价、富有自我想象的评价、能够发展日常生活的评价、加强和朋友相互学习的评价。

2. 立足于教师指导的改善

评价作为教师教学的一种手段，主要目的之一是为了指导上的改善。从培养学生的生存力的角度出发，教师首先要懂得培养学生生存力的指导方法或策略。从教师的立场出发是为了支援学生的学习与发展。

3. 综合性学习评价的原则

综合性学习相对于学科学习体现了不同的评价原则，它在评价的目标、对象、内容和方法等方面体现自己的样态特征，因此，根据综合性学习评价的宗旨概括了综合性学习评价的基本原则，教师和学生在具体的评价过程中，需要把握如下的基本原则：

（1）掌握主体学习的方法，引发、提高、维持学习的欲望。

不偏重学习的结果，而是重视学习的过程；学生能够经常反思自己的学习过程，修正思考方法和学习方法，以发现新的方法和课题的学习。

不是采用相对评价和竞争的原理，而是重视有关学生的优点和进步的状况等，重视个人的内在评价、肯定性评价。

（2）不是采用考试的分数评价，而是重视评定所见所闻等的记述。

重视对学习过程中的优点、意欲和态度等的评价，重视对表达和讨论等优点、意欲和态度的评价，以及重视对学习成果的报告书、作品等的优点、进步的状况等的评价。

由学生对学习过程和作品进行自我评价和相互评价，重视教师评价和学校外的合作者的评价，并且重视对学生进行成功评价和肯定性评价等。

4. 综合性学习评价的重点

综合性学习主要以肯定性评价和成功性评价为主。其评价的重点体现如下：

（1）着眼于优点。

从调动学生学习兴趣的角度出发，综合性学习重点着眼于学习活动中学生的优点的评价，积极地发现、确认、表扬其优点，使其特长、优点能够得以充分的发展，从中弥补不足。

（2）可能的行为化。

学生自身面对自己的兴趣、关心、疑问和课题意识等，缺少将具可能性、潜在性转化为行为化、现实性的意识和能力。因此，教师有责任通过认同、激励的评价方式，促进其行为从可能性向行为化的方向转化。即教师的意识和态度与学生理想的实现有着较大的关系。

（3）看进步的状况。

由于每个学生存在着一定的个性差异，这就决定了其进步广度、深度和高度的不同。因此，在对学生进行评价的过程中，要看每个学生进步的状况，重视其学习的自觉性，即进步的自觉性和变化的自觉性，培养学生自觉的、自主的学习态度。

（4）在过程中确认努力。

综合性学习的评价并非是全盘否定评价的结果，而是比较重视在学习过程中评价学生学习的积极态度、顽强的努力、目标的达成和问题解决的创意等。培养学生具有问题解决的能力和主体的、创造性的态度，是综合性学习的基本目标。

（5）重视新奇和独特性。

综合性学习突出强调培养学生具有自主性、主体性、创造性的个性。因此，重视对学生学习活动中的新奇性和独特性评价。同时，也非常重视对学习结果的报告书和作品等的新奇性和独特性进行评价。

（6）重视学生的自我评价。

为了目标的达成，在问题解决学习的过程中，学生对于自身所获得的学习结果、思考方法和生活方式、感觉的方式和心理变化等能有一个清晰的认识并进行自我评价是非常重要的，它能够通过学生自身进行的自我评价，不断加深对自己的认识，从而促进自身更好的发展。因此，重视与学生自身发展相关的评价是非常重要的。

第三节　综合性学习的教学基本过程

一、综合性学习活动的教学要素

（一）综合性学习活动的教学要素

综合性学习活动一般包括五个要素：情境创设、主题协商、实践探究、经验分享、成果发表。

1. 情境创设

情境是由一定物质因素和精神因素构成的活动所必需的情景和氛围，包含能激发学生的道德、美感和理智的情景和氛围。综合性学习活动自始至终都是在一定情境中进行的，活动情境对学生活动具有积极的暗示作用，潜移默化地影响学生。通过情境创设，在学生与教师之间、兴趣与活动之间架起一座桥梁，激发学生参与活动的动机，指引教与学的双向活动方向以及师生共同展开的活动内容。

2. 主题协商

主题活动是综合性学习实施的经常性形式或方法。主题活动可以是教师群体讨论的，可以是学生议论的，可以是教育当局规定的。这些主题所包含的问题或是操作性的，或是探索性的，或是批判性的等，但这些主题或进入教学过程或进入综合性学习活动中，是学生和教师双方的，师生民主协商是活动主题生成的重要原则。

3. 实践探究

围绕师生共同商议的课题，通过多种活动方式，收集与问题解决相关的资料，分析资料，提出解决问题的方法。活动方式可以是观察、访问、调查、体验、讨论、制作、宣传等；收集资料包括文字、音像、实物、图画等，资料来源可以是网络、图书馆、博物馆、科技馆以及活动发生的实际现场等。在探究中，教师要让学生走出教室，走向社会和自然，充分利用各种教育资源。通过和社会、自然的接触，学生能够更具体、更直观地体验客观世界，接近生活与学习的距离，构建新的知识，领会学习方法。

4. 经验分享

伴随活动过程的展开，成败与得失、经验与教训、愉悦与痛苦相伴而生。师生交流活动体验和感悟、反思活动过程，分享成功的喜悦和失败的教训，可促使学生认识与情感的升华，并为后续活动的持续开展提供启示。

教师是学生经验分享的指导者，要充分信任学生，发挥学生的主体作用，鼓励学生自行筹备和组织经验交流会。经验分享要引起学生“系统”的反思，在交流活动中，要做到学思结合，养成学生倾听、慎思、明辨的习惯和方法。教师也是经验的分享者和输出者，教师的反思，是师生在活动平台上平等的对话和交流。同时，教师的反思本身就是学生学习的范例。

5. 成果发表

如果说经验分享是活动过程的提炼或升华，成果表达则是活动结果的公开。需要公开的内容不一定仅仅是发明创造，可以是论文，可以是绘画作品、设计方案、制作模型等。无论何种形式的成果，教师应充分利用信息技术手段，创设展示平台，为学生成果提供网络交流的机会。

教师需要鼓励学生以自己喜欢的方式，诸如个人汇报、集体汇报、书面报告、口头报告、图文结合报告、幻灯片等，交流研究报告。对于学生的观点，只要有道理、自成体系即可，不强求面面俱到。

二、综合性活动学习的一般过程

教学结构显示出综合性活动学习实施需要思考的教学要素，它并不代表综合性活动学习的实施过程。从“过程”角度讲，综合性活动学习实施包括活动导入、活动展开、活动总结三个阶段。

（一）导入阶段

导入是活动开展前师生共同进行的工作，包括相关活动材料准备和情境创设，具体内容有教师对学生生活、学习基础、直接经验的研究，能够引起学生积极参与活动的动机和欲望的有关活动主题的故事，活动方案设计，活动教材与活动工具的准备工作。

（二）展开阶段

活动展开的关键，是在教师引导下学生独立思考、主动实践、同伴协作三者相结合。这要求学生按照活动设计思路，自主地投入活动，动脑动手，积极完成活动作业。在此过程中，教师要尽可能创设活动条件，观察和记录学生活动状况。

活动展开过程中，尤其注意给学生提供机会，让学生自主参与到活动中去。教师自己不再是说明者、讲述者、规范者，而是服务人员、咨询人员、研究者和提供帮助的人。同时，教师要及时了解学生活动的进度，以推进活动学习的不断深入。

（三）总结阶段

主题活动结束时，教师要引导学生对所完成的活动、作业作出评价，反思整个活动过程，找出心得和体悟，发现经验与问题，使学生在实践的基础上进一步升华自己的认知和情感。同时，为下一阶段活动主题设计与实施积累经验。

活动结束前的总结、评价能使活动更有意义，更有价值。如果没有总结、评价，活动是不完整的。总结和评价有助于学生回顾、梳理整个研究过程，明确探究方法，找出成功和失败的原因，进一步体验探究的乐趣，又能使教师及时了解学生与活动的互动情况、学生的心理愿望，为分析活动的成败、得失，为今后活动更好地开展提供第一手资料。

在活动总结阶段，教师需要思考：最理想的活动环节有哪些？哪些活动最能够帮助学生获得个体经验？应该让学生进一步理解哪些概念，如何理解？学生需要完成的任务有：系统回顾和反思全过程；评价活动效果，对活动成果作出评价，选择自己最理想的作品交流活动经验与教训，互相学习借鉴；对活动过程和结果做有创意的表达。教师还要引导学生联系个体家庭生活、社会生活、生存的环境和社会现实来总结、反思，获得实际的体验，深化对自然、对社会和对自我的认识。另外，教师还需要进一步从过程角度思考活动总结，做到即使是展现结果，也要突出过程。

三、综合性学习活动的指导

综合性学习的重点是突出问题解决学习活动的过程。在这个过程中，主要体现问题的发现、探究、观察、实验、发表、总结等一系列的环节。为了提高学生问题解决的效果，教师的指导是非常重要的前提条件。

（一）问题发现学习活动的指导

培养学生的问题意识是综合性问题解决学习活动过程的首要前提。因此，教师的指导，主要在于帮助学生创造自我发现问题的情境，提供解决问题的方法，而并非是提供所教的相关学科内容。例如，围绕“酸性雨”

的综合性学习，并非是理科的教师指导酸性雨的实验；社会科的教师指导有关形成酸性雨的人类活动，如工业生产；数学教师指导关于酸性雨增加的图表变化，语文教师指导关于环境保护的诗文等，像这种综合性学习的方式仍然没有摆脱注入式主义教学的束缚，而且仍然局限在某一学科内的教学。而真正的综合性学习，要突出学生的自我发现、自我解决、自我思考、自我判断能力的培养，因此，在教学指导上强调教师的启发诱导，而非强制灌输。

综合性学习问题解决活动的首要阶段，是使每个学生产生学习的问题。这是学习的逻辑起点。为使学生产生学习的问题，教师想方设法为学生创造问题的情境是非常重要的，为此，教师应该努力做到如下几点：

1. 创设问题的情境，使学生有一定的学习准备

如前所述的关于“酸性雨”的教学，在中学或者高中，创设问题的场面时可以作如下的考虑：在学习即将开始的前两三周内，在教室的墙壁上张贴有关环境问题的新闻记事，并且附带简单的说明索引。同时通过班会的形式开展有关环境问题的演讲会，以及环境保护的自愿者活动。在一个时期和阶段中，学校或者学生全体围绕环境问题特别是酸性雨问题作好事前准备，使学生们逐渐形成问题意识。在此基础上，开展学习关于酸性雨的学习单元。例如，将墙壁上贴的新闻记事复印下来，在全班学生面前朗读，或者观看有关酸性雨的录像。在此基础上以每一小组为单位，每个人提出课题，在小组中进行讨论和交流。或者结合理科和社会科的学习提出有关的问题，在小组中进行交流和讨论，从而形成问题意识。

2. 提供足够的时间，使学生有充分思考的余地

问题情境的创设，仅仅为学生产生问题意识创造了环境条件，学生能否产生问题，还需要一定的时间作保证。学生只有在一定的时间条件下才能产生和发现问题。在这个时间内，学生需要一定的交流，查阅一定的文献资料，进行必要的讨论，形成一定的研究假设，并需要进一步的深入了解等活动。因此，为学生留有充足的时间是非常必要的。

3. 明确不同学科教师之间指导的不同分工

围绕着酸性雨的课题，学生们会产生各种各样的问题。针对学生的不同问题，不同学科的教师要发挥各自的专长，指导学生发现和解决不同的问题。例如，关于“酸性雨是什么”的问题，可由本学科的专任教师具体指导；对于“为什么产生酸性？何时产生酸性雨”的问题，可由社会课教师具体指导；对于如何阻止酸性雨的增加的问题，可以发挥所有教师的创造性潜能进行有效的指导。

由此可见，发挥不同学科教师的专长进行有效的合作指导，能够最大限度地发挥教师的潜能。

(二) 探究过程学习活动的指导

承认每个学生都具有学习的主体性，尽可能地发挥学生在学习过程中的探究能力，是每个教师所应该树立的基本观念。在指导学生的探究学习过程中，以学生的起点为教学的基本出发点，是指导学生探究学习所应确立的基本原理。

1. 教师在教学中首先要树立正确的指导意识和观念

(1) 学生已经知道了什么

了解和认识学生已经知道了什么、学生想知道什么，是教学的逻辑起点。作为教师，只有或多或少地知道学生们的学习基础和兴趣，才能知道指导什么和怎样进行指导。本来教育就是以学生的知、情、意为基本出发点的，即以学生现在正在想什么、对什么感兴趣、对什么感到有困难作为指导的基本前提。教师只有认识和了解了学生的问题，才能明确指导学生探究的基本方向，确立具体的指导方针和计划，使学生的学习由远及近，逐渐地接近学习的目标和内容。

(2) 耐心等待

充分发挥学生自我探究的意识和能力，要求教师不能妨碍、干涉和包办代替学生，而要以等待为基本的前提条件。等待不是教育的一种方法，而是教师的基本姿态。等待并非是什么也不做，而是与学生共同活动，不断地、深入地观察学生，收集学生有关问题和信息，及时地了解和掌握学生出现的问题，观察学生需要指导的情况。等待是有效地指导的基本前提。教师通过等待观察，可以使学生增加理解的机会，把握理解的具体线索和方法。

(3) 理解学生

了解和理解学生的真实情况是教学的前提，能否真正地理解学生很大程度上左右着教学的有效开展。教学的开展需要教师考虑学生们正在想什么、感觉什么、想要什么，并倾听学生们的心声，通过对学生的理解来决定自己采取怎样的方式进行指导。

(4) 珍视学生探究的价值和感兴趣的题材

学生是能动的学习者，具有自己所感兴趣的人、物、事，并把它们作为自己学习的对象。学生在自我探究中，通过自我的思考、感受，认识到学习对象的价值和意义，教师应该珍视学生的学习对象和价值，并把它纳入到学习的题材和教材中来，从而提高学习的兴趣和自我效能感。

(5) 重视学生的学习问题

在一般的教学过程中，大多是由教师根据教学内容提出一些重点性问题，然后让学生逐一地进行解决。这种教学的结果，使学生缺乏问题意识。对于综合性学习来讲，它要求学生在问题探究过程中发现问题，并能够通过自己的能力来解决问题。教师首先可以向学生提出问题，并能够引导在学生解决问题的过程中，进一步地扩展和加深问题。在这一过程中，学生从最初不会提问题，或者说没有问题意识，到学生自己提出问题，逐步具有问题意识，以至到最后能够提出重要问题、关键性的问题，这是教学的最终目的。教师不仅要承认学生提出的问题是有价值的，而且还要帮助学生实现问题的解决，使其感受到目标实现的成就感。

(6) 帮助学生自己决定

学生作为自我探究的主体，在探究的过程中应该进行自我决定。学生面对课题，需要进行自我思考和判断。教师在这个过程中不能包办代替学生进行判断，而是作为支援者，采取鼓励的态度，为学生提供必要的信息、线索，使学生通过自己的失误、判断，体验失败与成功的痛苦与欣慰，积累经验和教训，最终学会探究的方法。

(7) 共同创造教学

教师不是教学的主导者，而是与学生处于共同学习者的角色。教师与学生面对同一课题，与学生共同感受学习的困惑、烦恼、喜悦、感动、思考，从而相互合作并共同解决问题。师生在共同感受学习的苦与乐中创造教学的过程。

2. 探究过程学习活动的指导形式

综合性学习的单元指导流程，具有从最初的集体指导，到逐步的课题指导再到个别指导三个基本阶段，在这个基本过程中通过教师的指导形式，可以体现出学生主体性发展的特点。这里主要涉及以下几种指导形式。

(1) 集体指导

这是以集体为单位由相应的教师进行的指导，这是最容易指导的组织形式。教师围绕学习的课题对学生进行统一的指导，它比较适合综合性学习经验少的学生的学习，综合学习指导的初期一般采用这种形式。这种形式仍然以教师为主导，学生缺乏选择的权利。

(2) 课题指导

以学生的课题为单位，学生自我选择课题以后，由相应的教师担任不同题目的指导者。这种指导组织形式体现了学生一定的主权和选择权。

(3) 个别指导

随着学习的不断深入，学生要求进一步地得到教师的个别指导。这种情况不是学生简单地向教师请教，而是想方设法尽自己的所能解决问题。为了满足学生个别学习的需要，要求教师指导的重点由小组转向个别，针对学生的具体性问题进行深入的指导。

(三) 观察实验学习活动的指导

综合性学习活动的体验性特点，客观上要求学生要经常从事一些实地的观察、实验等的活动，这就要求学校要建立合作性指导体制，加强各学科教师的参与意识和合作意识，以提高综合性学习的效率。围绕某一观察实验的课题，教师要制订具体的实施指导计划，这一计划的制订需要各学科教师的共同合作来完成。教师要做好如下几方面的工作：

1. 确定观察的题目

观察实验的学习题目，一般是由班主任教师根据学生的实际提出个别目标，并以此为中心提出活动内容的方案，在此基础上建立一个学年的活动内容。在设计和安排活动的计划时，要将学校的例会等活动结合起来，加强与各学科活动的紧密联系。

2. 拟订全体计划

由相关的各学科教师组成指导委员会，根据班主任拟订的方案，不同学科教师从各自学科的角度进一步提出修改的意见，通过大家共同的分类和整理，形成整个过程的指导目标和计划。

3. 制订各学科、学年的计划

由于指导委员会成员担任的学科不同，对于具体的教学、学习内容的讨论要求在学年会中进行，因此，需要对学习的日程进行一定的调整，并且发挥不同的合作。对于这一指导体制，在最初的全体学习计划制作阶段，在班主任提出初步的观察实验方案的基础上，各学科的教师根据各自学科的特点提出进一步的修改意见，然后形成观察实验的整体方案。并且，各学科教师根据全年学习时间的安排调整学习时间与学科课程，统筹安排学科课程、活动课程的时间，将综合性学习时间与学科课程、活动课程的时间，有机地整合起来。具体的观察指导重点以理科教师为主，充分利用活动课程的时间进行观察和实验，并将学习的成果运用在各学科中。

学习的全体计划需要教师们能够共同理解和把握，这样才能够加强教师之间的指导合作，分担不同的任务，有针对性地指导学生的学习，例如，在对于实验结果的计算机处理时，可以由数学学科的教师担任指导，对于文章表现可以由语文科教师来担任。

（四）旅行调查学习活动的指导

1. 旅行调查学习活动的形式

旅行调查的学习活动也是综合性学习活动的基本方式之一，从其活动的类型来看，主要有如下几种形式：

（1）野营性的野外学习活动，诸如在森林、农村等的野营生活，登山、观光等的实地调查旅行活动。

（2）与社区活动有关的旅行调查活动，例如农作物的栽培、民间艺术的调查活动。

（3）与社会综合性问题有关的调查活动，诸如农作物的栽培、国际理解教育等的调查活动。

（4）与学科相关的综合性调查学习活动。

2. 旅行调查活动的指导过程

不同的调查学习活动，由于调查的目的、内容、地点、时间的不同，在具体的实施上也存在着一定的差异。明确旅行调查活动开始之前，教师要首先向学生明确调查的目的，使学生有针对性地进行学习。仔细研究怎样开展调查学习活动，事先需要进行认真的研究和设计。特别是对于学习活动的前后计划要进行认真的研究设计，这是提高调查研究学习效果的前提。

关于调查活动的指导过程，主要应该按照如下几个方面进行指导：

（1）确定设施和设备

明确了调查的目的和内容，就要征求有关人员的意见和建议，确定调查所需要的仪器设备和设施条件。

（2）检查设施设备

确定了设备设施条件以后，还需要做好事先的检查和试验，查看设备设施的性能，使用所需要的时间、人数，是否存在着一定的危险，这些事先都要做好充分的检查。

（3）与相关教师协商

设施和设备最终一览表的作成，还需要与学年和学科的相关教师进行协商和研究，最终达成一致的意见。在此基础上，提出调查活动的计划。首先要确定调查的地点；其次确定调查的日程和教学进度；再次确定学生学习活动方式；最后确定各学科教师所承担的任务。

（4）制定详细的旅行调查说明

正式地进行旅行调查活动之前，还要起草旅行调查申请书，说明旅行调查的地点、内容和要求，以及事前需要注意的有关事项等。

（5）事务性的手续和各种联络准备

为了确保旅行调查活动的顺利进行，还需要做好如下一些事务性的工作，诸如与交通部门的联系、校外活动计划的提出、与家长的联系等。

总之，作为学生的旅行调查学习活动，教师要尽可能地保障学生们的自由性活动，在行程、时间、活动的形式方面由学生自己选择和安排，在保证安全的前提下，尽可能在许可的范围内开展调查活动，在学生学习出现一定的困难时给予一定的帮助。调查活动结束后，要求学生向对方答谢。

（五）报告会学习活动的指导

报告会是综合性学习活动的最后阶段，它对于培养学生表现能力，具有重要的意义。在这一阶段的学习活动中，教师为学生创造充分表达的时间、场所，加强与相关的学科教学的联系具有重要的作用。教师在具体指导学生报告会时需要掌握如下的操作策略：

1. 树立共同学习的教育观念

教师在指导学生的报告会的学习活动中，要从“教的教育”观念向“与学生共同学习”的观念转化。教师对于学生的指导，不能急于求成，使学生过早地进行价值判断和下结论，而是倾听学生的思考过程，并为学生提供充分表达的机会。教师作为学生的支持者参与学生的报告和讨论。

2. 保障学生探究的时间和场所

学生参与报告和讨论的前提条件，是学生能够亲自参与探究学习的活动，学生通过自我探究增强自信心，从中产生发表的愿望。也只有保障了学生自由报告的时间和活动，才能不断提高学生学习的兴趣，加深对学习内容的认识和理解。为了最大限度地满足学生报告和活动的愿望，使每个学生都有报告的题目和报告的机会，为此，学校制订学年的学习计划是非常必要的。

3. 提供产生感动和发现的体验活动

为使学生能够有感而发，提高想象力，为学生创造直接体验的活动是非常必要的。为此，让学生走向社会，直接与社区的专家、学者接触，认识和了解科学发现的过程，感受科学发现的过程，能够扩大和加深学生对学习的认识，提供报告和讨论的题材。

4. 创设价值判断和自我决定的机会

综合性学习不是为了寻求知识的获得，而是在于使学生在日常的学习生活中具有自我意志和自我行动的能力。因此，为学生创造学习与生活的原型，进行还原活动的学习是必要的。在报告和讨论的场所，不是单纯使学生理解事实，而在于学生能够进行价值判断和自我决定，表现自我的思想。这种能力的培养主要是通过集体和小组的交流活动，为学生创造价值判断和自我决定的机会。

5. 学习和掌握报告的方法

学生学会和掌握报告的方法，需要在共同的学习活动中进行。诸如通过中间报告会、全校性的报告大会等形式，使学生在他人的报告过程中学会各种各样的报告方法和形式，各种报告方法是在亲身感受中学会的，并从中学会根据不同的内容采用不同的报告形式和方法的技能。

6. 加强与学科学习相结合的意识

综合性学习自身并不能发展、提高学生报告和讨论的能力，它需要与其他学科的学习相辅相成、紧密地结合起来。学生表现能力的发展是建立在学科学习的长期积累的基础上，通过综合性学习活动的展开而将各种表现能力综合起来。例如，在学科的学习中，文章表现力、听说的能力等是在语文学科学习的基础上发展起来的，没有学科学习的基础，学生的综合表现能力的培养就难以实现。因此，教师们应该增强学科学习与教师之间的协作意识，为培养学生的综合表现能力发挥各自所长。

操作训练

1. 在中小学的教材中选择适当教学内容进行综合性学习教学设计。
2. 结合《探访奇石》案例，说说你对综合性学习的认识。
3. 《探访奇石》教学案例在哪些方面还有待完善？

《探访奇石》案例

【项目创意】感受乡土文化，汲取综合文化素养
衔接课内课外，锻炼学生实践能力
培养合作意识，塑造新型学习方式

【项目名称】“探访奇石”

【时间范围】2002.10.1—30

【参加人员】湖北省宜昌市第三中学709班语文教师和同学

【主要活动】调查采访、资料收集、成果展览、专辑编撰

【过程描述】

【综　　述】

2002年“十一”前后，湖北省宜昌市第三中学组织七年级学生开展以“寻夷陵古风，承文化余脉”为主题的综合性实践学习活动。709班的“探访奇石”主题实践活动就是其中一例。这次活动经过激发—指导—实践—整理四个环节，让学生充分体验了奇石之美，感受了乡土文化，同时进行

相关的语文训练和生活实践锻炼。

【激　　发】你想拥有自己编写的书吗?

如何让孩子们真正想去做一件有意义的事呢?一开始,教师给学生展示出三本书,请全班同学翻阅,然后,以“你最喜欢的是哪一本书,为什么”为话题展开讨论与交流。

教师展示的三本书是《义务教育课程标准实验教科书　语文》《大地上散步》和《青春骊歌》。

《大地上散步》是宜昌市三中2001届毕业生在毕业前自编的一本学生读物。在经过长达一个多学期的“美文荐读”活动之后,37名学生编委和老师一起在三百多篇学生推荐的美文中筛选出65篇,由学生为读本作序,推荐者为美文编写“荐言”,然后按“心灵”“社会”“自然”三大板块编成一本课外读本。

《青春骊歌》是宜昌市三中2000届308班毕业生在毕业前自编的一本留言集。这本留言集汇编了全班41位同学以“告别母校”为主题的讲演稿。该书由学生自行选定主编、选定集名、设计封面和文稿版式,自行组稿印刷。

在翻阅三本书的过程中,学生对《大地上散步》和《青春骊歌》产生了浓厚兴趣,少数同学对《青春骊歌》流露出不解。下面是有代表性的学生发言:

——我喜欢教科书,因为它很漂亮,而且老师能够用它教给我们很多知识;

——我喜欢《大地上散步》,虽然这本书没有教科书漂亮,但是书中的文章很好,很有哲理;学习语文要多看这样的课外书才行;

——我喜欢《青春骊歌》,虽然它也没有教科书漂亮,但是书中表达了对母校的深厚感情,而且书好像是学生自己写的、自己编的;

教师向学生介绍了后两本书的情况,其中,特别详细介绍了《青春骊歌》一书的成书过程,然后再请同学发表对这本书的看法。学生们都很激动,他们说:

——看到这本书就看到自己过去的那段岁月,这是每个人的一件珍贵的纪念品;

——这本书不仅是一个人的珍贵纪念,更是整个班级的智慧结晶;

——《大地上散步》是一本属于学生自己的书,这本《青春骊歌》更是“真正的属于自己的书”;

——这本书是无法用金钱买到的(有人提出想向老师购买一本《青春骊歌》)

……

在学生的称赞声中，教师郑重地提议：编印出这样一本真正的属于自己的书。这个提议得到了全班同学异口同声的响应。同学们情绪激动。

【指　　导】让我们满怀信心走进生活！

《青春骊歌》的特别之处激起了学生强烈的尝试愿望，为了帮助学生实现愿望，体验成功，教师组织同学们展开讨论，引导学生设计和准备语文实践活动：

第 1 步：讨论交流从哪些方面可以感受到宜昌特有的乡土文化

——方言、名胜、街巷、历代名人、特色饮食

第 2 步：评出风行本地、取材便利、素材丰富的文化样式

——奇石

第 3 步：讨论从哪些方面了解和介绍奇石

——奇石的名称、基本形状、长、宽、高、重、石质、产地、价值等，最能反映奇石风采的是石上的图案纹理

第 4 步：讨论调查奇石需要做哪些准备工作

——测量器材、摄影器材、调查表等；小组分工……

第 5 步：讨论设计调查表

——“探访三峡奇石”语文实践活动调查表（附文末）

经过细致的讨论，对于即将到来的采访实践活动，每位同学心中都有了“谱”！

【实　　践】我们在社会生活中锻炼！

经过自由组合，同学们分成七个小组，利用国庆假日分赴各自的目的地进行社会调查。在调查中，他们有的摄影，有的测量，有的口头采访，有的书面记录……充分体验了语文社会实践活动的快乐，感觉到社会实践能力的欠缺。下面这篇《采访纪实》中的故事最具代表性：

采访纪实

刘小波

10 月 3 日上午 8 点，我和杨少锋、吕梦才在学校门口集合后，分头向目的地进发。因为我骑了自行车，就带上了杨少锋，让吕梦才去坐公共汽车，并约定在时代广场门前再次集合。我和杨少锋先到了，可是等了老半天也不见吕梦才的人影。我们只好两个人去了夷泉文化馆。

夷泉文化馆开着门。我们到达时，杨少锋的爸爸和妈妈早就等在那里了。为了鼓励我们的调查活动，他们两位也加入到我们的队伍里面来了。我们一到，就进行了分工：杨少锋给奇石拍照；我负责记录，包括询问一

些有关三峡奇石的事情；另外杨少锋的妈妈帮我们抄一些关于三峡石的故事；他爸爸呢，专门为我们的采访调查活动摄影，把我们工作的过程都录下来。一会儿，我们就开工了。

夷泉文化馆的奇石真漂亮，有各种形态的动物，如青蛙、鲤鱼、熊猫、蛇、兔、龙、马……有性格各异的人物，如聪明机智的阿凡提、妙手绘丹青的张大千、心地善良的七仙女……还有气象万千的风景，如海上日出、不夜之都、大江东去、冰川融化……各种各样的奇石让我们眼花缭乱，本来我们是打算选一些好看的奇石的，可在这样多姿多彩的奇石面前，选哪一块都让人觉得不是最好的。不过，我们还是挑了一些，拍了照片，作了记录。大约过了半个多小时，我们按预定的行程离开夷泉文化馆，去另一个目的地“寻宝”。

来到目的地（糟糕，瞧我把地名都忘了），更令我们惊叹。这里的奇石比夷泉文化馆的石头更多更好看。杨少锋忍不住，拿起照相机一阵乱拍，“咔嚓咔嚓”不绝于耳，不一会儿，胶卷就用得差不多了。看着那么多好看的奇石，实在是诱人，可是胶卷是有限的，总不能把它们都拍回去吧。我们就百里挑一，好不容易选出来几块石头，看着它们神奇的形象，我很想完整地了解和记录下它们的情况。可是，我和杨少锋谁都没有勇气去向管理员询问。最后，还是杨少锋的妈妈逼着我们，我们这才勉强去问了几个小问题，然后心慌意乱地离开了。此时，时间已是11点半。

好笑的是，过了几天，我们去冲洗奇石照片，胶卷里竟然什么也没有。我们十分惋惜，但是，我和杨少锋并不觉得这次采访没有收获，毕竟我们在社会生活中第一次进行了实践和锻炼！

2002年10月9日

【整　　理】用我们的方式记录下青春的岁月！

调查过后，同学们用下面的方式记录和展示了他们的收获和成果：

1. 主题展览：《我们也是“奇石”》

2. 撰写《采访纪实》

3. 汇编印制小册子《我们也是“奇石”》。这个小册子以每位同学调查的奇石为介绍对象，介绍中包括每尊奇石的基本情况和图片，同时还有每位采访者对石上图案的文学描写，用同学们的话来说这就是“一本真正的属于自己的书”。他们用自己的方式记录下青春的岁月！

【后　　记】社会实践，同学们如是说——

——大家都不敢问老板能不能给奇石照相，我走了过去。我成功了，因为我自信。（黄舒）

——一个人如果连问的勇气都没有，那就成不了大器。(吴春燕)

——什么事都会有第一次，经历了第一次，你会更机灵更有勇气。(管山林)

——这次采访锻炼了我待人处事的能力，我感到我融入了这个社会。(陈凯)

——只有大胆大方才能与人沟通。(王蔓莉)

——世界无奇不有，只要你用心去观察，你就能发现奇迹。(周楚威)

——没有合作，我们不会做得到。(杜青)

——一块小小的石头虽然不起眼，但其中的蕴涵却博大精深。做人也是这样，不要光看外表，内在的东西更真实。(赵楚云)

——学习不仅只在于课本，更多的是在玩中学，学中玩。(欧一山)

……

2002年11月

附1：采访收集所得奇石石名

场景类：红叶秋林岸　江南水乡　极目楚天舒　雪枫景　草船借箭　美丽的河川　山清水秀　彩霞钱塘江　天海相连　江山多娇壮中华　鸭·鹅·湖　奔腾不息　大河奔流　云岭沧海　云海漂流　险峰　雷雨交加　奇峰峻岭　群星璀璨　海上升明月　仙女山　大江截流

人物类：辰龙　龙凤呈祥　奇石无言花有意　老榕树　水浒一百零八将　天鹅戏水　梅花　海潮青绿石　帆　狮吼　金蛇狂舞　千年古松

附2："探访三峡奇石"语文实践活动调查表

采访人：

采访时间：

采访地点：

名称：

图片资料：

奇石造型照片：

采访活动照片：

奇石概况如下表：

产地	石质	外观	长	宽	高	重	基本形状	价值

妙笔写奇石

附 3：消息一则

寻夷陵古风　承文化余脉

——三中学生街头巷尾学语文

“我是小记者、小地质学家、小摄影师、小采风者、小收藏家、小语言工作者、小美食家……”

（通讯员 山雨）在新课标理念指导下，宜昌三中组织七年级学生开展以“寻夷陵古风，承文化余脉”为主题的语文综合性学习和实践调查，积极探索学生自主、合作、探究和参与社会生活的学习方式。让学生在自然、社会和相互交流中学习语文。

国庆期间，七年级语文组的老师们和同学们商定了一份特别的作业，让同学们利用节日开展一次社会调查，了解宜昌特有的文化。同学们确定了六个主题：名胜古迹、历史名人、方言趣谈、幽幽古巷、三峡奇石、特色饮食。同学们自由组合成调查小组，分头开展实践调查。调查中，有的摄影，有的测量，有的走访，有的查阅资料，有的书面记录……结束时，同学们还认真进行了资料的整理和活动总结。

这次活动得到了家长的积极配合，社会的大力支持。宜昌市图书馆、宜泉文化馆、尔雅斋、雅石苑、墨缘轩、合渣酒楼等单位都给予学生热情的接待。学生在活动中兴趣浓厚，俨然是小记者、小地质学家、小摄影师、小采风者、小收藏家、小语言工作者、小美食家……他们还写出了一份调查报告。语文特级教师余蕾评价说：这样的活动既能充分锻炼学生的语文实践能力，拓展学生的视野，对学生进行生动活泼的乡土文化教育和熏陶，而且是培养学生主动探究、团结合作、勇于创新的学习方式的良好途径。

（《三峡晚报》2002 年 10 月 22 日）

资源链接

1. 顾建军：《小学综合实践活动设计》，北京，高等教育出版社，2005。

2. 郭元祥：《综合实践活动课程的实施》，北京，高等教育出版社，2003。

3. 陈时见：《综合实践活动课程理念与实施》，桂林，广西师范大学出版社，2003。

4.《基础教育课程改革通览 上 中 下》，北京，中央民族大学出版社。

5. 关文信：《新课程理念与初中语文课堂教学实施》，北京，首都师范大学出版社，2003。

第九章　教学研究技能训练

——从教书匠到研究者的必由之路

本章概述

现代教学需要专家型、学者型教师。从事教学研究对提高教师业务素质，促进教师专业化发展具有重要的意义。学习教学研究相关知识、技能，对提高教师教学研究能力有很大帮助。本章阐述了教学研究技能的含义、教学研究的方法、教学研究的基本程序。通过学习本章，学习者应了解教学研究技能的含义、教学研究与教育科学研究的关系，理解教学研究的类型、特点、意义，掌握教学研究的方法和教学研究的基本程序。

案例导引

有人把教师分为三类：教书先生、教书匠，还有一类叫做专家型或学者型教师。教书先生只是把教书作为一种谋生的手段，他的课不过是“照本宣科，应付公事”而已，误人子弟的教师基本上属于这一类。教书匠把教书作为一种职业，其教学往往停留在经验层面上，属于“经验型”教师，这类教师凭着经验的积累，课也许上得很漂亮，特定的时间、环境中也能取得一定的成绩，但只能算是熟能生巧。由于缺少先进的教学理念指导、教学上缺乏创新，所以很难再有提高，这类教师急需通过教学研究和进修学习来提高理论修养，不然，迟早会跟不上时代的发展。专家型或学者型教师最大的特点在于他们把教书作为一项事业，对自己所从事的事业始终充满激情、全身心地投入，善于总结教学实践经验，而且，他们不满足现有的成就，不断研究教学中遇到的问题，以求揭示教学规律，丰富教学理论以指导自己的教学实践。

评析：联合国教科文组织在一份报告中曾指出：“在今天，从教师在教育体系中的作用看，教师与研究人员的职责趋向一致。”这意味着教学需要具有科研素质的学者型教师，这是现代教育发展的必然趋势。许多优秀教师的教学实践和教学研究经历充分说明，要探索教学规律，培养学生的创新精神和探究能力，必须转变“教师只要把书教好就行了”的传统观念，不能只满足现有的教学经验，不能只做教书匠。要科学地总结自己的教学实践经验，使之上升为教学理论，形成自己的教学特色。

研究型教师应具备四种素质：一是科研意识。指教师对科研的意义有充分的认识，有强烈的科研需求和内在动力。主要表现在教师在教学工作中自觉、自愿、主动地进行教学研究。二是科研精神。指教师想做科研，而且敢于做科研，不怕困难与麻烦，勇于承担课题，并以坚强的毅力做好课题研究，取得优良成果。衡量一个教师有无科研精神，主要标志就是看其在科研中是知难而退，让课题半途而废，还是知难而进，使课题善始善终。三是科研能力。指教师承担和完成教学研究所必备的各种能力，主要包括选题能力、搜集和分析资料的能力、研究设计的能力、组织和实施研究的能力及总结写作能力。四是科研道德。主要包括：勤奋、合作，尊重别人的成果，扎扎实实，不弄虚作假，有较高的事业理想等。

教师应当把专家型或学者型教师作为自己的奋斗目标，而要实现这一目标，就必须重视教学研究。可以说，教学研究是教师从教书匠到研究者的必由之路。

思考：什么是教学研究？教师开展教学研究的方法有哪些？怎样进行教学研究？

第一节　教学研究概述

一、教学研究内涵

（一）教学研究和教学研究技能

教学研究，顾名思义就是对教学工作的研究，是指教师运用科学的理论和方法，有目的、有计划地研究教学问题，寻求解决问题的有效途径，揭示教学规律，为提高教学质量提供理论依据和实践指导的实践活动。

教师的教学研究可以分为日常的教学研究和规范化的教学研究。

日常的教学研究贯穿于教师的日常教学工作中，既可以是教师个体的研究，也可以是群体的研究。如备课、上课、说课、评课、观课、议课等教研活动。一般步骤是：发现问题、研究问题、解决问题，撰写研究论文或研究报告。

规范化的教学研究主要指课题研究，一般是把日常教学研究中亟待解决的问题上升为课题，以类似科学研究的方式进行课题研究，要经历制订课题研究方案、研究课题开题、实施课题研究和课题总结等步骤。具体说就是选择课题、制订研究计划，收集资料，统计分析，撰写教学研究论文和研究报告。

教学研究的内容范围很广，概括起来就是四大方面：① 人、事、物、理。人，就是指学生和教师；事，就是指教与学的一切活动、现象；物，就是指教学活动中所依据的课标、教材、教学设施及教学手段等；理，就是指教育教学的理论、方法等。对一般教师来说，研究的重点应该是课程、教材、教法、学法以及学生等。

教学研究技能是以科学教学研究理论和方法的掌握为基础，在分析和研究教学中的各种问题、探索教学规律的实践活动中建立起来的一系列行为方式。需要经过教学研究训练与模拟操作以及实践锻炼才能逐渐形成。主要包括：教学研究课题选择；研究方法的掌握运用；研究数据处理和资料的整理、分析；将研究成果合理有效表达出来，用以交流推广、指导教学实践。

（二）教学研究的类型

教师教学研究的类型很多，概括起来，主要有以下一些类型：

1. 专题式教学研究。教学研究组围绕某个专题进行深入的讨论和研究。它是将教学研究与教育科学研究有机融合的教学研究活动。

2. 问题式教学研究。问题式教学研究与专题式教学研究的最大区别在于问题式教学研究解决的是个性问题，而专题式教学研究解决的是共性问题。问题式教学研究可针对自己教学中遇到的情况和问题，利用教学研究的机会提出，大家集思广益共同研究解决的办法。

3. 随机性教学研究。教师针对教学中存在的问题，随时随地进行研究。

4. 互动式教学研究。组内教师上研讨课，上完课之后，由授课教师进行自我反思，听课教师和授课教师进行互动交流。

5. 反思式教学研究。以个人或一定的组织开展教学反思活动，倡导人人参与，在对教学行动的探讨中，唤醒教师内在的探究需求。如每个教学单元结束后，大家结合教学中的得与失进行反思，对自己的教学行为及学生的学习表现、学习效果进行理性的分析和反思，使自己从经验型教师逐渐转变为反思型教师。

---

① 朱汝洪：《谈谈新教师如何开展教学研究》，见博白县教育科研网，http：//www.bbkyw.com，2011年1月16日。

（三）教师教学研究的基本特征

1. 实践性

教师教学研究应以师生的课堂生活为基础，是对课堂生活的探究。实践性是其根本特征，这也是教师教学研究区别于理论研究者的理论研究的关键之处。从研究目的来看，教师教学研究应致力于沟通科学世界与生活世界之间的鸿沟，让教学回归生活。从研究过程来看，教师教学研究是在具体的课堂教学情境之中进行的，与师生所处的生活世界不可分割地交织在一起。

2. 科学性

科学性是教师教学研究的基础和前提。教师教学研究之所以被界定为是一种“研究”，就是为了表明教师的教学研究是一种科学化的探索，不是一般的问题解决、经验总结和工作报告可以比拟的。

3. 价值性

教师教学研究是一种价值反思和意义追问的探究活动，而不是一种“价值中立”“价值无涉”的活动，它具有明确的目标指向性——改进课堂教学实践，促进学生全面、充分、自由地发展。从这个意义上讲，教师教学研究是一种价值负载的活动，是一种充满价值反思和意义追问的探究活动，是一种关涉到人的精神价值和生命意义的活动，具有明显的人文性、价值性和反思性。①

二、教学研究与教育科学研究的关系

教学研究和教育科学研究，关系十分密切，但两者不能等同。

（一）教学研究与教育科学研究的联系

教学研究与教育科学研究的关系非常密切，教育科学研究促进教学研究，为教学研究服务；而教学研究又是教育科学研究的基础和前提，他们相互促进、相互制约、相互渗透，密不可分。

1. 教学研究是教育科学研究的基础和前提

教学研究中的问题是教育科学研究选题的重要来源，教学实践是教育科学研究的源头活水。学校的教育科学研究若离开了学校、教师、学生的实际就会成为无源之水、无本之木，游离于教育教学实际之外搞教育科学

---

① 王攀峰，张天宝：《从合法性走向合理性——中小学教师教学研究的定位问题》，载《河北师范大学学报·教科版》，2005（1）。

研究是不切实际的。

2. 教学研究和教育科学研究都是基于教育教学中问题的研究

教学研究和教育科学研究都是以解决教育教学实际问题，优化教育教学效果，丰富教育教学经验为直接目的，以转变教育观念，强化理性认识，端正研究态度，提高研究能力为间接目的，以促进学生、教师、学校的发展为最终目的。

3. 教学研究和教育科学研究都属于研究活动，有许多相同之处

首先，它们都是有目的、有计划、主动的探究活动。

其次，它们都是以教育教学密切相关的现象为研究对象。

总之，教而不研则浅，研而不教则空，教学研究和教育科学研究是融为一体、密不可分的，它们相互促进、相互制约又相互依赖。

（二）教学研究与教育科学研究的区别

在基础教育课程改革的今天，两种研究出现了相互渗透和相互趋同的倾向，但二者是有区别的。

1. 研究的对象、范围不同

教育科学研究是在教育科学理论指导下，以教育现象和问题为研究对象，以探索教育规律为目的的创造性认识活动。它包括一切教育现象和教育过程以及与此有关的各种宏观领域的问题；而教学研究，属于教育科学研究的一类，主要研究的是具体教学活动中的各种现象和问题，如教学的内容、过程、方法、手段以及教学管理等微观领域的问题。

2. 直接目的与途径不同

教育科学研究的直接目的是通过对教育现象和教育问题的研究，探索和揭示教育规律，是一种探索性、创造性活动，其研究的途径是按照课题研究方案组织实施；教学研究的直接目的是运用教学规律，提高教学质量，其主要途径是通过开展多种形式的教学研究活动解决教学中的具体问题。如备课、上课、说课、钻研教材、研究教法，优质课评比等。

3. 研究的过程不同

教育科学研究的过程是一个探索的过程，强调创造与开拓；教学研究主要是为日常教学服务的，尽管也强调创造与开拓，但这种创造与开拓必须限定在一定的范围之内。

4. 成果及表现形式不同

教育科学研究的成果是新的科学知识，不但表现在促进教育教学质量和水平的提升，促进学生、教师、学校的发展，而且还表现在有优秀的论文、案例、研究报告等优秀成果的交流和推广；教学研究成果是教育教学质量的提高，学生学业的进步，教学管理上的规范等。尽管这两方面的研究经常是同时获得成果的，但并不能相互替代，既不能认为写出了研究报告就等同于教学成效，也不能用教学效果替代科学成果。

5. 研究性质不同

教育科学研究是一种理论性的研究，教学研究是一种实践性的研究；教育科学研究是研究战略问题的，教学研究是研究战术问题的。

总之，教育科学研究是以教育科学理论为指导，以教育领域中的现象为对象，以探索教育规律为目的的创造性的认识活动；而教学研究是在一定的教育教学理论的指导下，研究应用某些教育规律的实践活动。教育科学研究是研究规律的，教学研究是运用规律的。教学研究是教育科学研究的前提和基础，教育科学研究应该围绕教学研究中亟待解决的问题作为重点课题。通过教育科学研究课题的研究，以推动教学研究难点问题的解决。以教学研究带动教育科学研究，以教育科学研究促进教学研究，向教学研究要质量，向教育科学研究要效益，应当成为中小学抓好教学研究与教育科学研究工作的一个基本思路。

三、教师从事教学研究的意义

教师从事教学研究对提高教学质量，促进教师专业化发展具有重要意义，主要表现在以下几个方面：

（一）有利于解决教学实践中遇到的问题

教学是一项实践性很强的活动。随着教学改革的不断深入，教学过程中出现许多新的热点、矛盾和困难，呼唤着教师通过科学研究去探索、解决。开展教学研究可帮助教师解决教学实践中遇到的各种问题，揭示教学规律，提高教学质量。

（二）有利于提高教师专业素养

从教育实践活动来看，教学研究是促进教师不断改进教学，提高教学质量和提高教师专业素养的有效方式。

首先，教师个体为了保持高效完成教学任务的专业水平，必须自觉地进行各种学习、探究、实验与反思活动。实践表明，教师个人的研究意识与能力对于他的教学设计及其把握教学过程的能力具有直接的影响；同时，教师借助研究过程，深刻认识自身的教学实践经验，使之上升为理性的、规律性的认识，自觉、自主地提高教育教学科学化水平。

其次，教育作为教师专业群体共同承担的事业，客观上要求教师互相交流、合作研究，方能使个体零星的成功经验，成为可以用来被众多教师分享的较为系统的专业知识，由此增强教师队伍整体的专业化水平，促进教育质量和效益的提高。①

（三）有利于提高教学质量

教师较强的教学研究能力直接影响着教学质量的提高。

一方面，教师在教学过程中结合教学实际，研究亟待解决的教学问题，积极进行教改实验，并用取得的成果去解决教学中遇到的问题，优化教学过程，提高教学效果。

另一方面，教师在科研活动中，自觉与不自觉地加强教育理论的学习，有目的、有选择地接受新的教育思想，并利用科研的迁移效应，迅速提高自身教学能力，以促进教学质量的提高。

（四）有利于促进教学改革

教学改革与教学研究协同合作，互相促进，是现代教育教学改革与发展的必然趋势。目前我国基础教育教学改革面临的问题很多，诸如教学方法的改革、课程与教材改革等都有丰富的研究课题。教育的出路在改革，而教学研究活动是开展和深化教育教学改革的关键。

（五）有利于发展和完善教育科学理论

教育科学理论来源于实践，又指导着实践。教学研究是教学实践经验上升为教育科学理论的必由之路。教师参与教学研究的最大优势是将自己研究工作的基点放在教育科学理论与实践的结合点上。从某种意义上说，没有教学研究就没有教育科学理论的发展和完善。

第二节　教学研究的方法

教学研究是指教师在教学过程中结合教学实际，研究亟待解决的教学问题，积极进行教改实验，并用取得的成果去解决教学中遇到的问题，优化教学过程，提高教学效果。其性质和特点决定了它是一种实践性的研究。在研究方法上，更多采用结合教育教学实际的实践性的研究方法，教学研究的方法很多，这里主要介绍调查法、观察法、教学实验法、行动研究法和教学反思。

---

① 张铁道：《教学研究对教师发展的价值》，载《教育科学研究》，2003（4）。

一、调查法

（一）调查法概述

调查法是通过观察、问卷、访问、座谈、查阅文献资料等方式，有目的、有计划地收集研究对象的有关资料，通过整理、分析、得到结论的研究方法。研究者通过调查法，能有效了解教学工作某方面的实际情况，探索教育教学的一般规律；或者通过调查发现新问题，提出解决问题的方案。调查法是一种使用十分广泛的教学研究方法。

（二）调查的类型

根据不同的划分标准，可以把调查法分为不同的类型。

1. 根据调查的内容，可以把调查法分为事实调查和意向调查。

事实调查是以事物发展的现状作为调查内容，以现实的数据或材料说明问题。

意向调查是以人们对某事某物的看法、意见和建议作为调查内容，用以反映调查对象及其群体的思想状况、需求和意见等。

2. 根据调查的规模，调查法可以分为全面调查、抽样调查、重点调查和典型调查。

全面调查又称为普查，它对特定范围内调查对象的全体进行全面调查。

抽样调查是指由于条件的限制不能对被试总体进行调查，只能对被试总体中的部分被试（样本）进行调查，以样本的情况推断总体的情况。抽样调查的关键在于所抽取的样本应具有代表性。

重点调查是指从调查对象总体中选取有重要作用的对象组成调查样本进行调查。

典型调查是指从调查对象总体选取有典型意义的对象组成样本进行调查。

3. 根据调查的方式，调查法可以分为书面调查和口头调查。

调查的类型很多，研究者可根据调查的需要进行选择。

（三）调查研究的步骤

一般来讲，一个完整的调查过程应包括以下几个阶段：

1. 调查前的准备阶段。包括明确调查目的、确定调查课题、选择调查对象、拟定调查提纲和制订调查计划等工作。

2. 实际调查、收集资料阶段。

3. 分析研究和整理资料阶段。

4. 撰写调查报告阶段。

（四）常用的调查方法

1. 个别访问，又称访谈或谈话法。这是一种自由灵活的调查方法。访问之前要有明确的目的，并选好访问的对象、时间、地点。交谈要在自然融洽的气氛中进行。对于重点问题可采取讨论的方式，以求获得更深入、更丰富的材料。个别访问可以是面对面的，也可以采用电话采访等方式。

2. 现场观察。由调查人员亲自深入到调查对象的现场，了解事情产生、发展的整个过程，掌握丰富的第一手资料。一些内容比较复杂、涉及人和事的面比较广的事件或问题，往往需要采用这种方法。

3. 问卷调查。这是常用的一种调查方法，简便易行。根据调查的内容，列出具体、简明的问题，请被调查者回答。为获得较好的调查效果，应正确选择调查的群体；问题的设计要科学，要便于回答，科学的问卷设计是问卷调查的关键所在。问卷调查可以采用抽样式，也可以采用普遍式。

4. 开调查会。这是一种传统的调查方法。这种调查方法的好处在于既便于双方直接交流，又可以通过讨论提高效率。这种方法事前要认真准备，与会人员要有代表性，不宜太多，要注意调节会场气氛。

5. 网上调查。这是现代化的、快捷的一种调查方法。利用网络的便利，将调查问卷上网，在较短的时间内便可以获得所需要的材料。

6. 查阅文献。即查阅相关的书面材料。查阅资料的范围广泛，包括历史材料、现实材料，各种图书、报刊，凡是与调查内容相关的，均可以查阅，而且利用现在的互联网，可以在网上搜索到很多的材料。把这些材料与其他调查方式获得的材料相互印证、相互补充，通过比较分析，更准确地了解真实的情况。

调查的方式方法是多种多样的，根据调查的目的和内容，可以采用某一种调查方法，也可以综合利用几种方法调查。无论采用哪种方法，都要注意材料的真实性与可靠性。

（五）运用调查法的基本要求

1. 有明确而具体的目的、任务、内容或项目。

2. 调查者必须了解所研究题目的要求，明确调查所需要得到的材料。

3. 尊重调查对象，统一调查标准。确保调查材料的可靠、客观。

4. 充分利用各种可能的手段收集材料，保证调查结果的精确性和真实性。

5. 要制订详细周密的调查计划。实施计划要以不影响被调查对象的正常学习和工作为前提，同时保证调查任务的顺利完成。

二、观察法

(一) 观察法概述

观察法是指研究者通过感官或借助其他辅助设备，有目的、有计划地观察教学现象，收集、分析感性资料的一种研究方法。在教学研究中，参观、听课、参与教学活动等是常用的观察途径。

观察法是其他研究方法的基础。实验法实际上是一种被控制的观察，调查法是一种间接的观察，问卷法也需要凭借观察的第一手资料综合分析。

观察法是教育科学研究最基本、最普遍的方法，对认识事物和收集第一手资料有重要作用，也是发现问题、提出问题和产生理论假设的前提。

(二) 教学观察的分类

根据不同的标准，教学观察法可以划分为不同的类型。

1. 根据观察时是否对观察环境和对象进行控制，可分为自然观察和实验观察

自然观察是不改变和控制观察环境，在自然状态下对事件进行的观察。

实验观察是在人工控制的环境中进行的系统观察。具有明确的观察目的和周密的实施计划，对观察对象的行为表现作精确的观测，对被观察者行为的一个或一个以上的影响因素（自变量）进行控制，并观察这种控制对被观察者的行为表现（因变量）的影响，从而发现这些影响因素与被观察者的行为表现之间的关系。

2. 根据观察时是否借助一定的仪器和设备，可分为直接观察和间接观察

直接观察是观测者通过感官直接观察研究对象，以获取第一手材料。

间接观察是观察者借助一定的仪器、设备和其他技术手段观察研究对象。

3. 根据研究者是否直接参与被观察者的活动，可以分为参与性观察与非参与性观察

参与性观察是研究人员直接参与被观察者的活动，并在活动中对被观察者进行观察。

非参与性观察是指研究者不直接参与被观察者的活动，而是以“中立”或“旁观者”的身份对被观察者进行观察。

4. 根据观察实施的方法，可分为结构式观察和非结构式观察

结构式观察是有明确目标、问题和范围，有详细的观察计划、步骤和合理设计的可控性观察。

非结构式观察是研究者只有总的观察目的和要求，或只有一个大致的观察范围和内容，没有详细的观察计划和观察指标体系的非控制性观察。

5. 根据取样方式不同，可分为时间取样观察和事件取样观察

时间取样观察是选定时间段进行观察，对观察对象在一定时间段内的各种表现和事件作全面观察并记录，重点是在一个时间段内，行为或事件的有无或多少。如课堂观察，观察者可以观察并记录某个学生在一节课内的学习行为和非学习行为，也可以观察并记录一节课时间段内全班学生的整体表现，当然也可以观察教师与学生互动情况。

事件取样观察是对预先确定了的、有代表性的行为或现象（事件）从背景、起因、经过、结果、持续时间等方面进行的观察和记录，重点是事件发生的过程和规律。如班主任在帮助一个不爱与人交往的学生融入同学群体时，观察并记录该生在一些班组活动中的各种表现。

（三）观察的步骤

观察法的设计和实施可分如下步骤：

1. 观察的准备阶段

这一阶段的工作主要有两个方面：一是明确观察的目的、对象和意义，解决“观察什么”和“为什么观察”的问题；二是制订观察计划。包括时间、地点、方式、工具、步骤和注意事项等。

2. 观察实施阶段

按照计划开展观察，并做好资料的收集与记录工作，这是整个观察过程的主体部分。

3. 整理分析观察资料阶段

对观察实施阶段收集到的资料进行归类、统计、分析和研究等。

4. 得出观察结论阶段

（四）运用观察法的要求

1. 客观性。尊重事实，不带个人成见、偏见。

2. 全面性。周密、全面、系统地观察事物的各个侧面、全体、全过程。

3. 目的性、计划性。有目的、有计划、有步骤地进行，不因个人兴趣而随意进行。

4. 典型性。对象要有代表性，不以偏赅全。

5. 科学性。观察手段要科学，观察步骤要正确，记录要准确，资料整理和分析要科学。

三、教学实验法

（一）教学实验法概述

教学实验法是为了解决某一教学问题，依据一定的理论和假设，有目的地控制和操纵一定的条件，创造出一种研究所需要的教学情景，以观察、研究教学现象的变化，认识教学情景和教学现象之间存在的某种因果关系，探索教学规律，改进教学实践的研究方法。

实验法是教育科学研究中十分重要且运用普遍的一种研究方法，它的优点有：

一是控制条件，人为地操纵自变量，控制无关变量，使实验在实验者的控制下进行。

二是揭示因果关系，通过实验控制判断自变量和因变量的因果关系，比观察法和调查法更科学和严谨，得到的研究结果更可靠。

三是可反复验证。

教学实验法中有三种变量：自变量、因变量和无关变量。

自变量就是通常所说的实验变量，又称为实验因子或刺激变量，它是指实验者操作中假定的原因变量。

因变量又称实验结果的反应变量，是自变量作用于实验对象后出现的教学结果。教学实验法的因变量有以下特点：

1. 与自变量的时间顺序性。因变量的变化必须在自变量变化发生之后或同时。

2. 可测性。因变量的变化必须是可测的。

3. 客观性。因变量最好是那些客观指标，如测验分数、身高、体重、肺活量、阅读速度、单词拥有量等。主观指标如教师反映课堂气氛活跃，感到学生的学习积极性有了提高等只能作为参考。

无关变量是指自变量与因变量之外的一切变量。例如，在教学方法的实验中，教学时间和课外辅导都是无关变量。欲增加实验的科学性，必须加强对无关变量的控制，使它不影响因变量的变化。控制的主要方法有：①

（1）消除，使无关变量不出现。

（2）平衡，即保持实验组与控制组中的无关变量影响的总和均衡。

（3）抵消，使顺序变量对几种作业的影响彼此相等。如甲乙两组，先

① 朱新春：《教学工作技能训练》，第356页，北京，人民教育出版社，2001。

随机选一组为实验组（甲），另一组（乙）为对照组，一轮实验后，两组对调，最后比较两次实验的结果。

（二）教学实验的基本方法

1. 单组实验法。这是向一个或一组实验对象施加一个或数个自变量，然后测量其发生的一种或数种变化，借以确定因果关系的方法。

2. 等组实验法。以不同的自变量分别施行于两个或几个情况基本相同或相等的组，然后比较其发生的变化的方法。

3. 轮组实验法。亦称循环实验法。它把几个自变量轮换施行于各组，然后根据所有自变量所引起的变化的总和来决定实验结果。

（三）教学实验法的一般程序

一般来讲，教学实验的过程主要由以下阶段和环节构成：

1. 教学实验设计。主要包括选择和确定实验课题；提出实验假设；制订实验计划和方案等工作。

2. 实施教学实验。实验工作者按照设计的实验方案，操作实验变量，控制无关变量，观察、记录、测量反应变量，搜集实验信息的过程，也就是将实验方案物质化、现实化的过程。

3. 整理实验资料。

4. 统计分析实验结果。

5. 撰写实验报告。

（四）运用实验法的基本要求

1. 实验者必须以高度严谨的科学态度，提出实验假设，对实验方案作严密的科学论证，确保实验的科学性。

2. 根据研究的性质任务，适度控制实验条件，采取有效措施，尽可能地避免或减少无关因素的干扰。

3. 根据实验的目的、问题的性质和所采用的形式慎重选择实验对象。

4. 实验过程中实验者要严格控制操作过程和正确使用操作方法，保证实验各阶段的测量准确无误。

5. 实事求是地报告实验结果。

（五）教学实验应遵循的原则

1. 客观性原则

要实事求是，不主观臆造，要避免偏见、成见与期望倾向，为此要全面地占有资料，同时要保证分析与统计的科学性。

2. 教育性原则

教学具有教育性。教学实验也必须有教育性。教学研究的出发点就是为更好地教书育人，所以在教学实验中必须贯彻党的教育方针，遵循学生身心发展规律。

3. 控制性原则

教学实验旨在探索教学现象之间的内在因果关系。它必须遵循控制原则。控制有两层含义：

一要避免实验因子各水平之间、各实验处理组合之间发生混淆，即要对实验因子进行控制。

二要排除无关变量的干扰，使之不影响对反应变量的正确观测和鉴定，保证反应变量的变化是由实验变量（自变量）引起的，这就是要对无关因子进行控制。

【阅读材料】　　　　怎样写实验计划①

实验计划是在实验开始操作之前制定的关于实验的内容和实施办法的文件。它是在实验设计的基础上加上实验课题形成的背景与实验目的和人员的组织分工与条件保障两大部分后形成的书面材料。

一、背景与目的

这一部分主要是说明为什么要搞这项试验，这一课题是怎样确定下来的，搞这项实验要证明怎样的推断，探索一个什么规律，以及这一实验的目的和意义究竟是什么。

（一）实验课题的确定过程一般源于以下几种原因：一是源于实际工作中的问题；二是源于领导的要求；三是源于教育经验的升华；四是源于理论的启发。而大多数实验课题的提出是以上多种原因的综合作用所致。题目（课题）确定下来之后要对课题的必要性和可行性予以论证。（这部分内容一般以“课题的提出”为小题目）

（二）实验假说

实验在一定意义上说是通过控制验证假说的活动。一个科学的实验在实验前应有一明确的假说。假说即在被实验和逻辑证明之前那些凭经验作出的判断。一般以条件句或陈述句明确地表达出来。

（三）实验的目的与意义

目的一般有两个方面：一是验证假说，探索教育规律；二是解决实际问题，提高教育教学质量与效益。意义也是两大方面：一是丰富与发展教

---

① 路北小教：《教育研究方法：教育实验法》，见新思考网，http：//news.cersp.com，2007 年 9 月 15 日。

育理论；二是提高教育教学质量，促进教育教学的改革与发展。

二、实验设计（也叫实验方法）

（一）自变量（实验变量）的操作定义与控制措施

给实验变量下操作定义就是把抽象的概念形式的实验变量转化为客观的具体的指标或行为措施。从而使理论观念、教育设想科学地转化为具体的可控制的操作步骤，以便于实验者做严密的操作和观察记录。

实际上对实验变量下操作定义就是规定变量在实验过程中的操作程序。如果实验变量不能以程序的形式给出，那么就要把变量分解成一项具体可遵照操作的要求。实验变量的控制措施一般通过集中培训和平时检查指导来完成，以确保实验的准确进行。

（二）因变量（反应变量）的观测指标与观测方法

1. 中小学教育教学实验的观测指标多数是学生的考试成绩及身心素质的变化。

2. 确定因变量的观测指标就是把因变量变化用数字表示出来。（例如，考分是学生某一方面能力的标志，智商是一个人智力水平的标志等）搞教育实验一定要想办法把因变量的变化数字化，否则，将来对因变量是否真的发生了变化或发生了多大的变化就说不清楚。

3. 在选择实验的因变量即反应变量时，最好选择那些有量表或自己能够制造测量手段的品质来当因变量，而且，要在实验计划中说清究竟怎样测出这些品质的变化。

（三）无关变量（无关因子因素）的控制措施

在教学实验中，通常采用清除法、恒定法、平衡法、随机抽样法、盲法控制和代表性策略来控制无关变量。

1. 消除法：消失，比如家庭辅导。

2. 恒定法：前后不变，比如上课时间、学生作业。

3. 平衡法：分组实验中，各组作用相同，比如教师水平、学生数目、知识基础。

4. 盲法控制：让学生（以及实验者）不知道是在搞实验，以消除其实验意识和实验情绪。

5. 代表性策略：选择“普通”（教材、学生）确保代表性便于推广。

（四）被试选择

被试选择，即实验对象的选择，一般指学生的选择，除代表法外，常使用的是抽样法。抽样法即总体中抽出一定数量的个体组成一个既比总体小，又能反映总体性质的样本。

1. 简单随机抽样：抽金法。

2. 机械抽样：等距抽样、有规律、分组。

3. 分层抽样：类型抽样。

4. 整群抽样。

（五）实验的组织形式

实验计划中要说清被试是怎样组织的，也就是说明是搞单组实验，还是搞等组实验，或者是什么其他的组织形式。

单组实验是对随机抽取的一组被试先后施加两种不同的实验措施，在无关因子保持恒定不变的情况下，观察测量因变量的变化，从而确定自变量与因变量之间关系的组织形式。

等组实验设计是指两个或两个以上条件大致相同的组作为实验对象。一个组接受某个实验因素的影响，另一组无实验因素的影响，或两个组同时分别接受不同实验因素的影响，其他各种条件保持不变，然后比较教学实验因素影响与无实验因素影响的不同效果或两种不同实验效果，从而证明实验因素对反应变量是否产生了促进作用或证明两种实验变量是否有明显的差别。

（六）资料的收集与处理方法

说明用什么方法观测出因变量的变化，最后用什么统计方法判断实验手段是否有效。

三、实用人员与条件保障

（一）课题组成员及分工

这部分要把课题组的主要成员的姓名以及分工都写清楚，如组长、副组长等。

（二）实验所需要的仪器设备及其他条件保障

有的实验需要特殊的仪器设备或必不可少的条件，实验计划应说明对这些必备的条件是否能够满足。

怎样写实验报告①

写实验报告是搞教学实验的最后一环，也是收获成果的最后一步。应按照科学的程序和格式做好这一结尾工作。

中小学校教学实验报告的格式与内容如下：

---

① 路北小教：《教育研究方法：教育实验法》，见新思考网，http：//news.cersp.com，2007 年 9 月 15 日。

标题：××实验报告

实验单位，作者姓名

一、背景与目的（问题的提出）

（一）实验课题确定的过程

（二）实验的假说

（三）实验的目的及意义

这部分与实验计划的内容基本相同，但是如果在实验的实施过程中，对实验计划中的内容有所改变，那就要以改后的内容为准。

二、方法

（一）被试的选择方法与组织形式

这部分与实验计划中的内容一样。

（二）实验变量的操作方法及辅助措施

这部分内容一方面要根据实验计划的内容来写；另一方面更要以事实为根据，把实验变量的实际操作程序或特点，全面详细地写出来。

如果实验变量没有操作程序，那就要把实验措施和有关的要求说清楚。

如果除了主要变量外还有一些辅助措施，那么就要把这些措施全部都说明白。

（三）无关变量的控制方法

主要说明在实验中是怎样控制无关因素的，一般应指出具体的控制方法。

（四）因变量的观测方法

即说明用什么方法获得的关于因变量（反应变量）变化数据，采用的什么量表、什么仪器，参加的是哪一级的考试等。

三、结果

（一）实验中得到的原始数据的描述统计结果

（二）根据描述统计的结果，采用推断统计获得的结果

实验报告的结果部分常常是一些表格和图像以及根据这些数据表格中的数据推断出来的统计结果。有时也列出一些工作中的成就，如在竞赛中获奖，在地区统考中取得好名次等，作为必要的说明。

按要求，实验报告最好运用推断统计下结论，让数字说话，让事实说话，而不能仅仅依靠工作中的成绩，来作为实验成功的依据。

结果部分所列的全部内容必须来自本实验，既不能任意修改、增删，也不要添加自己的主观见解。

四、讨论与结论

（一）是否验证了假说，为什么？

（二）对实际教育教学有什么促进作用？

（三）有哪些新的发现？

（四）有什么建议？

讨论与结论有时分开写，有时合在一起写，现在多数报告都合在一起写，一边讨论，一边下结论，还有的结果和讨论放在一部分，把结果单列出来，有时甚至把结果、讨论、结论三部分合在一部写，这也是可以的。“结论”部分在保证写清所要求的四部分内容外，要特别注意以下两点：

第一，结论要简短不要长篇大论。

第二，结论一定要以本实验的结果和分析为依据，不能夸大，也不能缩小，要确切地客观地反映出整个实验的收获。

五、附录

实验报告的结果往往是很多表格图像，一般在实验报告里写不全，所以经常以附录的形式，把必要的材料附在报告的后面。

四、行动研究法

近年来，行动研究引起人们的普遍关注，并被认为是一种改进教学研究、提高教学研究实效的有效尝试。尤其是在基础教育课程改革背景下，教学行动研究受到了极大的重视。很重要的一个方面就在于行动研究强调研究与行动两者的结合，在研究中行动，通过行动来进行研究。它是一种比较适合中小学教师教学研究的方式。

（一）行动研究法概述

对于行动研究的概念，不同的人有不同的界定。库尔勒·勒温认为：行动研究是将科学研究者与实际工作者之智慧与能力结合起来以解决某一事实的一种方法。约翰·埃里奥特认为：行动研究是对社会情境（包括教育情境）的研究，是从改善社会情境中行动质量的角度来进行研究的一种研究取向。凯米斯认为：行动研究是由社会情境（包括教育情境）的参加者，为提高对所从事的社会或教育实践的理性认识，为加深对实践活动及其依赖的背景的理解，而进行的反思研究。

从不同界定中可以看出，行动研究以提高行动质量、改进实际工作、解决实践问题为首要目标；强调行动过程与研究相结合；研究的环境就是自然、真实、动态的工作情境；行动研究计划具有发展性，过程具有系统性和开放性。

与传统教学研究相比教学行动研究可以概括为：为行动而研究、对行动的研究、在行动中研究。[①]“为行动而研究”是说目的不在于推演理论、归纳规律，而是针对教育教学实践中的问题，在行动研究中不断地探索、改进和解决教育教学实际问题。“对行动的研究”则是指研究的对象是教师及有关人员具体的教育教学实践“行动”。这就要求研究者（亦即实践者）具备问题意识和研究意识，通过反思和合作，学会发现和界定问题，并探讨可能的解决策略。“在行动中研究”指明了行动研究的环境是教师工作于其中的教育教学环境，是教师在实践过程中对自我的活动作出的观察和反思，强调“行动”和“研究”的统一、教学活动和探索活动的统一。

综上所述，所谓教学行动研究是指教师在自然、真实的教育教学行动中基于解决实际问题解决的需要，将问题发展成研究课题，按照一定的操作程序，综合运用多种研究方法与技术，与专家、学者或组织中的成员合作，进行自我反思性的螺旋式上升的系统研究，是一种以解决问题为目的的研究。值得注意的是，行动研究并不是一种类似实验法、调查法的特定的研究方法，它也可以称为一种研究类型。

（二）行动研究法的特征

1. 以“问题解决”为导向。行动研究的目的不像一般的研究那样在于推演理论、归纳规律，而是针对教育教学实践中的问题，在行动研究中不断地探索、改进和解决教育教学实际问题。

2. 研究与行动相结合。在研究中行动，在行动中研究，行动研究的过程是研究进行的过程，同时也是行动解决问题的过程。

3. 强调“协同合作”，扬长避短。行动研究要求教师运用理论，系统地反思自己的实践，要求研究者深入实际，从实际中发现问题，并直接参与从计划到评价实际工作的过程，与教师一起研究他们面临的问题。强调教师与专家相结合，协同攻关、共同研究，实现理论和实践结合，扬长避短。

4. 研究和行动不断地循环和验证。教学行动研究是一种自我反思性的螺旋式上升的循环研究过程，其循环程序是设计、行动、观察、反思、再设计、再实施、再观察、再反思，从而提高研究者自身的科研和实践能力。

（三）行动研究的类型

行动研究主要是适用于教育教学实际问题的解决，而不是理论问题的

---

① 施良方，崔允漷：《教学理论：课堂教学的原理、策略与研究》，第 381～384 页，上海，华东师范大学出版社，1999。

研究。类型大体上有两种，一是独立进行的行动研究；二是联合性的行动研究。具体分为三个层次：

1. 单个教师的行动研究。这种研究规模小，研究问题范围窄，具体而易于实施，但力量单薄，很难从事深入的、细致的、说服力强的理论研究。

2. 协作性的行动研究（教师间协作）。协作性行动研究的特点是可以发挥教师集体的智慧和力量，但可能在理论的指导方面较欠缺。

3. 学校范围的联合行动研究。指专业研究人员、教师、政府部门、学校行政领导等组成的较为成熟的研究队伍从事研究。这是较为理想的行动研究，它的特点是有专业人员参与，有较强的理论指导，研究力量大，充分地发挥领导、教师、研究人员的作用。

（四）行动研究的两种模式

行动研究法产生以来，人们除了公认行动研究法是一种扩展的螺旋式结构外，对于实施的具体步骤提出了各自不同的看法，现在介绍以下两种行动研究的模式：[①]

1. 四环节（四阶段）模式

即计划——行动——考察——反思四个循环阶段。

（1）计划

计划应以所发现的大量事实和调查研究为前提。它始于解决问题的需要和设想，设想是行动研究者（行动者和研究者）对问题的认识，以及他们掌握的有助于解决问题的知识、理论、方法、技术和各种条件的综合；设想还包含了行动研究的计划。“计划”包括总体计划和每一个具体行动步骤的设计方案。

（2）行动

即实施行动计划。行动计划的执行和实施具有灵活性。随着研究者逐渐明确问题，及时反馈行动过程中各种信息和吸取参与者的评价和建议，在实施中可不断调整和修改已制订的计划。行动是不断调整的。

（3）考察

考察内容有：

一是行动背景因素以及影响行动的因素。

二是行动过程，包括什么人以什么方式参与了计划实施，使用了什么

---

① 路北小教：《教育研究方法二：教育行动研究》，见新思考网，http：//news.cersp.com，2007年9月15日。

材料，安排了什么活动，有无意外的变化，如何排除干扰。

三是行动的结果，包括预期的与非预期的、积极的和消极的。

要注意搜集三方面的资料，背景资料是分析计划设想有效性的基础材料；过程资料是判断行动效果是不是由方案带来和怎样带来的考察依据；结果资料是分析方案带来的什么样的效果的直接依据。考察要灵活运用各种观察技术以及数据、资料的采集和分析技术，充分利用录像、录音等现代化手段。

（4）反思

反思是行动研究第一个循环周期的结束，又是过渡到另一个循环周期的中介。这一环节包括：整理描述，评价解释，写出研究报告。

2. 六步骤模式

具体步骤为：预诊——收集资料初步研究——拟订总体计划——制订具体计划——行动——总结评价。

（1）预诊：这一阶段的任务是发现问题。通过反思发现学校工作中的问题，并根据实际情况进行诊断，得出行动最初设想。在各步骤中，预诊占有十分重要的地位。

（2）收集资料初步研究：这一阶段由教研人员、教师和教育行政人员组成的研究小组对问题进行初步讨论和研究，查找解决问题的有关理论、文献，充分占有资料，参与研究的人员共同讨论，听取各方意见，为拟订总体计划作好诊断性评价。

（3）拟订总体计划：这是最初设想的一个系统化计划。行动研究法是一个动态的开放系统，所以总体计划是可以修订更改的。

（4）制订具体计划：这是实现总体计划的具体措施，它以实际问题解决的需要为前提，有了它，才会有旨在改变现状的干预行动的出现。

（5）行动：是整个研究工作成败的关键。这一阶段的特点是边执行、边评价、边修改。在实施计划的行动中，注意收集每一步行动的反馈信息，可行的，则可以进入下一步计划和行动；反之，则总体计划甚至基本设想都可能需要作出调整或修改。这里行动的目的，不是为了检验某一设想或计划，而是为了解决实际问题。

（6）总结评价：这是对整个研究工作的总结和评价。这一阶段除了要对研究中获得的数据、资料进行科学处理，得到研究所需要的结论外，还应对产生这一课题的实际问题作出解释和评价。

从上述行动研究法的六个步骤中可以发现三个明显的特征：

一是具有动态性。所有的设想、计划，都处于一个开放的动态系统中，都是可修改的。

二是较强的联合性与参与性。研究者、教师、行政人员等全体成员参与行动研究实施的全过程。

三是在整个研究过程中，诊断性评价、形成性评价、总结性评价贯穿于行动研究法工作流程的始终。

(五) 行动研究的一般程序

1. 确立课题：发现问题、分析问题、确立课题。要求：开口要小、开掘要深。

2. 查阅文献：现状分析、文献综述。

3. 制订方案：标题、绪论、目的、假设、对象（范围）、方法（步骤）、资料（信息）、物质保障（经费、环境、设备、设施、人员等）、时间、参加人员及能力分析、人员分工等。

4. 实施行动：

（1）假设的设立及验证。

借鉴应用实验假说。教育研究的假设有别于自然科学实验假设的设立，不能通过科学观察和实验直接进行观测。

（2）研究措施与资料（信息）的收集、处理、综合。观察、问卷、调查、实验。

（3）及时反馈、多方反思、不断校正。例如，课堂教学最优化、学习过程优化、最佳作用点、最佳作用时机。

5. 总结反思：对研究资料进行整理、分析、解释、作出推论，并对研究进行反思评价，为新一轮的深入研究作准备。

6. 评价效果：应注意两种误区。一是用科学工具、量表进行严格的测量。二是用中高考、期中期末考试成绩测量。应树立正确的评价观：动态评价、发展评价、潜能评价、实践评价、态度评价等。

总之，教学行动研究法，是许多一线教师及教育工作者研究的常用方法，许多研究者不再拘泥于具有严格程式化的实验法、观察法等方法的研究，而是将行动（教育教学实践）与研究紧密结合，灵活运用多种研究方法进行研究。“教师即研究者”，行动研究作为一种研究方法，更是一种研究类型，是理论与实践结合的桥梁，是提高教师专业能力的重要手段之一。

五、教学反思

叶澜教授说过：一个教师写一辈子教案不一定成为名师，如果一个教师写三年的教学反思，有可能成为名师。教学反思一直以来是教师提高个人业务水平的一种有效手段，教学上有成就的大家一直非常重视这种方式。严格意义上讲，教学反思是一种研究手段、研究类型和研究方式，我们认为，它也是一种教师通过自身行动研究，提高专业水平的研究方法。

（一）教学反思概述

教学反思是教师以自己的教学活动为思考对象，对自己在教学活动中的行为和决策以及由此产生的结果进行审视和分析，以总结经验教训，进一步提高教育教学水平的一种研究方法。

教学反思是教师理解、评价教学实践的一种手段，是对已有教学经验的重新组织与建构。反思的本质是一种理解与实践之间的对话，是沟通理解与实践的桥梁。

（二）教学反思的类型

教学反思包括课前反思、课中反思、课后反思。

课前反思，包括新学年（学期）开始时对学年（学期）教学目标的确立，对课程教学计划的安排；也包括上课前对教材内容的选取与舍弃、补充，教学策略的选择，教学重点难点的思考，教学内容的组织，教学过程的设计，教学方法的确定，教学媒体的使用，探究问题的筛选，学生参与的预测，教学效果的初评，课堂上可能出现的问题、困境的解决与把握等。这些反思都要求教师在课前一一思索，并在备课及教案上反映出来，不留盲区，为课堂教学的成功奠定坚实的基础，做到胸有成竹去上课，有的放矢去引导。

课中反思，是一种难度较大的瞬间反思。它要求教师在课堂上敏锐感受、准确判断教学过程中可能出现的新情况和新问题，同时，在教学过程中思考教学目标是否明确，师生或生生互动是否积极有效，教学行为是否得当等问题，并积极思考如何根据教学实际，及时主动地调整教学方案与策略，使课堂教学优质、高效。

课后反思即在教学之后的反思。要求教师带有批判的眼光，在课堂教学结束后进行反思。课后反思具有批判性，能使教学经验理论化，并有助于提高教师的教学总结能力和评价能力。课后反思要思考课堂教学效果如何，存在哪些还需要改进的问题，有哪些需要关注的地方或有什么困惑，课堂上的一些事件对日后的教学有何意义等。

（三）教学反思的内容

从宏观层面讲，教学反思要考虑教学行为的有效性和合理性，以及隐藏在行为背后的理念。因而，教学反思的内容应包含教师的教学行为与教师的教学理念两个方面。

从微观层面上讲，教学反思是以教师的教学行为为对象，反思的内容至少包含以下几个方面：

1. 反思教学态度

教师的教学态度对教学的实施及效果有很大影响。为了更好地实施教学，教师应反思自己的工作态度是否严谨、认真，这种态度对学生的学习热情有无感染；反思自己对教学资源的收集与使用是否用心，能否调动学生积极性与主体性。

2. 反思教学目标

教学目标是影响课堂教学成败的重要因素。教师应反思设计的教学目标是否符合课标要求和新教材的特点，是否符合学生的实际情况；同时，教师要根据整节课的教学实践及学生掌握知识的情况，检验学生通过该节课的学习，是否达到教学目标的要求。

3. 反思教学计划

教学计划是落实教学目标的具体设想，是选择教学策略、完成教学任务的依据。教师要反思教学计划的制订和实施，包括一节课、一个单元、一个学期或更长远的教学计划，是否适合学生的实际，是否体现因材施教的原则以及教学计划实施的效果。

4. 反思教学内容

教学内容也是教学反思中的重要一环。反思时应注意教学内容是否与教学目标相符；是否具有科学性、思想性和趣味性；是否符合学生实际；重难点、关键点处理是否得当；是否按照学生的个别差异设计教学内容，促进学生个性的发展；是否根据教学进程的实际情况及时调整教学内容。

5. 反思学习过程与课堂组织管理

教师在反思自己的教学行为的同时，观察并反思学生的学习过程，检查、审视学生在学习过程中学到了什么，形成了怎样的能力，发现并解决了什么问题。通过反思，教师要及时调整自己的教学节奏和教学行为。

6. 反思教学方法与策略

反思教学方法与策略的选用过程，也是反思理论如何联系实际的过程。反思教学方法与策略的选择是否符合学生特点；教法与学法是否统一，能否促进学生的自主发展。

7. 反思媒体的配置与使用

在教学中，教学媒体的功能与作用是不容置疑的。对教学媒体配置与使用的反思要注意以下两点：反思教学媒体是否合理选择与配置；反思教学媒体是否合理使用。

（四）书写教学反思的方式

教学反思的书写方式很多，一般来讲，可以通过教学日志、教后感、教学案例、教学课例等方式记录。书写教学反思的具体内容如下：

1. 写成功之处

将教学过程中达到预先设计的教学目的、引起教学共振效应的做法；课堂教学中应变得当的措施；层次清楚、条理分明的板书；某些教学思想方法的渗透与应用的过程；教育学、心理学中一些基本原理使用的感触；教学方法的改革与创新等，详细地记录，供以后教学时参考使用。

2. 写不足之处

即使是成功的课堂教学也难免有疏漏失误之处，对它们进行系统地回顾、梳理，并对其作深刻的反思、理性探究和剖析，作为以后教学的前车之鉴。

3. 写教学机智

课堂教学中，随着教学内容的展开，师生的思维发展及情感交流的融洽，往往会因为一些偶发事件而产生瞬间灵感，这些“智慧的火花”常常是不由自主、突然而至，若不及时利用课后反思去捕捉，便会因时过境迁而烟消云散，令人遗憾。

4. 写学生创新

课堂教学中，学生是学习的主体，学生总会有“创新的火花”闪烁，教师应当充分肯定学生的独特的见解，这不仅使学生的好方法、好思路得以推广，对学生也是一种赞赏和激励。同时，这些难能可贵的见解也是对课堂教学的补充与完善，可以拓宽教师的教学思路，提高教学水平。因此，将其记录下来，可以作为今后教学的材料养分。

5. 写再教设计

一节课下来，静心沉思：摸索出了哪些教学规律；教法上有哪些创新；知识点上有什么新发现；组织教学方面有何新招；解题的诸多误区有无突破；启迪是否得当；训练是否到位等。及时记下这些得失，并进行必要的归类与取舍，考虑若再教这部分内容时应该如何做，写出“再教设计”，这样可以做到扬长避短、精益求精，进一步提高自己的教学水平。

第三节　教学研究的基本程序

规范化的教学研究就是指课题研究，是指教师把日常教学研究中的亟待解决的问题上升为课题，进行类似科学研究的方式进行课题研究。教学研究的基本程序是：选择课题，制订研究计划；收集资料，统计分析；撰写教学研究论文和研究报告。

一、选择课题，制订研究计划

选择课题，制订研究计划是教学研究过程的准备阶段。也是任何科学研究不可缺少的组成部分，它对能否形成科研新成果有重要的作用。

（一）选定课题

教学研究的课题是研究或讨论教育教学的主要问题或亟待解决的重大事项，是教学研究的出发点和归宿。教学研究是从发现问题和矛盾开始的，没有对教育教学中的问题的意识和觉醒，就不会有对教学问题进行探讨的教学研究。选题是经过选择来确定所要研究的中心问题，具有两方面的含义：一是确定研究方向；二是选择要研究的问题。有了课题，教学研究就有了研究工作要主攻的方向、目标与内容，而且在一定程度上规定了研究应采取的方法和途径。

确定教学研究课题主要涉及以下问题：

1. 选题的意义和价值

对于任何科学研究而言，选题都是一个至关重要的问题。“发现问题比解决问题更重要”。选题与研究者自身条件有密切关系。选题的过程本身就是一个科学研究的过程，选题一方面是研究者探究和思考的结果；另一方面又反映了研究者的能力、素质和水平。一个很重要的标志就是看他能否发现问题、是否善于发现问题，尤其是发现别人不能发现的问题。

选题初步确定了教学研究的方向和基本内容，选题甚至在很大程度上决定了这项研究本身的学术价值、理论价值、经济价值和社会价值等。衡量和判断一项研究是否有价值以及价值大小，首先就看它的选题是否有价值，这种价值主要表现在两个方面：理论创新的价值和实践指导的价值。

2. 选题的基本原则

为保证选题的科学性和有效性，在选题时应遵循以下基本原则：

（1）科学性原则。选题有严谨的科学理论依据和鲜明的客观事实依据、实践依据。只有这样，才能把握事物的本质和规律。

（2）价值性原则，又称需要性原则。即选题要有价值，能满足教育教学理论发展需要和指导教学实践需要。

（3）创新性原则。科学研究贵在创新。创新性是教学研究课题的本质特征：新颖、独特、先进。最好是别人没有论述过的“空白区”，或别人虽然研究过，但可从新的角度、更高层次上提出问题。对于创新原则应作广泛理解，有的是别人从未做过的首创性课题，有的是外国、外地做过的而本国、本地尚未做过的移植性课题，有的是过去做过而现在尚未做过的追踪性课题，有的是从新角度、新侧面去研究老问题的拓展性课题等。

（4）可行性原则。简单地讲，就是要选择一个自己能够完成的课题来进行研究，即根据自身的主观条件与研究现实的客观条件选择课题。就研究人员（主体）而言，课题必须与其思想状况、工作作风、知识水平、实践经验等条件相适应；就研究现实（客体）而言，课题必须与人力、物力、财力和时间的允许程度，与社会环境和技术条件等因素相符合。

（5）具体原则。这是教研课题的操作问题，要求课题小一些、具体一些，切忌太大、太抽象笼统。

3. 选题的方法

选题的关键在于发现问题和矛盾，发现问题和矛盾的关键在于平时的积累和科学的思维方法。发现问题的基本思维策略主要有：怀疑、变换思考角度、类比与移植、深入探究现象等。①

【阅读材料】　　研究课题选择三法②

一、“评价开发”法

“评价开发”法就是教师要善于通过对专家、同事等人对自己所作的课堂教学评价的反思，来发现值得改进的关键问题。其操作路径为：回顾曾有所触动的他人对自己所作的课堂教学评价情境→梳理所指出的课堂教学问题→比照新课改理念，遴选出最有价值的研究问题→将确定的关键问题转化成课题名称。

案例1：课题组高琴老师用“评价开发”法确立了课题《构建小学中年级语文自主性质疑教学模式的实践研究》。在选择研究问题时，高老师想到了市教研员薛峰老师对她的评课指导。在课题立项前一学期的市教研室一次督导活动中，高老师在执教《朱德的扁担》时大胆设计了让学生对课文最后一节质疑的教学环节，但薛峰老师对此并不认同，他认为课中的整体感悟填空其实就是课文的重点内容，可以直接以此为突破口让学生质疑，从而引出文中其他小节，不必再按顺序一节节学下去。当时，高琴老师对此深有感触。通过对这一事件的回顾与反思，高琴老师

① 叶澜：《教育研究及其方法》，第40～50页，北京，中国科学技术出版社，1990。

② 朱宏英：《研究课题选择三法》，载《现代教学》，2007（11）。

明白薛峰老师给她指出了两大问题：其一，如何根据教材特点精心设计教学过程；其二，如何根据教材特点从整体上把握质疑点，构建质疑教学模式，在结构化引导中逐渐提升学生自主质疑能力。根据小学新课程标准，高老师觉得第二个问题更有研究的实践价值，不仅能解决自己当前教学中存在的实际问题，而且能将培养学生质疑能力的新课程理念切实转化为自己的行为。于是，高老师选择第二个问题开展研究，并将问题转化成了课题。

二、“挫折追问”法

“挫折追问”法就是教师要善于通过对自己新遭遇的教学挫折的深度追问，来发现亟待解决的新增问题。其操作路径为：正视近期遭遇的教学挫折→反思受挫原因→根据反思结果到课堂中观察分析→确定主要问题，查资料找对策→将研究问题转化成课题。

案例2：课题组陆艳老师用“挫折追问”法确立了课题《小学中年级数学课堂教学评价策略与方法的实践研究》。在确立课题时，陆艳老师刚任四年级数学教师，当时她正为学生不再像以前那样喜欢她的课而苦闷。原来，陆老师任教的两个四年级班是她从一年级开始带上来的。起初，课堂上学生积极性很高，气氛融洽。但到了四年级，陆老师觉得整个课堂就像是她在发表个人演说，自己口干舌燥地教，而学生们意兴阑珊地学，失去了学习的热情。造成这种反差的原因是什么呢？陆老师展开了理性的反思。她清醒地认识到，这种现象并不是因为自己教学能力下降所致，而主要有三个原因：其一，四年级是学生身心发展的重要转折期，不爱举手发言是其心理特点之一；其二，自己没有顺应学情变化及时调整教学方法；其三，教学评价观念落后，方法单一陈旧，忽视了四年级学生的学段特征，缺乏对学生兴趣与需求的关注。了解了原因之后，陆老师带着这些认识再上课，以审视的眼光进行观察、反思与鉴别。而后，她将主要问题聚焦为：如何以课堂教学评价策略的改革为突破口，调动四年级学生数学学习的主动性？为此，她还认真研读数学新课程标准，积极查寻资料，努力寻找研究的切入点和问题解决的思路。在此充分准备基础上，陆艳老师顺利确定了研究课题。

三、“顽症聚焦”法

“顽症聚焦”法就是教师要善于通过对自己困惑已久的教学现象的聚焦，来发现有待突破的瓶颈问题。其操作路径：锁定自己困惑已久的教学现象→透析教学现象背后的本质问题→聚焦导致问题形成的主要教学因素→将问题转化成课题名称。

案例3：课题组陈朝夕老师用“顽症聚焦”法确立了课题《小学语文教学拓宽渠道培养农村小学生口头表达能力的实践研究》。陈朝夕老师在确立课题前认真思考了准备研究的教学现象：本届四年级学生和以往几届学生一样，进入中高年级后口头表达能力逐渐趋向两极分化，课堂成了几个活跃分子“挑梁唱戏”的舞台，而大多数学生“金口难开”。久而久之，学生一旦进行口语表达，就显得站立不安、拘谨胆怯，缺乏激情，而且不规范、不流畅、不完整，导致师生互动等新的教学方式难以实施。那么，其形成的主要教学因素是什么？陈老师觉得自己以往不够重视对学生口语表达能力的培养，将学生的口语表达主要作为课堂教学交流的方式，而没有将其作为语文教学应达到的培养目标。因而，缺乏必要的培养方法，是导致学生随年级升高而能力下降的主要原因。于是，陈老师将研究问题聚焦为：如何拓宽语文教学渠道切实提高农村小学生的口头表达能力？最后，她将研究问题转化成课题。

中小学教师参与教学研究的主要价值在于能够更新教育观念和提升解决实际教学问题的能力。面对新的课程环境，教师遭遇许多课堂教学实践问题，需要教师以研究者的姿态投身实践探索才能成功地转变教学行为，实现专业化发展。调查显示，大部分教师感到如何选择有价值的课题是他们进行课题研究的最大阻力，究其原因主要在于教师没有针对自己课堂教学实践中的真实问题进行选题。教师的课堂教学实践问题具有复杂性、独特性，教师课题研究的选题方法也灵活不拘，上述几种方法在实际运用过程中也会有许多变式。因而，教师应直面各自实践的问题，创造出更多适合自己的选题方法。

（二）查阅文献资料

选题初步确定后，就进入了查阅与本课题有关的文献资料阶段，这一阶段的任务和意义主要有四个方面：

一是通过查阅与选题有关的文献资料，了解和掌握别人和前人对这一问题研究的基本情况。例如，别人和前人对本选题做过哪些研究，哪些问题是已经解决了的，哪些是遗留下来尚待解决的问题，前人采用的是什么方法，他们所做结论的科学性如何，研究这一课题的主要困难和障碍是什么，在这一问题的研究上还有哪些空白点等。

二是在查阅文献资料的过程中确立自己的研究起点、方向和切入点。

三是在查阅文献资料的过程中受到新的启发，重新修改和完善研究思路，或找到更有价值的问题进行研究。

四是通过查阅文献资料，避免研究工作的重复和浪费。

明确以上问题，不仅有利于研究工作的开展，使研究工作在较高起点上进行，也为人们对该研究进行客观评价打下基础。教学研究贵在创新，如不了解前人已有的成果就贸然从事，势必会重复别人的老路，结果就没有任何意义。查阅文献资料还可以帮助研究者扩大学术眼界，以便全面地考虑本课题的研究，得出科学结论。

通过查阅文献资料的工作，初步熟悉前人对有关问题研究的情况，了解自己所研究问题的现实情况，就可以正式确定研究的题目，考虑研究本课题的具体措施和方法，进而作出切实可行的研究计划。

（三）制订研究计划

这一阶段的主要任务是通过严密的研究设计：一方面保证教学研究活动的顺利进行；另一方面保证研究本身的信度和效度，提高研究的科学性、实效性。

研究计划是研究课题的具体化。一般来说，小课题写一个较详细的提纲即可，较大的课题，则要有周详的研究计划。教学研究计划的内容主要包括以下几个方面：①

1. 题目名称。
2. 研究目的、意义。
3. 研究对象。
4. 研究范围。
5. 研究方法。
6. 材料来源。
7. 研究步骤。
8. 经费预算。

以上八个方面是教学研究工作计划的主要内容。在制订研究计划时，要从实际出发，参考以上项目，使计划切实可行。如有的研究不需要经费，则不必做经费预算。

教学研究计划可采用文字或表格式的形式来编写。

研究计划一经确定，就要严格执行，一般不随意改变。但在具体执行计划过程中，有可能出现事先没有估计到的问题或产生新的情况，如确有必要，可根据具体情况对原计划作一定修改和补充，做到计划性与灵活性相结合。

① 朱新春：《教学工作技能训练》，第362页，北京，人民教育出版社，2001。

二、收集资料，统计分析

（一）收集资料

收集资料包括两个方面：一是在选题和研究过程中，对有关图书、报刊论文索引普查、翻阅，从中挑选出有价值的部分并作必要的摘录；二是利用各种研究方法收集资料，即按照研究工作计划和研究设计中规定的目的、要求，通过观察、调查实验等方法收集原始资料和文献资料，并对所收集资料进行核对、考证、筛选。

资料收集在教学研究中占有重要的地位，没有收集到真实可靠的、足够的资料，是不能得出科学结论的。

（二）整理资料

整理资料是按照课题要求，将收集的原始资料进行汇总、归类，使之系统化、条理化，以便于分析研究。资料的整理不一定要在资料收集齐全后才进行，可以是边收集、边整理，也可以先制订分类和系统化的方案，将所收集的资料及时按既定的系统分门别类排列。

收集和整理资料阶段的工作要点主要有三个方面：

一是注意研究方法的科学性和研究程序的规范性，以保证收集资料的科学和有效。

二是对收集到的资料的真实性、可靠性和价值大小进行鉴定、辨别并取舍。

三是整理收集到的资料，采用归类和统计分析的方法把散乱、无序的资料进行整理，使之条理化和明确化。在对资料进行鉴别和整理的基础上，进行初步分析研究以形成一定的科学事实。

【阅读材料】　研究资料的搜集与整理方法①

研究资料的搜集就是课题组在日常研究的材料积累基础上，根据研究的需要，按照科研程序和档案的要求，对科研材料进行全面的科学的筛选和归整。研究过程中资料主要是通过测量、调查、观察、访谈以及文献查阅等途径获得。实际上以上列举的有属于研究方法，此处不再赘述。这里只介绍几种采集资料的具体方式。

---

① 李森：《教师职业技能训练教程》，第283页，北京，高等教育出版社，2009。

1. 记录法：将研究者观察到的、调查到的、查阅到的事实材料用文字、录音、录像、照相等手段如实地记录下来。

2. 复印复制法：将课题相关文字材料复印；录音、录像、材料复制加以保存。

3. 摘抄法：将书籍报刊中与课题相关的资料摘抄成资料卡片，按照研究专题收集。

4. 编目法：将与课题有关的资料所在著作或杂志中的题目、页次、作者、书名、出版社、出版时间等抄录在一起，便于日后引用和分析资料时查找。

5. 量表法：量表不仅是一种测量方法，也是收集资料的有效手段。设计、制作和使用一些专门表格来采集资料，既增加了收集资料的计划性和目的性，更有利于资料的保存和整理。

（三）分析资料

分析资料是对整理的资料和已形成的科学事实作进一步的思维加工，这是整个教学研究过程的核心。这一阶段主要工作是运用分析、综合、比较、分类、类推、想象、假设、概括化和具体化等思维方法，对整理过的资料和形成的科学事实作进一步的分析和研究，经过一个去粗取精、去伪存真的思维过程，从大量的现象中揭示出事物的本质，从偶然中找出必然，从个别中发现一般，从感性认识上升到理性认识。揭示包含在资料、现象和事实中的新规律，把教育经验加以概括和总结并上升到理论高度，达到一种规律性的认识。这一阶段最重要的工作就是最终得出一定的结论。

搞教学研究工作，收集资料和进行研究是分不开的。收集资料的同时就要进行整理、分析研究；而最后分析研究工作，也是在收集和整理大量资料的基础上进行。

三、撰写教学研究论文和研究报告

（一）教学研究论文的类型

教学研究工作的最终成果，就是撰写教学研究论文，有以下分类：

1. 经验总结。教学研究必须建立在教学实践的基础上。人们对教学规律的认识，总是从经验开始，经过反复对教学实践的成功经验与失败教训的研究，来发现和揭示其规律，形成对这个问题的理性认识。把这种理性认识加以总结，提升到理论的高度，就成为教学研究成果。

2. 研究性论文。就人们普遍关心的教学中碰到的一些带有典型性的问题，经过认真细致的研究，以文字形式表达出来，提出自己见解的文章。

3. 实验报告。教学研究中，通过实验研究后将实验成果写成文章。

4. 调查报告。为了摸清教学现状，完善教学过程，探索教学规律，有目的地调查研究，搜索有关事实资料并将调查研究结果写成文章。

（二）撰写教学研究论文的基本步骤

撰写教学研究论文和研究报告是以书面的形式——论文、报告、经验总结等文体表达出来以便推广、交流。撰写科研论文是教学研究工作的重要组成部分。其过程大体分为拟定题目、编写提纲、撰写初稿、修改定稿等几个步骤：

1. 拟定题目

题目或标题是作者给研究论文起的名字，以最准确、新颖、简洁的词语概括论文最重要的内容或观点。论文题目是一篇论文给出的涉及论文范围与水平的第一个重要信息，“论文题目是文章的一半”。论文题目十分重要，必须用心斟酌选定。

（1）拟定论文题目的基本要求

拟定论文题目一般应符合三个方面的要求：一是准确概括论文的内容，反映研究的方向、范围和深度；二是文字简练，具有新颖性；三是便于分类，不仅使人从题目上能判断研究属于什么学科范畴，而且能抓住该研究课题在这一领域有关问题研究发展过程中的位置及特点。①

（2）论文标题的类型、主要种类及常用写法

标题是文章的眉目。各类文章的标题，样式繁多，但无论是何种形式，总要以全部或不同的侧面体现作者的写作意图、文章的主旨。教学研究论文的标题一般分为总标题、副标题、分标题三种。

①总标题

总标题是论文的总目，它是文章总体内容的体现。常见的写法有：

a. 揭示课题的实质。这种形式的标题，高度概括全文内容，往往就是文章的中心论点。它具有高度的明确性，便于读者把握全文内容的核心。如《阅读教学要重视情感陶冶》《程序教学与讲授法的比较》。

b. 提问式。这类标题用设问句的方式，隐去要回答的内容，实际上作者的观点是十分明确的，只是语意婉转罢了，因此显得含蓄有力，引人注

① 温忠麟：《教育研究方法基础》，第219页，北京，高等教育出版社，2004。

目。如《怎样提问才有启发性》《分数指数幂的底为什么不能小于0》《如何让数学课堂“活”起来》。

c. 交代内容范围。此类标题，看不出作者明确的观点，只是对文章内容的范围作出限定。拟定这种标题，一方面是文章的主要论点难以用一句简短的话加以归纳；另一方面是交代文章内容的范围，可引起读者的注意，以求引起共鸣。如《初中学生学习动机的调查》《外语教学之我见》《高段习作自主评价模式的探索与实践》。

d. 用判断句式。这种形式的标题给予全文内容的限定，可伸可缩，具有很大的灵活性。文章研究对象是具体的，面较小，但引申的思想又有很强的概括性，面较宽。这种从小处着眼，大处着手的标题，有利于科学思维和科学研究的拓展。如《实践性知识：师范生亟须加强的知识模块》《让课堂成为每个学生成长的绿洲》《提高课堂教学效率是课改的核心》。

标题的样式还有多种，作者可以在实践中大胆创新。

②副标题

副标题是对总标题的补充、解说、强调或进一步的限定，其作用是点明研究对象、研究内容、研究目的。如《小班化教学——英语口语运用能力提高的催化剂》《新课程理念下的初中数学分层教学——数学作业的分层布置》《路漫漫其修远兮，吾将上下而求“说”——农村小学口语交际教学》。

③分标题

分标题是论文的段落标题，也可是论文的内容提纲。其目的是为了清晰地显示论文层次。有的用文字表示，有的用数码表示。无论采用哪种形式，都要紧扣论文或它所属层次的含义。如《小班化数学课堂练习低效的成因及对策》《对初中数学试卷讲评课的几点看法》。

2. 编写提纲

提纲是指研究者在撰写论文之前，对文章结构、中心、内容表达层次等，作缜密考虑，精心的设计，提纲挈领的编写论文的基本框架。编写论文提纲的过程，实际上是对所从事的研究工作进行全面思考、整体构建的过程，是作者构思谋篇的具体体现，是论文的“蓝图”。

有了一个好的提纲，就能提纲挈领地掌握全篇论文的基本骨架，使论文的结构完整统一；经过周密地谋篇布局，层次清楚、重点突出，总论点和分论点一目了然，有利于体现作者的总体思路；有利于及时调整、补充，避免大返工，便于写作过程中能够按照各部分的要求安排、组织、利用资料，决定取舍，最大限度地发挥资料的作用，从而高质量地完成论文。

编写提纲应做好以下几点：

（1）要有全局观念，从整体出发去检查每一部分在论文中所占的地位和作用。看看各部分的比例分配是否恰当，篇幅的长短是否合适，每一部分能否为中心论点服务。

（2）从中心论点出发，舍弃与主题无关或关系不大的材料。

（3）综合考虑各部分之间的逻辑关系。

（4）论文的基本结构由绪论、本论、结论三大部分组成。绪论、结论这两部分在提纲中部应比较简略。本论则是全文的重点，在提纲上要列得较为详细，层层深入、层层推理，以便体现总论点和分论点的有机结合。

3. 撰写初稿

撰写初稿是教学研究论文写作的关键环节。它是教学实践知识与写作能力的综合运用，是写出高质量论文的基础。教学研究论文写作的基本格式一般包括以下几个部分：

（1）题目。表达要准确、简练、醒目、新颖，一般不超过20个汉字。

（2）署名。署名表示文责自负及成果的所有权，一般放在题目之下正中，独占一行。

（3）摘要，也叫内容提要。以最简洁、概括的文字介绍论文的主要内容、研究方法、研究价值及结论。其作用在于使读者通过这段简洁的文字了解全文主题及主要内容。字数一般在200～300字。用第三人称写，连续写成，不分段落；叙述要清楚，简明扼要、逻辑性要强，结构完整。

（4）关键词，又称主题词。是从论文的题名、提要和正文中选取出来的，是对表述论文的中心内容有实质意义的词汇。关键词应是论文的主题概念，代表文献所讨论的主要内容，是目的、方法、结果、结论的精练。关键词为专业术语，一篇论文的关键词以3～8个为宜。

（5）导言，也叫前言或引言。一般包含两个方面：一是阐明自己所要研究的问题，研究的背景及动机，同时介绍前人的研究状况和结果以及存在的问题，进而概述研究该课题的目的和意义；二是简介研究方法和研究手段。引言要短小精悍、紧扣主题。

（6）正文。是论文的主体部分，主要任务是详细阐述所发现的研究成果，主要包括论点陈述、论据铺列、论证展开三大部分，按照行文的逻辑，提出命题（论点）、分析问题（论据和论证）、解决问题（论证方法与步骤）、结论（找出问题解决的途径），是作者研究成果的集中表现，因此，在整篇论文中占有极其重要的地位。

（7）结论与讨论。结论是围绕正文所做的结语，是对研究结果的精确概括，起到深化主题、揭示规律的作用，结论的措辞要严谨，逻辑要严密。讨论的内容一般包含：阐明结果是否支持了研究的假设，讨论研究结果的现实意义、理论意义，指明该研究的局限和需要进一步研究的问题。

（8）引文注释和参考文献。具体可参看《中华人民共和国国家标准·文后参考文献著录规则》。

上述八方面是对教学研究论文的一般结构要求，在具体写作过程中可灵活掌握。

4. 修改定稿

初稿完成后，需要经过反复修改才能臻于完善，最后定稿。

上述教学研究的几个步骤，一般来讲，应该是完成一个步骤再进行下一个步骤。但它们又是不能截然分开的，在教学研究的实际工作中，有时是交错进行的。例如，选题后都要收集资料；分析结果后发现新的问题，还要收集新资料。所以说教学研究是一个反复地研究、反复地收集资料的过程。

总之，要做好教学研究工作，必须选好有代表性的研究题目，制订切实可行的课题研究计划，收集丰富的资料，运用科学的方法整理资料、分析资料，得出正确的结论，才能撰写出优秀的教学研究论文。

操作训练

一、回答下列问题：

1. 什么是教学研究，它有哪些特点？

2. 教师从事教学研究有何意义？

3. 教学研究的方法有哪些？

4. 教学研究的基本程序是什么？

二、实践练习：

1. 自己设计和试讲一节课，尝试进行教学反思。

2. 联系中小学教学实际，自拟题目，尝试进行教学研究，并写出教学研究论文。

资源链接

1. 裴娣娜：《教育研究方法导论》，合肥，安徽教育出版社，2000。
2. 郑金洲：《教师如何做研究》，上海，华东师范大学出版社，2007。
3. 叶澜：《教育研究及其方法》，北京，中国科学技术出版社，1990。

参考文献

1. 朱慕菊. 走进新课程——与课程实施者对话［M］. 北京：北京师范大学出版社. 2002
2. 钟启泉，崔允漷. 新课程的理念与创新——师范生读本［M］. 北京：高等教育出版社. 2003
3. 盛群力等编著. 教学设计［M］. 北京：高等教育出版社. 2005
4. 盛群力，褚献华编译. 现代教学设计运用模式［M］. 杭州：浙江教育出版社. 2002
5. 徐英俊. 教学设计［M］. 北京：教育科学出版社. 2001
6. 皮连生. 教学设计一心理学的理论与技术［M］. 北京：高等教育出版社. 2009
7. 皮连生. 学与教的心理学［M］. 上海：华东师范大学出版社. 2009
8. 张大均. 教育心理学北京［M］. 北京：人民教育出版社. 2002
9. 张春兴. 教育心理学——三化取向的理论与实践［M］. 杭州：浙江教育出版社. 1998
10. 许高厚. 课堂教学技艺［M］. 北京：北京师范大学出版社. 1997
11. 李冲锋. 教学技能应用指导［M］. 上海：华东师范大学出版社. 2007
12. 杨国全. 课堂教学技能训练指导［M］. 北京：中国林业出版社. 2001
13. 郑金洲. 新编教学工作技能训练［M］. 上海：华东师范大学出版社. 2007
14. 贾晓波. 心理健康教育与教师心理健康［M］. 北京：中国和平出版社. 2000
15. 郭友. 新课程下的教师教学技能与培训［M］. 北京：首都师范大学出版社. 2007
16. 冯忠良. 结构—定向教学的理论与实践（上册）［M］. 北京：北京师范大学出版社. 1992
17. 张玉田. 学校教育评价［M］. 北京：中央民族学院出版社. 1987
18. 孙瑞清. 数学教育实验与教育评价概念［M］. 北京：北京师范大学出版社. 1988
19. 陈玉琨. 中国高等教育评价论［M］. 广州：广东高等教育出版社. 1993

20. 张维平等. 新编中小学教师继续教育必读（公共卷下）[M]. 北京：中央民族大学出版社. 2001
21. 瞿保奎. 教育学文集——教育评价 [M]. 北京：人民教育出版社. 1989
22. 蒋碧艳，梁红京. 学习评价研究：基于新课程背景下的实践 [M]. 上海：华东师范大学出版社. 2006
23. 王策三. 教学论稿 [M]. 北京：人民教育出版社，2006 年 6 月
24. 周先勇，赵宪宇. 新课程 说课、听课、评课 [M]. 北京：教育科学出版社. 2008
25. 郑金洲. 说课的变革 [M]. 北京：教育科学出版社. 2007
26. 林存华. 听课的变革 [M]. 北京：教育科学出版社. 2007
27. 祝智庭. 现代教育技术——走向信息化教育 [M]. 北京：教育科学出版社. 2002
28. 王以宁. 教学媒体理论与实践 [M]. 北京：高等教育出版社. 2007
29. 施良方. 学习论 [M]. 北京：人民教育出版社. 1994
30. 何克抗. 信息技术与课程整合 [M]. 北京：北京大学出版社. 2007
31. 郑庆晟. 教学工作技能训练 [M]. 上海：华东师范大学出版社. 2006
32. 张学敏，李跃文. 课堂教学技能 [M]. 重庆：西南师范大学出版社. 2009
33. 湖南省教育厅组织编写. 中学教育教学基本技能 [M]. 长沙：湖南人民出版社. 2006
34. 教育部高等教育司. 教学媒体与教学设计 [M]. 北京：高等教育出版社. 1990
35. 郑庆晟. 教学工作技能训练 [M]. 上海：华东师范大学出版社. 2006
36. 钟祖荣. 学习指导的理论与实践 [M]. 北京：教育科学出版社. 2005
37. 欧阳芬. 有效教学的基本功——新课程下中小学教师学法指导技能的指导 [M]. 北京：世界图书出版公司. 2008
38. 蒋宗尧. 教法运用与学法指导基本功 [M]. 北京：中国林业出版社. 2007
39. 蒋宗尧. 学法指导艺术 [M]. 北京：中国林业出版社. 2000
40. 龚正行. 中学生学习方法指导 [M]. 北京：华夏出版社. 2002
41. 张学敏，李跃文. 课堂教学技能 [M]. 重庆：西南师范大学出版社. 2009
42. 周立群，陈雯，杨泉良. 语文教育实习导论 [M]. 广州：广东高等教育出版社. 2008

43. 熊梅. 当代综合课程的新范式：综合性学习的理论和实践［M］. 北京：教育科学出版社. 2001
44. 魏国栋，吕达. 综合实践活动课程开发［M］. 北京：人民教育出版社. 2003
45. 朱新春. 教学工作技能训练［M］. 北京：人民教育出版社. 2001
46. 李森. 教师职业技能训练教程［M］. 北京：高等教育出版社. 2009
47. 叶澜. 教育研究及其方法［M］. 北京：中国科学技术出版社. 1990
48. 温忠麟. 教育研究方法基础［M］. 北京：高等教育出版社. 2004
59. 罗明东，褚远辉，顾水清等. C 教育学：当代教育一般性问题概论［M］. 昆明：云南大学出版社. 2006
50. 温忠麟. 教育研究方法基础［M］. 北京：高等教育出版社. 2004
51. 钟启泉，崔允漷，张华. 为了中华民族的伟大复兴，为了每位学生的发展《基础教育课程改革纲要（试行）》解读［M］. 上海：华东师范大学出版社. 2001
52. W. 迪克，L. 凯瑞，J. 凯瑞著，庞国维等译. 系统化教学设计（第六版）［M］. 上海：华东师范大学出版. 2007
53. L. W. 安德森等编著，皮连生主译. 学习、教学和评估的分类学——布卢姆教育目标分类学修订版［M］. 上海：华东师范大学出版社. 2008
54. R. M. 加涅，L. J. 布里格斯，W. W. 韦杰著，皮连生等译. 教学设计原理［M］. 上海：华东师范大学出版社. 2005
55. 史密斯，雷根著，庞维国等译. 教学设计［M］. 上海：华东师范大学出版社. 2008
56. W. 迪克，L. 凯瑞，J. 凯瑞著，庞维国等译. 系统化教学设计［M］. 上海：华东师范大学出版社. 2007
57. R. M. 加涅等. 教学设计原理［M］. 上海：华东师范大学出版社. 1999
58. 崔允漷. 新课程“新”在哪里——解读《基础教育课程改革纲要（试行）》［J］. 教育发展研究. 2001 年第 9 期
59. 刘兼. 国家课程标准的框架和特点分析［J］. 人民教育. 2001 年第 11 期
60. 钟启泉，崔允漷，张华，有宝华. 为了每一个学生的发展——新世纪中国基础教育课程改革刍议［J］. 全球教育展望. 2001 年第 2 期
61. 崔允漷. 国家课程标准与框架的解读［J］. 全球教育展望. 2001 年第 8 期
62. 毛景焕. 课堂评价的新视角——关于如何通过评价教师促进教师对学

生评价的研究［J］．教育理论与实践．2003 年第 3 期
63. 张德锐．教师评鉴模式之研究［J］．教学研究咨询．2001 年第 1 期
64. 杨绪明．说课研究述评［J］．漯河职业技术学院学报．2003 年第 6 期
65. 郑金洲．听课的技能与技巧［J］．上海教育科研．2002 年第 2 期
66. 辛春．谈评课［J］．上海中学数学．2007 年第 11 期
67. 于飞．谈现代教学媒体的选择与组合［J］．陶瓷研究与职业教育．2007 年第 2 期
68. 周殿臣．谈教学媒体的选用原则［J］．电化教育研究．2000 年第 5 期
69. 梅玉珍．初中语文综合性学习的实施策略研究［C］．华东师范大学．2006 年 9 月

后　记

教学技能是教师必备的职业技能之一，它是每一位有意愿成为教师的高校学生的必修内容。《新编教师教学技能训练教程》一书基于高等学校教师教育课程改革的背景，结合我国基础教育课程改革与发展的需要，从教师职业技能训练的角度，对教师的教学技能进行了理论的阐述与实践层面的探讨，以期通过有目的、有计划的教学技能训练，引导学生将教育理论知识与学科专业知识有效地转化为教学实践能力，帮助学生掌握必备的专业技能以胜任中小学教学工作。

作为教师教育课程系列教材之一，编写过程中我们努力实现现代教育理论研究的新进展与传统教师教学技能训练相结合，其特色体现在：

1. 以教育理论研究的最新研究成果为理论支撑，以基础教育课程改革的新理念为导向，以课程改革对教师素养的要求为基础，内容上力图实现教育理论与课程内容、专业素养与基础教育课程改革的主动对接，体现时代性、基础性、实践性的特点。

2. 以教师教学技能训练为重点，突出实践性与可操作性。

3. 在编写体例上，以案例作引导，在此基础上引出对相关理论的阐述，然后通过实作练习实现掌握教学技能的目标。这样的编排体例目的在于引发学生主动进行思考，积极参与实践，自主建构和发展个人的实践性知识。

本书既可作为师范生的教学技能训练课程的专业必修课教材，也可作为欲获得教师资格证的非师范专业学生选修课教材，同时还可做新教师的入职培训和在职教师继续教育的辅助用书。

本教材以专题的形式，分九章探讨了教师从事教学工作的各项必备技能。编写分工如下：第一章由曹红丽撰写；第二章由杨利银撰写；第三章由宗岚撰写；第四章由李玉龙撰写；第五章由吴萍撰写；第六章由万飞撰写；第七章由杜先存撰写；第八章由赵琴粉撰写；第九章由向会文撰写。本人负责全书编写框架的设计、统稿、审定工作。

经过近半年的努力，凝聚着我和我们编写组成员心血的《新编教师教学技能训练教程》即将出版，手捧书稿如同怀抱新生的婴儿，孕育的过程是辛苦的，此刻却是幸福的……面对她，我心存一份感激：感谢北京师范大学出版社的路娜老师，她对本教材编写自始至终关注与支持、给予的宝贵意见，使我们能够顺利完成编写任务；感谢编写组成员的辛勤付出特别是副主编宗岚老师积极地建议和支持，使得书稿得以如期完成；在编写教材的过程中，我们参阅（参考）了同行大量的文献资料，因而在此我们还要对资料的原作者（包括行文中提及的学者）表示诚挚的谢意；面对她，我心留一丝遗憾：由于我及编写组成员学识、能力以及条件的限制，就在即将完稿的时候，我看到了其中的不足，也盼望有弥补的机会，因此我们诚恳地希望同仁及读者在用书过程中，将发现的问题以及意见、建议及时反馈给我们，使其得到完善。

吴　萍